偏最小平方法的結構方程模型（PLS-SEM）：應用SmartPLS

張紹勳 著　張博一、張任坊 研究助理

五南圖書出版公司 印行

　　沒有最好的統計方法，只有更好的統計方法。結構方程模型（structural equation modeling, SEM）結合了傳統統計學上的因素分析與路徑分析技術，已成為當前發表文章中常見的統計分析，SEM 可再細分為反映性指標（reflective indicator）與形成性指標（formative indicator），這兩種結構模型對於理解構念（construct）有不同的解讀方式，分析軟體亦不相同，前者用「LISREL、AMOS......」；後者只能用 SmartPLS 軟體。SPSS 和 SAS 早已提供 PLS 迴歸模型，但對於更複雜的路徑模型，則必須使用專門的 PLS 軟體。

　　由於「人與人」、「人與物」之間行為的互動是複雜的，而 PLS 是非常適合估計複雜的關係。偏最小平方法（partial least square, PLS）為無母數估計的偏最小平方法結構方程模型（PLS-SEM）。著名 PLS 軟體「SmartPLS」是德國 Hamburg 大學商學院 Ringle et al.（2010）開發，是基於經濟計量分析的需求。早期它在化學計量領域獲得重視，接著廣受資管、行銷、商學、運動休閒、健康、旅遊等領域的愛戴，迄今逐漸成為社會科學及生醫的主流。

　　PLS 也是一種探索或建構「預測性模型」的分析技術，尤其潛在變數之間的因果模型（causal model）分析，更優於一般的 CB-SEM。被引用到超過 2,500 以上的學術刊物中使用，廣受學者專家的肯定。

　　PLS-SEM（partial least square）相較於 CB-SEM（covariance-based）對樣本條件的需求較少，分析資料不需符合多元常態分配，且可處理多個構念的複雜結構模型，同時為處理反映性指標與形成性指標的測量模型，特別適用於預測與強調模型的整體解釋變異程度。

　　SmartPLS 除了 PLS Algorithm（演算法）外，尚提供 consistent PLS Algorithm（PLSc）來仿真 CB-SEM 計算。其分析結果，等同於 CB-SEM（如 AMOS、SAS、Stata、MPlus、LISREL、EQS 軟體）的估計。故 SmartPLS 已實質涵蓋 CB-SEM 功能。統計分析上，SmartPLS 功能及實用性已大於 AMOS 等軟體。

　　由於，坊間出版 SEM 的書籍，多數是屬 covariance-based SEM（CB-SEM）家族，但 PLS 家族不同於 CB-SEM，學界鮮少有書籍專門介紹 PLS-SEM 原理與範例實作，

殊為可惜。

　　SmartPLS 能分析形成性構念（或構面）和形成性指標，可分析小樣本、非常態 LVs 等問題，倘若你的研究樣本數不夠多（如 N=190 份），則不符合使用 CB-SEM 資料分析方法之假定。且 PLS 的測量誤差較小，因此能精確的估計中介和調節（又稱干擾）等問題（Bontis & Booker, 2007），此時你改用 PLS-SEM 資料分析法是明智的。

　　近年來 SmartPLS 3 廣受社科學者的歡迎，軟體內容引進了多個具有特色的分析方法，幫助研究者自動快速完成統計程式。SmartPLS 更結合了現有技術方法（例如：PLS-POS、IPMA、多種 Bootstrapping 估計係數值等），配備易用且直覺式圖形用戶介面。

　　由於 SmartPLS 統計軟體普及且易用，漸漸廣泛應用在學術論文與研究法上。但國內書籍較缺乏體系性論述 PLS（估計法、統計原理）。

　　因此本書 SmartPLS 內容，包括：

1. PLS Algorithm：以偏最小平方法來估計 PLS 路徑建模（PLS path modeling）的路徑係數。接著，再搭配 Bootstrapping 求出路徑係數之顯著性 p 值。

2. Bootstrapping：具備進階拔靴法選項（advanced bootstrapping options），印出路徑係數「t 值、顯著性 p 值」。

3. Consistent PLS Algorithm：等同「AMOS、Stata、LISREL、SAS」CB-SEM 功能。意即，SmartPLS 易用且具實用功能，可取代「AMOS、Stata、LISREL、SAS」。接著，再搭配 Consistent PLS Bootstrapping 求出類 CB-SEM 之路徑係數「p 值」。

4. Consistent PLS Bootstrapping：印出路徑係數「t 值」的顯著性考驗「p 值」。

5. Blindfolding：預測相關性（Q^2 和 q^2）與「X → Y」因果模型的效果量（f^2）。

6. 驗證式四分差分析（confirmatory tetrad analysis, CTA）：該選 formative 模型或 reflective 模型？

7. 重要性—效能映射分析（importance-performance matrix analysis, IPMA）分析。

8. 有限混合分群（finite mixture segmentation, FIMIX）：內部路徑模型的異質性，來對樣本分群（樣本要常態）。

9. 預測導向分群（prediction-oriented segmentation, POS）：樣本未必常態。

10. 多群組分析（multi-group analysis, MGA）：類別型調節變數；回卷事前已分組。

11. 排列演算法（permutation algorithm, MICOM）：測量組間（inter-group）差異（不變性）。

12. PLS regression modeling（PLS Predict）≒樣本外（out-of-sample）預測能力。

13. Nonlinear relationships（如 quadratic effect）。

　　本書以最著名的軟體 SmartPLS 為分析工具，從概念、原理到實作，深入淺出地向讀者介紹 PLS 的常用模型與應用上需注意的問題，並以實例展示 SmartPLS 分析過程，適合研讀領域有：社會科學、運輸、農業、生物醫學、藥學、製藥、電腦科學、工程、能源、技術、環境科學、材料科學、管理、會計、心理學、商學、經濟、計量經濟、財務等。

張紹勳 謹識

目　　錄

第1章

偏最小平方法PLS-SEM：基本概念及專有名詞

人類許多的行為特質、心理屬性或社會現象，往往無法被直接觀察，至今仍是研究者最棘手的問題，若沒有這些構念（constructs，構面）的數據，即無法進行實徵（empirical）分析與假設檢測（testing）。由於構念（概念操作型）的基本特性是無法直接測量，從統計的角度來說，這些構念就是一種「潛在（latent）」的變數，而不是統計教科書所說那 4 種：名目、次序、等距、比率量尺，而是可操作求得的外顯變數（manifest variables）；換言之，構念（construct，又稱構面／潛在變數）就是「肉眼看不到」。

Covariance-based SEM（CB-SEM）是以共變數為基礎，目標是期望共變數矩陣接近樣本矩陣。相對地，偏最小平方法（PLS）是以變異數為基礎的 SEM，目標是最佳地解釋內生變數（R^2 越大 SEM 模型越佳）。

整體而言，以共變數為基礎的 CB-SEM 家族發展較為成熟，偏最小平方法（partial least square, PLS）的 PLS-SEM 家族則漸漸大受歡迎。基本上，PLS-SEM 統計分析法，和傳統的基於共變數 CB-SEM 有所區別，但同樣屬結構方程模型（structural equation modeling, SEM）的一種。迄今，SEM 已被認定，可同時分析具有多個潛在構念（latent constructs）之間因果關係的聯立方程式。另外，SEM 可分為兩個家族：(1) 基於共變數（covariance）之 CB-SEM、(2) 基於成分（component）或基於組合（composite）都可適用在 PLS-SEM 家族，這 2 種方法都有其自身的優缺點。成分模型又有 2 種方法，即廣義結構化成分分析（GSCA）和偏最小平方法（PLS），這 2 個應用程式本身都使用最小平方估計和 bootstrap 技術來做：參數估計、假設檢測（testing）。

倘若你的研究樣本數不夠多（如 N = 190 份），則不符合使用 CB-SEM（即 AMOS）資料分析法之假定（assumption），這時可改用 SmartPLS。另外，偏最小平方法（PLS）的測量誤差較小，因此較能精確的估計：中介、調節（干擾）、高階構念、或二次曲線等問題（Bontis & Booker, 2007）。此時你若改用偏最小平方法（PLS）來資料分析，才是上策，且 PLS 又可以反映性指標、形成性指標（或兩者混合）來為觀察性指標建構潛在變數。

心理學中有許多構念（construct，又稱構面 dimension），其指標（indicator）有些用組合性構念，而非反映性構念，此類構念又稱為組合性潛在構念（≒ composite model）；相對地，採用形成性構念之指標則稱為形成性指標。由於心理與行為科學家常以因素分析或古典測驗理論方式來理解構念，這類組合性潛在構念常被誤以 CB-SEM 方式來分析。

　　意即，PLS-SEM 同時能適應：反映性構念（≒ common factor model, component-based）和形成性構念（≒ composite model，加權組合），來克服：**小樣本、非常態樣本之問題**。由於 SmartPLS 統計軟體普及，漸漸被應用在 SSCI 論文和研究方法。但坊間書籍較缺乏體系性論述，有點可惜。因此本章會先聚焦討論 PLS-SEM 的結構模型分類，並比較 PLS、PLS-PM 和 PLS-SEM 等概念的理論基礎和方法特性，再說明如何評估模型品質、進行基礎和進階分析的流程、選擇分析軟體，並提出分析結果報表規範。

　　本書採用 SmartPLS 3 軟體，是由德國 Hamburg 大學的商學院研究團隊之 Ringle et al.（2010）所開發的，使用者介面（UI）是呈現圖形化，而這個模型的測量方法是使用偏最小平方法來求得路徑係數及顯著性。由於偏最小平方法不提供整體模型之配適度（GoF），但可藉由判定係數 R^2、Q^2、效果量 f^2 來檢測結構路徑的預測能力，若求得內生構念 R^2 **越大，表示模型解釋度越佳**。

1-1　緒論

　　SmartPLS 是一個月免費（https://www.smartpls.com/downloads）、容易使用的 SEM 建模工具，它用偏最小平方法（partial least square, PLS）分析，由 Christian M. Ringle 教授領導的（德國）漢堡大學商學院所開發。SmartPLS 3 的官網是 http://www.smartpls.de、Example projects 在 https://www.smartpls.com/documentation。

　　SmartPLS 軟體是偏最小平方法 PLS-SEM 最出名的軟體，除了 PLS Algorithm（演算法）外，尚提供 consistent PLS（PLSc）演算法來模擬 CB-SEM 計算（如 AMOS、SAS、Stata、MPlus、LISREL、EQS6 軟體）。實務上，consistent PLS ≒ CB-SEM 的功能。

　　偏最小平方法（PLS）對樣本條件的需求較少（小樣本也可），測量誤差較小，分析資料不需符合多元常態分配（內生變數/依變數不限任何分布），即可處理多個構念（或構面）的複雜結構模型。

表1-1　第1、2代多變數統計技術之比較

	探索為主	驗證為主
第1代技術	cluster analysis（CA）、探索性因素分析（EFA）、multidimensional scaling（MDS）、典型相關分析（canonical correlation analysis, CCA）等	變異數分析（ANOVA）、邏輯斯迴歸、多元迴歸、驗證性因素分析（CFA）等
第2代技術	偏最小平方法結構方程模型（**PLS-SEM**）、generalized 結構成分分析（GSCA）、regularized generalized canonical correlation analysis（RGCCA）	結構方程模型（SEM）：以 CB-SEM 為主。使用反映性模型（≒ common factor model, component-based）為基礎

註：改自「A primer on partial least squares structural equation modeling（PLS-SEM）（2nd ed.）」by J. F. Hair Jr, G. T. M. Hult, C. Ringle, & M. Sarstedt, 2017, p. 2, Thousand Oaks, CA: SAGE Publications.

　　PLS-SEM 相關概念（包括 PLS、PLS-PM、PLS modeling 等）有很多中譯名稱。偏最小平方法（PLS）最早由 Wold（1975）以 NIPALS（nonlinear iterative partial least squares，非線性遞迴最小平方法）的名義提出，重點在最大化「自變數所解釋的依變數變異量」。偏最小平方法旨在檢測數個 X（自變數／預測變數）與 Y（依變數／反應變數）之間的因果關係，透過建立的結構模型來進行疊代估計，使所有參數估計值達到收斂狀態，令模型的殘差變異（residual variance）達到最小化。

　　PLS 也是結構方程模型（SEM）分析技術之一，PLS 以迴歸分析為基礎，它源自於路徑分析（path analysis）的統計方法。目前有 2 種 SEM 分析的方法：(1) 以共變結構（covariance-based）為基礎的分析法（使用的套裝軟體有 LISREL、Stata、SAS、MPlus、EQS、**SmartPLS** 和 AMOS）。(2) 以成分／變異數分析為基礎（components-based）的分析方法，為偏最小平方法（PLS）（使用軟體有 PLS-Graph 3.0 和 **SmartPLS**）。

　　偏最小平方法（PLS）分析是自變數和反應變數（依變數）系統：OLS 迴歸、典型（canonical）相關或基於共變數（covariance-based）的結構方程模型（structural equation modeling, SEM）的替代方法。實際上，PLS 又稱「組合式（composite-based）SEM」、「component-based 的 SEM」或「variance-based 的 SEM」。PLS-SEM 不同於「covariance-based SEM（CB-SEM）」。

　　在反應（結果變數）方面，PLS 可求出一組自變數（Xs）與多個依變數（反應 Y）的聯立方程式。在預測變數方面，即使預測變數（Xs）顯示具有多重共線性（multicollinearity），PLS 也可適當處理這些眾多自變數。PLS 可以視為迴歸模型，

從一組（一個或多個）自變數來預測一個（或多個）依賴關係；或者可將 PLS 視為路徑（path）模型來處理「與預測變數」相關的眾多因果路徑（causal paths），進而求出預測變數與反應變數（們）相關的路徑（係數 β、顯著性 t 值）。坊間軟體例如：SPSS 和 SAS（PROC PLS）將可實作 PLS 之迴歸模型，但 SmartPLS 是最著名且最易用的路徑模型之軟體。

PLS 公認為最適合預測或探索性（prediction or exploratory）建模的技術。通常，研究目的是驗證性（confirmatory）建模時，則 covariance-based SEM 是首選，然而 consistency PLS 演算法亦具有此驗證性建模功能。PLS 不能令人滿意地當作一種解釋（explanatory）技術，因為它較無法過濾掉「因果顯著性較低的變數」的能力（Tobias, 1997: 1）。

PLS 優點 包括：

1. 能夠對多個依變數和多個自變數進行建模。
2. 並處理自變數之間多重共線性的能力。
3. 處理數據干擾（noise）和數據遺漏（missing data）的強韌性（robustness）。
4. 直接根據反應變數的交乘積（cross-products）矩陣來建立潛在自變數，進而做出更強有力的預測。

相對地，PLS 也有 缺點 ，包括：

1. 難以解釋，潛在自變數的負荷量，是基於與反應變數的交乘積（cross-products）關係，而不是觀察（manifest）自變數們之間共變數的共同因子（common factor，共同因素）分析。
2. 因為估計的分布特性（常態分布、Poisson 分布等）是未知，你只能透過重複放回再抽樣 bootstrap（bootstrapping 法）來評估路徑係數的顯著性（t 值、p 值）。

總體而言，PLS 兼具優點及缺點，意味著 PLS 是預測技術之一，而不是解釋性（interpretive）技術。故探索性分析可說是：多元線性迴歸或 covariance-based SEM 之類的 interpretive 技術的前奏。誠如 Hinseler, Ringle, & Sinkovics（2009: 282）所說：「在理論發展的初期，建議使用 PLS 路徑建模，來檢測和驗證（test & validate）探索性模型」。

PLS 最早是 Herman Wold（Wold, 1975）開發的，並用於計量經濟學和化學計量學，再由 Jan-Bernd Lohmöller（1989）發揚光大。之後 PLS 再擴展到教育研究（譬如：Campbell & Yates, 2011）、市場營銷（譬如：Albers, 2009，接著將 PLS 當作成功因素行銷研究的選擇方法）和社會科學（譬如：Jacobs et al., 2011）。有關 PLS 路徑建

模變化多種的數學表示式，請參見 Lohmöller（1989），該模型比較了 PLS 與 OLS（普通最小平方法）迴歸、主成分因素分析、典型（canonical）相關以及使用 LISREL 的結構方程建模。

1-1-1　最小平方法：偏微分的證明

最小平方法（the method of least square, LS）是應用到統計學上求數個資料之迴歸直線的方法（稱為最小平方法）。它是一種數學最佳化建模方法，其透過最小化誤差（error, residual）的平方和來尋找數據的最佳函數匹配。

令 $y = f(x) = \beta_0 + \beta_1 X$

誤差 $e_i = |y_i - f(x_i)|$, $i = 1, 2, \cdots, n$,

e_i 是觀測值 y_i 與估計值 $f(x_i)$ 之差。

OLS 利用最小平方法可以簡便的求得未知的數據，並使得求得的數據與實際數據之間誤差的平方和為最小。

「最小平方法」是對線性方程組，即方程式個數比未知數更多的方程組，以迴歸分析求得近似解的標準方法。在這整個解決方案中，最小平方法演算為每一方程式的結果中，將誤差平方和的總和最小化。

當你針對某問題，收集了 2 個變數（X, Y）的數值資料後，便可求出簡單迴歸模型，而迴歸模型中的 β_0、β_1 係數應如何求得呢？迴歸分析，最常用的方法是使用「普通最小平方法（OLS）」準則來求得。

對一組資料 (x_i, y_i)，$i = 1, 2, \cdots, n$，已知一條直線 $y = \beta_0 + \beta_1 x$，以誤差的大小作為評估準則，誤差 e_i 定義：第 i 筆資料的觀察值 y_i 與「配適值 $\hat{y}_i = \beta_0 + \beta_1 x_i$」的差值，即 $e_i = y_i - \hat{y}_i$，其以誤差平方和為：

$$\sum_{i=1}^{n} e_i^2 = \sum_{i=1}^{n} (y_i - \hat{y}_i)^2 = \sum_{i=1}^{n} [y_i - (\beta_0 + \beta_1 x_i)]^2$$

作為評估標準，當誤差平方和越小，表示以此直線配適此組資料越好，這種想法就稱為最小平方法，也就是：最小平方法旨在尋求，使 $\sum_{i=1}^{n} [y_i - (\beta_0 + \beta_1 x_i)]^2$ 最小的 β_0、β_1 值。以下將介紹 2 種如何求解 β_0、β_1 值的方法。

方法一　將資料中心化後，再利用解二次函數最小值的方法求解 β_0、β_1。

分別先將 x_i, y_i 的資料標準化（平均數為 0，標準差為 1），即令：

$$x_i^t = \frac{x_i - \bar{x}}{S_x}, \ y_i^t = \frac{y_i - \bar{y}}{S_y}$$

利用最小平方法找標準化資料 (x_i^t, y_i^t) 的最佳直線 $y^t = \beta_0^t + \beta_1^t x^t$，即找 β_0^t、β_1^t 使誤差平方和達到最小化。令二次方 Q 為：

$$Q = \sum_{i=1}^{n} (y_i^t - \beta_0^t - \beta_1^t x_i^t)^2$$

將上式乘開得

$$Q = \sum_{i=1}^{n} (y_i^t - \beta_1^t x_i^t)^2 - 2\beta_0 \sum_{i=1}^{n} (y_i^t - \beta_1^t x_i^t) + n\beta_0^{t2}$$

由於資料已標準化，所以

$$\sum_{i=1}^{n} y_i^t = 0 \, , \, \sum_{i=1}^{n} x_i^t = 0$$

故上式可再簡化成

$$Q = \sum_{i=1}^{n} (y_i^t - \beta_1^t x_i^t)^2 + n\beta_0^{t2}$$

因此，要使 Q 最小，則 $\beta_0^t = 0$，而且使它最小

$$\sum_{i=1}^{n} (y_i^t - \beta_1^t x_i^t)^2 = \sum_{i=1}^{n} (y_i^t)^2 - 2 \, (\beta_1^t) \sum_{i=1}^{n} x_i^t y_i^t + (\beta_1^t)^2 \sum_{i=1}^{n} (x_i^t)^2$$

但此為 β_1^t 的二次式，其最小值產生會在一次偏微方等於 0 的地方

$$\hat{\beta}_1^t = \frac{\sum_{i=1}^{n} x_i^t y_i^t}{\sum_{i=1}^{n} x_i^{t2}}$$

可求得

$$\hat{\beta}_i^t = \frac{\sum_{i=1}^{n} \dfrac{(x_i - \bar{x})}{S_x} \times \dfrac{(y_i - \bar{y})}{S_y}}{\sum_{i=1}^{n} \dfrac{(x_i - \bar{x})^2}{S_x^2}}$$

$$= \frac{\dfrac{1}{S_x S_y} \sum_{i=1}^{n} (x_i - \bar{x})(y_i - \bar{y})}{\dfrac{1}{S_x^2}(n-1)S_x^2}$$

$$= \frac{\sum_{i=1}^{n} (x_i - \bar{x})(y_i - \bar{y})}{(n-1)S_x S_y}$$

$$= \frac{\sum\limits_{i=1}^{n}(x_i - \bar{x})(y_i - \bar{y})}{\sqrt{\sum\limits_{i=1}^{n}(x_i - \bar{x})^2 \sum\limits_{i=1}^{n}(y_i - \bar{y})^2}}$$

$$= \gamma$$

因此對已標準化的資料 (x_i', y_i')，其最佳直線為

$$y' = \gamma x'$$

意即，當資料已標準化，則最佳直線過原點且斜率等於相關係數。

但標準化與原資料的關係為

$$x_i^t = \frac{x_i - \bar{x}}{S_x} , \quad y_i^t = \frac{y_i - \bar{y}}{S_y}$$

故改為原資料 (x_i, y_i) 的最佳直線為

$$\frac{y - \bar{y}}{S_y} = \gamma \frac{x - \bar{x}}{S_x}$$

即 y 對 x 的最佳直線為

$$y = \bar{y} + \gamma \frac{S_y}{S_x}(x - \bar{x})$$

即，當提供兩組資料的平均數 $\bar{x}, \bar{y}$，兩組資料的標準差 S_x, S_y 及兩組資料的相關係數 γ，就可得到最佳直線。其也可化成

$$y = \bar{y} - \gamma \frac{S_y}{S_x}\bar{x} + \gamma \frac{S_y}{S_x}x = \hat{\beta}_0 + \hat{\beta}_1 x$$

其中

$$\hat{\beta}_1 = \gamma \frac{S_y}{S_x} = \frac{\sum\limits_{i=1}^{n}(x_i - \bar{x})(y_i - \bar{y})}{\sum\limits_{i=1}^{n}(x_i - \bar{x})^2}$$

$$\hat{\beta}_0 = \bar{y} - \gamma \frac{S_y}{S_x}\bar{x} = \bar{y} - \hat{\beta}_1 \bar{x}$$

方法二　利用偏微積分求解

在數學中，一個多變數的函數之偏微分（partial derivative）是關於：其中一個自變數的導數，在保持其他自變數恆定（相對於全微分，在其中所有變數都允許變化）。偏微分的作用與價值在向量分析和微分幾何以及機器學習領域中受到廣泛認

可。

函數 f 關於變數 x 的偏微分，寫爲 f_x' 或 $\dfrac{\partial f}{\partial x}$。偏微分符號 ∂ 是全微分符號 d 的變體。

偏微分方程式（partial differential equation, PDE）指含有未知函數及其偏導數的方程式。描述自變數、未知函數及其偏導數之間的關係，符合這個關係的函數是方程式的解。偏微分方程式分爲線性偏微分方程式與非線性偏微分方程式。

以 $y = \beta_0 + \beta_1 x$ 迴歸模型爲例，令誤差平方和爲 Q：

$$Q = \sum_{i=1}^{n} [y_i - (\beta_0 + \beta_1 x_i)]^2$$

而最小平方法就是要找 β_0、β_1，使 Q 值最小。利用 Q 對 β_0、β_1 **偏微分**後，再令其等於 0，得 β_0、β_1 的解爲滿足下列之聯立方程式

$$\begin{cases} \dfrac{\partial Q}{\partial \beta_0} = -2 \sum_{i=1}^{n} [y_i - (\beta_0 + \beta_1 x_i)] = 0 \\ \dfrac{\partial Q}{\partial \beta_1} = -2 \sum_{i=1}^{n} [y_i - (\beta_0 + \beta_1 x_i)] x_i = 0 \end{cases}$$

將上式化簡成

$$\begin{cases} \sum_{i=1}^{n} y_i = n\beta_0 + (\sum_{i=1}^{n} x_i)\beta_1 \\ \sum_{i=1}^{n} x_i y_i = (\sum_{i=1}^{n} x_i)\beta_0 + (\sum_{i=1}^{n} x_i^2)\beta_1 \end{cases}$$

上面爲二元一次聯立方程組，令其解爲 $\hat{\beta}_0$、$\hat{\beta}_1$，則

$$\hat{\beta}_1 = \frac{\sum_{i=1}^{n} (x_i - \bar{x})(y_i - \bar{y})}{\sum_{i=1}^{n} (x_i - \bar{x})^2}$$

$$\hat{\beta}_0 = \bar{y} - \hat{\beta}_1 \bar{x}$$

1-1-2　SmartPLS 3 的功能

SmartPLS 3.0 軟體的功能，包括（圖 1-1）：

1. PLS Algorithm：偏最小平方法來估計 PLS 路徑建模（PLS path modeling）的路徑係數。接著，再搭配 Bootstrapping 求出路徑係數之顯著性 p 值。
2. Bootstrapping：具備進階拔靴法選項（advanced bootstrapping options）。印出路徑

係數「t 值、顯著性 p 值」。

3. Consistent PLS Algorithms：等同「AMOS、Stata、LISREL、SAS」CB-SEM 功能。意即，SmartPLS 易用且實用功能已可取代「AMOS、Stata、LISREL、SAS」。接著，再搭配 Consistent PLS Bootstrapping 求出類 CB-SEM 之路徑係數「p 值」。

4. Consistent PLS Bootstrapping：印出路徑係數「t 值」的顯著性考驗「p 值」。

5. Blindfolding：預測相關性（Q^2 和 q^2）與「X → Y」因果模型的效果量（f^2）。

6. 驗證式四分差分析（confirmatory tetrad analyses, CTA）：該選 formative 模型或 reflective 模型？

7. 重要性—效能映射分析（importance-performance map analysis, IPMA）分析。

8. 有限混合分群〔finite mixture (FIMIX) segmentation〕：內部路徑模型的異質性，來對樣本分群（樣本要常態）。

9. 預測導向分群（prediction-oriented segmentation, POS）：樣本未必常態。

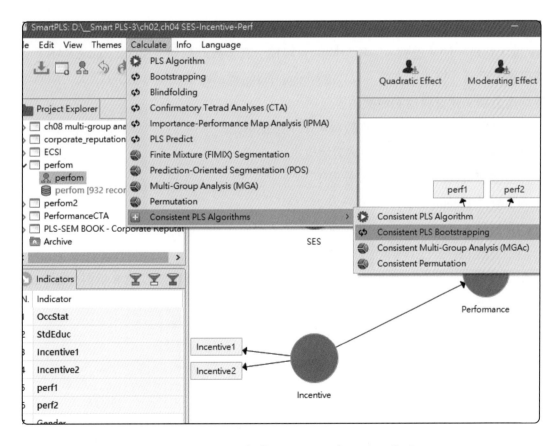

圖1-1　SmartPLS的「Calculate」有12種估計選項

10. 多群組分析（multi-group analysis, MGA）：類別型調節變數，回卷事前已分組。

11. 排列演算法（permutation algorithm, MICOM）：測量組間（inter-group）差異（不變性）。

12. PLS regression modeling（PLS Predict）≒樣本外（out-of-sample）預測能力。請見「圖 13-12 PLS predict 的結果，求出 MA_E 和 RMS_E 值都很小」。

13. Nonlinear relationships（如 quadratic effect）。

1-2　資料建檔：先用SPSS建檔（SES-Incentive-perf.sav），再另存Excel新檔（SES-Incentive-perf.csv）

SmartPLS 可讀入資料格式，只有 Excel 檔（*.csv）及純文字（*.txt）2 種格式。如圖 1-2 所示是 Excel 檔（（**SES-Incentive-perf.csv**），它附在光碟片上。

本書有多個章節 SmartPLS 範例，樣本數據都會延用 Excel 之 SES-Incentive-perf.csv 檔，它是一個「逗號，」所分隔的資料檔。許多統計軟體（SPSS, Stata, SAS）也都可讀入這種「格式」文件。此 SES-Incentive-perf.csv 檔之樣本數 =932 人。所有變數均爲公制。此資料檔的變數內容包括：

• 外生變數 StdEduc: 受訪者的教育水準，已標準化

• 外生變數 OccStat: 受訪者的職業地位

• 內生變數 Incentive 1: 激勵成分表 1

• 內生變數 Incentive 2: 激勵成分表 2

• 內生變數 perf 1: 工作績效成分表 1

• 內生變數 perf 2: 工作績效成分表 2

• 類別變數 Gender: Coded 0=Male, 1=Female。此類別變數將在第 8 章再介紹 PLS-MGA（multigroup analysis）。

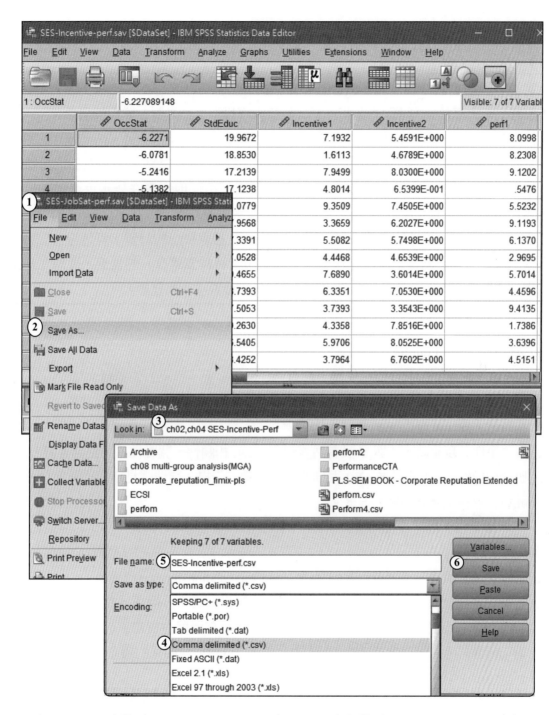

圖1-2　SPSS建檔（SES-Incentive-perf.sav），再另存新檔（SES-Incentive-perf.csv）

1-3 重要概念及專有名詞

定義：潛在變數建模（latent variable modeling）

事實上，大家熟悉的「因素分析」或「結構方程模型」都是潛在變數模型之一。

外顯變數就是指標（indicator）變數、觀察變數（observational variable）。以量表來說，外顯變數就是「題項」，因為每一個受訪者填寫某一個題目的分數是「可看見的」，因此稱作外顯或可觀察到的；相反地，**潛在變數**就是「肉眼無法看見的」，若以量表來說，通常潛在變數就是「構念（construct）／構面（dimension）」，譬如你想測量「工作滿意」此抽象概念的特質，可透過「一系列明確的題目」間接地測量工作滿意（或使用某科技滿意度）的情況，此時工作滿意就是潛在變數，而那一系列的題目就是外顯變數（觀察變數）。

因果模型（causal model）是什麼？

「因果理論」、發展因果模型，都有其「前因」與「後果」的邏輯。

因果邏輯的定義：下列 3 個條件都要成立，才可以求出 X 導致 Y 的結論：

1. 在時序方面，X 發生在 Y 之前。
2. 發生事件／現象時，X 與 Y 具有共變現象（e.g. 相關性、關聯性、共整合等）。
3. 研究架構能有效排除「X、Y」共同的外部變數的干擾。詳情請見作者《研究方法：社會科學與生醫方法論》一書。

若 X 發生，同時 Y 也發生，但 X 不發生 Y 卻發生，則 X 與 Y 存在的僅是相關關係，因為：

1. 可能是在知識論上不合邏輯的偽關係（spurious relationship）。
2. 可能因理論建構不完整，可能另存在「間接因果」之中介關係。譬如：古典心理學「刺激→反應」，擴增為認知心理學「刺激→有機體→反應」，該理論就更完備；或者欠考慮調節效果（第 12 章）、高階—低階從屬關係的構念（第 13 章）。

1-3-1 PLS 背景：PLS Algorithm（演算法）及其流程圖

在數學、電腦科學中，演算法（algorithm）是任何一系列良定義的具體計算步驟。演算法中的指令描述的是一個計算，當其執行時能從一個初始狀態和初始輸入

（可能為空）開始，經過一系列有限且清晰定義的狀態，最終產生輸出並停止於一個終態。一個狀態到另一個狀態的轉移，不一定是確定的。

PLS 演算法如表 1-2 所示。

表1-2　PLS Algorithm之基本概念表

Compute cross-product	$\mathbf{S} = \mathbf{X}_0'\mathbf{Y}_0$
For $a = 1, ..., A$	
$\quad a = 1$: compute SVD of	$\mathbf{S}$
$\quad a > 1$: compute SVD of	$\mathbf{S} - \mathbf{P}(\mathbf{P'P})^{-1}\mathbf{P'S}$
$\quad$ Get weights	r = first left singular vector
$\quad$ Compute scores	$t = \mathbf{X}_0 r$
$\quad$ Compute loadings	$p = \mathbf{X}_0' t/(t't)$
$\quad$ Store	r, t, and p
$\quad$ into	$\mathbf{R}$, $\mathbf{T}$, and $\mathbf{P}$, respectively
End	
Compute regression coefficients $\mathbf{B}_{PLS} = \mathbf{RT} - \mathbf{Y}_0$	

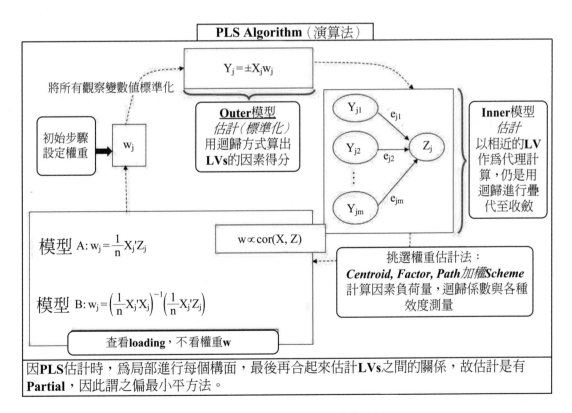

圖1-3　PLS Algorithm（演算法）

PLS-SEM 演算法中的步驟如下（Henseler, Ringle, & Sarstedt, 2012）：

1. 在應用 PLS 演算法之前，將測量的指標變數（indicator）標準化為平均值 M 為 0、標準差 SD 為 1。在這種情況下，資料已常態化（normalized）即標準化（standardized）。PLS 需要標準化的潛在變數分數，是 PLS 的潛在變數之指標變數的線性組合，因此有必要對指標變數進行標準化。結果是測量（外部模型）和結構（內部模型）的路徑係數都在 0 到正負 1 之間變化，最接近「絕對值 1」的路徑最強。

2. 在 PLS 演算法的第一階段，所測量的指標變數用來建立 X 和 Y 成分的分數。為此，須經歷一個疊代過程，重複執行以下 4 個步驟：

Step 1   基於等同加權的指標分數，對潛在變數分數給予初始近似值。

Step 2   使用基於迴歸的路徑加權方案，將初始權重分布給連接潛在變數的結構（inner）路徑，且最大化每個內生潛在變數的 R^2。意即，在已知疊代中，估計的 component 分數用於計算結構路徑權重。第 3 種方法，使用迴歸，透過最大化每個 X 分數與 Y 變數的共變數，連續疊代並調整結構權重來最大化「X 和 Y component 配對（pairs）分數」的關係強度，促使依變數（dependent component）的解釋變異數達到最大。

請注意，當作此路徑加權方案的替代框架（scheme），不同演算法會用不同 factor-based 或 centroid-based 的加權方案。譬如：SPSS 和 SAS 中的 PLS 迴歸，則用「基於因子」的加權 scheme。

Step 3   使用結構（outer）權重來調整潛在變數分數的估計值。

Step 4   根據模型是反映性（reflective）還是形成性的（formative）（即，測量單向箭頭的方向），其「潛在變數與其指標變數」相關聯的測量「（外部）權重」的估計法也有所不同。通常，(1) 對於反映性模型，箭頭是潛在變數指向指標變數（indicator variables），測量路徑權重是基於潛在變數的估計值與指標變數之間的共變數。(2) 若模型是形成性，箭頭從指標變數指向潛在變數，則測量路徑權重是基於其指標上潛在變數的迴歸。

當指標變數的測量（外部）權重沒有明顯變化時，以上 4 個 Step 的疊代將停止。最終疊代中，指標變數的權重就是計算潛在變數分數的最終估計值的基礎。且最終的潛在變數分數又被當作 OLS 迴歸的基礎，來計算模型中的最終結構（內部）權重。PLS 演算法的總體結果是，X 的 components 用於預測 Y 的 components 之分數，而預測 Y 的 components 分數用於預測測得的 Y 變數的實際值。此策略意味著，儘管原始

X 變數可能是多重共線性的，但用於「預測 Y」的 X components 將是正交的（聯立方程式是互為獨立）。同樣，X 變數可能為遺漏值，但是每個 X components 上的每種情況都會有一個計算分數。最後，由於在預測中只使用很少的 component（通常是 2 個或 3 個指標），因此即使原始 X 變數比觀察值更多，也可以計算 PLS 係數（儘管在更多情況下結果更可靠）。相反，這 3 個條件中的任何一個（多重共線性、遺漏值、與變數數量有關的案例太少）都可能使傳統的 OLS 迴歸估計不可靠或不精確。通用、廣義線性模型族中其他程式的估計也是如此。

圖 1-4 為 PLS 演算法的流程圖。

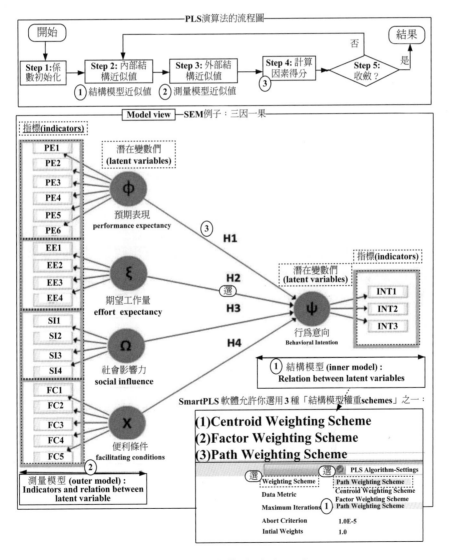

圖1-4　PLS演算法的流程圖

　　偏最小平方法（PLS）由於其總體策略，又稱「潛在結構 projection」，如圖 1-5
所示。但是請注意，可能存在一個以上 X 成分（component）與一個以上 Y 成分，並
且將這些成分連接到其指標（indicators）的「單箭頭」方向。若是圖 1-5「單方向」
箭頭則是反映性測量，反之則是形成性測量（1-4-8 節將討論反映性與形成性建模）。

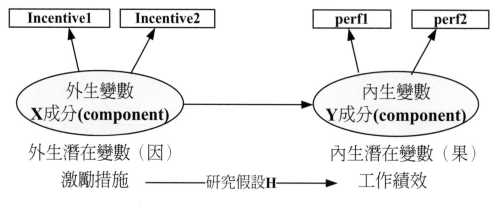

圖1-5　PLS是「Projection（投影）to Latent Structures」之示意圖

定義：外生變數（exogenous variable），即迴歸模型的自變數，可以是一個以上經
濟分析，模型外「決定出的變數」，早在分析前已定，外生變數是模型的已知條
件，如同迴歸方程式的自變數。

通常，外生變數都能由政策控制，並以它當作政府實現政策目的的變數。故外生
變數又稱「政策性變數、自變數」，因為在經濟機制中受**外部因素**「政策因素」
影響，而由非經濟體系內部因素所決定的變數。

定義：內生變數（endogenous variable），即迴歸模型的自變數，可以是一個以上
內生變數所對應迴歸模型的依變數，為模型想討論的對象（目的），也屬於**模型
內**決定出的變數，它在分析前是未知（unknow），即分析完後才能確知的變數，
會受到外生變數的影響。

廣義說，任何一個（風險）系統（或模型）都會存在許多變數，其中自變數和依
變數統稱為內生變數；相對地，已知（給定）條件存在的變數，謂之外生變數。

1-4 模型

　　PLS-SEM 模型分析分為量測模型評估以及結構模型評估 2 個部分，而量測模型評估又可依構面組成方式，分為反映性量測模型（reflective measurement model）與形成性量測模型（formative measurement model）兩類。

　　PLS 之資料分析操作程序有 3 項：(1) 建立研究結構模型。(2) 檢測與修正並完成研究結構模型。(3) 進行研究結構模型的驗證與解釋動作（如：信效度檢定、R^2 說明、路徑係數說明等）。

一、模型（model）是什麼？

　　我們常聽到研究者提出某一研究「模型（model）」，來表示欲研究變數群之關係及架構。所謂模型是指對一個系統的表達，包括這個系統內的物件、行為及功能的描述，其目的是研究該系統某一層面或全體。基本上，模型與理論是不同的，理論旨在解釋某種現象，而模型則是表達某一系統中一些現象的關係，模型可算是理論的分身。研究者是可用某一模型來描述、解說或模擬該系統對外部刺激所產生的反應。研究模型可以用數學函數、結構形式或符號來建構，自然科學所建構的模型不一定需要有理論基礎，亦即可用於實務性研究或理論性研究，譬如：存貨模型、等候模型，都是以解決實務問題為主，它們是屬非理論性的研究。但一連串相關理論所形成的系統卻可以用模型來表達。

　　社會科學中，所謂模型或建模（model, modeling）意指：

1. 概念模型（conceptual model），使用一般規則和概念的系統的表示。
2. 科學模型（scientific model），對物理系統的簡化和理想化理解。

　　易言之，模型是用來表示欲研究變數群的關係與架構。在調查研究中，研究者感興趣的是有哪些變數及它們之間的關係，而研究模型不僅可以表示變數的輪廓，並協助假設的建立，故模型在研究的規劃、組織及結論報表上，均可提供很大的幫助。

　　在設計模型時，我們應該注意的事項包括：

(1) 變數之間關係的確實觀察與掌握。
(2) 注意使用不同性質的變數，包括自變數、依變數、外生（extraneous）變數（如 2SLS）、中介（intervening 或 medicate）變數、干擾（moderator）變數等。至於如何分析？請見作者著作《多層次模型（HLM）及重複測量：使用 SPSS 分析》、《多變量統計之線性代數基礎：應用 SPSS 分析》、《有限混合模型（FMM）：

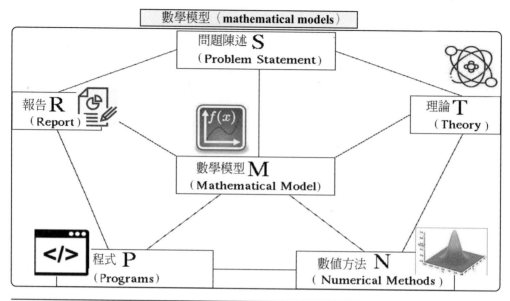

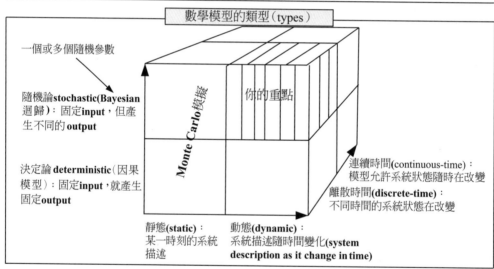

圖1-6　數學模型（mathematical models）

STaTa 分析（以 EM algorithm 做潛在分類再迴歸分析）》、《高等統計：應用 SPSS 分析》等書。

(3) 社會科學研究模型，其背後的理論基礎要清楚交代。

　　模型的定義有下列 2 種：(1) 模型是許多資料來源與假定之間持續對話的組織工具。(2) 模型可將我們從不同情境（人、事件、地區、對象）、不同期間對個體或社會群組所觀察到的模態（pattern）做動態現象的彙總。

二、PLS-SEM 模型

PLS-SEM 模型優於 CB-SEM 的另一優點，就是它能混合使用反映性測量模型（factor model）及形成性測量模型（composite model），如圖 1-7。

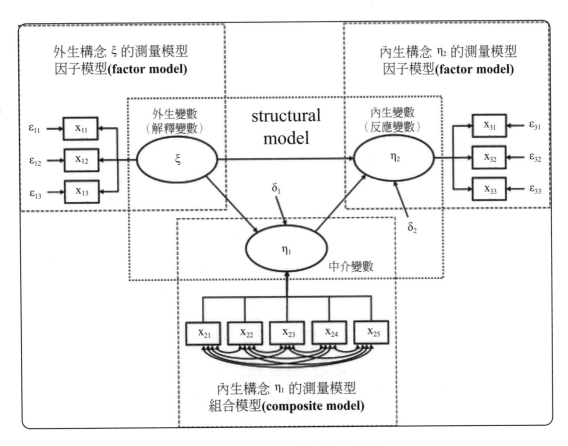

圖1-7 PLS-SEM模型之示意圖

【反映性（**reflective**）≠ 形成性（**formative**）指標，兩者可混著用】

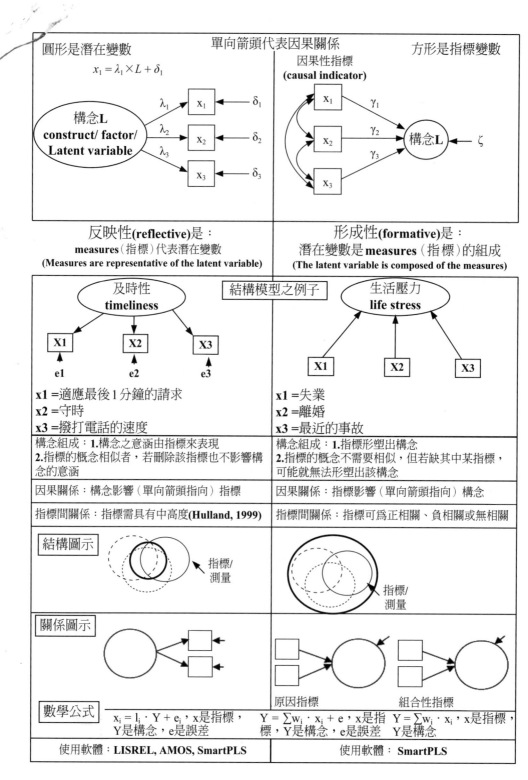

圖1-8 反映性（reflective）≠形成性（formative）

三、PLS 模型之理論基礎、特性分析

　　PLS-SEM 的模型架構包括：(1) 結構模型（structural model）或稱內部模型（inner model）、(2) 測量模型（measurement model）或稱外部模型（outer model）。測量模型又分成：外生潛在變數（exogenous latent variables）的測量模型，稱為形成性測量模型（formative measurement model）（SmartPLS 稱為 Model A），與內生潛在變數（endogenous latent variables）的測量模型，稱為反映性測量模型（reflective measurement model）（SmartPLS 稱為 Model B）。圖 1-9 顯示一種可能的結構（Hwang, Sarstedt, Cheah, & Ringle, 2019），其中，(1) 測量 Model A 部分包括：形成性構念（Y1 和 Y2）與形成性指標（formative indicator 或 causal indicator，X1～X4）。(2) 測量 Model B 部分包括：反映性構念（Y3）、組合性構念（Y4）、反映性指標（reflective indicator 或 effect indicator，X5～X7）和測量誤差（Z5、Z6）。(3) 結構模型是表示潛在變數（即構念 Y1～Y4）之間的影響關係。前述 Model A 類似主成分分析（≒ composite model，加權組合），Model B 類似因素分析（≒ common factor model, component-based）。(4) 構念 Y3 的測量變數有測量誤差，構念 Y4 的測量變數無測量誤差。其對照 CB-SEM 的類似模型，可以得知 PLS-SEM 當可處理：形成性測量變數與形成性構念的路徑模型（即圖 1-9 Model A 部分），此為其比 CB-SEM 好的地方。圖 1-9 的 PLS-SEM 路徑模型結構亦適用於說明 GSCA-SEM。

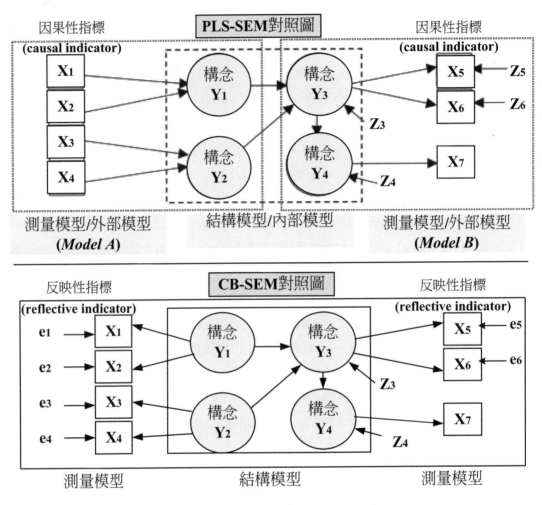

圖1-9　PLS-SEM與SEM路徑模型可能結構之對照

　　上圖顯示 PLS-SEM 比 CB-SEM 更能有效處理形成性構念。就理論觀點，構念類型至少有 5 類（Hair Jr. et al., 2017），包括：反映性構念（reflective construct）、形成性構念（FC）、潛在因素型構念（latent multidimensional construct, LMC）、主成分型構念（component multidimensional construct, CMC）、合併型構念（aggregate multidimensional construct, AMC）、組合型構念（profile multidimensional construct, PMC），再加上雙因素分析（bi-factor analysis）形成雙因素型構念（dual factorial construct, DFC）（Jennrich & Bentler, 2011），形成性構念若不存在測量誤差，及其測量指標將構成組合性模型（composite model）（Henseler, Ringle, & Sarstedt, 2016）。對此，可將該構念稱為組合型構念（composite construct, CC），而由單一

題項（single item）能構成單題反映性構念（single-item reflective construct, SIRC）和單題形成性構念（single-item formative construct, SIFC）（Fuchs & Diamantopoulos, 2009）。據此可得 5 類單維度構念和 5 類多維度構念共 10 類，其中，組合型構念（PMC）CB-SEM 無法分析，僅能個別分析其維度構念，需要注意其與 PLS-SEM 論述提到的組合模型（composite model）並不相同。大體上這些構念皆可以 PLS-SEM 分析，而 CB-SEM 僅適合分析，不包括形成性指標的 RC、LMC、DFC、PMC、SRC 等類構念。

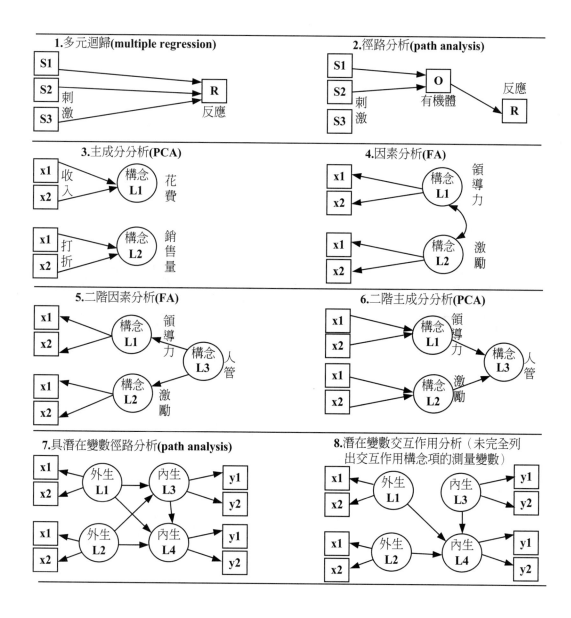

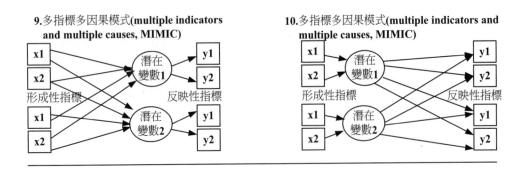

圖1-10　PLS-SEM分析模型類型之例子一

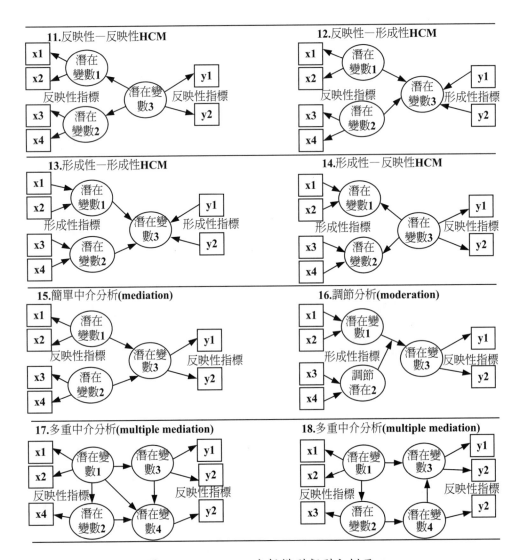

圖1-11　PLS-SEM分析模型類型之例子二

第 13 章專門講：「Reflective-reflective」、「Reflective-formative」高階構念，如何界定及評估。

1-4-1 模型：分析程序和模型品質評估（整體適配、測量適配、結構適配、交叉驗證）

SmartPLS 3 模型適配度，有：R^2、Q^2、f^2、SRMR、d_ULS、d_G、Chi-Square、NFI、rms_Theta（均方根 root mean square）等指標。

一、模型理論基礎和特性分析

最初，Wold 在 1960 年代開發的偏最小平方法（PLS）是一種通用方法，指在任意數量的變數（潛在變數）「塊 blocks」之間建模因果路徑，它有點類似基於共變數的結構方程模型（covariance-based SEM），CB-SEM 是另一統計數據的議題。PLS 迴歸模型是 PLS-SEM 模型的子集，它只有 2 個變數塊：independent block 和 dependent block。SPSS 和 SAS 早已提供 PLS 迴歸模型。但對於更複雜的路徑模型，則必須使用專門的 PLS 軟體，其中，SmartPLS 是最出名的軟體，坊間其他 PLS 軟體，尚有 PLS regression modeling using Stata（外掛指令 plssem）、PLS regression modeling using SAS（指令 proc pls）等。

二、PLS 分析程序和模型品質評估

表1-3　CB-SEM、PLS-SEM理論基礎和特性之比較（葉連祺，2020）

	PLS-SEM家族	CB-SEM家族
提出者	Wold, 1974, 1982	Jöreskog, 1970
類型	variance-based SEM(VBSEM), composite-based SEM, component-based SEM, PLS-SEM	covariance-based SEM(CB-SEM), factor based SEM, ML-SEM
模型構成性質	結合主成分分析和樣本外（out-of-sample）預測能力分析	結合因素分析和迴歸分析
參數估計目的	一致最大化，最大化測量變數或潛在變數間的解釋變異量（explained variability）	一致化，精準估計參數使得實證資料共變數矩陣和模型衍生共變數矩陣儘量接近（close）
數學公式	$z = C\gamma + \varepsilon$ 反映性測量模型 $\gamma = Hz + \theta$ 形成性測量模型 $\gamma = B\gamma + \zeta$ 結構模型	$x = \Lambda x\xi + \delta$ 測量模型 $y = \Lambda y\eta + \varepsilon$ 測量模型 $\eta = \eta + \Gamma\xi + \zeta$ 結構模型

表1-3　CB-SEM、PLS-SEM理論基礎和特性之比較（葉連祺，2020）（續）

	PLS-SEM家族	CB-SEM家族
參數估計方法	partial least squares(PLS), Consistent PLS(consistent partial least squares, PLSc), Ordinal PLS(OrdPLS), ordinal consistent PLS(OrdPLSc), modified PLSc, extended PLS, Weighted PLS(WPLS), Weighted OLS(WOLS), Weighted consistent PLS(WPLSc), Robust PLS, Robust PLSc 等	Instrumental Variable(IV), Maximum Likelihood(ML), two-stage least squares(TSLS 或 2SLS), Generalized Least Squares(GLS), Elliptical Distribution Theory(EDT), Unweighted Least Squares(ULS), Weighted Least Squares(WLS), Diagonally Weighted Least Squares(DWLS), Robust Maximum Likelihood(RML), Full Information Maximum Likelihood(FIML), Reweighted Least Squares(RLS) 等
全體參數估計（global optimization function）	不是	是
模型設定的選項	loadings, path coefficients, component weights	loadings, path coefficients, error variances, factor variances and/or means
分析目的	探索或預測（predictive）	驗證為主，探索為輔
完整模型構成	測量模型（外部模型）和結構模型（內部模型）	測量模型和結構模型
構念—變數分析	形成性指標和構念、反映性指標和構念	反映性指標、反映性構念
模型複雜度	高複雜，可 >100 個 MVs	小或中度複雜度，通常 <100 個 MVs
分析用途	預測關鍵的最終依變數（target constructs）、確認關鍵性預測變數（driver constructs）、了解變數預測彼此關係、建構並考驗新模型或擴展舊模型好壞	理論檢測（testing）、理論驗證、比較對立理論（alternative theory）、考驗已知模型良莠不齊
適用情境	結構模型有：形成性構念、調節變數或階層成分模型（HCM, 第 13 章）、**結構模型複雜**（如構念數≥ 5、眾多路徑影響關係）、測量模型複雜（如各構念包括測量變數 ≥ 6）、**小樣本**（如≤ 100）、眾多測量變數（如≥ 40）、分析資料為非常態分布（如高度偏態）、後續分析將使用潛在變數分數（第 13 章）、測量（或潛在）變數**非同質性**（第 8 章）、使用次級資料就須效果量單位「R^2、f^2」（見作者《Meta 分析》一書）	需設定誤差項、需要整體模型適配評估、結構模型有循環關係（circular relationship）、分析資料必須是**常態分布**型態

【反映性（reflective）≠形成性（formative）指標，兩者可混著用：分析流程】

　　PLS-SEM 可處理形成性構念（構面）或反映性構念，因為這兩者構念性質的差異，所以要分別處理，其一般分析程序大略包括 8 個階段：界定結構模型、設定測量模型、收集和檢查資料、估計 PLS 路徑模型、評估是採用：反映性測量模型或形成性測量模型〔請見第 4 章：驗證式四分差分析（CTA）〕、評估結構模型（路徑係數 t 值）、高階 PLS-SEM 分析（第 13 章）、解釋和提出結論（Hair Jr. et al., 2017; Hair Jr. et al., 2018）。至於分析需求（如最低樣本數、變數特性等）和一般分析流程（Akter et al., 2011; Hair Jr. et al., 2018）整理成表 1-4「一般分析流程」（Hoyle, 2015）。

表1-4　PLS-SEM和CB-SEM分析需求和分析程序之比較（葉連祺，2020）

	PLS-SEM家族	CB-SEM家族
資料類型	計量、準計量（次序）和類別量尺	計量、準計量和類別量尺
樣本分布	具有彈性（無母數）	符合多元常態分布
樣本數	最少要求 30～100 個樣本，或 10 倍法則並配合效果量（effect size）估算合理樣本數	最少要 >100 個樣本，建議 300～500 個樣本
遺漏值	NIPALS 演算法	以最大概似法插補
構念所需變數	≥1 個測量變數	≥1 個測量變數
模型辨識	只要是遞迴路徑就可以	一般 LV 需 >3 個 MVs
顯著性檢定	Jackknife or bootstrapping	所有估計參數均有
信效度評估	形成性指標處有	有
理論需求	探索及解釋性研究，無需統計理論基礎	充分的理論基礎，來支持驗證式研究
測量模型	多階測量模型	二階測量模型
模型適配度	GoF（1 種）	約 25 種
最佳化形式	局部模型疊代	整體模型疊代
參數估計一致性	大樣本才有一致性，故 SmartPLS 另提供 consistent PLS（PLSc）演算法	有一致性
因素分數	明確估計	無特別估計
變數性質	形成性或反映性變數	只限反映性變數
構念性質	形成性或反映性構念	只限反映性構念
模型構成	可眾多變數和眾多構念	適當變數和構念
軟體所需資料	僅可輸入：原始資料（.csv 檔或 .txt 檔）	原始資料，共變數矩陣，相關係數矩陣

表1-4　PLS-SEM和CB-SEM分析需求和分析程序之比較（葉連祺，2020）（續）

	PLS-SEM家族	CB-SEM家族
一般分析流程	1. 界定結構模型 2. 設定測量模型 3. 收集和檢查資料 4. 估計路徑模型（PLS 法） 5. 評估整體適配（反映性模型適用） 6. 評估測量模型 　評估採用：反映性模型或形成性模型〔第 4 章：驗證式四分差分析（CTA）〕 7. 評估結構模型 8. 進階 PLS-SEM 分析 9. 解釋分析結果	1. 設定結構模型 2. 設定測量模型 3. 收集和檢查資料 4. 估計路徑模型（ML 法或其他） 5. 評估模型適配（model fit） 　5a. 評估整體適配（overall fit） 　5b. 評估測量模型 　5c. 評估結構模型 　5d. 評估考驗力（power） 6. 修正模型（model modification） 7. 進階 SEM 分析 8. 解釋分析結果
反映性測量模型評估流程	評估指標信度（負荷量）→評估指標內部一致性信度（ρ_C, ρ_A）→評估模型收斂效度（AVE）→評估模型區別效度（HTMT）	評估指標顯著性和信度（負荷量）→評估指標內部一致性信度（ρ_C）→評估模型收斂效度（AVE, ρ_V）
結構模型評估流程	評估模型收斂效度→評估模型共線性（VIF）→評估指標權重顯著性和關聯性→評估構念共線性→評估構念關係路徑顯著性和構念關聯性→評估關係路徑 R^2→評估 f^2 效果量→評估預測關聯性 Q^2（Q-square）→評估 q^2 效果量	評估構念關係路徑顯著性→評估關係路徑 R^2

　　SmartPLS 印出「Total」cross-validated redundancy：Q^2 與 f^2，請見圖 3-34 Blindfolding 的輸出：構念的 cross-validated redundancy（Total Q-squared：結構模型的品質）。效果量 f^2 例子，可參見圖 11-7「Quality Criteria」的 f Square 結果表。

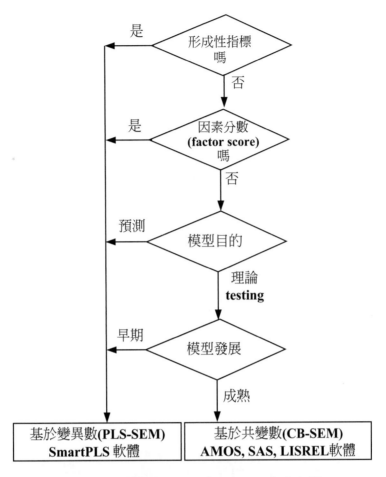

圖1-12　選擇PLS-SEM或CB-SEM之流程圖

　　根據前述說明可知，PLS-SEM 分析反映性或形成性測量模型有不同品質評估做法，兩者的評估重點和項目不盡相同（Hair Jr. et al., 2017; Sarstedt et al., 2017; Sarstedt et al., 2014），可見下圖一般流程的說明，大致包括：思考基本條件、評估整體模型、評估測量模型、評估結構模型、查核測量和結構模型韌性（model robustness check）：穩健性（不易受極端值影響模型）、解釋和報表分析結果等部分，其中，測量模型穩健性（你該選反映性或形成性？）查核法可用第 4 章 CTA-PLS 來確認該採取形成性構念或反映性構念模型，而結構模型韌性查核旨在檢查非線性（e.g. 第 11 章：二次方效果）、內生性（endogeneity）、異質性〔heterogeneity，第 8 章多群組分析（MGA）〕（Hair Jr. et al., 2019; Sarstedt et al., 2020）。

　　如圖 1-13 所述，一般分析流程所提到的評估指標及其判斷標準，將於後續討論。至於 PLS-SEM 應用「樣本放回再重複抽樣」bootstrap 法（Streukens & Leroi-

Werelds, 2016）、PLS 估計參數（Henseler & Sarstedt, 2013）、單題構念（single-item construct）選擇、形成性指標項取捨、形成性指標使用 VIF 做共線性評估、以 HTMT 考驗區別效度（discriminant validity）、考驗測量變數負荷量（loading）關聯性、進行 MICOM 考驗測量模型不變性（measurement model invariance）、進行一致性 PLSc 分析（Hair Jr. et al., 2017）、進行 PLS-POS 分析、進行 FIMIX-PLS 分析、進行 IPMA 分析（Hair Jr. et al., 2018）、進行調節效果分析（moderation analysis）（Henseler & Fassott, 2010）、進行中介效果分析（Hair Jr. et al., 2018）等分析流程，詳情可見相關論述，在此不贅述。

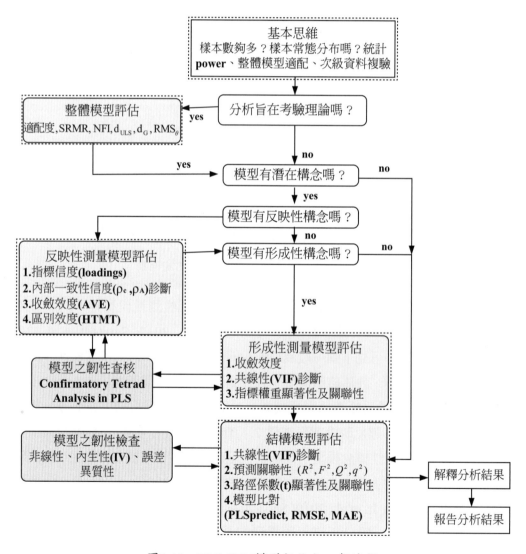

圖1-13　PLS-SEM模型評估之一般流程

模型品質的評估，旨在確保整體模型適配或預測力 R^2（overall model fit）、測量模型良窳、結構模型良窳，而結構模型和測量模型良窳旨在確保有信度高、區別效度高、收斂效度佳，對這些觀點／論述所提 SEM 評估模型適配指標頗多（Bagozzi & Yi, 2012; Hair Jr. et al., 2014; Jöreskog & Sörbom,1993; Jöreskog, Sörbom, & Du Toit, 2001; Schreiber, 2017），如表 1-5 所示。其中，PLS-SEM 偏重良好的測量模型和結構模型之確保，相對地 CB-SEM 較偏重整體模型適配（GoF）。

基於 PLS-SEM 分析目的，多數聚焦在預測（prediction）功能，通常，它不需要整體模型適配；相對地，若分析旨在考驗理論（theory testing），下表就有彙整：各指標之評估準則（Hair Jr. et al., 2017, p.193）。彙整各論述（Akter et al, 2011; Avkiran, 2018; Chin, 2010; Götz et al., 2010; Hair Jr. et al., 2017; Hair Jr. et al., 2019; Henseler et al., 2017; Usakli & Kucukergin, 2018）整理成表 1-6 摘要表，包括：overall goodness of fit（GoF）、GoF_{rel}、SRMR、NFI、d_{ULS}、d_G、RMS_{theta}（均方根 root mean square）、HTMT 等準則，其中 GoF、GoF_{rel} 由於研究發現僅適用於某些條件（Henseler & Sarstedt, 2013），故 SmartPLS 軟體就不提供該評估指標分析值。

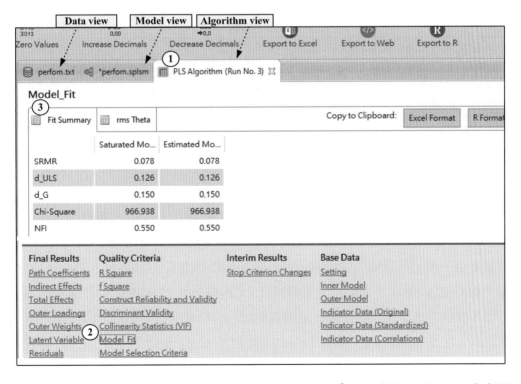

圖1-14　SmartPLS印出「SRMR」（Model Fit含d_{ULS}、d_G、χ^2、NFI指標）（perfom專案檔）

表1-5　PLS-SEM和CB-SEM模型品質評估指標之比較

	PLS-SEM家族	CB-SEM家族
1. 整體模型		
模型適配	適用驗證性分析時：GoF, GoF$_{rel}$, SRMR（上圖）, NFI, d$_{ULS}$, d$_G$, RMS$_{theta}$（均方根 root mean square）, Com, Red, χ^2（上圖）	χ^2, χ^2/df, NCP, rescaled NCP, SNCP, GFI, AGFI, RMSEA, RMR, SRMR, WRMR, CN, NFI, NNFI 或 TLI, IFI, CFI, RNI, AIC, CAIC, ECVI, CVI, PGFI, PNFI, PCFI, BIC, ABIC 或 SABIC, BCC 等
模型修正法	無	MI, EPC, SEPC, D^2（χ^2 difference test）
模型交叉驗證（cross validation）	Q^2（Q-square）、f^2 效果量（effect size）	交叉驗證指標（cross-validation index, CVI）, ECVI
2. 測量模型		
模型品質	路徑顯著（t 值及 p 值）、R^2 值	路徑顯著（$p < .05$）
某構面之信度	組合信度 ρ_c, ρ_A, α 係數	ρ_c, α 係數
構面收斂效度	AVE, R^2	AVE(ρ_v)
所有指標的區別效度（下圖）	Fornell-Larcker criterion 準則：HTMT（下圖）	無
指標的共線性	容忍值（tolerance）、變異數膨脹因素（VIF）、條件指標 CI、相關 r	
3. 結構模型		
模型品質	路徑顯著（$p < .05$）、$R^2, R^2_{adj}, f^2, D,$ Q^2, q^2	路徑顯著（$p < .05$）、R^2
共線性診斷	變異數膨脹因素（VIF）	

至於 PLS-SEM 及 CB-SEM 的評估指標、中譯名稱和決斷準則，再彙整成下列 4 個表（表 1-6～表 1-9）。整體而言，共變數為主的 CB-SEM 家族發展較為成熟，偏微分最小平方法的 PLS-SEM 家族則日漸受大家歡迎。其中，基於 PLS-SEM 和 GSCA-SEM 參數估計方法也異於 CB-SEM，許多適用於評估 SEM 的評估指標並無法移植應用，得另外建構評估指標，就已知評估指標數量，明顯 PLS-SEM 少於 CB-SEM，而 GSCA-SEM 更是稀少。整體而言，CB-SEM、PLS-SEM 兩者適用的品質評估指標和評估方法不能相提並論，這與其採用的分析理念、參數估計方法等方面明顯差異有關。此外，SmartPLS 尚有「consistent PLS Algorithm」優點，其分析結果等同 CB-SEM（SAS, AMOS, LISREL）結果，故進行模型品質評估可首選 PLS-SEM。

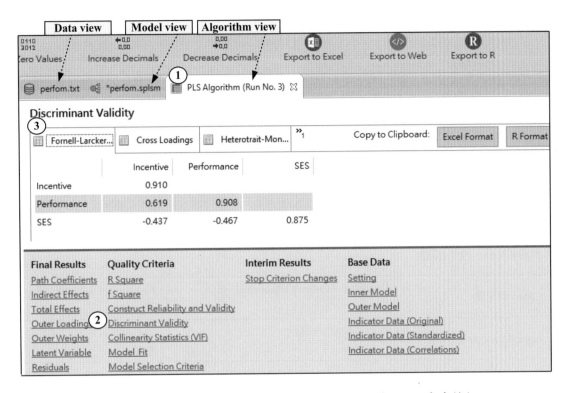

圖1-15　SmartPLS印出Fornell-Larcker Criterion（perfom專案檔）

表1-6　整體模型適配度：PLS-SEM分析之品質評估指標及其判斷標準

品質評估之名稱	品質評估指標之類型	判斷標準值
適配度指標	GoF (goodness of fit index)	低度 >0.1, 中度 >0.25, 高度 >0.36
關聯適配度指標	GoF_{rel} (relative goodness of fit index, relative GoF)	低度 >0.1, 中度 >0.25, 高度 >0.36
標準化均方根殘差	SRMR(standardized root mean square residual)	低度 <0.05, 中度 <0.08, 高度 <0.10, <95% 信賴區間上界值
未加權最小平方法變異數	d_{ULS} (unweighted least squares discrepancy)	越小越好，接近 0 為佳，<95% 信賴區間上界值
地理差異	d_{G} (geodesic discrepancy)	越小越好，接近 0 為佳，<95% 信賴區間上界值
正規化適配指標	NFI (normed fit index)	>0.90
卡方值	χ^2	越小越好，p<.05 為佳
誤差相關均方根	RMS_{theta}(root mean square residual covariance)	越小越好，接近 0 為佳，<0.12 佳

表1-7　測量模型適配度：PLS-SEM分析之品質評估指標及其判斷標準

品質評估之名稱	品質評估指標之類型	判斷標準值
反映性指標（變數）負荷量	reflective indicator loading	≥ 0.708
平均共同性指標	Com（average communality index）	
平均重疊指標	Red（average redundancy index）	
Dijkstra-Henseler 信度	ρ_A（Dijkstra-Henseler's rho_A）（用下圖）	>0.7
Cronbach's 信度 α 係數	Cronbach's α（如下圖）	>0.7; 0.6～0.9 可接受
Dillon-Goldstein 信度、組合信度、組合信度係數、組成信度	組合信度 ρ_c（Dillon-Goldstein's ρ, composite reliability）	要 >0.7；<0.6 欠佳，0.6～0.7 可接受，0.7～0.9 佳，>0.9 不佳
預測相關性、預測適宜度	Stone-Geisser's Q^2（predictive relevance Q-square）	>0.5
Cohen 效果量	f^2 效果量（Cohen's effect size）	弱 >0.02，中度 >0.15，強 >0.35
Fornell-Larcker criteria	Fornell-Larcker 準則	因素的 AVE> 其他全部因素的 R^2
異質─單質比（下圖）	HTMT（heterotrait-monotrait ratio of correlations）	相同構念 <0.9，不同構念 <0.85
信賴區間	HTMT CI	HTMT 不可包含 1
平均變異數萃取量	AVE（average variance extracted）（如下圖）	≥ 0.5
變異數膨脹因素	VIF（variance inflation factor）	<5 或 <3
容忍值	TOL（tolerance）	>0.2
	指標項權重（weight）或 loading（如下圖）	>0.7，其 bootstrap 考驗的 p<.05
共線條件指數	CI（condition index）	>100 嚴重共線，<100 且 >30 中至高度

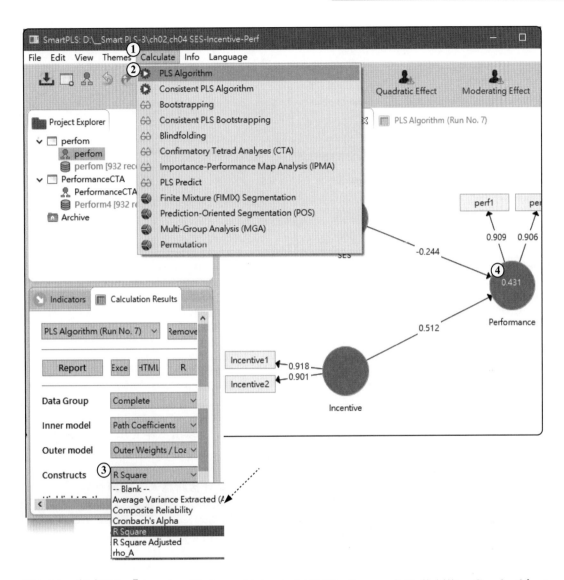

圖1-16 印出LVs「Average Variance Extracted (AVE), Composit Reliability, Cronbach's α, R-Square, R-Square Adjusted, rho_A」（所有內生變數）

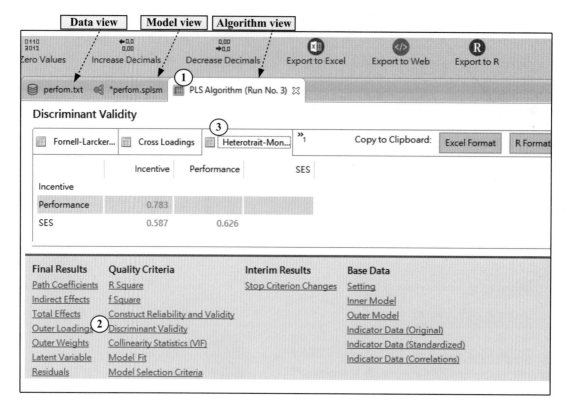

圖1-17　SmartPLS印出「Heterotrait-Monotrait Ratio（HTMT）」異質—單質比率（區別效度）

表1-8　結構模型適配度：PLS-SEM分析之品質評估指標及其判斷標準

品質評估之名稱	品質評估指標之類型	判斷標準值
變異數膨脹因素	VIF（variance inflation factor）$= \dfrac{1}{1-R^2}$	介於 0.2～5 佳，通常要 < 0.3
path coefficient	路徑係數	$\lvert t \rvert$ 值 > 1.96（對應 p < 0.05）
調整的複相關 R^2	Q^2_{adj}（adjusted coefficient of determination）	越大越好
Cohen f^2 效果量	f^2（Cohen's effect size）	越大越好，> 0.35 大，> 0.15 中度，> 0.02 小
遺漏距離	D（omission distance）	5～10 為佳
預測相關性	Q^2	要 > 10 > 0 小，> 0.25 中度，> 0.5 大
q^2 效果量	因果模型之效果量 q^2（effect size）	越大越好，> 0.35 大，> 0.15 中度，> 0.02 小
構念相關	r	<0.7 或 <0.6

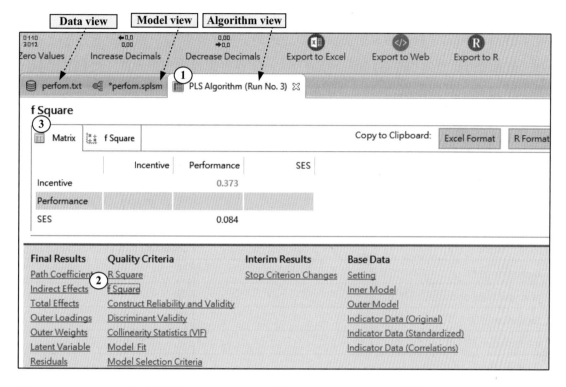

圖1-18　SmartPLS印出模型Quality Criteria「f Square」（perfom專案檔、Quadratic effect 專案檔）

表1-9　交叉驗證（cross validation）：PLS-SEM分析之品質評估指標及其判斷標準

品質評估之名稱	品質評估指標之類型	判斷標準值
預測相關性、預測適宜度	Q^2（或 R^2、f^2）	$Q>10$，$r>0$ 相關小，$r>0.25$ 中度，$r>0.5$ 高相關

三、SEM 基礎和進階應用分析

PLS-SEM 發展迄今，已衍生眾多分析方法，提升其可適用分析議題和品質，彙總各家論述（Afthanorhan et al., 2015; Hair Jr. et al., 2014; Hair Jr. et al., 2017; Hair Jr. et al., 2018），所彙整其基礎和進階分析的分析方法如表 1-10。另檢視 SEM 的發展成果（Byrne, 2012, 2016; Jöreskog et al., 2016; Marsh et al., 2020）和有關 GSCA-SEM 發展成果的論述（Hwang et al., 2007; Hwang & Takane, 2015; Hwang et al., 2017; Hwang et al., 2007; Ryoo et al., 2016）作為對比，見表 1-11 所示。顯然，SEM 發展已臻成熟，

目前可用分析方法最多，次之為 PLS-SEM（日受歡迎），GSCA-SEM 則相對較少。PLS-SEM 除可滿足教育領導研究領域對於因素分析、徑路分析等基礎性分析的需要外，在進階分析部分也能提供頗多分析方法，如多群組分析（第 8 章）、調節變數分析（第 12 章）、高階構念分析（第 13 章）等，都能滿足行銷界等研究的需求。

表1-10　PLS-SEM、CB-SEM可用基礎和進階分析方法之比較

類別	CB-SEM	PLS-SEM
1. 基礎分析		
Regression 分析	可	PLS regression（PLS-R）
徑路（path）分析	可	可
因素（factor）分析（FA）	可，item factor analysis	consistent PLS（PLSc）, PLSe2
composite 分析		可
principal component 分析（PCA）		可
mediation 分析	可	可
moderation 分析	可	可
2. 進階分析		
bi-factor analysis	可	可
moderated mediation 分析	可	可
mediated moderation 分析	可	可
state space modeling	可	
multi-group 分析	可	PLS-MGA
measurement invariance	可	MICOM
compare group mean	可	可
confirmatory tetrad 分析（CTA）	可（Stata）	CTA-PLS（SmartPLS）
longitudinal 分析	可	可
latent class 分析	可	FIMIX-PLS, PLSTPM, REBUS-PLS, PLS-GAS, PLS-POS, PLS-IRRS, PLSPATHMOX
latent growth curve 模型	可	可
multitrait-multimethod（MTMM）分析	可	
multilevel modeling	multilevel SEM（MSEM）	multilevel partial least squares（MLPLS）

表1-10　PLS-SEM、CB-SEM可用基礎和進階分析方法之比較（續）

類別	CB-SEM	PLS-SEM
importance-performance map analysis（IPMA）	可	可
cross-validated predictive ability test（CVPAT）		可
3. 衍生分析方法	nonlinear SEM, Bayesian SEM, meta analytic SEM（MASEM）, genome-wide SEM（GW-SEM）, Regularized SEM（RegSEM）, exploratory SEM（ESEM）, SIMulated SEM, Set-ESEM, Genomic SEM, spatial SEM, Longitudinal SEM, semi-confirmatory SEM, FAC-SEM	PLS genetic algorithm segmentation（PLSGAS）, nonlinear PLS-SEM, PLS predict, factor-based PLS-SEM（PLSF-SEM）, partial least square structural equation modelling-artificial network（PLS-SEM-ANN）
4. 結合其他分析方法	TOPSIS, AHP, Meta analysis	DEMATEL, DEA, BPNN, necessary condition analysis（NCA）, meta analysis, grounded theory, AHP

註：上述SEM、「TOPSIS, AHP」及Meta analysis，詳情及範例請見作者《模糊多準則評估法及統計》一書。

四、PLS-SEM 可用分析軟體

迄今，已不少可用 PLS-SEM 軟體，包括：

1. 專屬分析軟體，如 LVPLS、PLS-GUI、PLS-Graph、**SmartPLS** (https://www.smartpls.com/)、SIMCA-P、Visual PLS。

2. 通用型分析軟體附加模組，如 XLSTAT、PLSPM、R（有 semPLS、plspm）。

上述軟體所具備分析功能不一，就應用普及性來看，SmartPLS 是 PLS-SEM 的首選，因爲它開放軟體試用 1 個月、軟體功能常更新且易用，除本書外 PLS-SEM 尚有英文專書（Garson, 2016; Hair Jr. et al., 2017; Hair Jr. et al., 2018; Wong, 2019）、期刊論述推介（Kim & Lee, 2015; Sarstedt & Cheah, 2019; Wong, 2016）等書冊來更新 PLS-SEM 分析之新議題。

五、PLS 如何分析 two-stage least squares（2SLS）？

Thomas（2005）認爲，由 Bollen's（1996）的工具變數（instrumental variables, IV）模型實現的 2SLS 與 PLS 相似，它沒有分布要求的限制，在模型界定不正確的

情況下仍然很強健（robust）（不易受極端值影響），且在產生潛在變數方程中的參數估計之一致性更勝一籌。請參閱兩階段最小平方法的 Statistical Associates "Blue Book"。

有關 2SLS 之工具變數（IV），在各種迴歸分析的範例，請見作者《Panel-data 迴歸模型：Stata 在廣義時間序列的應用》一書。

六、PLS 與神經網路分析（neural network analysis, NNA）有何關係？

Hsu, Chen, & Hsieh（2006: 369）在模擬研究中，比較 PLS、SEM 和 NNA 三者，發現 NNA 結果與 PLS 相似。意即，PLS 可取代**神經網路分析**。

有關**神經網路分析**之範例實作，請見作者《機器學習（Lasso 推論模型）：使用 Stata、Python 分析》一書。

1-4-2　PLS 迴歸與 PLS-SEM 模型

圖 1-19 顯示 PLS-regression 模型是 OLS 迴歸或典型（canonical）相關的替代方法。譬如：PLS 迴歸早已用在計量經濟增長模型（Korkmazoglu & Kemalbay, 2012）。Temme, Kreis, & Lutz（2006）透過模擬來比較 OLS 和 PLS 迴歸，發現：「模擬數據的結果與 OLS 迴歸的結果」非常相似。

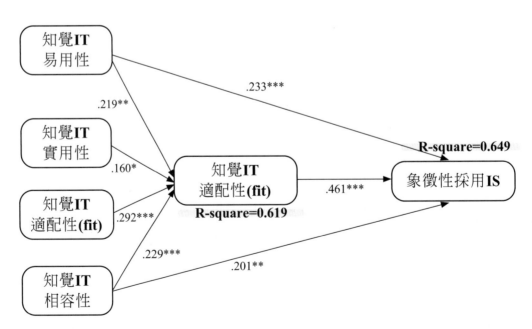

圖1-19　PLS-regression模型之示意圖（≒Import Project form Backup File壓縮檔「ch03 Technology Acceptance Model.zip」）

對比之下，PLS-SEM 模型是路徑模型（path models）的延伸，其中，某些自變數 Xs 會是其他結果變數 Y 的預測變數，而在因果序列中，假設 Xs 是結果 Y 的原因。PLS-SEM 模型是 covariance-based 結構方程模型（傳統 SEM）的替代方法。

早期批評 PLS-SEM 不適合執行結構方程模型（SEM）方法的說法，請參閱 Rönkkö & Evermann（2013），但反對此論點的批評，可參閱 Dijkstra, Sarstedt et al.（2014）。

為了簡單地彙總這種複雜的世代交替，與傳統 SEM 相比，反對派 Rönkkö & Evermann 認為：(1)PLS 的估計較不一致且有偏誤（biased）。此外，(2)PLS-SEM 缺乏**過度認定（over-identification）**的檢定。支持 PLS 派，如 Henseler, Dijkstra, Sarstedt 等人，則認為 Rönkkö 和 Evermann 錯誤地認為 SEM 必須圍繞共同因子（common factors）旋轉，並沒有認清：傳統 SEM 所基於的「結構方程模型比傳統因素分析結構更可提供通用測量模型」（Bollen & Long, 1993: 1）。也就是說，這些學者認為，PLS 應該被視為 SEM 的更一般化形式，支持 composite 模型和 common factor 模型（相反的觀點，請參閱 McIntosh, Edwards, & Antonakis, 2014）。Henseler 等人，開始質疑：共同因子模型的反映性（reflex-like）應用（Rigdon, 2013）。對此表示懷疑的關鍵原因是，大量的實證（empirical）證據都顯示，共同因子模型在應用研究中很少成立（如 Schönemann & Wang 早在 1972 年所指出的），樣本很少會符合整體適配的要求條件。譬如：在 2012 年期間發表的 72 篇文章中，Atinc, Simmering, & Kroll（2012）探討 4 個最出名管理期刊所 tested 一種（或多種）共同因子模型，結果發現：少於 10% 的共同因子模型未被拒絕。

對於研究者而言，composite 因素與共同因子敵對的雙方，都同意「PLS-SEM 模型中的因素與傳統 SEM 模型中的因素含義不同」。因此，前者的係數不一定與後者的係數緊密對應。這與所有統計方法一樣，不是技術「正確」或「錯誤」的問題，而是正確理解「該技術是什麼？」的問題。

1-4-3　模型：X 或 Y 的成分 vs. 共同因子

如上所述，傳統的 variance-based 的 PLS-SEM 只是一種 component-based 的方法（形成性 factor model, component-based），它用「主成分分析（principle components）」來建構潛在變數。PLS 內定使用「(1) 反映性模型」。PLS 與 CB-SEM 都用共同因子（common factors）分析來建立潛在變數。儘管傳統上，將潛在變

數概念化為共同因子，但構念也可能是 component「(2) 形成性模型」，這就是 PLS-SEM 更廣的含義。

(1) 共同因子模型是假定（assume）：其指標變數集之間的所有共變數均由共同因子解釋。在 SEM 中的純共同因子模型中，以圖形／路徑表示，單向箭頭是從因素（factor，構面）指向到指標變數（indicators, measures），且指標之間都沒有直接箭頭和共變數箭頭。

(2) 反映性模型（≒ component-based）中，component factors ≠ 組合因素（composite factors），它具有指標與因素之間關係的更一般模型。具體而言，它未假定：指標變數集之間的所有共變數都由該因素解釋。相反地，也可以透過指標之間的關係來解釋共變數。用圖形／路徑術語來說，共變數箭頭可將每個指標與「其集合中的其他指標」聯繫起來（即指標之間可以有相關）。Henseler, Dijkstra, Sarstedt et al.（2014）指出：composite factor 模型不對同一構念的指標之間的共變數施加任何限制。

　　傳統是基於共同因子的 SEM 來解釋共變數矩陣，包括指標之間的共變數。具體而言，純共同因子模型中，模型所隱含的共變數矩陣，是假定「與自己的集合內或與其他集合中的那些指標相關的共變數為 0」（如路徑圖中不存在連接箭頭所反映）。通常，適配度是根據實際與模型所暗示的共變數矩陣的接近值（closeness）來評估。

　　傳統的 component-based 的 PLS-SEM，並不試圖解釋指標的共變數。Henseler, Dijkstra, Sarstedt et al.（2014: 186）認為：composite factor 模型使同一 block 的指標之間的共變數無法解釋，這意味著這些指標之間的隱含共變數等於 empirical 共變數。

　　總之，傳統 PLS-SEM 中的潛在變數就是 components，在傳統 SEM 中，它們就是共同因子（共同因素）。因此，也可說「PLS-SEM 比傳統 SEM 更通用」，傳統的 SEM 比傳統的 PLS-SEM 更省事（模型中的箭頭更少）。你的數據是適合共同因子模型或適合 component 模型是經驗性（empirical）的問題，答案取決於手頭的特定數據的本質。提倡 composite 因子模型（加權組合）的人，可能會斷言，composite 因子模型在「現實世界」中更為普遍（Bentler & Huang）。在實務上，使用傳統 SEM 的研究者可能會精確地添加連接指標的共變數的箭頭，因為若不轉向為 composite 因子模型就無法獲得良好的適配度（Bentler, 1976）。

　　後面（第 3 章）將談適用於**傳統的 PLS** 演算法：「consistent PLS（PLSc）」演算法與如何結合使用反映性模型（≒ common factor model），而不是與 composite 因子模型結合使用。有關建模中的 components vs. common factor 的討論，請參見

Henseler, Dijkstra, Sarstedt et al.（2014）。對於批評，則請參閱 McIntosh, Edwards, & Antonakis（2014）。

1-4-4 模型：X 或 Y 成分 vs. 加總量表

在社會科學中，通常需要開發 Likert 量表（scales），它是一種潛在變數，只需將 scale 指標做加總（或加權）即可。在 PLS 世界中，這稱為「加總分數法（sum score approach）」。通常，加總分數法會平均權衡每個指標（indicators）。相比之下，PLS-SEM 方法，較高預測效度（predictive validity）的指標會給予較大的權重。

誠如 Dijkstra, Sarstedt et al.（2014）所說：只有當 indicators 與 underlying construct 之間的關係強度不同時，PLS construct scores 就會優於 sum scores 法。若它們沒有變化，任何採用均等加權指標（equally weighted indicators）法則優於 PLS。也就是說，PLS-SEM 假定：指標的變化程度都跟「每種指標所測得的潛在變數」有關。若不是這樣，則最好使用 summation scales。若 SmartPLS 最大疊代次數設定為 0，它就退化成 sum scores 法。

1-4-5 PLS-DA 模型：PLS vs. 區別分析模型

PLS-DA（partial least squares discriminant analysis）模型是指 PLS 區別分析（discriminant analysis）模型。對於依變數／反應變數（Y）是二進制變數（1 = male; 0 = female）或虛擬變數（1= COVID-19 是陽性；0 = 陰性），則 Y 不是連續變數 block 的 PLS 迴歸模型，這些是區別函數分析的替代方法。

偏最小平方區別分析（PLS-DA）是一個多變量的維數，已經流行在化學計量學的領域超過 20 年，並且已經被推薦用於組學數據分析。PLS-DA 在代謝組學與其他綜合組學分析，兩者的化學計量學和組學數據集具有大數、大量的功能、噪音（noise）和遺失的數據。這些數據集通常也比特徵數少很多。

PLS-DA 可以被認為是「主成分分析」（PCA）的「監督」版本，可以實現降維，但要充分了解類標籤（label，類別型依變數）。除了它的維數可還原使用，它亦可適合於被用於特徵選取以及分類用途。

由於 PLS-DA 受歡迎程度的增長，需要注意的是其在區別分析之功用，因為很容易被濫用和曲解。由於很容易產生過度適配，交叉驗證（CV）法，是用 PLS-DA 當作特徵選擇器、特徵分類器。

【PLS 區別效度評估 ≠ 區別分析】

區別效度評估，旨在確保 PLS 路徑模型中，反映性構念與其自身指標（譬如：與任何其他構念相比）具有最強的關係（Hair et al., 2017）。

區別效度評估已成為分析潛在變數之間關係的公認先決條件。對於基於變異數的結構方程建模，譬如偏最小平方法（PLS），常用：

1. Fornell-Larcker 準則；

2. 交叉負荷量（cross loadings）檢查是評估區別效度的主要方法。

Henseler, Ringle & Sarstedt（2015）透過模擬，發現以上 2 種方法，都無法可靠地檢測出區別效度缺乏性。因此，他們另提多特質—多方法（multitrait-multimethod, MTMM）矩陣來評估區別效度：heterotrait-monotrait ratio of correlations（HTMM）。接著 Henseler, Ringle & Sarstedt（2015）透過 Monte Carlo 模擬，發現 HTMM 法不錯，並用 Fornell-Larcker 準則來比較新方法與（partial）交叉負荷量的評估，並提出：有關 variance-based SEM 中如何處理區別有效性問題的指南。

【SmartPLS 中的區別效度評估】

在 SmartPLS 中執行 PLS 或 PLSc Algorithm 時，在「Quality Criteria」部分將印出區別效度之評估結果，包括：

1. Fornell-Larcker準則

範例在「圖 2-36 Fornell-Larcker 區別效度準則（對角線元素 > 左下方的數字）」。

$\boxed{\text{成立條件}}$：構面的平均變異數萃取量（AVE）是否大於該構面與其他構面相關係數的平方。意即，「該構面 $\sqrt{\text{AVE}}$」是否大於「**該構面與其他構面的相關係數**」。

$\boxed{\text{邏輯}}$：相較於其他構面，構面與其下轄的指標分享了更多的變異。

假設有 2 個潛在變數 L_1, L_2，每個潛在變數包含 3 個題項（即指標）：

L_1 包含 X_1, X_2, X_3 三個指標。

L_2 包含 X_4, X_5, X_6 三個指標。

Fornell-Larcker 準則（範例在圖 2-36）。

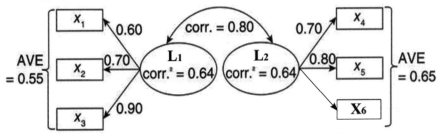

相關係數為0.80，其平方為0.64，代表兩者互相解釋了對方64%的變異

圖1-20 Fornell-Larcker準則（區別效度不成立之情況，因為每個潛在變數的$\sqrt{AVE}$要>LVs之間的相關值）

涉及概念：平均變異數萃取量（AVE）其本身是聚合效度（也叫收斂效度）的一種衡量標準，但它在評估區分效度時也能派上用場。它是潛在構面解釋其指標變異的程度（It is the degree to which a latent construct explains the variance of its indicators）。

　　如圖 1-20，L_1 的平均變異數萃取量便是其 3 個指標（X_1, X_2, X_3）負荷量平方的平均值，因此謂之：平均萃取或平均抽取。公式為：

$$0.55 = \frac{(0.60^2 + 0.70^2 + 0.90^2)}{3}$$

　　L_2 的 AVE 計算不再贅述。L_1 與 L_2 的相關係數 $R = 0.80$，其平方 $R^2 = 0.64$，代表兩者互相解釋了對方 64% 的變異。

　　L_1 解釋了 L_2 的變異為 0.64，而解釋了其指標 X_1、X_3 的平均變異為 0.55、0.55 都 <0.64。假設 L_1 與 L_2 是不同概念，但根據結果並沒有足夠的證據支持它們能夠區分開。故本例中區別效度不成立。

　　譬如：若研究架構有 4 個構面（L_1, L_2, L_3, L_4），採用 Fornell-Larcker 準則來驗證區分效度，可整理成表 1-11，若不看對角線，該表就是潛在變數的相關係數矩陣。

　　對角線上的數值為 AVE 的平方根，如第 1 列的 $\sqrt{AVE_{L1}}$ 代表 L_1 的平均變異數萃取量的平方根，其數值要大於上三角矩陣之相關係數，即 L_1 與 L_2 的相關係數 $Corr_{L1,L2}$、L_1 與 L_3 的相關係數 $Corr_{L1,L3}$、L_1 與 L_4 的相關係數 $Corr_{L1,L4}$。

表1-11　Fornell-Larcker準則之分析摘要表

	L_1	L_2	L_3	L_4
L_1	$\sqrt{AVE_{L1}}$	$Corr_{L1,L2}$	$Corr_{L1,L3}$	$Corr_{L1,L3}$
L_2		$\sqrt{AVE_{L2}}$	$Corr_{L2,L3}$	$Corr_{L2,L4}$
L_3			$\sqrt{AVE_{L3}}$	$Corr_{L3,L4}$
L_4				$\sqrt{AVE_{L4}}$

2. 交叉負荷量（cross-loadings）≒因素分析

範例在「圖2-39 Cross-loadings（交叉負荷量）」。

負荷量（loadings）是問卷之某一題項對「其所屬潛在變數」的貢獻。

交叉負荷量其實就是一個題項對「其他潛在變數」的貢獻，所以叫做「交叉」。

成立條件：指標變數在「所屬構面」的負荷量應大於其「在其他構面」上的所有負荷量。

假設有3個潛在變數 L_1, L_2, L_3，如表1-12，每個潛在變數包含2個指標（題項）。假設：

- L_1 包含 X_{11}, X_{12}
- L_2 包含 X_{21}, X_{22}
- L_3 包含 X_{31}, X_{32}

那麼，X_{11} 對於 L_1 來說叫負荷量（loading 或 item loading），但 X_{11} 對 L_2 來說就不叫負荷量了，而叫交叉負荷量，因為我們預設 X_{11} 是測量 L_1，而不是測量 L_2 的題項。

表1-12　交叉負荷量（cross-loadings）：虛線部分

指標	因素1 L_1	因素2 L_2	因素3 L_3
X_{11}	**0.957**	0.807	0.702
X_{12}	**0.968**	0.835	0.723
X_{21}	0.839	**0.967**	0.587
X_{22}	0.186	**0.459**	0.159
X_{31}	0.788	0.622	**0.896**
X_{33}	0.351	0.260	**0.580**

註：斜對角線上的粗體字即負荷量，其他數字（虛線部分）為交叉負荷量。

3. 異質—單質比率HTMT（heterotrait-monotrait ratio）準則，類似MTMM概念

範例在「圖 2-41 Heterotrait-Monotrait Ratio (HTMT)（異質—單質比率）」。

實務上，學者較偏好使用 HTMT 準則來評估區別效度。若 HTMT 值 <0.90，表示 2 個反映性構念之間已有區別效度，反之則反。

HTMT 就是**特質間相關**（between-trait）與**特質內**（within-trait）相關的比率。它是不同構面間指標相關的平均值相對於相同構面間指標相關的平均值的比值。

圖 1-21 是 質 和 法 的概念。假設模型含 2 個潛在變數 L_1, L_2，每個潛在變數各包含 3 個指標。

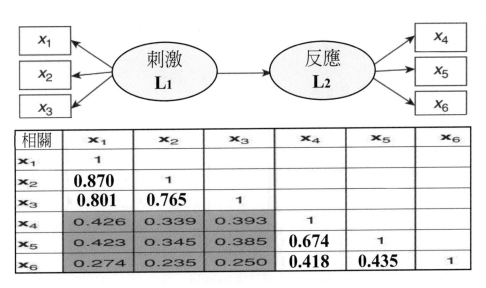

圖1-21　異質—單質比率（HTMT）

質：這裡 L_1 和 L_2 看成是要測量不同的特質（構面），就因為它們是不同的質，故才有 L_1 和 L_2 兩構念。

法：若用 3 個指標 $x_1 \sim x_3$ 代表潛在變數 L_1 的 component，可視為我們用 3 種方法（法）去測量特質 L_1（質）。同樣，用 3 種方法 $x_4 \sim x_6$ 測量特質 L_2。

綜合上述，L_1 和 L_2 是異質（hetertrait），L_1 和 L_1 本身、L_2 與 L_2 本身是同質（monotrait）。測量 L_1 的指標 $x_1 \sim x_3$，與測量 L_2 的指標 $x_4 \sim x_6$ 之間屬於異質異法（heterotrait-heteromethod），$x_1 \sim x_3$ 之間屬於同質異法（monotrait-heteromethod），即用 3 種不同的方法來測量同一個特質 L_1，$x_4 \sim x_6$ 之間也屬於同質異法。

HTMT 的值便等於**異質異法相關**與**單質異法相關**之比值：

$$HTMT = \frac{異質異法相關的平均值}{單質異法相關的平均值}$$

　　圖 1-21，灰色區域是 L_1 的指標與 L_2 指標的相關係數，即異質異法相關（heterotrait-heteromethod correlations）等於灰色區域 9 個數位的平均數，因為每個灰色區域的相關係數都代表異質異法的一個側面，因此平均這些數便得到異質異法相關。

$$\frac{0.426+0.339+0.393+0.423+0.345+0.385+0.274+0.235+0.250}{9}=0.341$$

　　除了灰色區域外，其他數位屬於單質異法，因為它們衡量的是同一個構面，只是方法不同而已。

$$L_1 的單質多法 = \frac{0.87+0.801+0.765}{3}=0.812$$

$$L_2 的單質多法 = \frac{0.674+0.418+0.435}{3}=0.509$$

$$HTMT(L_1,L_2) = \frac{0.341}{\sqrt{0.812\times0.509}}=0.530$$

　　想要區別效度成立，就是要構面之間區別度越大。因此，異質異法相關應該小，因為它們衡量了不同的東西，而單質多法相關應該大，因為它們衡量了相同的東西。即想要區別效度成立，分子應該盡可能小，分母應該盡可能大，那麼整個公式的數值結果應該小。

成立條件：比較保守的 HTMT 臨界值（threshold）為 0.85，兩構面間的 HTMT 不能大於 0.85。若構面概念相似時（如工作滿意度、組織承諾、離職意向），HTMT 的臨界值可放寬到 0.90。所有構面組合中 HTMT 的 bootstrap 信賴區間不能包含 1。

評價：HTMT 的評價方法基於推斷統計採用信賴區間衡量區別效度，故有其優勢，但交叉負荷量與 Fornell-Larcker criterion 兩種方法仍然是主流。

小結

　　SmartPLS 若要獲取 HTMT_Inference 結果，則需要執行 bootstrapping 程序。啟動 bootstrapping 時，選擇「Complete Bootstrapping」選項很重要。然後，在 bootstrapping 報表中的「Quality Criteria」部分中找到 bootstrapped HTMT 準則結果。請注意：在 SmartPLS 3 和更高版本中，HTMT 標準計算與 Henseler, Ringle & Sarstedt（2015）給出的方程式不同。SmartPLS 不使用指標之間的相關性，而是使用指標之

間的相關性的絕對值。譬如：當不是使用 0.1、0.2 和 −0.3 導致平均相關性為 0 時，會導致原始 HTMT 方程出現問題，而 SmartPLS 使用 0.1、0.2 和 0.3 導致平均相關性為 0.2。因此，在 SmartPLS 中將 HTMT 準則限定在 0 和 1 之間，並且不會因負相關而產生問題。

1-4-6 模型：混合方法（mixed methods）

研究者可將 PLS 迴歸建模與 PLS-SEM 建模結合起來。譬如：Tenenhaus et al.（2004）在行銷研究中，先用「PLS 迴歸」獲得「產品與其特性」的關係圖、「產品與消費者偏好」的對應圖（mapping）。然後再用 PLS-SEM，來建立「消費者偏好、physico-chemical 變數及 sensory blocks 變數」的因果模型，並求得每個消費者群的詳細分析。

範例，請見第 13 章高階構念的界定、估計及驗證。

1-4-7 Bootstrap vs. Jackknife 重複抽樣估計法：for「路徑係數」顯著性檢定

SmartPLS 顯著性檢定所有估計參數，均有 Jackknife 或 bootstrapping 參數估計值的標準化。

非參數統計學（nonparametric statistics），又稱**無母數**統計學，是統計學的分支，適用於母群體分布情況未明、小樣本、母群體分布非常態且也不易轉換為常態。特點在於儘量減少（或不修改）你建立的模型，且具有穩健性、適合應用在樣本數 <30 時，計算過程較簡易。

Bootstrap 是靴子的帶子的意思，英文是「pull up your own bootstraps」，意思是透過拉靴子提高自己，本來的意思是不可能發生的事情，但後來發展成透過自己的努力來讓事情變得更好。意即，放在組合的（Bootstrap）分類器這裡，意思就是透過分類器自己來提高分類的性能。

統計學，所謂 **bootstrapping** 法（bootstrap method、bootstrapping、自助抽樣法、拔靴法）是：一種從已知訓練集（training set）中，放回重複抽（白 vs. 黑）球之均勻抽樣；也就是說，每回合選中某一樣本，它可能會被再次選中，並被再次加入到訓練集中。

當抽樣：(1)「能」用常態分布來描述總體，則其抽樣分布就符合常態分布。(2)

但當樣本來自的總體「無法」用常態分布來描述，則改以漸進分析法、**bootstrapping** 法等來分析。採用隨機可置換抽樣（random sampling with replacement），遇到小樣本分析，bootstrapping 法效果會很好。

　　Bootstrapping 法（bootstrapping）是無母數程序（procedure），可檢測各種 PLS-SEM 結果的統計顯著性，例如：路徑係數、Cronbach's α、HTMT 和 R^2 值。

　　人們最常用「**.632**」bootstrapping 法，假設已知的資料檔有 d 個樣本。該資料檔有放回式重複抽樣 d 次，來產生 d 個樣本的訓練集。這樣原 data 樣本中的某些樣本很可能在該樣本集中出現多次。沒有進入該訓練集的樣本最終形成檢測集（test set）。可見，每個樣本被選中的概率是 $\frac{1}{d}$；未被選中的概率就是 $(1-\frac{1}{d})$，這樣一個樣本在訓練集中沒出現的概率就是 d 次都未被選中的概率，即 $(1-\frac{1}{d})^d$。當 d 趨於∞時，概率就會趨近於 $e^{-1} = 0.368$，故留在訓練集的樣本數約占原來資料檔的 **63.2%**。

一、Bootstrapping vs. Jackknife **重複抽樣法**

（一）Bootstrapping**法**（bootstrap，拔靴法）是什麼？

　　Boostrap 是統計學中的抽樣法之一，藉由針對進行多次的可放回重複抽樣（resampling），能估算出母體的分布及變異。

　　Bootstrap 是放回再抽樣方法之一，旨在求得統計量的分布及信賴區間。具體步驟如下：

Step 1	採用重複抽樣法（有放回抽樣）從原始樣本中抽取一定數量的樣本。
Step 2	根據抽出的樣本計算想要得到的統計量 T。
Step 3	重複上述 N 次（一般大於 1,000），得到 N 個統計量 T。
Step 4	根據這 N 個統計量，即可計算出統計量的信賴區間。

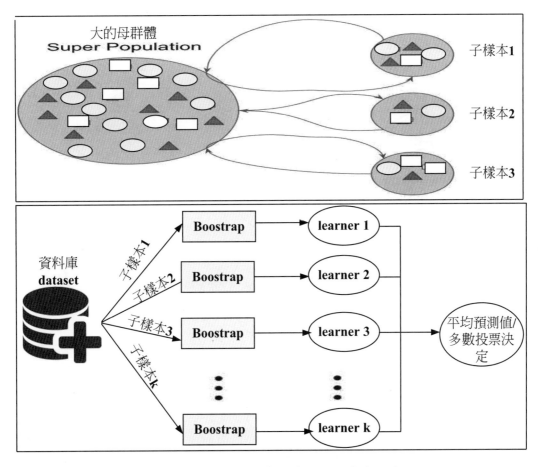

圖1-22　Boostrap是多次的可放回重複抽樣

　　上圖所示 Boostrap 是多次的可放回重複抽樣。Boostrap 僅提供了組合方法之一的思想，是將基於分類器的訓練結果進行綜合分析。

　　譬如：在機器學習的監督學習演算法中，都在學習一個穩定且在表現都較好的模型，但實際情況往往不這麼理想，有時只能得到多個有偏好的模型（弱監督模型，只侷限在某些方面表現才較好）。集成學習（ensemble learning）就是組合這些多個弱監督模型以期得到一個更好、更全面的強監督模型，集成學習潛在的思想是即便某一個弱分類器得到了錯誤的預測，其他的弱分類器也可將錯誤糾正回來。

　　集成學習對數據集大小，都有搭配適合的策略：

情況 1　大數據集：劃分成多個小數據集，學習多個模型再進行組合。

情況 2　小數據集：利用 Bootstrap 方法進行抽樣，得到多個數據集，分別訓練多個模型再進行集成（圖 1-23）。

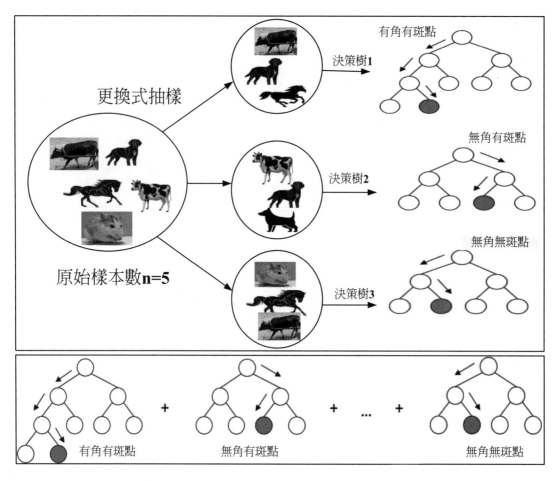

圖1-23　樣本分3群的bootstrapping法（Bootstrap sample of size 3）

（二）Bootstrapping重複抽樣法

　　統計中最常見的問題是，已知一系列觀察值 $x_1, x_2\cdots, x_k$，並找到這些函數 $f(x_1, x_2\cdots, x_k)$，該函數應有效提供未知參數的估計法。可是，估計這些未知參數的過程中，實際最大難題是，你永遠無法確定「特定母群體中的真實參數」。我們如何確定它們沒有偏誤？如何才能知道我們的統計數據離真實值（truth）有多遠？

　　此時就可導入 bootstrap 及 Jackknife，都是用來調查估計量（estimators）的偏誤和標準誤的統計工具，兩者也是重複抽樣／交叉驗證（cross-validation）技術，這意味著它們被用來：從代表性母群體的原始數據來產生新樣本。

實現重複抽樣（resampling）方法，是因為：

1. 取代傳統方法。

2. 當母群體的分布是未知時。

3. 傳統方法很難或不可能應用。

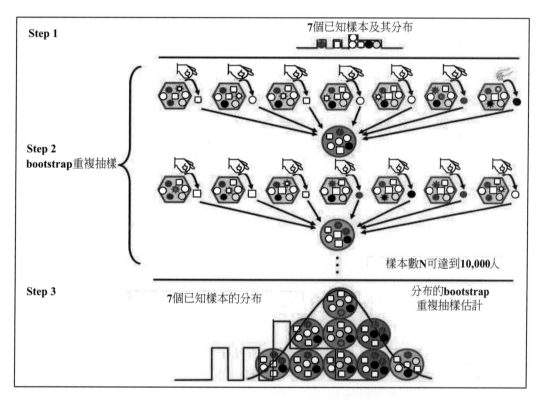

圖1-24　Bootstrapping vs. Jackknife重複抽樣法

Bootstrap 旨在評算估計量（estimator）的變異數，其應用程式包括：

1. 估計信賴區間，估計值的標準誤

2. 估計參數估計（平均數、變異數）θ 的精度

3. 處理非常態分布的數據

4. 建立實驗的樣本數

Bootstrap 的優缺點：

1. 優點：是一種估算統計分布的極佳方法，比傳統的常態近似法更能提供好的結果，且適用於小樣本。

2. 缺點：當模型不平滑（not smooth），依變數數據不佳、有 missing data、設限（censoring）數據或離群值（outliers）數據，則 Bootstrap 效果不佳。

（三）SmartPLS的Bootstrapping法（拔靴法）

PLS-SEM 未假定「數據要符合常態分布」，這意味著參數 significance tests 無法檢測「outer 權重、outer 負荷量和路徑係數」之類的係數是否顯著。相反，PLS-SEM 就靠非參數 **bootstrapping** 程序（Efron & Tibshirani, 1986; Davison & Hinkley, 1997）來檢定 PLS-SEM 中估計路徑係數的顯著性（t 值、p 值）。

在 bootstrapping 過程中，將使用：從原始數據集中隨機抽取的觀察值（帶有替換值）來建立子樣本，然後將子樣本用於估計 PLS 路徑模型。重複此過程，直到建立了大量的隨機子樣本，通常大約為 5,000。

從子樣本估計的參數估計（例如：outer 權重、outer 負荷量和路徑係數）來求出估計的標準誤。利用此資訊，即可算出 t 值並評估每個估計值的顯著性。意即，若 $|t| > 1.98$，表示路徑係數達到 $p < 0.05$ 顯著水準。

Hair et al.（2017）有更詳細地解釋「bootstrapping」。

（四）SmartPLS的Bootstrapping設定

SmartPLS 的 Bootstrapping 設定，如圖 1-25 所示。

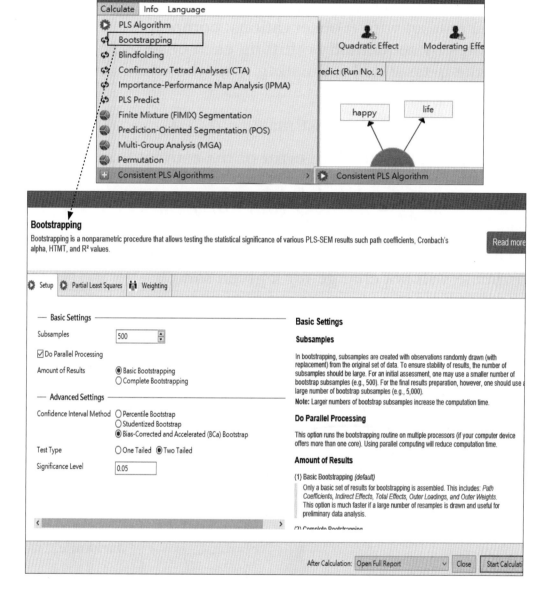

圖1-25　SmartPLS選用Bootstrapping重複抽樣估計法（for顯著性檢定）

（五）Jackknife重複抽樣估計法是什麼？

Jackknife 最初由 Quenouille 引入，用於估計估計量的偏誤。後來，John Tukey 對其進行了進一步擴展，以估計變異數。Jackknife 的運作方式是：依次刪除資料檔中的一個觀測值（observation），如何重複：重新計算（recomputing）所需的統計量。

Jackknife演算法

• For a dataset with n observations, compute n estimates by sequentially omitting each observation from the dataset and estimating $\hat{\theta}$ on the remaining $n-1$ observations.

• Using the n jackknife estimates, $\hat{\theta}_{(1)}, \hat{\theta}_{(2)}, \ldots, \hat{\theta}_{(n)}$, we estimate the standard error of the estimator as

$$\widehat{se}_{jack} = \sqrt{\frac{n-1}{n}\sum_{i=1}^{n}(\hat{\theta}_{(i)} - \overline{\hat{\theta}}_{(.)})^2}$$

• Unlike the bootstrap, the jackknife standard error estimate will not change for a given sample

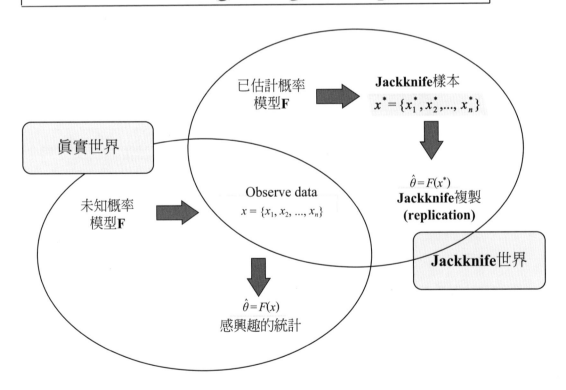

圖1-26　Jackknife重複抽樣法之示意圖

Jackknife 如何運作呢？

　　與 bootstrap 不同，Jackknife 是一個疊代過程。在整個數據集來估算參數，並透過一個接一個地刪除一個元素（element.case）來重複地重新計算。從此較小樣本中求出的參數估計值，稱為部分估計值。然後，用 pseudo-value 來計算整體樣本估計值與部分（partial）估計值之差。

　　這些 pseudo-value 降低了部分估算的（線性）偏誤（因為透過 2 個估算之間的減法消除了偏誤）。然後使用 pseudo-value 代替原始值來估計感興趣的參數，並使用它們的標準誤來估計參數標準誤，然後將其用於虛無（null）假設（H_0）檢定和計算信賴區間。通常，Jackknife 是 bootstrap 的線性近似值。

　　諸如神經網路、機器學習演算法或任何多元分析技術之類的模型，通常具有大量功能，因此非常容易過度適配（over-fitting）。Jackknife 可以透過預測每個觀測值的依變數值來估算這些模型的實際預測能力，就好像該觀測值是新觀測值一樣，故稱之為「用於獲得無偏誤預測（unbiased prediction）」（即隨機效果），並使過度適配風險最小化的過程原因。

　　Jackknife 旨在減少偏誤並估算估計量的變異數，其他應用程式是：

1. 查找統計的標準誤
2. 估計估計量 θ 的精度

Jackknife 的優缺點：

　　優點（pros）：計算比 bootstrapping 更簡單，疊代更有序。

　　缺點（cons）：仍然需要大量計算，對於非平滑和非線性統計而言效果不佳，要求觀測值彼此獨立，意味著它不適用於時間序列分析。

Bootstrapping 與 Jackknife 的差別？

1. Jackknife 與 bootstrap 之差別，在於 Jackknife 是較舊方法，其計算成本較低。雖然 Bootstrap 在計算上更昂貴，但更受歡迎，並且可提供更高的精度。
2. Bootstrap 的計算強度（computationally）是 Jackknife 的 10 倍。
3. Bootstrap 在概念上比 Jackknife 更簡單。
4. Jackknife 比 Bootstrap 的功能（perform）不佳。
5. Bootstrap 引入了「緩衝誤差（cushion error）」。
6. Jackknife 更保守，產生更大的標準誤（standard errors）。
7. Jackknife 每次執行都會產生相同的結果。

8. Bootstrap 每次執行都會給出不同的結果。

何時使用 **Bootstrapping**、**Jackknife**？

1. Jackknife 在成對同意書（agreement）測量上，信賴區間之表現較佳。

2. Bootstrap 對偏態分布的功能較佳。

3. Jackknife 更適合小型原始數據。

二、過度適配（overfitting）是什麼？

在數據訓練時，經常會出現**過度適配**的情況，也就是過度學習的情況。Overfitting 顧名思義就是過度學習訓練資料，變得無法順利去預測或分辨不是在訓練資料內的其他資料。

假設現在我要訓練一個模型來辨識是否是土狗，因此訓練模型學會到土狗的特徵：耳朵長而寬，頭較窄且長，尾巴與身體成上斜角，身體背部長之類的特徵，但因為訓練資料都給黑色的土狗，所以模型過度依賴訓練資料而把黑色的特徵也學習起來了，因此在預估時若遇到不同顏色的土狗便會有準確度的問題，這就是過度學習。

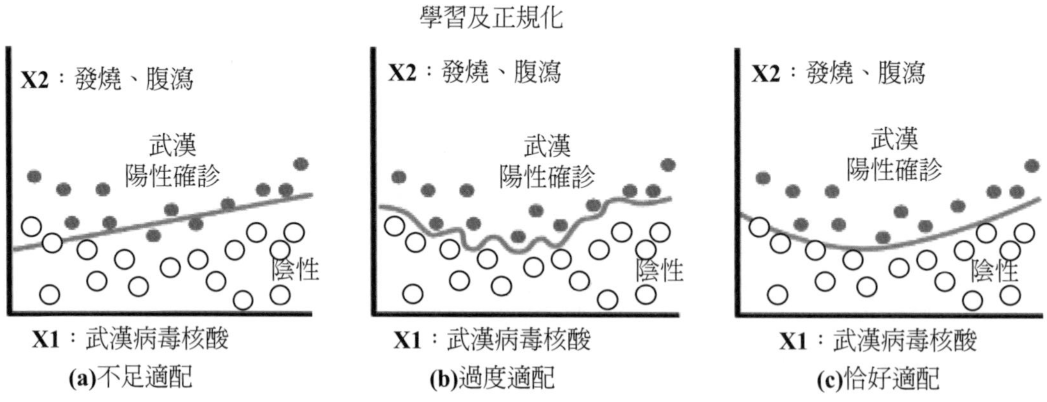

學習及正規化

圖1-27　（分類用途）模型適配度之三種情況：不足適配、過度適配、恰好適配

以圖 1-27 來看，圖 (b) 就是過度適配的結果，圖 (a) 代表正常的分類線性模型（linear discriminant analysis, LDA），圖 (c) 曲線雖然完全把訓練資料分類出來，但若現在有一個新的資料進來（空心點），就會造成分類錯誤，因為圖 (b) 曲線的模型在訓練資料的準確率是非常高的，不過在新資料的分類下錯誤率便會提升。最簡易偵測過度適配的方法是：訓練資料分成訓練集（training set）及驗證集（validate set）。

訓練集（占 80% 樣本）就是真的把資料拿去訓練的；驗證集（占 20% 樣本）就

是去驗證此模型在訓練資料外的資料是否可行。

三、PLS 的重複抽樣（resampling）有 2 方法：bootstrap 或 Jackknife

由於 PLS 的分布是未知，因此無法進行傳統的顯著性檢定。但是，可以透過重新抽樣（resampling）方法（譬如 bootstrap 或 Jackknife）來完成檢測，請參考 Davies（2001）文章。重複抽樣法沒有特定的樣本數要求，但是樣本越小，適配的信賴限制（fitted confidence limits）就越有可能數據中有噪聲（noise）而不是真實的分布。Wakeling & Morris（2005）用蒙地卡羅模擬，建立了 r2cv 臨界值表。由於重複抽樣估計是由數據驅動的，因此結果可能無法容納其他數據集，因此建議進行交叉驗證（cross-validation）（譬如：在將隨機數據隨機化後，先「偶數」觀測值開發 PLS 模型，再「奇數」觀測值進行三角驗證）。某些 PLS 軟體使用 bootstrapping（譬如：SmartPLS），而其他軟體包則使用 Jackknifing 技術（譬如 PLS-GUI）。兩者都是對迴歸路徑和其他模型參數的標準誤的估計，通常，這些估計值非常相似。Bootstrapping 涉及隨機抽樣且「隨機抽後放回（randomly replacing dropped values）」觀察值，每次執行都會求出略有不同的標準誤估計值。Jackknife 涉及對 n − 1 個樣本採「留一法（leave-one-out）」，將始終給出相同的標準誤估計值。Jackknife 估計「點變異數」，bootstrapping 估計「點變異數和整個分布」。因此若研究目的是分布估計時，需要 bootstrapping。當研究目的是更普遍的變異數估計，可優先選用 Jackknife，因它可複製性高且較少的計算密集性（intensive）。

四、交叉驗證（cross-validation）≒三角驗證法

（一）交叉驗證（cross-validation）的原理

交叉驗證（cross-validation）：樣本為何需切割成訓練數據集、檢測數據集。

1. 目的：已知 p 個解釋變數（regressors）$x_1, x_2, ..., x_p$，來預測 y 值。
2. 準則：利用「誤差損失的平方（squared error loss）」$(y - \hat{y})^2$
   ・有些方法可適應其他損失函數。
3. 訓練數據集：產生預測規則 $\hat{f}(x_1, x_2, ..., x_p)$
   ・譬如：普通最小平方法（OLS）產生 $\hat{y} = \hat{\beta}_0 + \hat{\beta}_1 x_1 + \hat{\beta}_2 x_2 + ... + \hat{\beta}_p x_p$
4. 檢測數據集：產生真實預測誤差（true prediction error）的估計
   ・訓練數據集不涵蓋 $(y_0, y_{10}, y_{20}, ..., x_{p0})$ 之 $E[(y_0 - y_0)^2]$。

5. 注意，我們不使用訓練數據集的變異數誤差（mean squared error, MS_E）

   · 所謂 $MS_E = \dfrac{1}{n}\sum_{i=1}^{n}(y_i - \hat{y}_i)^2$

   · 因為模型過度適配樣本（他們的目的 y 不是 $E[y|x_1, x_2, ..., x_p]$）

   譬如：若自變數個數 $p = n - 1$，則 $R^2 = 1$ 且 $\sum_{i=1}^{n}(y_i - \hat{y}_i)^2 = 0$

（二）交叉驗證

1. 先從單一分拆（single-split）驗證開始，是基於教學原因。

2. 然後進行 K 摺（K-fold）交叉驗證

   · 廣泛用於機器學習

   · 推廣到 MS_E 以外的損失函數，譬如 $\dfrac{\sum_{i=1}^{n}|y_i - \hat{y}_i|}{n}$

3. 並提出留一法（leave-one-out）交叉驗證

   · 廣泛用於非參數迴歸中的局部適配。

4. 已知選定的模型，最終估計值將在整個數據集中

   · 通常的推論忽略了數據挖掘。

五、留一驗證（leave-one-out cross validation, LOOCV）之原理

1. 使用單一觀察值進行驗證，再用剩下（$n-1$）個觀察值來進行訓練。

   · $\hat{y}_{(-i)}$ 係對觀測值 $1, ..., i-1, i+1, ..., n$, 所進行 OLS 後的 $\hat{y}$ 預測。

   · 循環疊代所有 n 個觀測值。

2. LOOCV 測量是：

$$CV_{(n)} = \frac{1}{n}\sum_{i=1}^{n} MS_{E(-i)} = \frac{1}{n}\sum_{i=1}^{n}(y_i - \hat{y}_{(-i)})^2$$

3. 一般，它需要 n 輪的迴歸

   · 除了 OLS 可顯示 $CV_{(n)} = \dfrac{1}{n}\sum_{i=1}^{n}\left(\dfrac{y_i - \hat{y}_i}{1 - h_{ii}}\right)^2$

   其中，$\hat{y}_i$ 是來自完整訓練樣本的 OLS 的適配值。

   h_{ii} 是 hat 矩陣 $X(X'X)^{-1}X$ 中的主對角線第 i 個元素。

4. 常用於局部非參數迴歸中的帶寬選擇（bandwidth choice in local nonparametric regression）

   · 譬如 k- 最近鄰、核及局部線性迴歸（local linear regression）。

‧但不用於機器學習。

如下圖所示為留一驗證（leave-one-out cross validation, LOOCV）。

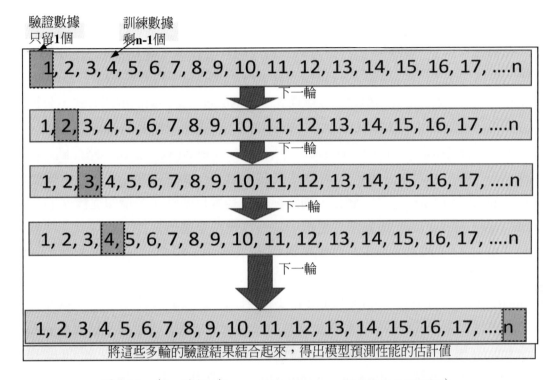

圖1-28　留一驗證（leave-one-out cross validation, LOOCV）

留一驗證（LOOCV）是指只使用原本樣本中的一項來當作驗證資料，而剩餘的則留下來當作訓練資料。步驟一直持續到每個樣本都被當作一次驗證資料。事實上，LOOCV 等同於 K-fold（K = 樣本數 N）交叉驗證是一樣的。在某些情況下是存在有效率的演算法，如使用 Kernel regression 及 Tikhonov regularization。

1-4-8 反映性模型（≒ common factor model, component-based）與形成性模型（≒ composite model, 加權組合）

社會與行為科學主要處理兩類問題，一類關於構念間關係（內在模型），一類則關於構念如何被測量（外在模型）（Jöreskog & Sörbom, 1993）。外在測量模型，又細分：反映性模型（≒ common factor model, component-based）與形成性模型（≒ composite model, 加權組合）2 種。

　　心理學中有許多構念，(1) 用指標來組合而成構念，而非用來反映構念，此類構念稱之爲組合性潛在構念；(2) 用以形成構念之指標則稱爲形成性指標。由於心理與行爲科學家多以因素分析或古典測驗理論方式理解構念，組合性潛在構念異常被誤以此種方式分析。

　　結構方程模型（SEM）的分析方法，已成爲當前發表文章中常見的統計分析，其中，結構模型可再細分爲反映性指標（reflective indicator）與形成性指標（formative indicator），這 2 種結構模型對於理解構念（construct）有不同的解讀方式，分析軟體亦不相同，前者用「LISREL, AMOS, SmartPLS」；後用只能用 SmartPLS 軟體。

　　如圖「圖 1-8 反映性（reflective）≠形成性（formative）」所示路徑圖（path diagram）中，若因果（單向）箭頭從潛在變數（factor）指向測量的指標變數（measured indicator）之間變化，則路徑模型是屬反映性。若箭頭從觀察的測量（observed measures）指向潛在變數，則路徑模型是屬形成性。有時反映性模型稱爲「Mode A」模型，將形成性模型稱爲「Mode B」模型。SmartPLS 都可分析這 2 種類型的模型（點選該構念再按滑鼠右鍵並選擇「Switch Between Relective/Formative」）。CB-SEM 和 PLS-SEM 都支持反映性模型和形成性模型。根據歷史傳統，反映性模型已成爲結構方程模型的常模（norm），而形成性模型已成爲 partial least squares 模型的另一常模。隨著大家意識：反映性模型和形成性模型之間的選擇，應取決於指標的本質（nature of the indicators）、或用「第 4 章驗證式四分差分析（CTA）」來檢測。迄今，有關反映性或形成性模型的適當統計之建模程序，文獻一直存在爭議。贊成 PLS 方法（approach）學者，包括：Christian Ringle, Oliver Götz, et al.（2009, 2014）、Jörg Henseler, Theo Dijkstra, Marko Sarstedt et al.（2014）。反對 PLS 方法學者，包括：McIntosh, Edwards, & Antonakis（2014），批評者認爲，PLS 僅應用於形成性組合（formative composite）模型（請參見上面的討論），而不能應用於 common factors 模型，因爲傳統 CB-SEM 在反映性潛在變數模型的統計，具有優越的功能。

　　在**反映性模型**中，指標是一組代表性的項目（items），都反映了它們正在測量的潛在變數。反映性模型假定因子（factor，因素）是「真實（reality）」，而 measured 變數是現實的所有可能 indicators 的代表（sample）。這意味著**丟棄一個指標**可能沒什麼大不了，因爲在反映性模型中，指標是一組代表性的項目，都反映了它們正在測量的潛在變數。除非針對同一維度／構面（dimension）有多種測量，否則預期指標們不一定會有高度相關。

　　下面將進一步討論的估計方法，傳統的 PLS 演算法非常適合於形成性（**formative**）模型（≒ composite 模型）。早期 PLS 應用在 formative 建模比 reflective 建模更加普遍，這與傳統 covariance-based SEM 建模成了鮮明對比。傳統的 covariance-based SEM 建模，reflective 建模一直占著主導地位，譬如：Rigdon（2013）認為 PLS 的使用應僅侷限在 formative 測量模型。

　　第 2 章討論的「consistent PLS」演算法（PLSc）旨在為反映性（reflective）模型產生一致性估計（≒ AMOS），而且估計值等同傳統的 CB-SEM 法（AMOS, LISREL），故應用時首選仍是 reflective。

該選反映性（**reflective**）模型或形成性模型（**formative models**）呢？

　　心理學中有許多構念（constructs），常用指標（indicator, measure）來組合成構念（形成性模型），而非用來反映構念，此類構念稱之為組合性潛在構念；相對地，用以形成構念之指標就稱為形成性指標。由於心理與行為科學家多以因素分析或古典測驗理論方式來理解構念，組合性潛在構念異常被誤判為此種方式來分析。

　　SEM 在社會科學應用時，首要處理兩類問題：(1) 關於構念之間關係。(2) 關於構念如何被測量（Jöreskog & Sörbom, 1993）。Bagozzi 與 Phillips 亦認為理論可以區分為兩部分：(1) 牽涉到理論構念間關係。(2) 說明構念與測量（指標）間的關係。

1. 形成性模型 ≠ 反映性模型：圖形化概念

　　如圖 1-8「反映性（reflective）≠ 形成性（formative）」所示，傳統的測量模型（**反映性模型**）可以用下式表達：

$$x_1 = \lambda_1 \times L + \delta_1$$

　　上式與 common factor 模型（Spearman, 1904）和古典測量理論（CTT）假設（**觀察分數 X = 真實分數 T + 誤差 E**, Lord & Novick, 1968）是一致的，即指標（測量）與潛在變數之間為線性函數關係，潛在變數的變化（因）會導致指標的變化（果）。心理學、社會科學領域有眾多概念都可據此「測量模型」，來建構對應的測量工具（Bollen, 2002）。傳統測量模型，指標與潛在構念之間的關係，如圖 1-29「反映性（reflective）測量（指標）」所示，潛在變數的意涵透過測量指標來反映，數學模型意涵是透過潛在構念指向測量指標的單向箭頭來表示，這種模型稱作反映性測量（reflective measurement）模型，對應的指標稱為反映性指標（reflective indicator），在統計上稱為 common factor 模型（≒ component-based）。

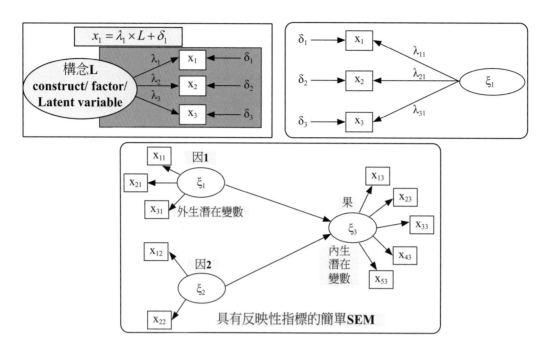

圖1-29　反映性（reflective）測量（指標）（≒common factor model, component-based）

常理情況下，反映性測量模型都是合適的，可是有些情況測量指標（x_1, x_2, x_3）並非總是反映潛在構念（L）。例如圖 1-30「形成性（formative）指標」所示情況，潛在變數（L）的意涵是由測量指標（x_1, x_2, x_3）來定義（線性組合），它用觀測指標（x_1, x_2, x_3）指向潛在構念的單向箭頭來表示，這種測量模型就稱為形成性測量（formative measurement）模型或組合測量（composite measurement）模型（加權組合）。指標稱作形成性指標（formative indicator）也稱作因果性指標（causal indicator），在統計上對應是「主成分」模型。

因果性指標
(causal indicator)

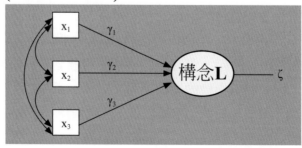

圖1-30　形成性（formative）指標（≒composite model，加權組合）

與反映性測量模型相比，形成性測量模型也存在不同的形式，如二階、高階模型、與反映性模型組合成的**混合模型**（MacKenzie, Podsakoff, & Jarvis, 2005）（第 13 章）。

形成性模型在社會科學領域也很常見，譬如工作滿意度與社會支持等概念：

(1) 由於組織員工的工作滿意度取決於他對「工作環境、薪水、同事、上司、升職空間和個人發展」等多方面的滿意度，此時「**這些單一領域的滿意度**」可當作工作滿意度的形成性指標，而共同決定「**整體滿意度**」程度。

(2) 社會支援程度也是形成性模型的例子。研究者將個體社會支援水準劃分為不同的來源，如同事／同學、朋友、親戚、鄰居、社區、政府和社團等，這些不同來源的支持程度決定了個體的社會支援**總程度**。

(3) 社會經濟地位（Socioeconomic Status, SES）也是形成性測量。

心理學領域的測驗使用反映性測量模型多數情況是合適的，在實務上，確實有不少研究者誤將形成性測量模型當作反映性測量模型（Diamantopoulos, 1999; Jarvis et al., 2003; Podsakoff et al., 2006），其後果是影響研究結果的效度（Jarvis et al., 2003; Diamantopoulos & Siguaw, 2006）。

2. 如何辨識：形成性模型與反映性模型？

解答在，第 4 章驗證式四分差分析（CTA-PLS）。

一個構念該是反映性模型，還是形成性模型呢？有時並不容易區分，以下有 4 條區分的規則（Diamantopoulos, Riefler, & Roth, 2008; Edwards & Bagozzi, 2000; MacKenzie, Podsakoff, & Jarvis, 2005）：

(1) 指標是定義構念的**特徵**，還是構念的**外在表現**。(a) 若指標所定義的**特徵**聯合起來解釋構念的意涵，那麼該選形成性模型。(b) 若指標是由**構念**決定的，那麼應選擇反映性模型。換句話說，可以透過：(1) 判斷潛在**構念的變化**引起指標的變化，(2) 還是**指標的變化**引起潛在構念的變化，來認定是反映性模型或形成性模型。

(2) 指標是否可在概念上互換。若是反映性指標，它們反映的是共同的主題，任何一個題項都是構念的實質性內容，故題項可互換。在心理測量學中，反映性指標其實就是一組行為的選樣（smaple），但形成性指標則不是。形成性指標之間並不必然含有共同成分，故形成性指標捕捉了構念的獨特部分，不能互換。

(3) 指標是否彼此共變。反映性模型明確預告「指標間彼此高相關」，但形成性模型並沒有這樣的預測：它們之間即可以高相關，也可以低相關，甚至其他任何的相關形式。

(4) 所有的指標是否具有相同的前因、後果。反映性指標反映相同的潛在構念，故它們具有**相同的前因或後果**。然而，形成性指標彼此不能相互替代，並且僅代表構念領域的特有部分，故它們有著**不同的前因、後果**。

3. 形成性模型的辨識準則

形成性模型 vs. 反映性模型在模型識別上，也存在異同點（Bollen, & Davis, 2009a, 2009b; Edwards & Bagozzi, 2000）。**形成性模型**要獲得認可，除了要滿足所有模型必要的法則：(1) t 法則、(2) 指定測量單位外，尚需滿足下列 2 個規則中的一個：

| 法則 1 | 發出 2 條路徑法則（2^+ emitted paths rule）：每個無約束變異數或誤差變異數的潛在變數，必須發出至少 2 條路徑指向無約束誤差變異數的變數（潛在變數或觀測變數）。

| 法則 2 | 符合外生變數 X 法則（the exogenous x rule; Bollen & Davis, 2009）：

| 條件 1 | 每個潛在變數至少有一個反映性指標，即唯一性指標且指標誤差不相關。

| 條件 2 | 每個潛在變數直接影響至少一個反映性指標，且這些指標的誤差與唯一性指標誤差不相關；若與 | 條件 1 | 同時成立，意味著至少存在 m + 1 個反映性指標和發出至少 2 條以上的路徑。

| 條件 3 | 至少存在 m 個反映性指標且 Γ 是滿行秩（full row rank）。

| 條件 4 | 涉及形成性指標的潛在變數與潛在變數之間的結構模型是可識別的。

例如圖 1-31、「圖 1-10 PLS-SEM 分析模型類型之例子一」、或 MIMIC（multiple indicator multiple cause model）「Formative MIMIC 模型」都是「發出 2 條路徑法則」的特例，在 MIMIC 中只存在一個潛在變數（m = 1）。典型的 MIMIC 模型包含至少一個反映性指標和 2 條形成性指標（Jöreskog & Goldberger, 1975）。

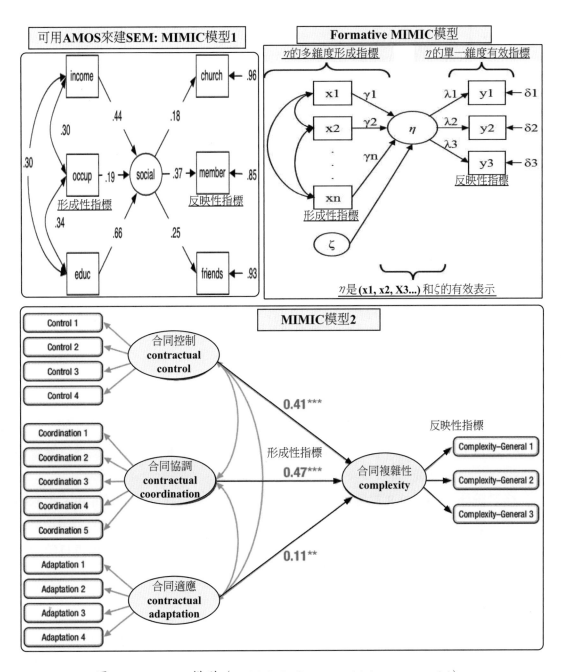

圖1-31　MIMIC模型（multiple indicator multiple cause model）

　　圖 1-32 是可識別的形成性指標的示意圖，關於這些模型識別 條件 ，或其他類型模型的更多資訊請參見 Bollen & Davis（2009a）。

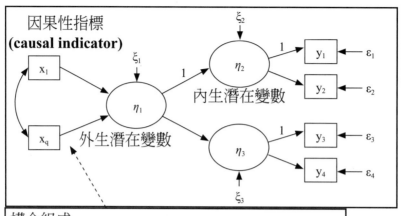

圖1-32　可識別的形成性指標的模型

1-4-9　驗證性模型 vs. 探索性模型

若你對所要研究問題了解有限，可先進行探索性（exploratory）研究（如：新產品發想階段）；相對地，若研究問題（架構）已經相當清楚，則可直接進行驗證性（confirmatory）研究。

多數統計學家將 PLS 視為探索性程序。Wold（1981）建議「不要將 PLS 用於驗證性模型」，因為 PLS 缺乏 goodness-of-fit 檢定，這反過來，又意味著沒有選擇最佳模型的準則（criteria）。然而，很多學者發現「用 PLS 來建模比探索性更具驗認性（confirmatory）」。

一、探索性研究（exploratory research）

旨在針對尚未有清晰定義的問題。譬如：協助市場研究者發現未知的問題或是完全不了解所要探尋的是什麼，也沒有清晰的資料來源。

探索性研究有助於採取最佳的研究方案、資料收集法及研究對象。在做出肯定性的結論時，必須非常謹慎。探索性研究之形式，包括：文獻綜述、二手數據分析，以及針對受訪者、員工、職員、管理層與競爭者的非正式訪談，以及正式方法：如深入訪談、焦點座談、案例分析及試驗研究等。

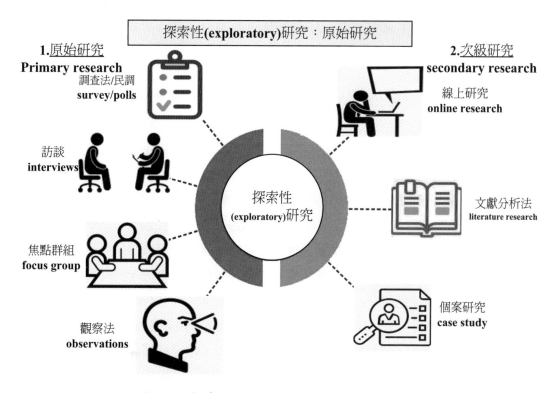

圖1-33　探索性（exploratory）研究：原始研究

二、驗證性研究（confirmatory research）

驗證性研究，又稱「結論性研究」，指的是當研究者有一些進行中的好創意時，此時研究目的就是在找尋相對應之理論來支持這些想法。其目的在提供資訊，協助決策者制定一合理的決策。可分為：敘述性研究（descriptive research）與因果性研究（causal research）2 種。

其中，敘述研究旨在描述或解釋目前所存在的現象與事實，來改善現況或策劃未來。(1) 簡易型敘述研究，僅在描述現象或事實的發生或分配，譬如：有多少男女學生就讀於各大學的不同學院。(2) 複雜型敘述研究旨在探求變數間之關係，譬如：就讀不同學院男女學生與其性向之間是否有關聯。在敘述研究中，你不像實驗法能操縱變數。可是，人類行為，眾多很適合採用敘述研究法。敘述研究如依照性質的共同性，可細分為：相關研究法、調查研究與發展研究。

因果性研究係藉由因果研究來建構研究理論。它是探討：自變數 X 對結果之依變數 Y 的因果關係，亦即自變數 X 的出現（或變化）會導致依變數 Y 結果（現象）

的產生或變化。X 與 Y 之間若存在因果關係，必須有 3 個先決要件：(1) 依據先有原因才有結果之邏輯，X 一定出現在 Y 之前，因此因果研究是具單向性之關係。(2) X 與 Y 之間存在相關關係，兩者會以某種特定方式共同變化（相關、共整合、關聯性），但統計分析所發現「X 與 Y」有顯著關聯，不代表「X 與 Y」就有因果。例如：冰的飲料銷售量（X）與溺水死亡人數（Y）有顯著正相關，是因為「X 與 Y」存有共同因子「天氣熱」未被排除。(3) 因果研究中 X 與 Y 之相關關係是真實的關係，其可以透過虛假關係的檢定。

此外，實驗研究法是指研究者在控制足以影響實驗結果的無關干擾變數之下，探討自變數（independent variables）與依變數（dependent variables）之間是否存在有因果關係的一種研究方法。旨在探究自變數與依變數之間的因果關係，其做法是操縱自變數，然後檢討其對依變數的影響。因此在設計過程中，會把受試對象區分為實驗組（或 case 組）和控制組（control 組），再依不同組別施予不同的實驗處理，然後藉由操縱自變數來觀察依變數所受到的影響，以探究其因果關係。而驗證性實驗法係對已經完成的實驗，針對實驗中有疑義的研究假設、檢定程序、測量方法或分析步驟，再進行一次實驗來確認的實驗研究方法。特別是實驗結論恰好足以推翻虛無假設 H_0，但實驗數值恰好僅落在統計檢定的邊際值時，為確保實驗結論的效度（非運氣造成），研究者往往必須再度進行驗證性實驗確認實驗數值。當研究者進行驗證性實驗時，必須依循相同的實驗條件，針對單一研究假設或虛無假設進行驗證。

1-4-10 內部 inner（結構）模型與外部 outer（測量）模型

新建 SEM 模型時，factors 用橢圓表示，indicator（測量的）變數用矩形表示，所產它們的 factors（橢圓）和箭頭稱為內部模型或結構模型（structural model）。連接它們的 indicator 矩形和箭頭稱為外部模型或測量模型（measurement model）。如下圖 1-34 所示。

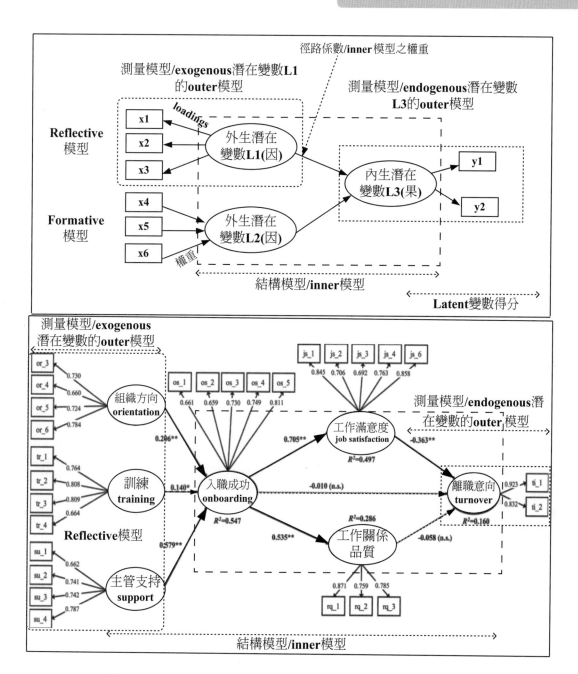

圖1-34　Inner（structural）模型 vs. outer（measurement）模型

　　如圖 1-34，在結構方程模型（SEM）分析中，觀測（observed）變數或指標（indicators）與潛在變數之間的關係，稱為測量模型或外部模型，而潛在變數（或模型概念）之間的關係結構稱為結構模型或內部模型。

易言之，內部（inner）模型是模型的一部分，描述構成模型的潛在變數（L_1, L_2, L_3）之間的關係。外部（outer）模型是模型的一部分，描述潛在變數（如 L_1）及其指標（x_1, x_2, x_3）之間的關係。

1-4-11 模型：內生潛在變數與外生潛在變數

這裡有些內生（endogenous，結構）模型有關的術語。若潛在變數不是模型中任何其他潛在變數的影響（沒有其他潛在變數的射入箭頭），則該潛在變數是外生的（exogenous）。潛在變數是內生的，至少它是一個其他潛在變數（來自另一個潛在變數的一個以上射入箭頭）的影響。在圖 1-34 中，組織方向、訓練和主管支持都是外生的，入職成功、工作滿意度、工作關係品質及離職意向都是內生的。

1-4-12 中介變數

在社科研究中，中介模型（mediation model）可說是最廣為運用的研究取向，不論是探討現象形成的機制（mechanisms），或者是不同構念（construct）之間直接及間接的連結關係（linkage relationships），中介模型都是必要的實證架構。

Baron & Kenny（1986）及 James & Kenny（1986）都是中介模型的啟蒙者。一般而言，行為心理學家認為外部刺激（S）與反應（R）之間（stimulus-response, S-R）的連結是一般行為構成的基礎，若能夠對 S-R 提出合理解釋和驗證，就是對人類行為的變化找到了答案。

Robert Woodworth（1869-1962）認為過度強調先天特質（例如：智力 IQ）或後天環境（例如：行為論說的外部刺激）都有很大盲點，因此他提出動態心理學（dynamic psychology）的觀點，主張要了解人的行為，既要看先天條件，也要看後天環境，Woodworth 可以說是互動論（interactionist）的先驅。很自然的，他認為行為論的 S（刺激）→ R（反應）有所不足，刺激之後，生物體會決定如何反應，中間的過程（O）可能是知覺或績效等（Woodworth, 1928）。這裡的「過程／有機體（O）」就是「刺激（S）與反應（R）」之間的中介變數，它旨在求得直接效果及間接效果。

中介變數，很精要的解釋，包括：

1. 自變數（X）要和中介變數（M）相關（X → M），而 M 要在 X 之後發生。
2. 中介變數和依變數（Y）有相關（M → Y）。
3. 3 個變數同時檢定時，原來的 X → Y 相關性會變小。

調節變數（第 12 章）和中介變數，在理論的建構上各有所司。簡言之，調節變數是回答 when、who、where（在不同的人、事、時、地下，X 與 Y 的關係是否有所不同）的問題，也就是對理論適用與否的邊界條件（boundary conditions）要加入探討嗎？而中介變數則在回答理論的 why（為何 X 影響 Y）和 how（X 透過何種途徑影響 Y）的問題。在研究組織現象時，不論是組織理論（OT）或組織行為（OB）領域，若理論模型是 X → M → Y，但檢定時若只簡化成 X → Y 來檢測，由於沒有測量 M；即使得到實證支持，也不能反推 X → Y 是由 M 造成。也就是說，檢定過程中，若少了中介變數，即使沒有其他錯誤，充其量也只能知其然而不知其所以然。

定義：中介變數（mediator variable）

顧名思義，係指自變數（IV）對依變數（DV）的影響，這個部分影響是透過 mediator 的。換言之，mediator 可解釋一部分 IV 對 DV 的影響。這 3 個變數的關係如圖 1-35 所顯示。要檢測是否有中介效果（mediation），必須用多元迴歸（multiple regression）或路徑分析（path analysis）。步驟如下：

(1) 先要有「IV → DV」的關係（還沒放 mediator 進去），若 IV 對 DV 沒影響，就沒必要分析該中介變數。

(2) IV 跟 mediator 之間要有顯著關係（圖 1-35b 的地方）。

(3) Mediator 和 DV 之間有顯著關係（圖 1-35c 的地方）。

(4) 同時把 IV、DV 和 mediator 放進方程式中，三者的關係都要呈現顯著。

寫成迴歸方程式的話，依次為：

(1) $DV = b0 + a \times DV$

(2) $Mediator = b1 + b \times IV$

(3) $Mediator = b2 + c \times IV$

(4) $DV = b3 + a \times IV + c \times IV$

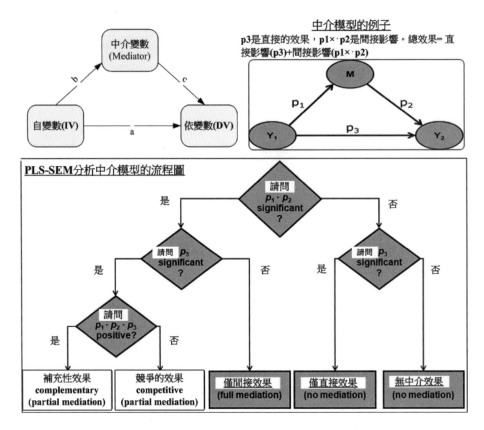

圖1-35　中介變數（mediator）分析步驟

　　假設，只看 IV 和 DV 的關係時，這個直接效果之迴歸係數（coefficient）比較大。若將中介（mediator）放進來，「IV → DV」的迴歸係數（coefficient）變小了（但有可能還是顯著）。這就說明了其中有中介效果。

　　檢定中介效果可以了解自變數（X）對依變數（Y）影響，將感興趣的因果關係做分解，找出造成因果關係的可能機制，對許多因果模型或結構模型分析做中介部分是研究者最感興趣的。這些模型對心理學、社會學與管理學等領域之理論發展和檢定可能的介入問題是有幫助的。

　　研究者考慮自變數（X）與依變數（Y）間之關係，是否會因加入第三個變數而有所不同，所加入的第三個變數一般稱為介入變數（mediator）。若此介入變數預期會受自變數的影響，也預期此介入變數會影響依變數，則此種介入變數稱為中介變數。自變數對依變數的影響是透過中介變數所引發，我們稱此種影響的作用為間接效果（indirect effect）（Shrout & Bolger, 2002）。若自變數對依變數的影響會隨著介入變數水準而變，則此介入變數稱為調節／干擾變數（moderator variable）。但干擾變

數對依變數的影響除主效果外，最重要的是討論干擾變數與自變數對依變數的交互作用，因此交互作用也稱為干擾效果（Baron & Kenny, 1986; James & Brett, 1984）。

中介變數（mediator）之研究架構

常見具有中介變數之眾多研究議題（issue），如圖 1-36。

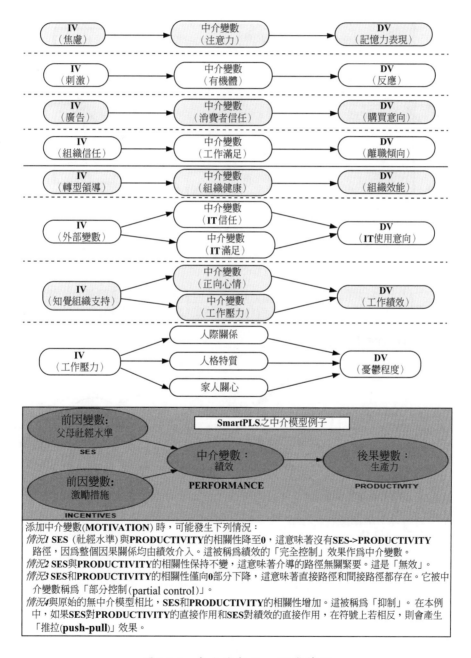

圖1-36　中介變數之心理學範例

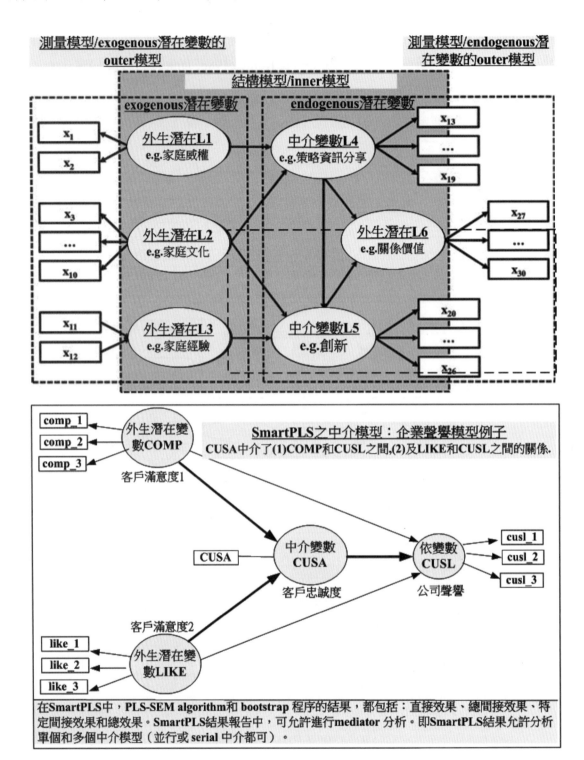

圖1-37　PLS-SEM之中介變數例子

1-4-13　模型：調節變數（又稱干擾變數）：交互作用效果是什麼？

定義：調節變數（moderator），又稱干擾變數

調節變數會影響「IV 和 DV」之間的關係。「IV 和 DV」之迴歸係數的強弱會因為調節變數的值而改變，有可能是 moderator 是 0 的時候，IV 跟 DV 的關係很強，但 moderator 是 1 的時候，IV 跟 DV 的關係就不顯著了。

調節變數可以是質性（qualitative）變數（例如：性別、種族、階級），亦可以是量化（quantitative）的變數（例如：IQ、好人緣、學習成就等），這 moderator 可能會影響到 IV 對 DV 影響的方向（e.g. 男生則有影響，女生則無影響）或是強度（對男生來說，IV 對 DV 的影響程度比對女生強烈，即男性「IV → DV」影響比女性來得大）。若熟悉 ANOVA 的話，moderator 就是 ANOVA 的交互作用（interaction）。用圖示的話，就像圖 1-40 一樣。在 regression 的方程式中，要將 IV 與 moderator 的乘積（對，就是 2 個變數乘起來）放進去。若要檢測有沒有 moderation，只要看下圖 1-40「IV * Moderator」乘積項是否為顯著即可，由於 a 或 b 可能為顯著或不顯著，這並不影響檢測 moderation。另外，在 moderation 中，moderator 應該與 IV 或 DV 都沒有相關性的。

調節變數的另一特點是：moderator 與 IV 是在同一個層級的，也就是 moderator 其實也可以當作是一個 IV 來看待。

小結

兩者比較一下：中介變數看的是 IV 透過何種機制（也就是 mediator）影響到 IV；相對地調節變數看的是將 IV 分成幾個小組，各小組中 IV 對 DV 有不同的影響。

多層次模型的**調節變數**，係指「群組層解釋變數 Z」×「個體層解釋變數 X」的交互作用項（即 Z×X 項），其 HLM 迴歸係數是否達到顯著水準。

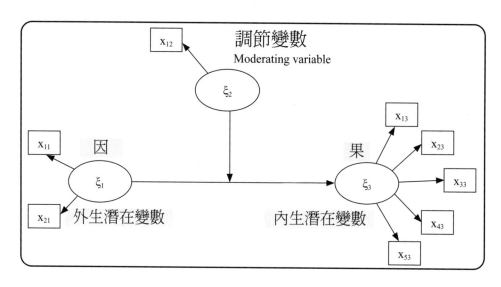

圖1-38　調節變數SEM之示意圖（一因一果一調節）

1. 在社會科學的研究中，自變數（IV）與依變數（DV）的影響關係經常會受到第三變數的混淆（obscured）與干擾（confounded）。

2. 忽視一個重要的第三變數，不僅會造成迴歸係數估計的偏誤，也可能因為忽略第三變數與 IV 之間的交互作用（interaction effect），而無法正確的解釋 IV 對 DV 的條件化關係（單純主要效果 simple effect）。

3. 調節變數（moderator, confounder）又稱干擾變數。

4. 可以讓 IV → DV 的效果有系統的產生「強度或形式」上的變化。

5. 由於 IV 與**調節變數**會對 DV 產生交互作用，使得在**調節變數**的不同水準之下，IV → DV 的效果有條件的產生變化。

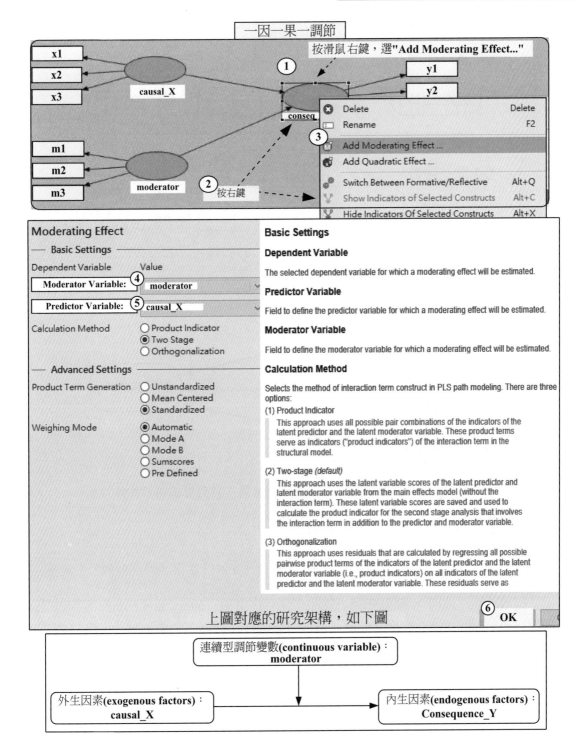

圖1-39　SmartPLS之調節變數例子（一因一果一調節）（範例在第12章）

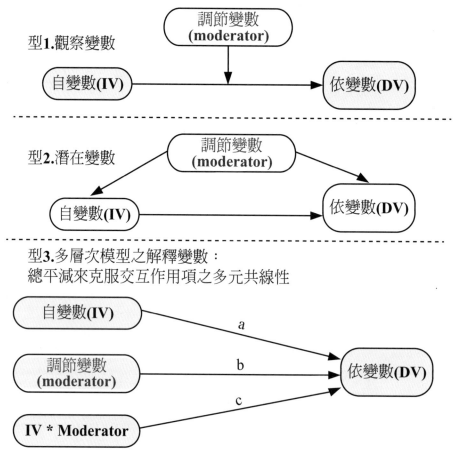

圖1-40　調節變數（moderator）之示意圖（請對應上圖的實作）

以性別為調節變數的例子，迴歸方程式如下：

減肥行為＝截距項＋a×減肥知識＋b×性別＋c×（性別×減肥知識）＋誤差

這個時候「性別 × 減肥知識」就叫作交互作用項（interaction term），若在迴歸方程式中的迴歸係數 c 達顯著水準，這個時候就代表調節效果獲得證實，所以表示男性的迴歸係數（$\beta_{c,\,男性}$）與女性（$\beta_{c,\,女性}$）的迴歸係數顯著的不同，通常期刊文章上的做法是直接畫圖表示，如下圖所示，男性與女性各別會有一條迴歸線，交互作用項達顯著就表示在統計上這兩條迴歸係數的斜率（slope）有顯著的不同，因此結論應該為：「就女性而言，減肥知識對減肥行為的影響效果比男性還要強」。

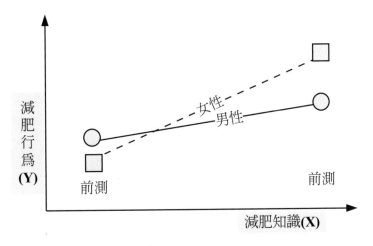

圖1-41　性別(A)與減肥知識(B)在減肥行為之交互作用圖（調節圖）

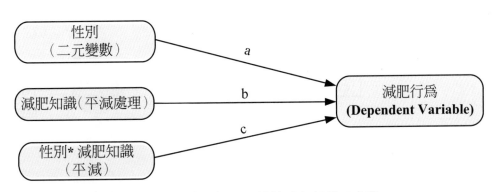

圖1-42　調節變數於迴歸模型之調節示意圖

【PLS-SEM 之調節（moderation）模型】

　　調節描述了一種情況：2 個構念（constructs）之間的關係不是固定的（constant），而是取決於第三者「**調節變數**」的值。**調節變數**（或構念）更改模型中 2 個構念之間關係的強度甚至方向。例如：先前的研究表明，客戶滿意度和客戶忠誠度之間的關係，會因客戶的轉換障礙（switching barriers）而有所不同。更確切地說，轉換障礙對「滿意度—忠誠度」關係具有明顯的負面影響：轉換障礙越高，滿意度與忠誠度之間的關係（r值）越弱。換句話說，轉換障礙當作調節變數，可解決「滿意度—忠誠度」連結（link）中的異質性。因此，對於所有客戶而言，這種「滿意度—忠誠度」不會相同，而是受到其轉換障礙而干擾。因此，**調節**可以（並且應該）視為解決數據異質性的一種手段。

　　通常，調節關係由研究者先驗的假設（hypothesized a priori）再經過專門檢定。調節關係的檢測取決於研究者：是否假設一個特定的模型關係或所有模型關係是否取決於**調節**分數。如前述例子，我們假設只有「滿意度—忠誠度」link 受到個人收入（income）的顯著影響。這種狀況仍適用於「CUSA（客戶滿意度）和 CUSL（客戶忠誠度）」之間的公司聲譽模型的關係。在這種情況下，我們將研究：受訪者的轉換障礙（SWITCH 變數）是如何影響這種關係。圖 1-43 顯示了這種**調節**關係的概念模型，該模型僅關注公司聲譽模型中的「滿意度—忠誠度」link。

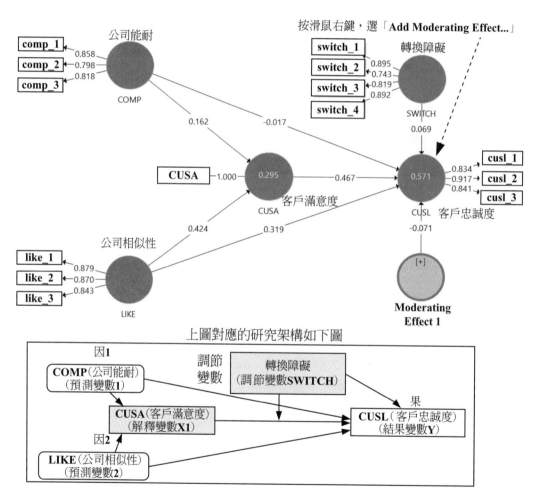

圖1-43　PLS-SEM之調節變數（<u>moderator variable</u>）例子

註：本例實作在第12章。

　　圖 1-44 是典型的調節分析，它用 SmartPLS 提供的簡單斜率圖來表示。

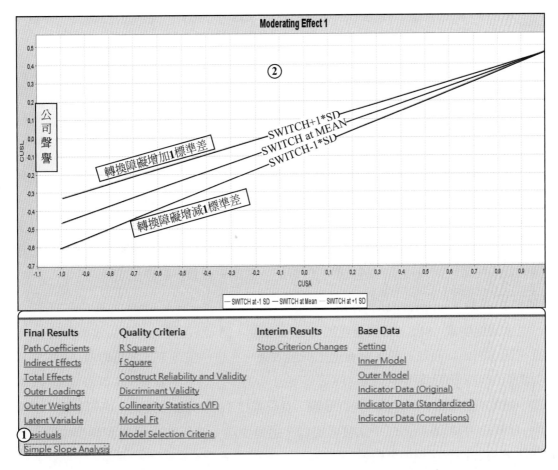

圖1-44　SmartPLS提供的簡單斜率圖來表示「調節效果」（第12章實作本例）

SmartPLS 之調節（moderation）模型

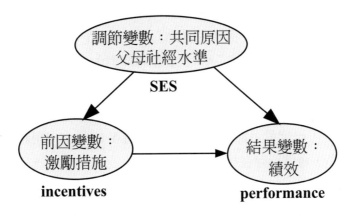

圖1-45　SmartPLS「調節模型」之示意圖（第12章實作本例）

圖 1-45 所述模型，模型中添加調節變數 SES，「激勵→績效」的路徑（係數）就可能發生 3 種狀況：

(1) 係數保持不變（無效果）。

(2) 係數下降到 0（SES 的完全控制效果）。

(3) 係數部分下降到 0（部分控制效果）或增加（抑制效果）。

情況 1 虛假的效果（spurious effects）

　　若 2 個變數共享一個先前的原因，它們通常是相關的，但是這種影響可能是虛假的。也就是說，這可能是相互因果關係的產物。典型的例子，就是冰淇淋的銷售和火災。這些是相關的，但是當添加了「日間熱」的先前相互原因時，原始的相關性就消失了。在圖 1-45 中，若在模型中添加「共同前因 SES」後，「激勵→績效」原始相關性就消失了，則可推斷出績效最初觀察的「激勵→績效」是虛假的。

情況 2 抑制（suppression）作用

　　當前提變數（SES）與預測變數（X）正相關（例如：激勵），而與效果變數（Y）負相關（例如：績效）時，就會產生抑制效果。在這種情況下，先行變數（SES）具有抑制作用，因為模型中：無 SES 的原始「激勵→績效」相關值，將低於有 SES「激勵→績效」相關值，即是說：先行變數，具有推拉（push-pull）效果。換句話說，「激勵→績效」的影響最初似乎比實際要弱，這是因為，當將 SES 添加到模型中時，相關性被 SES 抑制為調節變數。

1-4-14　交互作用項：連續型自變數 A × 連續型調節變數 M

方法一：產生乘積項 A×M

　　如圖 1-46，交互作用項（新變數「A×M」）是一個外生調節（exogenous moderator）變數，它透過與另一個外生變數（A 或 B 因子）的非加法（non-additive）關係來影響內生變數（Y）。儘管「A×M」也可能對內生目標（endogenous target）變數產生**直接效果**，但交互作用「A×M」是非加法的聯合（joint）關係。在圖 1-46(a) 中，是沒有交互作用（interaction terms）之 SmatPLS 畫面，潛在變數 A 和 B 被建模為 Y 的原因。但是，研究者可能會懷疑 M 和 A 對 Y 的聯合作用超出了單獨的 A 和 M 線性效果，意即，會懷疑存在相互作用。

　　但有 2 種流行方法，可對這種假設的交互來進行建模：乘法（product）指標方法，如圖 1-46 所示。此方法只能用於反映性模型。這種方法，模型要添加一個新的

潛在變數（A×M因子），其指標是「A和M」的每個可能指標配對的乘積項。例如：其第一個指標是 ind_m1×ind_a1，即 M 的第一個指標乘上 A 的第一個指標的乘積項。若存在：除了 A 和 M 的單獨線性效果之外的相互作用效果，那麼從「A×M」到 Y 的路徑將很重要（significant）。

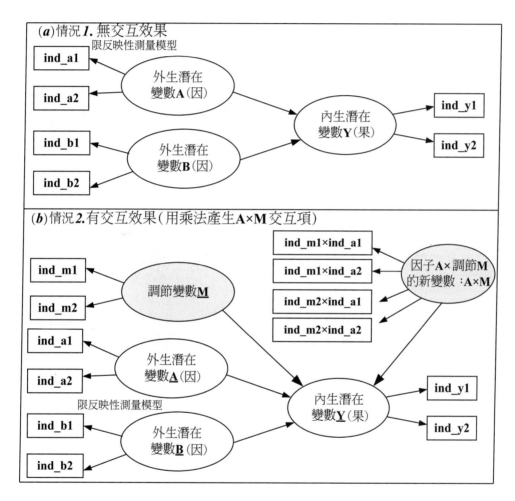

圖1-46　用SmartPLS來界定「交互作用效果」：潛在變數A×調節變數M

　　　　（方法一：product indicator）

方法二：潛在變數分數（**latent variable score**）法

　　如圖 1-47 所示：第二種是潛在變數分數（latent variable score, LVS）方法，基於潛在變數分數的乘積項。它與上圖之 product indicator 方法不同，當對外生變數是形成性（formatively）測量模型時（如圖 1-47a 的 階段 1 所示），就可使用潛在變數

分數法。LVS 方法需要 2 個階段。在 階段1 （圖 a）中，將 A、B 和 M 建模為 Y（內生變數）的外生原因。當作 階段1 的一部分，將為模型中的所有因素建立潛在變數分數。

在 階段2 ，所有因子（factors）都改用單一 indicator 來建模，這是它們在 階段1 中的潛在變數分數（e.g. 用傳統因素分析，限抽取 1 個因素之標準化分數）。由於將具有單一指標的潛在變數設置為等於其 LVS 新 indicator，因此界定它們為反映性模型或形成性模型都沒有關係。此外，將新建一個新的潛在變數（A×M），其單一指標是 階段1 潛在變數分數的乘積項「LVS(A)×LVS（M）」。 階段2 若「A×M 項→ Y」的路徑在模型的結果是達到顯著，則該交互作用具有節調作用。

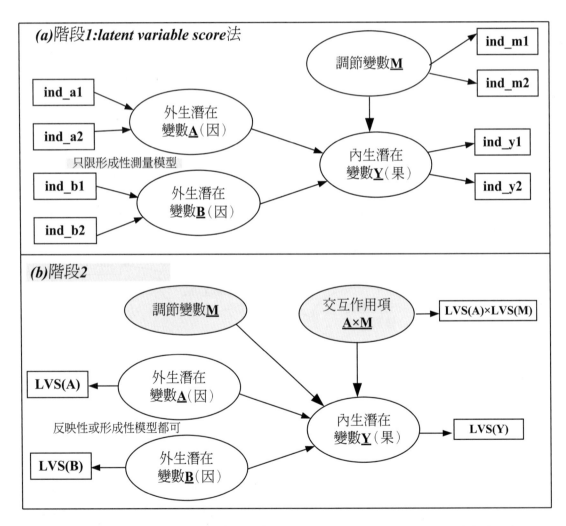

圖1-47　用SmartPLS來界定「交互作用效果」：latent variable score （方法二）

Chin（2010）的模擬研究發現，與潛在變數分數（latent variable score）法相比，乘積項（product indicator 法）更能產生準確的參數估計。當研究目的是假設檢定時，推薦你用 product indicator 法；相對地，目的是預測時，推薦用 latent variable score 法（Hair et al., 2014）。

1-4-15　中介模型＋連續型調節模型之統計法：實證論文

為了讓讀者先認識 PLS-SEM 論文寫作的重點、要領有哪些？下文特地找一篇範例供大家參考。

本範例源自：黃識銘、范凱棠（2019）。師徒職涯功能對工作績效之影響：中介與干擾的混合影響。《管理學報》，36 卷 1 期。

一、摘要

依據社會交換理論觀點，組織中的「師徒職涯功能」會讓員工投以較高的組織承諾，進而提升其「工作績效」；然而顧客對員工的負面影響，容易使員工基於報復心理產生「服務破壞意圖」以作為報復，因而干擾師徒職涯功能與組織承諾對工作績效之正向效益。本文以臺灣地區汽車銷售公司業務代表為對象，回收有效樣本 266 份，經無反應偏差及同源偏差檢定證明本文資料無偏誤疑慮。研究結果不僅驗證師徒職涯功能與組織承諾對工作績效有正向影響，也證實組織承諾乃師徒職涯功能與工作績效之部分中介效果；亦證實服務破壞意圖對師徒職涯功能與工作績效的關係具干擾效果（調節變數），其為減輕型態；服務破壞意圖對組織承諾與工作績效的關係具干擾效果，其為違犯型態，確認本文為干擾型中介效果模型。

二、研究架構

H1：師徒職涯功能對組織承諾有顯著正向的影響。

H2：組織承諾對工作績效有顯著正向的影響。

H3：師徒職涯功能對工作績效有顯著正向的影響。

H4：師徒職涯功能透過組織承諾對工作績效具有**中介效果**（間接效果）。

H5：服務破壞意圖會**弱化**師徒職涯功能對工作績效的影響。在低服務破壞意圖下，師徒職涯功能對工作績效正向影響力較大；在高服務破壞意圖下，師徒職涯功能對工作績效正向影響力較小。

H6：服務破壞意圖會**弱化**組織承諾對工作績效的影響。在低服務破壞意圖下，組織承諾對工作績效正向影響力較大；在高服務破壞意圖下，組織承諾對工作績效正向影響力較小。

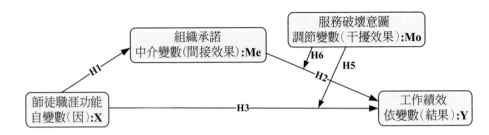

圖1-48　影響「工作績效」之前因、中介及調節變數（黃識銘、范凱棠，2019）

三、統計分析結果及討論

（一）組合信度、區別效度、共線性分析

本例子，各構面之 Cronbach' α 皆大於 0.7 以上，組合信度（composite reliability, CR）大於 0.7，平均變異數萃取量（AVE）亦大於 0.5，皆高於 Hair, Black, Babin, & Anderson（2010）之建議（表 1-13）。在區別效度方面，由表中對角線之 $\sqrt{AVE}$ 值皆大於相對應的相關係數值，本文具有良好的區別效度。此外，構念間相關係數皆未超過 0.8，顯示共線性問題不大（Maruyama, 1998）。所有構念皆採用李克特五點量表作為衡量，1 = 非常不同意、5 = 非常同意，僅服務破壞意圖為負向計分，其餘皆為正向計分。

表1-13　相關係數矩陣與 AVE CR值（黃識銘、范凱棠，2019）

	組織承諾	師徒功能	工作績效	服務破壞	工具關係	服務年資
組織承諾	**0.84**					
師徒功能	0.53***	**0.90**				
工作績效	0.72***	0.48***	0.91			
服務破壞	−0.08	−0.14*	−0.15*	**0.98**		
工具關係	0.01	0.01	−0.00	0.25***	0.84	
服務年資	0.07	−0.08	0.03	0.05	0.09	−
平均數	4.15	3.90	4.25	2.89	2.87	2.50
標準差	0.58	0.82	0.49	1.32	0.83	1.04
α 值	0.79	0.94	0.78	0.97	0.78	−
AVE	0.73	0.80	0.82	0.97	0.71	−
CR	0.88	0.95	0.90	0.98	0.83	−

1. AVE =（因素負荷量²）/ ∑（因素負荷量²）+∑各測量變項的誤差。
2. CR =（∑因素負荷量²）/（∑因素負荷量）²+∑各測量變項的誤差。
3. 對角線為AVE根號值。
4. ***表p<.001；**表p<.01；*表p<.05。

（二）各構面（構念）之因素分析與信、效度分析

交叉負荷量（cross loading）如表 1-14 所示，檢查各主要構念的題項負荷量皆明顯高於其他構念，顯示具有好的**收斂**效度。本例之個別測量變數負荷量均高於 0.5 的建議值且呈現顯著性，符合 Hair et al.（2010）的建議值。綜合上述，本例測量模型具有足夠的信度、收斂效度與區別效度。

表1-14 交叉負荷量（cross loading）分析結果（SPSS/Stata之探索性因素分析）（黃識銘、范凱棠，2019）

變數	Marker	工作年資	師徒功能	組織承諾	工作績效	服務破壞
A12	**0.974**	0.007	0.006	0.030	−0.010	0.524
A9	**0.687**	−0.003	0.075	0.004	−0.015	0.503
工作年資	0.005	**1.000**	−0.110	0.094	0.027	0.047
B49	0.063	−0.150	**0.861**	0.427	0.338	−0.076
B50	0.004	−0.069	**0.837**	0.395	0.376	−0.076
B51	−0.004	−0.100	**0.922**	0.511	0.495	−0.153
B52	0.032	−0.085	**0.942**	0.488	0.431	−0.138
B53	0.022	−0.093	**0.917**	0.483	0.419	−0.133
價值承諾 1	−0.017	0.081	0.537	**0.888**	0.626	−0.158
努力承諾 1	−0.051	0.100	0.349	**0.832**	0.748	−0.239
留職承諾 1	0.163	0.052	0.413	**0.793**	0.515	0.069
任務績效 1	−0.063	0.080	0.415	0.679	**0.902**	−0.164
脈絡績效 1	0.039	−0.029	0.424	0.693	**0.908**	−0.131
公開破壞 1	0.568	0.021	−0.126	−0.153	−0.181	**0.988**
私下破壞 1	0.556	0.080	−0.135	−0.127	−0.133	**0.978**

收斂效度：loadings 要 >0.05　　　　收斂效度：loadings 要 >0.05

本例所採用：操作性定義與題項，如表 1-15。服務破壞意圖原為四構面，但經探索性因素分析後僅為私下破壞及公開破壞二構面。

表1-15　操作性定義與題項（文獻回顧的彙總）（黃識銘、范凱棠，2019）

概念	構面	操作性定義	衡量問項	參考文獻
服務破壞意圖	服務破壞意圖	服務人員故意設計負面的行為來影響服務傳遞過程	1. 在這裡工作的員工會找機會修理粗魯無禮的顧客 2. 在這裡工作的員工會因業績壓力而向顧客誇大折扣優惠 * 3. 在這裡工作的員工會因為業績需要而催促顧客受訂 4. 在這個行業中修理或怠慢顧客是很常見的做法 5. 在這個行業中會批評顧客以取樂其他同事 6. 在這個行業中會假裝忙碌而怠慢顧客 * 7. 在這裡工作的員工偶爾會因工作壓力而放慢服務速度 8. 在這裡工作的員工偶爾會忽略公司規定以方便自己做事 9. 在這裡工作的員工偶爾會在顧客面前吹噓自己服務與努力 10. 在這裡工作的員工會因忙碌無法定期拜訪顧客 * 11. 在這個行業顧客偶爾會遭受故意或冷落的不當對待 12. 在這個行業，當顧客不注意時員工偶爾會應付了事 13. 在這個行業，偶爾會要求顧客在滿意度調查回答十分滿意 *	Harris & Oghonna, (2006) 1-3 為「私下且習慣型」 4-6「公開且習慣型」 * 研究者自行發展 7-10「私下且偶發型」 11-13「公開且偶發型」 * 研究者自行發展
師徒職涯功能	師徒職涯功能	師父所提供與職涯發展有關組織功能	1. 公司前輩（師父）會適時告知我升遷的機會 2. 公司前輩（師父）指派我執行重要任務 3. 公司前輩（師父）會協助我找出專業目標 4. 公司前輩（師父）會投注他的關心與時間在我的職涯 5. 公司前輩（師父）會花時間為我的職涯發展設想	Scandura(1992)，林尚平、陳建龍、張明旭（2010），林尚平、劉敏興、張明旭（2013）
組織承諾	價值承諾	認同公司價值的程度	1. 我對於公司有很高的忠誠度 2. 我對於身為公司的一分子感到光榮 3. 我關心公司未來的發展願景 4. 公司讓我覺得有歸屬感	Poter et al. (1974)
組織承諾	努力承諾	願意努力去達成組織目標程度	1. 我會盡力解決工作上的困難 2. 我會把我的工作經驗傳授給新進的同事 3. 我會主動幫助同事解決工作上的困難 4. 我會主動收集工作上所需的資訊以達到工作所需技能	Porter et al. (1974)

表1-15　操作性定義與題項（文獻回顧的彙總）（黃識銘、范凱棠，2019）（續）

概念	構面	操作性定義	衡量問項	參考文獻
組織承諾	留職承諾	有強烈意願繼續留在組織，成為組織成員的程度	1. 我覺得繼續留在公司服務會有好前途 2. 即使工作條件（薪資、工作環境）變差，我仍願意留在公司 3. 即使有其他更好的工作機會，也不會考慮離開公司 4. 我願意留在本公司繼續工作直到退休	Porter et al. (1974)
工作績效	任務績效	個人工作上的結果，符合組織所期望或指定的任務	1. 我會依照標準作業程序完成工作 2. 我經常規劃與安排自己所負責工作的進度 3. 我可以做好公司所要求的任務 4. 我會主動積極解決顧客的問題 5. 顧客對我的服務效率感到極為滿意	Borman and Motowidlo (1993)
工作績效	脈絡績效	自願執行組織非正式規定之活動、堅持完成任務、團隊合作並助他人	1. 當工作上遇到棘手或緊急的事，我都能妥善處理 2. 雖與自己工作無關的任務，我仍會主動幫助同事完成其任務 3. 我常向困難目標挑戰，因為從事困難的工作能令人感到滿足 4. 我經常志願負擔額外的工作，來幫助別人或爭取團體績效 5. 我能在工作上與夥伴維持良好的友誼關係	Borman and Motowidlo (1993)

（三）研究模型分析

　　為探究變數間關係與驗證模型，採 SmartPLS 3 為分析的軟體工具。選擇 SmartPLS 乃因為本文焦點在於預測工作績效，目的旨在使內生變數解釋能力最大（Hair, Sarstedt, Ringle, & Gudergan, 2018）；其次，本文有二階構念（工作績效、組織承諾與服務破壞），研究模型也較複雜（中介與干擾皆有），資料僅三大車廠之汽車業務員，非常態分配，且採用潛在變數分數（latent variable score）進行之後的分析。此外，本文主要在探索及解釋研究，適合於理論發展（Hair, Hollingsworth, Randolph, & Chong, 2017），故不採用 LISREL 或 AMOS（Hair, Hult, Ringle, & Sarstedt, 2017）。本文採二階段驗證，$\boxed{\text{Step 1}}$ 進行測量模型信效度分析以及二階層分析，取得潛在變數分數後，帶入 $\boxed{\text{Step 2}}$ 再運用 PLS Algorithm 法產生路徑係數值（path coefficient，β 值），並以拔靴法（bootstrapping）產生之 t 值與模型解釋力（R^2）進行結構模型之構念間統計顯著性與解釋率。另外，以主成分基礎（component-based）進行分析，採拔靴法及反覆抽樣（resamples）估算係數顯著性，本文為尋求較穩定的係數，遵循 Hair, Ringle, & Sarstedt（2011）觀點，設為 5,000 次重複樣本（resamples）以計算模型係數的顯著程度。

（四）模型效度

　　基於法理效度（nomological validity）要求，採用不同的競爭模型進行比較分析。為驗證中介變數是否為中介的直接模型，對立模型將師徒職涯功能、組織承諾視為前置變數，將所有非依變數視為自變數對工作績效當作無中介模型（M3）。最後，依據 Morgan & Hunt（1994）3 項準則：

(1) 整體模型配適度。

(2) 模型中假設統計顯著的比例。

(3) 精簡度，為比較本文之目的的模型比其他競爭模型之最佳選擇。

　　由表 1-16 可知，本文模型 M2 的配適度 GoF（Goodness of Fit）=0.56，假設統計顯著比例達 50%，無中介模型 M3（GoF 為 0.61），其假設統計顯著比例僅 33%，顯示本文模型是無中介模型較佳，可凸顯組織承諾的中介影響。最後，依據模型簡約原則（parsimony principle）（James, Mulaik, & Brett, 2006），本例判定應是本文之目的的模型（M2）為較佳模型，且符合研究目的所需，此乃比較 GoF、解釋力（R^2）以及路徑顯著比例。相較之下，本文模型（M2）較精簡，較其他競爭模型更佳。當 GoF 為 0.02、0.15 及 0.35 分別代表效果的低、中、高，本文之 GoF 為 0.56 顯示本文具有高影響效果（Hair, Hult, Ringle, & Sarstedt, 2014）。此外，本文採用交叉驗證的非參數檢定方法—Stone-Geisser Q^2 檢定（Hair et al., 2014），對 PLS 模型預測效度的衡量。Stone-Geisser Q^2 檢定是以蒙眼（Blindfolding model）計算出預測相關性（predictive relevance）（第 3-5 節），利用其他潛在的變數預測觀察變數評估模型的品質。以 Stone-Geisser Q^2 的 2 個衡量指標作為評估模型的標準，cv-communality 為交叉評估測量模型的共同性（communality），而 cv-redundancy 為交叉評估結構模型的重疊性（redundancy）（Hair et al., 2014）。本文之 CV Red 於 0.12-0.81，CV Com 介於 0.61-0.81，當 Q^2 為 0.02、0.15 及 0.35 分別代表低、中、高的效度之程度（Henseler, Ringle, & Sinkovics, 2009），本文除組織承諾的子構面（留職承諾）為 0.12 外，其餘皆大於 0.15，顯示具有高預測相關性。此外，本文之構念解釋力分別為：組織承諾（$R^2 = 0.29$）、工作績效（$R^2 = 0.60$），顯示本文具有高的解釋率。從 SmartPLS 的驗證，H1 至 H3 皆獲得支持，至於 H4 至 H6 本文將另外驗證。

表1-16 研究模型的結果與其他模型之比較（β 值、t值）（SPSS階層迴歸）（黃識銘、
　　　　范凱棠，2019）

徑路關係	M1有 marker模式	M2無 marker模式	M3無 中介模式
H1 師徒職涯功能→組織承諾	.53(11.74)***	.534(11.72)***	
H2 組織承諾　　　→工作績效	.69(14.87)***	.686(15.25)***	.72(16.57)***
H3 師徒職涯功能→工作績效	.10(1.99)*	.467(10.05)***	.09(1.78)
H5 師徒職涯功能 × 服務破壞意圖→工作績效	−.13(1.76)	−.132(1.77)	
H6 組織承諾 × 服務破壞意圖→工作績效	.10(1.44)	.102(1.42)	
服務破壞意圖→工作績效	−.03(0.57)	−.039(0.97)	−.04(0.75)
控制變數			
服務年數→組織承諾	.15(3.09)	.153(3.02)	
服務年數→工作績效	−.01(0.22)	.097(1.91)	−.03(0.83)
marker→組織承諾	.01(.18)		
marker→工作績效	−.02(.28)		−.01(0.11)
組織承諾 R^2	.29	.29	
工作績效 R^2	.60	.60	.60
GoF	.56	.56	.61
路徑顯著比例	50.00%	50.00%	33.33%
*p<.05；**p<.01；***p<.001			

註：SPSS階層迴歸，請見作者《高等統計：應用SPSS分析》一書。

（五）研究模型驗證結果

1. 師徒職涯功能對組織承諾之分析

從表 1-16 之 M2 模型可知，師徒職涯功能對組織承諾的 β 值為 0.534（t 值 = 11.72）達顯著水準。此外透過 PROCESS macro for SPSS 26.0（Model 15），師徒職涯功能對組織承諾為 0.38（t = 10.25）（標準誤 SE = 0.04, 95% 信賴區間 CI [0.31, 0.45]），**研究假設 1** 得到支持，亦即師徒職涯功能對組織承諾具有顯著正向效果。此與過去的研究也相符合（Aryee et al., 1994; Chao et al., 1992; Donaldson et al., 2000; Kim et al., 2015; Ragins et al., 2000; Weinberg & Lankau, 2011）。

2. 組織承諾對工作績效之分析

從表 1-16 之 M2 模型可知，組織承諾對工作績效的 β 值為 0.686（t 值 = 15.25）達顯著水準。另透過 PROCESS macro for SPSS 26.0（Model 15），組織承諾對工作績效為 0.307（t = 2.97）（標準誤 SE = .10，95% 信賴區間 CI [0.10, 0.56]），**研究假**

設 **2** 得到支持，亦即組織承諾對工作績效具有顯著正向效果。此與過去的研究也相符合（Morris & Sherman, 1981; Darolia et al., 2010; Fu & Deshpande, 2014; Jaramillo et al., 2005; Khan et al., 2010; Rutherford et al., 2012; Steers, 1977）。師徒職涯功能對工作績效之分析從表 1-16 之 M2 模型可知，師徒職涯功能對工作績效的 β 值為 0.467（t 值 = 10.05）達顯著水準。另透過 PROCESS macro for SPSS 26.0（Model 15），師徒職涯功能對工作績效為 0.31（t = 3.92）（標準誤 SE = .08，95% 信賴區間 CI [0.15, 0.46]），本例**假設 3** 得到支持，亦即師徒職涯功能對工作績效具有顯著正向效果。此與過去研究結果相符（Chao et al., 1992; Hunt & Michael, 1983; Hu et al, 2014; Sun, Pan, & Chow, 2014; Viator, 2001）。

3. 組織承諾對師徒職涯功能與工作績效的中介效果分析

參照 Baron & Kenny（1986）觀點驗證其中介效果，從表 1-17 可知，**模型一、模型二及模型三**達顯著水準，且**模型二**自變數與**模型四**相較，中介（組織承諾）變數從 0.73 降為 0.65，因此為部分中介。此外，依照 Hair et al.（2014）的 VAF（variance accounted for）來判斷是否為中介，本例依照上表之 M2 計算 VAF = 間接效果 /（間接效果 + 直接效果）=43.96%，準此，本例乃屬於部分中介效果〔20% < VAF 間接效果假定是對稱分配（symmetric distribution）〕，拔靴法並非對稱分配，視樣本為母群體，乃檢驗中介效果的較佳觀點（Hayes, 2009, 2013）。從表 1-18 可知，師徒職涯功能透過組織承諾對工作績效的間接效果為 0.03（標準誤 SE = 0.02，95% 信賴區間 CI [0.00, 0.06]），此區間不含 0，達顯著水準。本例同時採 Sobel（1982）及 Baron & Kenny（1986）與 Hair et al.（2014）不同方法驗證，證實具有中介效果，故**假設 4** 得到支持，亦即組織承諾乃師徒職涯功能對工作績效的中介效果，此發現可補充說明 Pullins & Fine（2002）及 Ragins（1997）未能證實之結果。

表1-17　組織承諾對師徒職涯功能與工作績效中介效果檢定（黃識銘、范凱棠，2019）

依變數		模式一	模式二	模式三	模式四
		組織承諾（中介）	工作績效（Y）		
自變數	師徒職涯功能（X）	.53***	.48***		.14**
	組織承諾（中介）		.73***	.73***	.65***
adj R^2		.27	.52	.23	.54
F 值		100.95***	293.27***	78.99***	154.14***
***：p<0.001；**：p<0.01					

註：SPSS階層迴歸，請見作者《高等統計：應用SPSS分析》一書。

4. 服務破壞意圖對師徒職涯功能及組織承諾與工作績效之中介與干擾混合式

本文探討乃屬於中介與干擾（調節）兩者混合型，旨在討論師徒職涯功能與組職承諾對工作績效是否受到干擾因素（服務破壞意圖）的干擾，具有二階效果（second stage effect）受干擾（即干擾變數是否干擾中介變數到依變數的路徑）（Morgan-Lopez & MacKinnon, 2006）與直接效果（自變數對依變數）受干擾，以 Preacher & Hayes（2008）方式進行中介與干擾（調節）之檢定，依照 Hayes（2009, 2013）建議，以拔靴法（bootstrapping）透過 PROCESS macro for SPSS 26.0（Model 15）進行驗證。從上表可知，H5 及 H6 則獲得支援，爲二階效果及直接效果皆同時受到服務破壞意圖之干擾。另外，在控制變數方面（見表 1-18），標竿變數（工具型關係）與服務年資對工作績效皆未達顯著水準，顯示這兩變數對工作績效並無顯著影響。師徒職涯功能與服務破壞意圖對工作績效之干擾效果（調節），從表 1-18 顯示爲 -0.07（t $= -3.21$）（標準誤 SE $= .02$，95% 信賴區間 CI [-0.12, -0.03]），此區間不含 0，故達顯著 0.05 水準，具有顯著弱化且減輕（mitigating of weakening effect）之干擾型態，此爲師徒職涯功能對工作績效的效果受到服務破壞意圖的干擾（直接效果干擾）。

表1-18　驗證中介效果及干擾效果之結果（黃識銘、范凱棠，2019）

路徑關係	β(SE)	95% CI (lower-upper)		驗證效果
師徒職涯功能→組織承諾→工作績效	.03(.02)	.00 ～	.06	有中介效果
師徒職涯功能 × 服務破壞意圖→工作績效	−.07(.02)	−.12 ～	−.03	有干擾效果
組織承諾 × 服務破壞意圖　　→工作績效	.08(.03)	.02 ～	.14	有干擾效果
工具型關係→工作績效	−.01(.03)	−.06 ～	.04	無影響
服務年資→工作績效	.02(.02)	−.02 ～	.06	無影響
師徒職涯功能→組織承諾	.31(.08)	.10 ～	.51	正向影響
組織承諾→工作績效	.31(.10)	.15 ～	.46	正向影響
服務破壞意圖→工作績效	−.05(.11)	−.28 ～	.17	無影響
Adj R^2 = .56，F = 47.76 (p<.001)				

註：本書下一節之perfom2專案檔有實作。

此外，從表 1-19 可知，在低服務破壞意圖（−1 SD）與平均數時，在 95% 信賴區間不含 0，具有干擾效果，因此本**研究假設 H5** 獲得支持。由圖 1-49 可知，當師徒職涯功能低時，低破壞與高破壞的工作績效差距較小；當師徒職涯功能高時，低破壞與高破壞的工作績效差距較大，且低破壞的工作績效都高於高破壞的工作績效，

因而服務破壞意圖高低顯然會對師徒職涯功能與工作績效有影響，因此師徒職涯功能較高時較不易受到服務破壞意圖的影響。此研究結果與 Grant, Parker, & Collins（2009）研究結果相似，在 Gardner, Harris, Li, Kirkman & Mathieu（2017）的回顧研究有 22.7%，在組織研究仍算普遍。依照 Gardner et al.（2017）的觀點，此種干擾乃屬於弱化效果，其為減輕關係型態（mitigating relationship pattern）。

表1-19　二階干擾及直接干擾效果驗證（黃識銘、范凱棠，2019）

自變數		師徒職涯功能	
干擾狀況		β(SE)	CI
直接效果受服務破壞意圖干擾（H5）	低（−1 SD）	.19(.05)	.10 ～ .28
	平均數	.09(.03)	.03 ～ .15
	高（+1 SD）	−.01(.04)	−.09 ～ .07
自變數		組織承諾	
干擾狀況		B(SE)	CI
二階效果受服務破壞意圖干擾（H6）	低（−1 SD）	.16(.03)	.11 ～ .22
	平均數	.20(.03)	.15 ～ .26
	高（+1 SD）	.24(.04)	.17 ～ .33

註：本書第12章調節變數有實作。

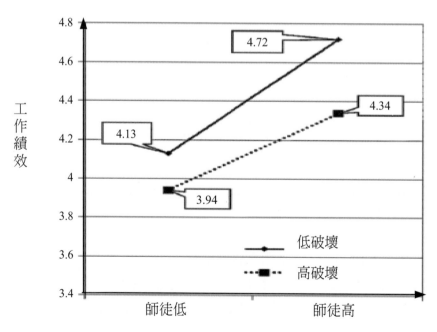

圖1-49　服務破壞意圖對師徒職涯功能與工作績效的干擾（黃識銘、范凱棠，2019）

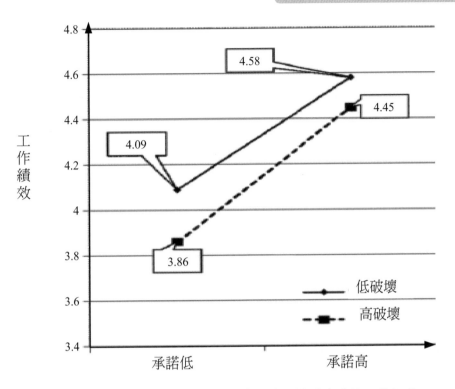

圖1-50　服務破壞意圖對組織承諾與工作績效的干擾（黃識銘、范凱棠，2019）
註：本書第2章、第3章有實作。

　　從表 1-18 可知，組織承諾與服務破壞意圖對工作績效的干擾效果為 0.08（t = 2.54）（標準誤 SE = .03，95% 信賴區間 CI [0.02, 0.14]），此區間不含 0，故達顯著 0.05 水準，因此具有顯著強化且收斂（violating of strengthening effect）的干擾型態，此為組織承諾對工作績效的效果受到服務破壞意圖的干擾（二階效果干擾）。此外，從表 1-19 可知，無論在低服務破壞意圖（−1 SD）與平均數時及高服務破壞意圖時（+1 SD），在 95% 信賴區間皆不含 0，具有干擾效果，因此假設 H6 獲得支持。由圖 1-50 可知，當組織承諾低時，低破壞的工作績效較高破壞佳且差距較大；但當組織承諾高時，低破壞與高破壞的工作績效差距較小，但低破壞的工作績效高於高破壞的工作績效，因而服務破壞意圖的高低顯然會對組織承諾與工作績效有影響，況且組織承諾高則不易受到服務破壞意圖的干擾影響。依照 Gardner et al.（2017）的觀點，此種交互作用乃屬於強化效果（strengthening effects），其屬違犯關係型態（violating relationship pattern）。此研究結果相當罕見，與 Bagozzi, Verbeke, Dietvorst, Belschak, van den Berg & Rietdijk（2013）研究結果相似，在 Gardner et al.（2017）的回顧研究僅有 10.7%。最後，將所有研究結果整理成圖 1-51。

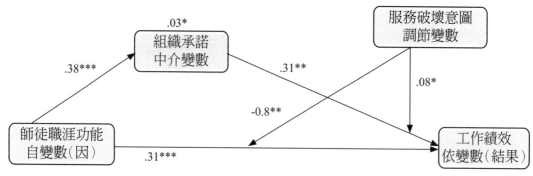

*p < .05; **p < .01; **p < .001

圖1-51　師徒職涯功能對工作績效與組織承諾之影響：服務破壞意圖為干擾（黃識銘、范凱棠，2019）

註：本書第2章、第3章有實作。

1-4-16　中介模型：直接效果、間接和總效果之分辨

在 SmartPLS 中，取名「perfom」專案檔（Project）就會對應至「perfom」新資料夾（內含 splm 模型檔，txt 資料檔等）；若另外取名「perfom2」專案檔就會新增「perfom2」資料夾來存檔。本例又分「無中介 vs. 有中介」2 種模型，分別存在「perfom.splsm」、「perfom2.splsm」模型中。本例，工作目錄（Switch Workspace）設定為「ch02,ch04 SES-Incentive-Perf」資料夾，內存「SES-Incentive-Perf.csv」、「perfom.csv」2 個 Excel 資料檔。

一個專案檔（對應至該資料夾）內，允許一個以上模型檔（.splsm）。

如圖 1-52 所示：Import「perfom.csv」資料檔係會再自動轉成另一「perfom.txt」，你再界定你的「.splsm」模型圖檔。

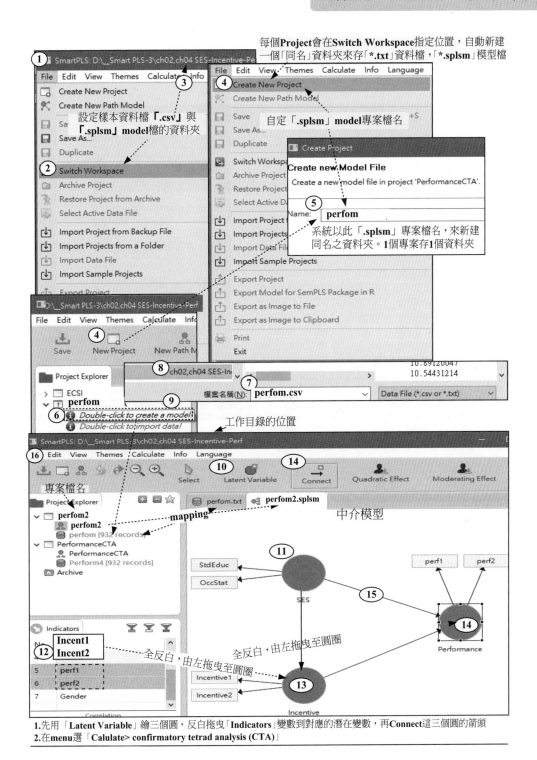

圖1-52　Import「perfom.csv」檔之後，再界定你的「.splsm」Model檔（perfom2專案檔）

註：Import「ch01 中介模型：直接效果、間接和總效果.zip」專案輸出之壓縮檔。

通常 SmartPLS，每個構面（或構念）需要 1 個以上指標，故本例用資料檔「perfom.csv」，其指標變數如圖 1-53 所示。

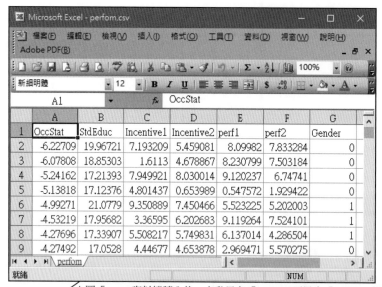

上圖「.csv」資料檔讀入後，自動另存「.txt」，再界定「.splsm」模型圖檔

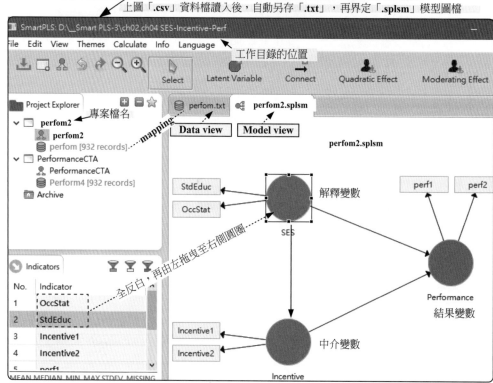

圖1-53 資料檔「perfom.csv」的指標變數（每構面都有2個指標）（perfom2專案檔）

如上述模型中所示，當一個變數（SES）對另一個變數（績效）有直接（**direct**）效果以及間接（**indirect effects**）效果（SES-> 激勵 -> 績效）時，路徑乘法規則可用於估計直接和間接效果。直接效果是標準化的結構係數，也稱為「SES-> 績效」的內在模型負荷量（loadings）。間接效果 =「SES-> 激勵」的路徑係數 ×「激勵 -> 績效」的路徑係數。在更複雜的模型中，可能會有 2 個以上的路徑相乘以獲得間接效果。「SES-> 績效」的總效果是其直接和間接效果的總和。

考慮圖 1-54 的模型，該模型的箭頭上，標有：標準化的路徑係數（standardized path coefficients）。

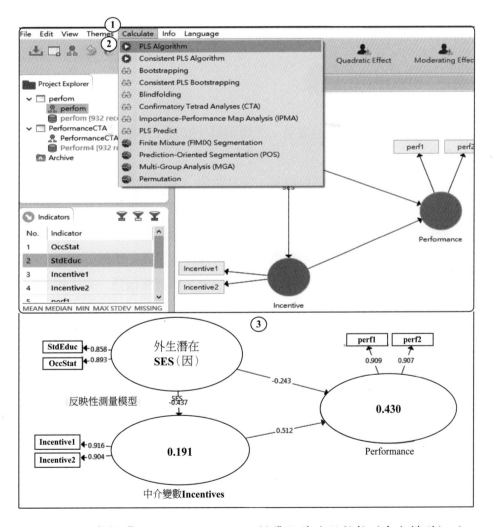

圖1-54 SmartPLS求得「SES-Incentive-perf」標準化的路徑係數（中介模型）（perfom2 專案檔）

從圖 1-54，中介效果有 3 個值：

SES -> Incentives: Direct = −0.437; Indirect = 無；Total = −0.437

SES-> Performance: Direct = −0.243; Indirect = −0.437×0.512 = −0.224; Total = −0.243 +(−0.224) = −0.466

Incentives-> Performance: Direct = 0.512; Indirect = 無；Total = 0.512

上述，對 3 種效果進行分辨，發現，SES-> Performance 的 | Total Effect | 小於 Incentives-> Performance（| −0.467 | 與 0.512），其中 SES 的總效果為負，Incentives 的總效果為正。

圖 1-55 顯示了對應的 SmartPLS 輸出。「Path Coefficients」是直接效果，當添加到「Indirect Effects」時，就會產生「Total Effects」。

1-5　變數的類型

地形測量、經緯測量、大地測量、天體測量、野外（field）測量、航空測量等，都涉及測量（measurement）。

「測量」（衡量、評估）是針對某一特定對象、人或組織，有關某種特徵或行為（消費行為、所得、人格特質、組織行為等），賦予其一個值，使其數值能代表（或符合）構念中所代表的概念或狀況。它是屬於測量的問題。

「測量」與操作型定義概念是有直接關係。操作型定義是銜接「概念—理論」層次、「經驗—觀察」層次的測量程序。「測量」就是研究者根據一定「規則」，將數值（或其他符號）指派給物體或事物（變數）身上之一種程序。所謂「變數」只是賦予數值之符號。此種「測量」定義隱含它有 3 個程序：

(1) 選擇可觀察的「個體或事物」（即「對象」）。

(2) 以數字或符號代表事件的特性，即數值系統（numerical system）。

(3) 依據指派「規則」賦予觀察值一個符號或數字，此種「規則」就是操作型定義。

測量尺度（scale of measure）或稱測量水準（level of measurement）、測量類別，是統計學及定量研究中，對不同種類的資料，依據其尺度水準所劃分的類別，這些尺度水準常分為：名目（nominal）、次序（ordinal）、等距（interval）、等比（ratio）。

程式設計，所謂變數（variable, scalar）是指一個包含部分已知（或未知）數值或資訊（即一個值）之儲存位址，以及相對應之符號名稱（識別字）。

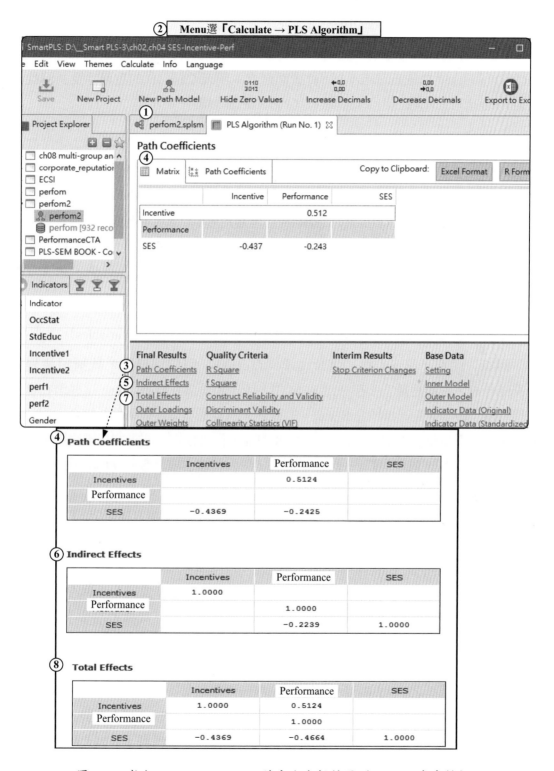

圖1-55　執行SmartPLS，output的中介分析結果（perfom2專案檔）

一、案例認定變數（case identifier variable, Case ID）

例如：blindfolding 估計的輸出：構面或指標的「Crossvalidated Redundancy」、「Crossvalidated Communality」，就會顯示樣本所有 Case ID 的重疊性及共同性。Case ID 是用於案例輸出和保存的數據集的 Case ID 變數。

二、測量因子（measured factors）和共變數（covariates）

測量共變數（covariates）是當作對依變數和自變數的測量，而輸入的觀測（manifest）連續變數。所謂因子（factors）（e.g. 類別型預測變數 A）是在模型中，輸入為虛擬變數型（dummy variables）之類別變數（e.g. 實驗組 vs. 控制組；或男 vs. 女）。請注意，「因子（factors）」不應與該術語更廣泛的「潛在變數」相混淆。數個 measured 自變數（指標）建構 PLS 因子；數個依變數指標建構了 PLS 反應（responses）變數。

三、建模因子（modeled factors）和反應變數（依變數，response variables）

例如：性別（男 vs. 女）這類因子（factors）型類別變數，統稱預測變數（predictors，虛擬變數）。在 PLS-SEM 中，因子也是潛在變數之一，這些潛在變數被提取為：觀測變數（指標 indicator）的線性（通常是加權後總平均）組合。對於使用因子（而不是路徑加權 scheme）的 PLS 迴歸，你可指定：測量的指標變數中選取多少個因子。對於 PLS 迴歸，通常，前 3～7 個因子將占變異數的 99%（例如：5 個因子是 SPSS 中 PLS 迴歸的內定的因子數目）。

請注意，PLS 與 SEM 中的潛在變數。在基於共變數的結構方程模型（CB-SEM）中，PLS 因子與共同因素分析〔common（principal）factor analysis〕的潛在變數是不同。SEM 是基於共同（principal）因素分析；而 PLS 迴歸基於主成分分析（PCA）。對於基於共變數 SEM 所建立的變數，許多人都保留了「潛在變數」一詞，就像 CB-SEM 一樣，將 PLS 因子又稱為「成分（components）」或「加權組合物（weighted composites）」。

術語「組合（composite）」是指以下事實：(1)PLS factors 被估計為其指標的精確線性組合。相較之下，CB-SEM 中的真實潛在變數是用「反映其指標的共變數」來計算的（McDonald, 1996）。Composites 之間因果關係的 PLS-SEM 模型，可能近似於「潛在變數之間因果關係」的 SEM 路徑模型。(2) 在其他情況下，因子是可當作預測變數的分類變數。(3) 在 PLS-SEM 中，因子也是潛在變數，這些潛在變數被提取

為測量（指標）變數的線性（通常是加權平均）組合。

四、單一項目測量（single-item measures）

建模（包括 PLS 建模）中使用的測量（measures），通常是由多個項目（itmes,指標）所組成的已驗證量表（validated scales），例如：「威權領導」量表。它與單項測量相比，多項通常可以提高信度並改善模型性能（performance）。可是，在某些情況下，項目可靠性不是問題，因為可以認為測量沒有誤差或非常接近其操作型定義。常見的單項測量，包括性別、年齡或薪水等變數。同樣，單項變數可能會在 covariance-based SEM 中引起認定和收斂疑問，但這些問題在 PLS-SEM 中不存在。

五、變數的測量水準（measurement level of variables）：用 SPSS 事前檢查

指標變數所允許：測量水準（measurement level）因軟體而異，如下面「假定（assumptions）」所述。在 SPSS PLS 迴歸中，首次執行 PLS 時，你必須指定測量水準（levels），這在 SPSS 中是不可少的。在 SPSS 中，(1) 對純量（scalar）依變數使用多重迴歸演算法；但對類別（categorical）依變數則使用分類（classification）演算法；(2) 若同時使用 2 種類型的預測變數（如 A, B, X），則使用 mixed 模型。請注意，在 SPSS 中，可臨時更改變數的 measurement level 設定，來調查其產生的差異，例如：將次序（ordinal）調查問卷（如 Likert 量表）視為等距（interval）（但是，共變數必須編碼為數值型）。

SPSS 演算法將：名義（nominal）變數和次序（ordinal）變數，視同類別變數一樣對待。Categorical 變數編碼，可改用虛擬變數編碼來認定。例如：具有 c 個類別的類別變數，第 1 類可編碼為（1，0，0，... 0），其中最後一個 0 用於第 c 個類別。最後一個類別編碼為（0，0，0，... 1）。但在 PLS 對話框中，你指定在模型，就會省略「表示參考類別所需的虛擬變數」。

當 PLS 開始執行提示時，先單擊 SPSS「Define Variable Properties」按鈕（圖1-56），首先會開啟一個「對話框（dialog）」，讓你輸入所要使用的變數。如圖1-56所示，此時 SPSS 會掃描前 200 個（內定）情況，並估算「measurement level」，並將變數分為：名義、次序或 scalar（等距或比率）。左側「Scanned variable list」中，變數名前面的 Symbols 顯示了：assigned measurement levels，儘管你可用「Measurement Level」下拉 menu 在對話框中更改這些初始分配。最好，能在此對話框中檢查遺漏值 codes 及其他設定值。

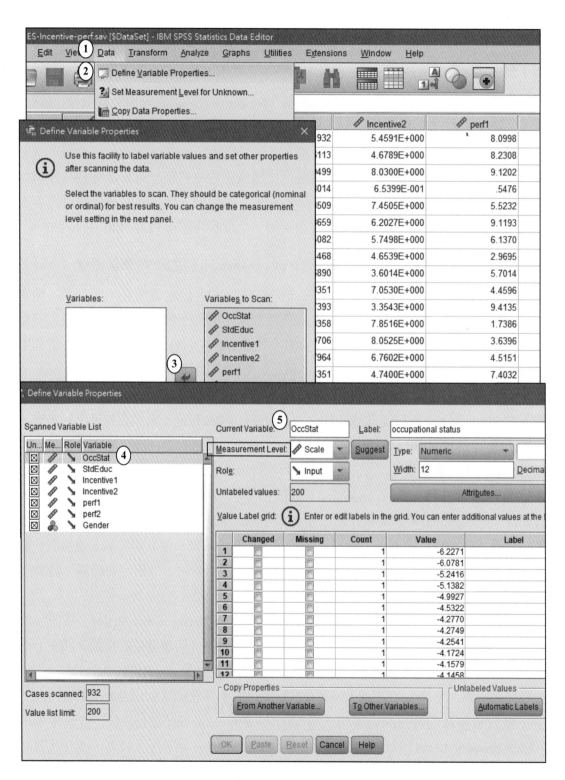

圖1-56　SPSS點選「Define Variable Properties」對話框

1-6　PLS-SEM vs. CB-SEM的參數估計

對比 PLS-SEM 和 covariance-based 的 SEM 的模擬研究，證實了：當樣本數較小時，PLS 可以更好地達到預測目的（Hsu, Chen, & Hsieh, 2006）。但是，這些研究還發現，PLS 呈現出向下偏誤（downward bias），低估了路徑係數（Chin, 1998; Dijkstra, 1983），但 CB-SEM 對於較大的樣本數具有更好的預測目的。

1-7　留一法「交叉驗證」及適配度

與 covariance-based SEM（CB-SEM）相比，PL-SEM 缺乏：評估整體模型的適配度（goodness of fit）的多樣性。但是，現有 SmartPLS 軟體就有交叉驗證指標（cv-redundancy、cv-communality）。在交叉驗證（cross-validation, CV）中，每回合重複抽樣：都針對所有案例〔其中只 1 個案例保留當訓練集（testing set）〕來開發 PLS 模型，然後對該保留的單一案例（hold-out）進行檢測（testing），如此重複抽樣 n 次，每種依序「留一案例（case）」當作驗證。除了這種交叉驗證（也稱爲「完全交叉驗證」）的「留一法」形式之外，例如：SAS 軟體尚可透過：將數據分爲多個區塊（blocks）或透過保留測試（test）集驗證來執行交叉驗證。

建議你，對中小型數據集採用留一法（leave-one-out）交叉驗證。分割（split）樣本和保留的檢測集（test set）方法需要較大樣本。交叉驗證係數（cross-validation coefficient, r_{cv}^2）是透過留一法過程：預測變數（們）解釋依變數的變異數百分比（Wakeling & Morris, 2005）。公式如下：

$$r_{cv}^2 = \frac{RSS - PRESS}{RSS}$$

其中，RSS 是依變數的初始平方和（Sum of Squares），而 PRESS 是下面討論的 PRESS 統計值。Wakeling & Morris（2005）使用蒙地卡羅模擬方法，針對具有已知橫列（rows）及直行（columns）的數據集，開發了 1D、2D 和 3D 模型的 r_{cv}^2 臨界值表。因此，大於臨界值的 r_{cv}^2 被認爲是有顯著的（significant），並且你可選擇具有最少交叉驗證統計量的維數、最少的模型當作最簡約的模型，它也是最佳模型。

PRESS 及最佳維度數（optimal number of dimensions）？

在 SPSS 和其他軟體套件（packages）的 PLS 迴歸中，使用交叉驗證的預測誤

差平方和（predicted residual sum of squares, PRESS），估算 0-factor 模型、1-factor 模型、2-factor 模型等。你可用 PRESS 來認定最佳 factors 數目。它會萃取最大數量的 factors（維度）來找出過度適配且 trivial 解釋的模型。相應地，隨著維度的增加，PRESS 值會變得越來越低，但有時可能會升高。透過：維度數來繪製 PRESS 即可繪出陡坡（scree）圖，你可選定陡坡圖曲線某彎頭趨於平穩點（＝維度數）。但是，就像在因素陡坡圖一樣，可能會有多個「彎頭（elbow）」，而且你的自由裁量權涉及了最佳模型維度數之選擇。或者，也可選擇第 1 個或全局最小 PRESS 點當作選擇點，來認定最佳模型的維度數。此外，尚有另一個替代方案，即可使用上面討論的 r_{cv}^2 法的臨界值。

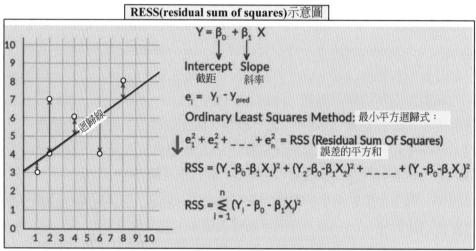

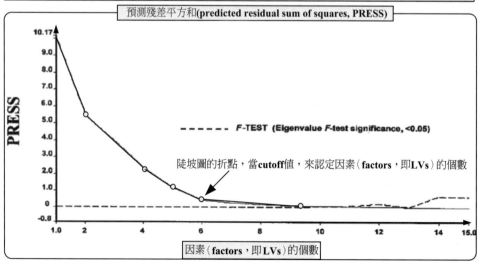

圖1-57　RESS（residual sum of squares）示意圖

第2章

用SmartPLS分析 PLS-SEM的操作畫 面

CB-SEM 主要用於驗證性研究，PLS 主要用於探索性研究。SmartPLS 軟體不同於 AMOS，它改用迴歸分析聯立方程式，但功能卻涵蓋 AMOS。

CB-SEM 主要用於確認（或拒絕）理論（即，可以憑經驗來檢測多個變數之間的一組系統關係）。它透過確定提議的理論模型，可作為樣本數據集所估計共變數矩陣的程度。相反，PLS-SEM 主要用於發展探索性研究的理論，它著重在檢查模型時解釋依變數的變異數。

迴歸分析是組織與管理等社會科學領域最重要的分析策略之一，它之所以普遍受到學者重視，主要是因為迴歸可以利用直觀的線性模型來對於研究者所關切的某個依變數，投入多個自變數來進行預測與解釋。然而迴歸分析雖被廣泛應用，但對於多元迴歸分析本身的數學特性，以及各種係數所代表的意義與應用方式，學者未必有充分的了解，甚至會有誤用的現象，尤其對於過度仰賴顯著性檢定與迴歸係數的解釋，遭到許多學者的挑戰與批評（Nimon & Oswald, 2013）。

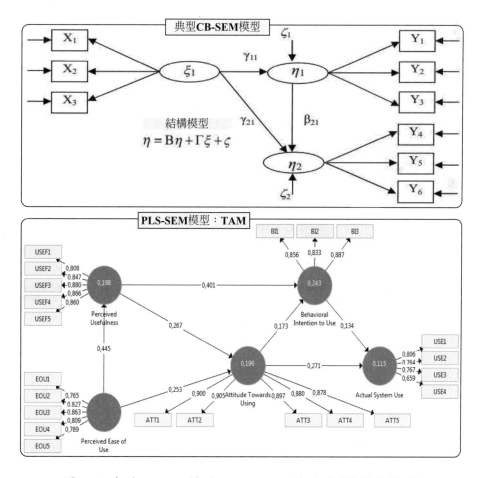

圖2-1　典型CB-SEM模型vs. PLS-SEM模型（科技接受模型）

◆ 2-1　SmartPLS概述 ◆

【分析 SEM 演算法的邏輯】

1. PLS-SEM（partial least squares regression-based SEM）

(1) 以偏最小平方迴歸來進行 SEM 的運算。

(2) 將樣本數據代入你的理論模型，再用 PLS 迴歸來分析，旨在求模型的（內生）依變數的 R^2 最大化。

(3) 使模型的（內生）依變數的誤差變異數（σ_ε^2）最小化，因此也稱 VB-SEM。

2. CB-SEM（covariance-based SEM）

(1) 以共變數（矩陣）為基礎的 SEM。

(2) 透露最大概似（ML）估計法，來檢定「理論模型之共變數矩陣」與「觀察變數之共變數矩陣」的相似度（適配度），來驗證你的理論模型，是否能獲得樣本資料的支持。

　　坊間著名的 AMOS、SAS、Stata、LISREL，都屬 CB-SEM，通通沒有提供 PLS-SEM 之預測型結構模型，而 SmartPLS 則是 PLS-SEM 第一名軟體。而且 SmartPLS 另外提供 consistent PLS Algorithm（PLSc）參數估計法，其分析結果，等同於 CB-SEM（「如 AMOS、LISREL、AMOS」）的估計（見第 3 章）。本章首先介紹「PLS Algorithm」各選項的電腦操作畫面。

　　SmartPLS 是免費軟體（https://www.smartpls.com/downloads），為容易使用的 PLS-SEM 建模工具，用於偏最小平方分析，由德國漢堡大學商學院所開發。本書介紹 SmartPLS 3 版本，該官網站是 http://www.smartpls.de。其 Example projects 在 https://www.smartpls.com/documentation。

2-1-1　如何讀入（import）SmartPLS 的專案檔（*.zip 壓縮檔）

　　本書光碟所附的壓縮之專案檔（*.zip），如圖 2-2。

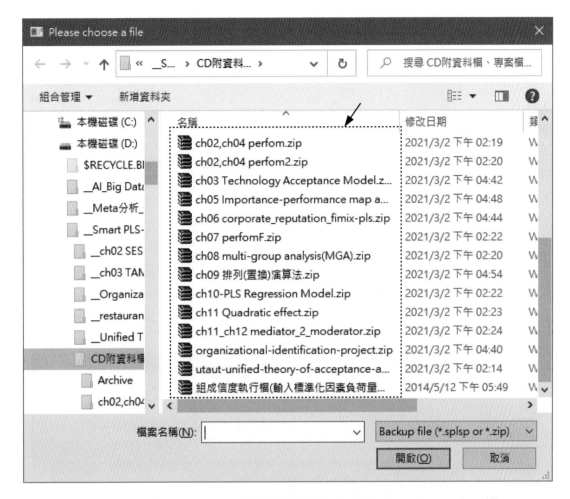

圖2-2　本書光碟所附的壓縮之專案檔（*.zip）

　　圖 2-3 旨在說明，如何讀入（import）本書光碟所附 SmartPLS 的專案檔（*.zip）之步驟。

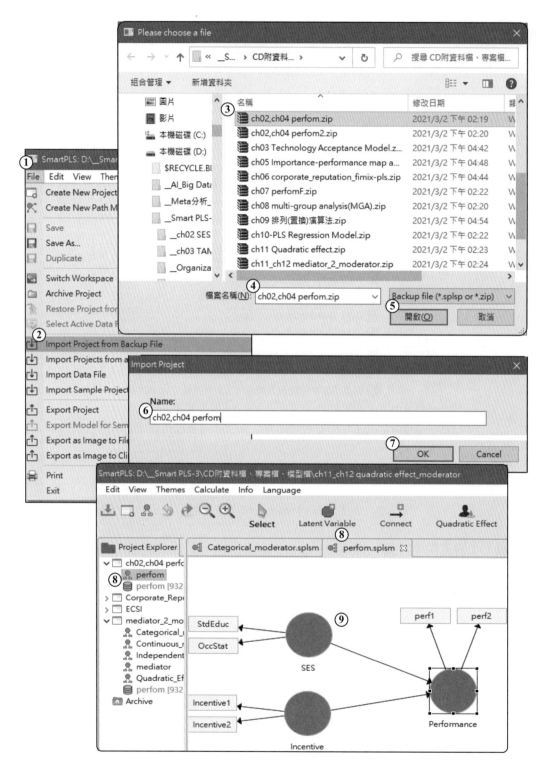

圖2-3　讀入（import）SmartPLS的專案檔（*.zip）之步驟

2-1-2　如何輸出（export）SmartPLS 的專案檔（*.zip 壓縮檔）

　　SmartPLS 一個（以上）模型界定（*.splsm），就對應到一個專案檔（對應到某「同名」資料夾名稱）。故想要儲存專案（資料檔 csv、模型檔 splsm），就須存成 zip 壓縮檔，步驟如圖 2-4 所示。

圖2-4　輸出（export）SmartPLS的專案檔（*.zip）之步驟

2-2　SmartPLS的「Calculate」估計有12種選項

如圖 2-5 所示，SmartPLS 的「Calculate」估計主要有 12 種，分述如下：

1. PLS Algorithm：偏最小平方法來估計 PLS 路徑建模（PLS path modeling）的路徑係數。接著，再搭配 Bootstrapping 求出路徑係數之顯著性 p 值。

2. Bootstrapping：具備進階拔靴法選項（advanced bootstrapping options）。印出路徑係數「t 值、顯著性 p 值」。

3. Consistent PLS Algorithm：等同「AMOS、Stata、LISREL、SAS」CB-SEM 功能。意即，SmartPLS 易用且實用的功能可取代「AMOS、Stata、LISREL、SAS」。接著，再搭配 Consistent PLS Bootstrapping 求出類 CB-SEM 之路徑係數「p 值」。

4. Consistent PLS Bootstrapping：印出路徑係數「t 值」的顯著性考驗「p 值」。

5. Blindfolding：預測相關性（Q^2 和 q^2）與「X → Y」因果模型的效果量（f^2）。

6. 驗證式四分差分析（confirmatory tetrad analyses, CTA）：該選 formative 模型或 reflective 模型？

7. 重要性－效能映射分析（importance-performance map analysis, IPMA）分析。

8. 有限混合分群〔finite mixture (FIMIX) segmentation〕：內部路徑模型的異質性，來對樣本分群（樣本要常態）。

9. 預測導向分群（prediction-oriented segmentation, POS）：樣本未必常態。

10. 多群組分析（multi-group analysis, MGA）：類別型調節變數，回卷事前已分組。

11. 排列演算法（permutation algorithm, MICOM）：測量組間（inter-group）差異（不變性）。

12. PLS regression modeling（PLS Predict）≒樣本外（out-of-sample）預測能力。請見「圖 13-12 PLS predict 的結果，求出 MA_E 和 RMS_E 值都很小」。

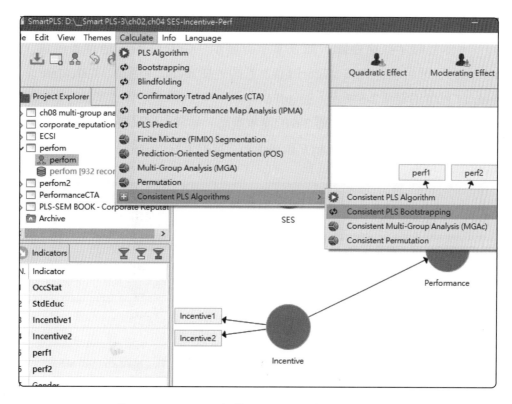

圖2-5　SmartPLS的「Calculate」的12種估計選項

下面執行「PLS Algorithm」，章節內容包含：模型構建的資訊、搭配其他演算法的選項。對於其他估計（estimation）選項，僅顯示「PLS Algorithm」部分中未討論的唯一輸出。因此，鼓勵你先閱讀「PLS Algorithm」部分，然後再繼續其他估計值選項（estimation option）部分。

2-3　執行「PLS Algorithm」：路徑係數的相關、對依變數的相關性R^2

2-3-1　PLS Algorithm 的 options（選項）

在此，接著談 PLS Algorithm 之 options（選項）。第 3 章再談「consistent PLS Algorithm」（簡稱為「PLSc Algorithm」），兩者都是 SmartPLS 內定的標準（standard）偏最小平方（partial least squares）建模之程序。

你僅須依照下列步驟來建立模型，就能輕易執行 PLS Algorithm。建立路徑模型

後，在左側的「Project Explorer」窗格中，雙擊該路徑之模型名稱（例如：perfom. splsm），即可顯示該路徑圖，並在其上方顯示「Calculate」選擇表，選「PLS Algorithm」，即可執行 PLS Algorithm，意即，從 menu 中選擇「Calculate > PLS Algorithm」就會出現圖 2-6 所示：SmartPLS 再用內定的標準估算法來執行你的模型。

執行 PLS Algorithm 將彈出圖 2-6 的選項畫面。通常，你只要接受所有 Default 設定即可，最後單擊右下角的「Start Calculation」按鈕來執行分析。

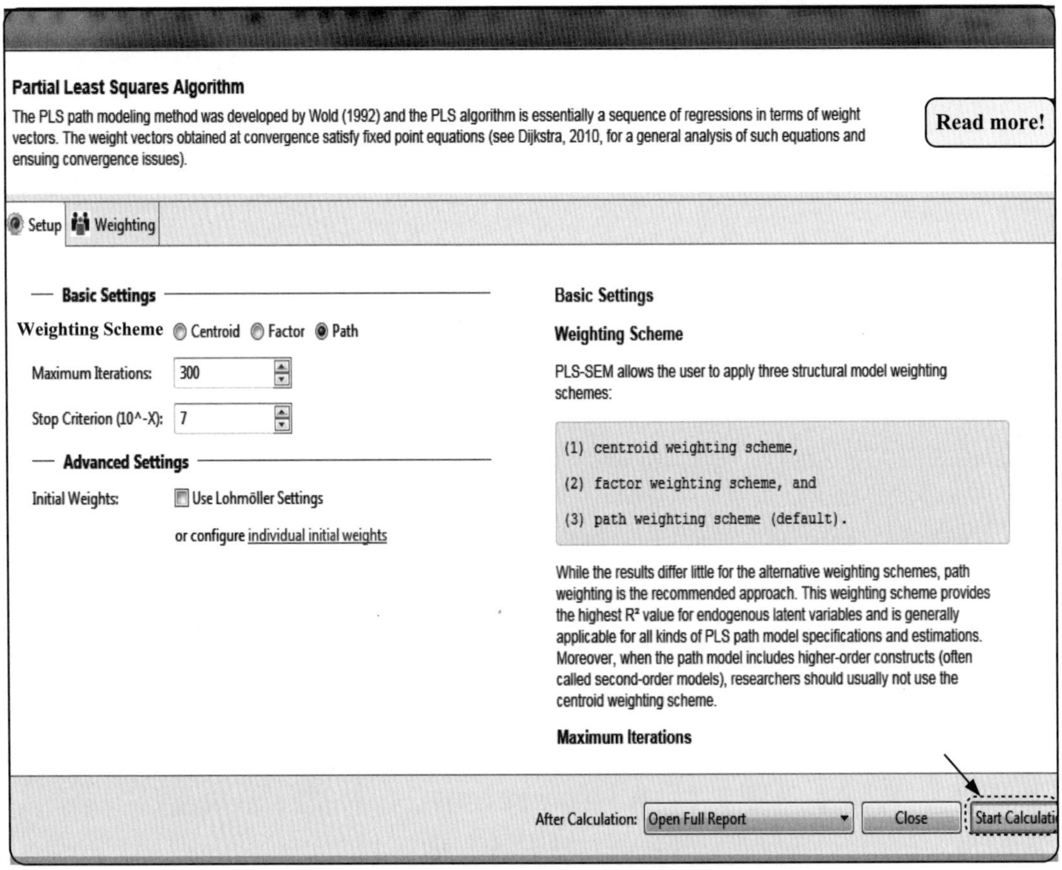

圖2-6　Partial Least Square Algorithm之Setup畫面

圖 2-6 之對話框的元素，說明如下。在對話框本身的右窗格中「Basic Settings」的對話框中，也可以找到描述。

1. 「Read more!」按鈕：（右上方）

這將打開有關 PLS 演算法的概述和參考書目頁面。此選項與單擊同一對話框中的「PLS Algorithm」tab 的頁面相同。

2. Weighting Scheme：加權是指為結構（內部模型）路徑係數分配權重。除了內定的「Path」選項外，還可選擇「Centroid」或「Factor」。Noonan & Wold（1982）發現，weighting schemes（加權方案）的選擇對路徑估計的影響不大，包括：對於結構（內部）路徑是否<0.005；對於測量（外部）路徑 p 值是否<0.05。

(1)「path」路徑法：求出模型中，內生潛在變數的 R^2 值最大化，並根據迴歸估算潛在變數。該方法由 Lohmöller（1989）發想，是 Henseler et al.（2012）所推薦的方法。它也是 SmartPLS 中的內定設定項。

(2)「factor」因子法：使主成分的變異數最大化，並根據外生、內生潛在變數的相關性來估計潛在變數。當你假設連接潛在變數的關係的方向性時，factor 法是不合適的，因為與 path 路徑法不同，它不會考慮方向性資訊。它是 Lohmöller（1989）所引入的方法。

(3)「centroid」重心法：若潛在變數的相關矩陣是奇異（singular），則用 path 或 factor 法來求解就不會收斂，此時可改用重心法。重心法最初是由「PLS 之父」Wold（1975）所導入的方法，它是基於模型中：其他潛在變數來估計潛在變數。若模型中存在二階（second-order）或更高的潛在變數時（第 13 章），重心法就不適用。權重是基於外生和內生潛在變數的相關性符號（+,–）。當相關性接近於 0 時，小數據的波動可能會對模型產生很大的影響。詳情參見 Henseler, Ringle, & Sinkovics（2009）。

定義：奇異（singular）矩陣

奇異矩陣源自線性代數之概念，意指該矩陣的秩不是滿秩（線性相依的聯立方程式）。

首先，這個矩陣是不是方陣？即 row 數和 column 數相等的矩陣；若 row 數和 column 數不相等，就不是奇異矩陣（nonsingular 矩陣）。接著，再看此矩陣的行列式 |A| 是否 = 0，若等於 0，稱矩陣 A 為奇異矩陣；若不等於 0，稱矩陣 A 為非奇異矩陣。同時，由 |A| ≠ 0 可知矩陣 A 可逆，這樣可以得出另外一個重要結論：可逆矩陣就是非奇異矩陣，非奇異矩陣也是可逆矩陣。(1) 若 A 為奇異矩陣，則 AX = 0 有無窮解，AX = b 有無窮解或者無解。(2) 若 A 為非奇異矩陣，則 AX = 0 有且只有唯一零解，AX = b 有唯一解。

3.「Maximum Iterations」

在 PLS 求解時收斂的疊代，SmartPLS 內定值（default）疊代 300 次。內定值幾乎總是由研究者來選定的。處理 convergence 問題的一種策略，亦可輸入更大的數字，例如：default = 1000。但是，它與基於共變數的結構方程模型（CB-SEM）不同，PLS-SEM 很少會有問題。由於最大疊代限制（而不是 Stop Criterion）才停止運算的模型，不會產生可靠的結果，因此應重新指定模型。若將最大疊代次數設置為 0，將會導致 SmartPLS 改用「sum scores」方法。

4. Stop Criterion

當 outer 權重（「指標變數→潛在變數」的路徑權重）的變化量不大時，SmartPLS 將停止運算。內定數量是 10^{-7}。處理收斂問題時，可以選擇稍大的數量，例如：10^{-5}。這種罕見的情況下，更改 Stop Criterion 對所得係數的影響可忽略不計。研究者很少忽略此內定設定。

5. Initial Weights

開始疊代 PLS 估計過程之前，必須將 outer 權重（「指標變數與其潛在變數」連接的路徑）初始化為某個值。通常是採用內定值，即將這些權重設置為 +1。替代方法是：(1) 單擊「individual initial weights」並手動輸入你所需的權重，或者 (2) 選中「Use Lohmöller Settings」。Lohmöller 設定是嘗試透過將所有權重設置為 +1，但將最後一個權重設置為 −1 來加快收斂速度。但是，這種 initialization schema 可能導致測量模型或結構模型中，所估計 PLS 路徑係數出現反直覺的符號（counterintuitive signs），因此被貶低（disparaged）。

2-3-2 資料輸入及標準化（standardization）

SmartPLS 需要原始數據的輸入，而不是標準化數據。標準化是 SmartPLS 會自動執行的，並且所有指標權重和潛在變數分數總是標準化的。因此，SmartPLS 3 不支持相關矩陣輸入（相關為標準化係數）。這不同於 SmartPLS 2，在 SmartPLS 2 中，才有一個用於數據標準化的對話框選項。

1. Single indicator latent variable

若潛在變數只有一個指標（single indicator），則潛在變數分數將是指標的標準化分數。

2. Interaction effects：交互效果

若指標是乘法（product）之變數【例如：收入 × 教育、自變數（A）× 調節變數（M）】，則建議使用：平均數平減值（mean-centered）的變數，來克服共線性疑問（Jan-Michael Becker, 2014）。但是請注意，這會影響對結果的解釋。有關 moderated multiple regression，SmartPLS 僅支持 2 個變數的交互作用。

【標準化及正規化方法：Z 分數標準化、Min-Max 正規化】

當我們在比較分析兩組數據資料時，可能會遭遇因單位的不同（例如：身高 vs. 體重），或數字大小的代表性不同（例如：客戶 100 人 vs. 滿意度 2.8），造成各自變化的程度不一，進而影響統計分析的結果。為解決此類的問題，你可利用資料的正規化（normalization）與標準化（standardization），藉由將原始資料轉換成無量尺單位（dimensionless）的純量後，再進行數據的比較及分析。

資料的正規化是將原始資料的數據按比例縮放於 [0, 1] 區間中，且不改變其原本分布。

資料的標準化可運用在機器學習演算法中，它能帶給模型 2 個好處：模型的收斂速度、模型的精準度。

1. Z分數標準化（Z-Score Standardization）

假設母群的平均數與標準差分別為 μ、σ，Z 分數（Z-Score）標準化的公式為：

$$Z = \frac{X - \mu}{\sigma} \sim N(0, 1)$$

經 Z 分數標準化後，樣本資料將符合標準常態分布，轉換後的平均值 =0、標準差 = 1，且用標準分數或稱 Z 分數來作為單位。Z 分數標準化適用於分布大致對稱的資料，因為在非常不對稱的分布中，標準差的意義並不明確。

2. 最小值一最大值正規化（Min-Max Normalization）

Min-Max 正規化的用意，是將資料等比例縮放到 [0, 1] 區間中，其公式為：

$$X_{norm} = \frac{X - X_{min}}{X_{max} - X_{min}} \in [0, 1]$$

Min-Max 方法有一注意點：若原始資料有新的數據加入，有可能導致最小值 X_{min} 及最大值 X_{max} 的改變，你就需再重新定義公式中 X_{min} 與 X_{max}。

2-3-3 新建某一專案並匯入csv資料檔（creating a PLS project & importing data）

在 SmartPLS 的 menu 上，若要讀入圖 2-9「*.csv」Excel 這類型資料檔，你可選：Select File > Create new project（或 click「New Project」icon），即可出現圖 2-7 之視窗。再寫入你的專案名（例如：perfom.splsm），接著按「OK」鈕。

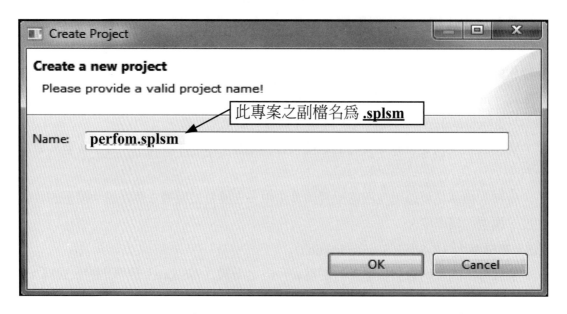

圖2-7 「Select File > Create new project」對話框 （perfom專案檔）

單擊「OK」後，出現圖 2-8 畫面。雙擊圖中「Project Explorer」，即虛線箭頭指示的位置。

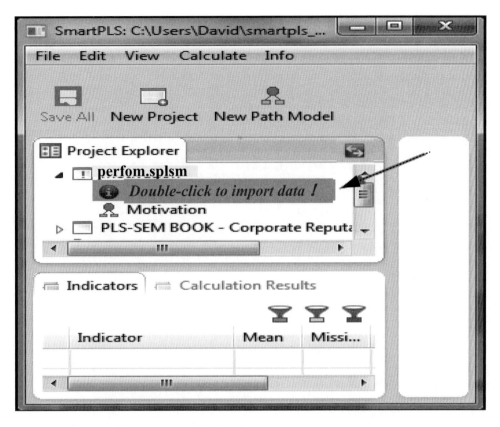

圖2-8 「Project Explorer」對話框（perfom專案檔）

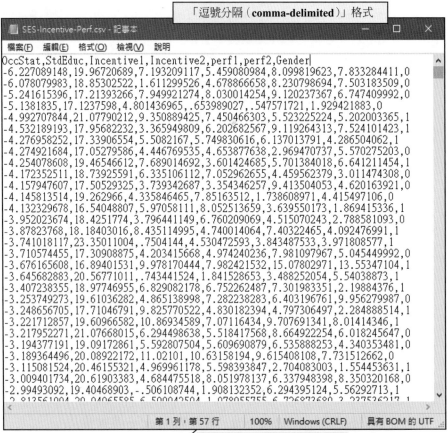

圖2-9 「逗號分隔（comma-delimited）」格式的「perfom.csv」檔

雙擊後，將出現 catalog browsing 畫面。瀏覽資料檔所存的資料夾，本例是「逗號分隔（comma-delimited）」格式的「perfom.csv」檔（如圖2-9）。SmartPLS僅支持：*.csv 和 *.txt 這 2 種 text-type 的資料。故可事前用 SPSS、SAS 和 Stata 建資料檔，再「File → Save As」成「*.csv」格式檔，來給 SmartPLS 匯入（import）。

載入「perfom.csv」檔後，將顯示 SmartPLS 程式主畫面，如圖 2-10 所示。請注意，「perfom.txt」當作數據集，會顯示在畫面左上方剛剛新建的「perfom」project下。Variable list 將顯示在左下角的「Indicators」區域中，你可一一查看每一變數的摘要統計量（樣本數、遺漏值資訊等）。若存在遺漏值代碼（如「–99」），則可透過單擊「Missing Value Marker」之後顯示的「None」link 來輸入。本例資料檔（數據集）未含遺漏值，僅支持一個遺漏值代碼。若還有更多遺漏值，你可能需要在執行 SmartPLS 之前，事先在 SPSS 或 Stata 來估計並填補該遺漏值。

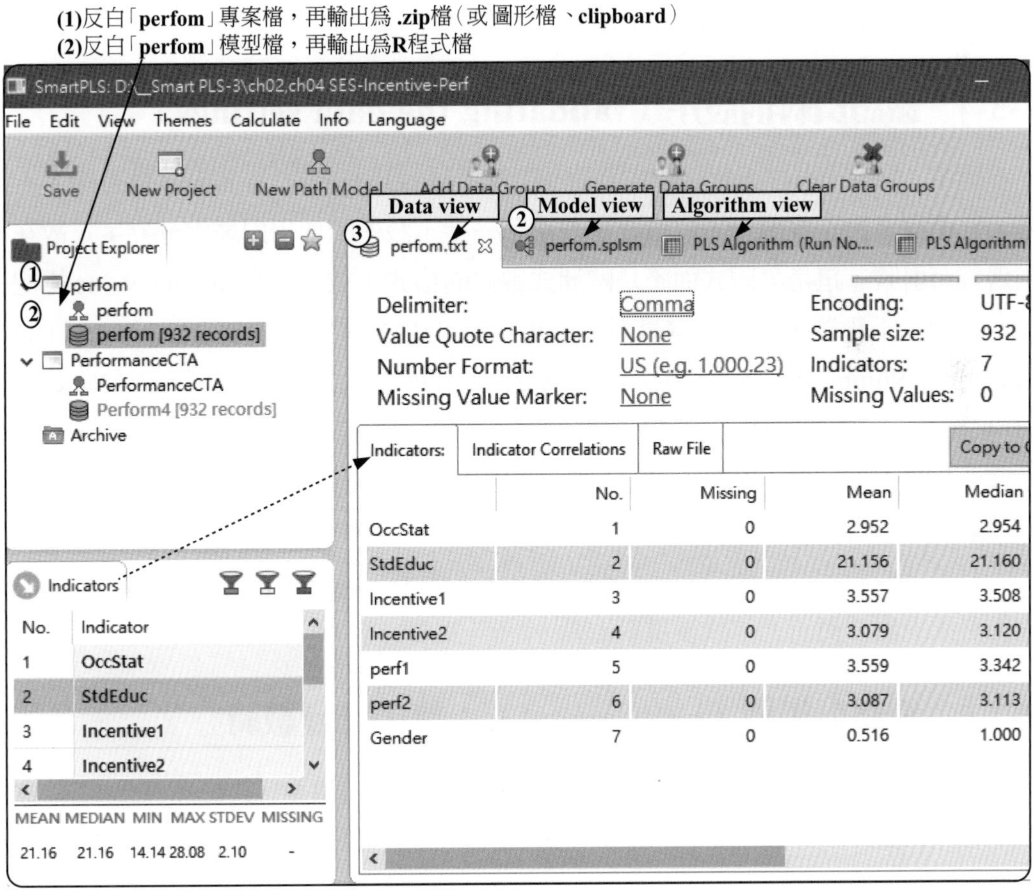

(1)反白「**perfom**」專案檔，再輸出為 **.zip**檔（或 圖形檔、**clipboard**）
(2)反白「**perfom**」模型檔，再輸出為**R**程式檔

圖2-10　「Project Explorer」顯示你新建project資料檔之資訊（perfom專案檔）

此時，內定 workspace 將自動產生以下新檔案（但你可事先用「File → Switch workspace」來指定你工作的資料夾位置），包括：

1. 圖 2-10，「② perfom.splsm」：它是 SmartPLS 之 model 檔。

2. 圖 2-10，「③ perfom.txt」：當匯入「*.csv」Excel 檔，系統就會自動存成「*.txt」文字檔。若單擊圖中「Raw File」tab，則會顯示原始資料檔。

3. 「perfom.aggregated」：這是內部檔，它包含：變數的平均值和其他描述性統計量。如圖 2-10 所示，在右下角選擇「Indicators」tab 時，將顯示很多這類資訊。

4. 「perfom.txt.meta」：另一個內部檔，它包含：有關 missing value token、數值分隔符號和其他 metadata（彙總）的資訊。

請注意，根據在左上方「Project Explorer」區域中按下的 Tab 鍵，用戶介面允許在多個 projects 和數據集之間做畫面切換。

若想將某一專案檔所涵蓋的上述 4 個檔 export 成一個壓縮檔，以便你攜帶，請見「2-1-2 如何輸出（export）SmartPLS 的專屬檔」。

2-3-4　驗證資料的設定（validating the data settings）

選中「Indicators」tab（圖 2-10），注意：names, ranges, & means 是否顯示。通常，它們會自動正確顯示，就像在當前例子一樣，該例子使用逗號當分界字，故在值兩邊沒有引號，這是美國式而不是歐洲式數值的格式，並且沒有 missing value 標記。

若顯示不正確，你可單擊畫面右上角相應 links 來更改：Delimiter, Value Quote Character, Number Format 或 Missing Value Marker 的設定，也可以單擊「Raw File」tab 來檢查原始數據文件，來了解適當的設定。變更設定之後，「Indicators」tab 的顯示亦一併更改，「Raw File」tab 的顯示也將更改。你要更改設定，直到「Indicators」tab 顯示正確為止。

以上這些設定及其他設定，更改之後，若仍存在 illegal cell 輸入（例如：空白），則你必須退出「更正」，然後重新啟動。

2-3-5　繪路徑模型（path model）：無中介變數時

下面新建一個模型，其中績效（Performance）是由激勵（Incentives）和社會經濟地位（Socioeconomic Status, SES）兩者所引起的，三者之每個變數都由 2 個指標（indicators）來衡量。

Step 1

在圖 2-10 之左上方的 Project Explorer 區域中，雙擊「Perfom」模型路徑圖（perfom.splsm 檔），來顯示模型查看區域，該區域最初是空白的，如圖 2-11 所示。請注意，上一行的「Perfom」是 project 名稱。下一行的「Perfom」是模型檔名（modl）。同時，一個 project 可能有多個路徑圖，但本例中只有 1 個路徑圖。

(a)反白「**SES-Incentive-Perf**」**project**，再輸出為 **.zip**檔（或圖形檔、**clipboard**）
(b)反白「**SES-Incentive-Perf**」模型，再輸出為**R**程式檔

圖2-11　新建一個project會有3個檔名，依序為：Project名、徑路模型名稱、資料檔名

資料檔內所有測量變數，都會顯示在左下角之 Indicators 視窗（圖 2-12）。

反白「**perfom**」**project**，再「**File → Export Project**」爲**.zip**檔，就可備份整個專案檔

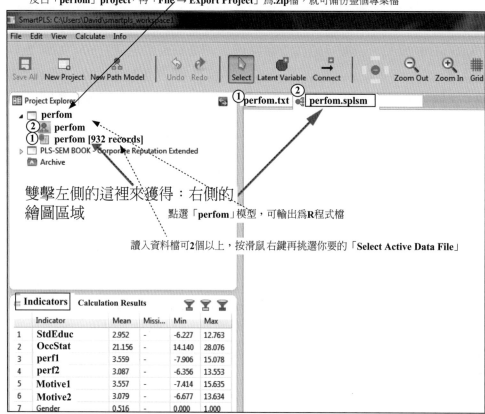

圖2-12　所有Measured variables都會顯示在左下角之Indicators視窗

Step 2

　　要新建路徑模型，請選擇「Latent Variable」工具（如圖 2-13 的箭頭所示），以滑鼠拖曳並繪製 3 個橢圓；或亦可：按住 Shift 鍵的同時，選擇「Edit → Add latent variable(s)」來新建「多個潛在變數」。

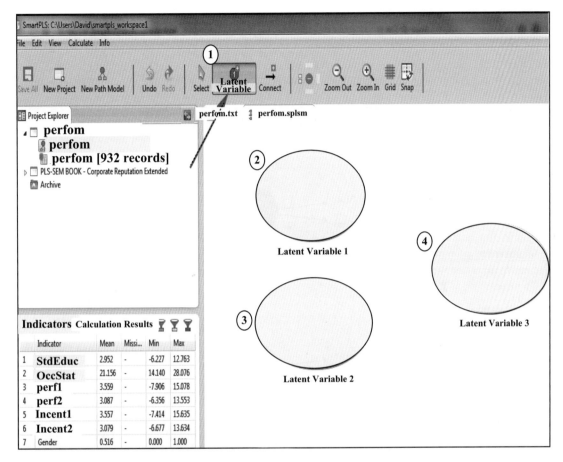

圖2-13　按住「Latent Variable」工具，用它繪3個橢圓來表示3個潛在變數（perfom專案檔）

Step 3

在橢圓形上，按滑鼠右鍵，從中選擇「Rename」。使用其下面顯示的 context menu，將潛在變數，依序重命名為：SES、Incentives 和 Performance。

然後從左下方的 Indicators 窗格中，由左至右拖動相應指標至各自的橢圓。

在左下角之顯示區域（display area）中，指標將顯示為黃色矩形。內定情況下，反映箭頭（「潛在變數→ indicators」的箭頭）會將潛在變數連接到其 indicators，並用 Select 工具將其拖曳到所需位置。為了更好地控制放置，請選擇「View → Show Grid」，然後選擇「View → Snap Elements to the Grid」。此時，模型如圖2-14所示。

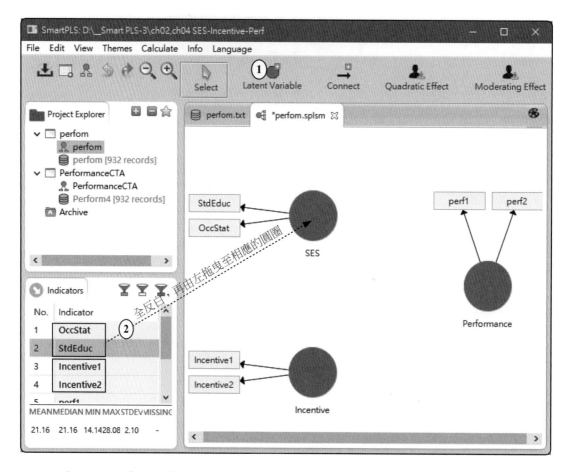

圖2-14　從左下方的Indicators窗格中，由左至右拖曳相應指標至各自的橢圓

Step 4

　　然後使用Connect工具（如圖2-15），來連接潛在變數（橢圓）之間的單向箭頭。連接完成，橢圓就會變成藍色。

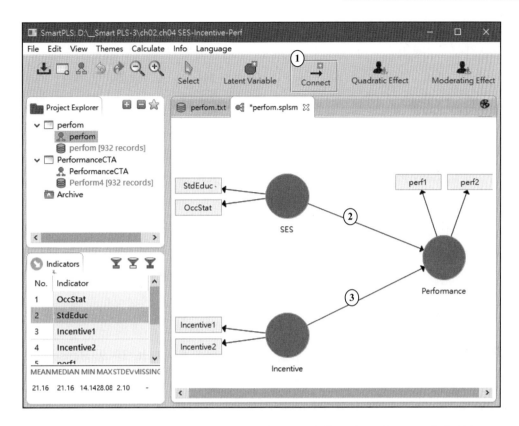

圖2-15　用「Connect」來連接潛在變數之間的單向箭頭（perfom專案檔）

　　內定情況下，indicators 位置在潛在變數橢圓的左側。你可用 Select 工具（白色箭頭）選擇給定的潛在變數（如 Performance），然後單擊滑鼠右鍵，再從出現的 menu 中選擇「**Align → Indicators Top**」（或所需的上下左右之位置），來旋轉 indicators 方位。

　　請注意，右鍵單擊左上角的 Projects 窗格，你還可將模型或數據從某一 Projects copy 到另一個 Projects。

2-3-6　反映性模型（≒ common factor model, component-based）與形成性模型（≒ composite model, 加權組合）

　　結構方程模型（SEM）已成為分析觀察變數和潛在變數之間複雜的相互關係的 quasi-standard 工具。目前已有 2 種在概念上不同的 SEM 方法：基於因子（factor-based）與基於成分（component-based）的 SEM。與傳統因素分析一樣，Factor-based SEM 透過共同因子來近似潛在變數。(1) 在樣本外（out-of-sample）預測能力分析

（第 10 章 PLS Predict）和主成分分析等統計中，**component-based** 的 SEM 將它們視為觀察變數的加權組合。(2) 基於因子的 SEM 由共變數結構分析來表示。(3) 基於組合的 SEM，包括：廣義結構化成分分析（GSCA; Hwang & Takane, 2004）、偏最小平方（PLS; Lohmöller, 1989）、regularized 廣義樣本外（out-of-sample）預測能力分析等（Tenenhaus & Tenenhaus, 2011）。儘管基於因子的 SEM 在實務上仍然很普遍，但是許多方法學的進步（例如：Hwang et al., 2010; Suk & Hwang, 2016; Schlittgen et al., 2016）和 SmartPLS 教學文章，促使研究者可進階應用這些方法（e.g., Hair et al., 2019, 2020; Sarstedt et al., 2019），進而推動「基於成分的 SEM」的日益普及。

　　與這些平行發展的是，最近心理學計量學的研究，使 common factor 模型的中心原則受到質疑。例如：Rigdon（2016, p. 602）指出：「對概念化變數的存在或性質而言，不能假定 common factor 代理比 composite 代理具有更大的意義。」同樣，Rhemtulla et al.（2020）觀察到「在心理學的某些領域，人們越來越意識到潛在變數模型可能不是捕捉許多心理結構與其觀察指標之間關係的正確模型。」這一觀點在各個領域的許多其他論文也得到了回應（e.g., Hair & Sarstedt, 2019; Henseler et al., 2014; Rigdon, 2012; Rigdon et al., 2017）。更重要的是，Rigdon et al.（2019）表示，common factor 的不確定性在模型內部的因子與模型外部的任何變數之間的關係中創建了（metrological）不確定性 band（包括該因子試圖代表的概念型變數）（Steiger, 1979）。共變數結構分析中構念量度的標準處理（例如：僅使用少量指標來測量構念）會增加因子不確定性，而增加 metrological 不確定性的程度，進而阻礙了行為科學研究的可重複性（Rigdon et al., 2020）。這些結果並不意味著，component-based SEM 技術本身優於 covariance structure 分析。但是，他們對 common factor 模型的普遍適用性表示懷疑。

　　儘管 factor-based 的方法和 composite-based SEM 方法一直存在爭議，但最近，這一爭議的主題變得更加激烈。儘管一些學者強烈主張使用基於 component- based SEM（Sarstedt et al., 2016），但其他學者則認為應放棄這種方法（Rönkkö et al., 2016）。辯論還導致了 component-based SEM 社論的多元化，對測量的性質、模型適配的作用，與方法的應用範圍有不同的看法。例如：Hwang et al.（2017）提出了包含：測量誤差的 GSCA，稱為 GSCAM，旨在透過 GSCA 估算 factor-based SEM 的參數。同樣，雖然一些學者強調需要考慮模型**適配指標**，但其他學者則強調統計數據，來評估模型的樣本外**預測準確性**（Cho et al., 2019; Hair et al., 2019; Shmueli et al., 2019）。

　　以方法論而言，factor-based 與 composite-based 兩種測量模型，是可共容共存

的，相輔相成於應用。

　　如「圖 1-29 反映性（reflective）測量（指標）」、「圖 1-30 形成性（formative）指標」所示，模型可以是反映性的或形成性的。上圖：內定是反映性模型，因為指標（indicators）受因子（factors）的影響。反映性模型比形成性模型更常見。若你要改成「形成性模型」：它常見於 PLS-SEM 文獻，但在基於共變數的 SEM 文獻則不常見，請右鍵單擊每個 factor（橢圓形），然後從出現的 context menu 中選擇「Switch Between Relective/Formative」，即可變更測量模型為形成性模型。

一、reflective 模型與 formative 模型的切換步驟

　　要將模型，從反映模型切換到形成模型（反之亦然），請按照下列步驟操作（圖 2-16）：

1. 在「Project Explorer」窗格，按右鍵單擊現有的反映模型（此處為「Performance」），然後從 context menu 中選擇 Copy。
2. 再次按右鍵單擊並選擇 Paste，為形成模型提供新的模型名稱，例如：Performance F。
3. （可選）再次在 Performance 上單擊滑鼠右鍵，然後選擇 Rename，將原始模型，重新命名為反映模型的 PerformanceR。
4. 雙擊 PerformanceF 模型以顯示其圖形顯示，該圖形顯示仍是反映性建模的。
5. 按右鍵單擊任何 indicator，然後從 context menu 中選擇「Switch Between Formative and Reflective」。現在已將所有構念（constructs）改成 formative 模型。

　　反之，亦使用相同的過程：從 formative 模型轉換為 reflective 建模。所謂混合模型：一些因素是 reflective 模型的，而某些則是 formative 模型，這情況在高階構念中時常見到（第 13 章）。在混合模型中，選擇「Switch Between Formative and Reflective」可將反映性與形成性做箭頭方向的切換。

2-3-7　顯示／隱藏測量模型

　　當模型複雜或是指標很多時，按右鍵單擊任何「潛在變數」會彈出一個 context menu，並帶有「Hide Indicators of Selected Constructs」選項（圖 2-16）。在 Show 和 Hide 之間切換此 menu 選項，將導致顯示為「黃色矩形的 indicator 變數及其連接箭頭」在圖中顯示（或隱藏），但它們仍具有估計功能。同樣，按右鍵單擊指示器會顯示一個 context menus，其中包含「Hide Indictors of Selected Constructs」或「Show

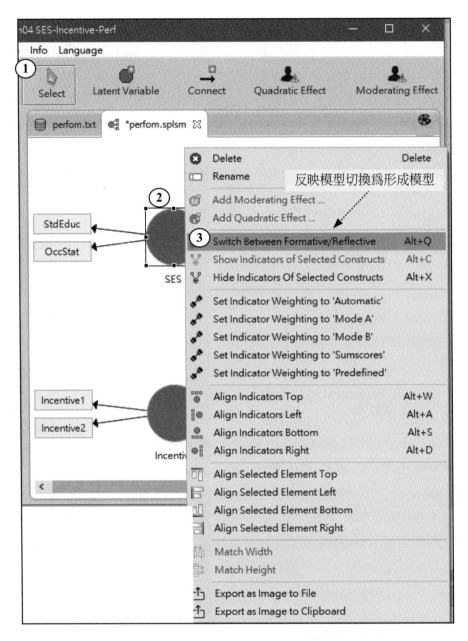

圖2-16 「Change mode of measurement model」將反映模型變成形成模型（perfom專案檔）

Indicators of Selected Constructs」的選項。

2-3-8 儲存（Saving）你的專案檔（≒整個資料夾）

在「Project Explorer」窗口中，反白所需 project 名稱的情況下，選擇「File →

Export Project」，將 project 檔另存爲：（a1）壓縮的「.zip」檔，它包含：圖形模型檔（perfom.splsm）及資料檔（perfom.csv、perfom.txt）、2 個系統記錄檔。此外，（a2）其他選擇尙有：選擇某路徑模型檔，將它輸出存成圖形檔（.png、.bmp、.jpg或 .svg 格式）或剪貼簿。還可在 Project Explorer 中，反白某「模型檔」，並輸出該模型來供 R 使用（如本例之 perfom.splsm 儲存檔），如圖 2-17 所示。

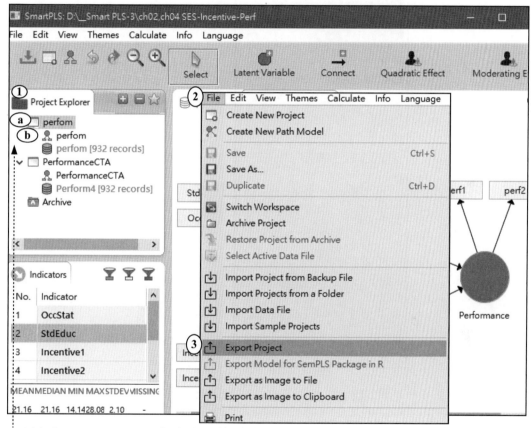

(a)反白「**perfom**」**project**，再輸出爲 **.zip**檔（或圖形檔、**clipboard**）
(b)反白「**perfom**」模型，再輸出爲**R**程式檔

圖2-17　「File → Export project」存副檔名爲graphical model「.zip」檔，以及「.cvs」格式之資料檔（perfom專案檔）

如圖 2-18，你可更改「圖形式路徑模型」Grip、Snap 等格式設定，是否要浮現在畫面右側？

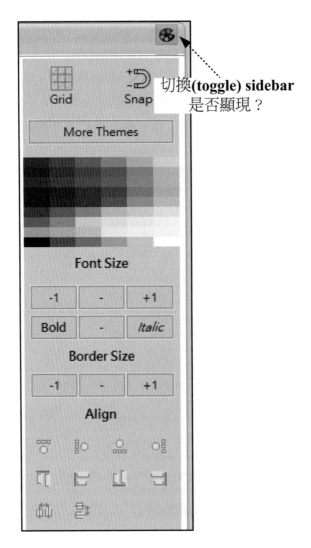

圖2-18　切換（toggle）sidebar是否顯現？

2-3-9　模型報表的輸出

如上所述執行 PLS Algorithm 之後，可再輸出報表（report）。你可看到：
PLS Algorithm 打開畫面底部的「Final Results, Quality Criteria, Interim Results, Base
Data」，這 4 個報表之係數值或指數（圖 2-19）。

圖2-19 執行PLS Algorithm之後，畫面底部會出現「Final Results, Quality Criteria, Interim Results, Base Data」（4大類之係數值或指數）

此外，如上所述，選擇表 Calculate 可將路徑係數輸入到圖形模型中。

1. Graphical view of the report （Model view顯示值有3類）

圖 2-20 說明了 report 的圖形視圖。圖中，「Project Explorer」窗口中凸顯了「perfom」專案檔（資料夾），在顯示區域中選擇專案模型檔「perfom.splsm」tab。

在 Algorithm view 畫面中，顯示的內容取決於圖 2-19（左下角）三個選項：(1)若選按「Path Coefficients」就會出現「連接潛在變數之間（inner模型）的路徑係數」。(2)若選按「Outer Weights」就會出現：從潛在變數到指標（outer模型）的路徑權重。(3)若選按「R Square」會顯示內生潛在變數的 R^2。對於具有較大相對值的路徑，灰色箭頭線就會較寬。

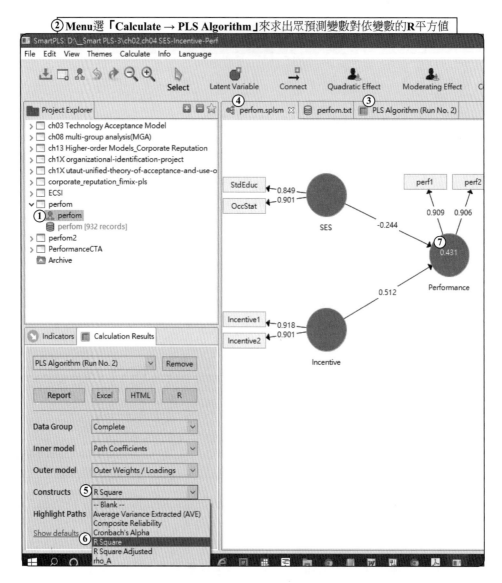

②Menu選「Calculate → PLS Algorithm」來求出眾預測變數對依變數的R平方值

圖2-20 「Graphical view of the report」（perfom專案檔）

2. Path coefficients hyperlink view of the report

　　若改選按「PLS Algorithm (Run No. #)」tab，而不是「Model view」，就會出現如圖 2-21。此時若先選擇：輸出內定超連結②「Path Coefficients」，再選③「Matrix」（table 格式），就會浮現④矩陣格式的內容，其中，Incentive 與部分的超連結用於顯示許多不同的係數、設定和數據界定。

　　圖 2-22，「Final Results」報表有 7 個分報表，包括：Path Coefficients（路徑係數）、Indirect Effects（間接效果）、Direct Effects（直接效果）、Total Effects（總效

果）、Outer Loadings（外部模型的負荷量）、Outer Weights（外部模型的權重）、Latent Variable（每筆樣本在潛在變數的分數）、Residuals（殘差、誤差）。

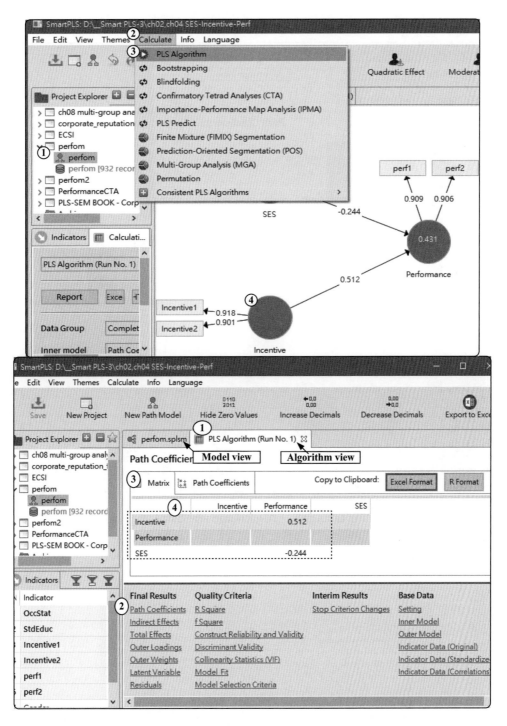

圖2-21　「Path coefficients hyperlink view of the report」（Algorithm view畫面）

在某些情況下，PLS 分析結果也可用圖表（graphical）形式來輸出。例如：單擊圖 2-22 ③所示的「Path Coefficients」tab，畫面就會出現：bar（盒）形圖來顯示路徑係數。

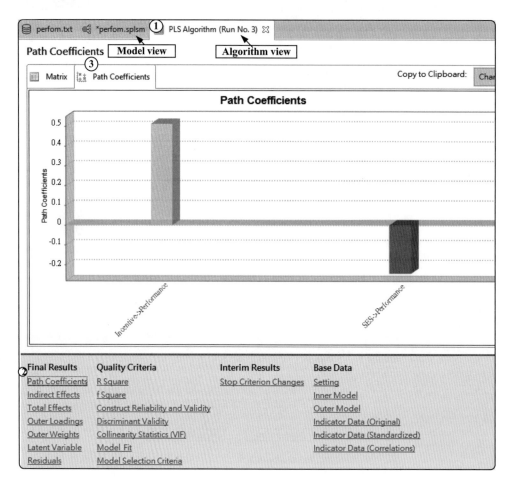

圖2-22　「Path Coefficients」（Algorithm view畫面）（perfom專案檔）

2-3-10　檢查 PLS-SEM 的運算，是否收斂（convergence）？

　　雖然在 PLS-SEM 中收斂通常不是問題，但是求解（solution）萬一無法收斂，則輸出係數將不可靠。因此，這是執行 PLS Algorithm 後檢查收斂性的第一步。圖 2-23 概述了此過程的 3 個步驟。

1. 轉到上面討論的「① PLS Algorithm（Run No. 3）」。
2. 選擇超連結「② Stop Criterion Changes」。
3. 注意畫面上部的 matrix 輸出。若列出的疊代次數低於最大值（default = 300），則此 solution 是收斂。在圖 2-23 中，透過 6 個疊代（即③），即達到收斂。

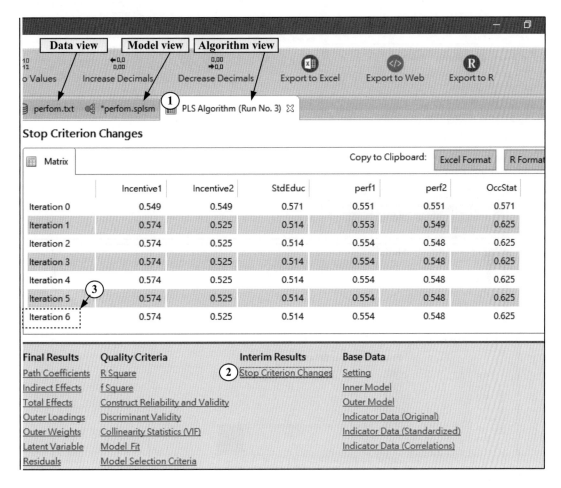

圖2-23　「Stop Criterion Changes」（Algorithm view）（perfom專案檔）

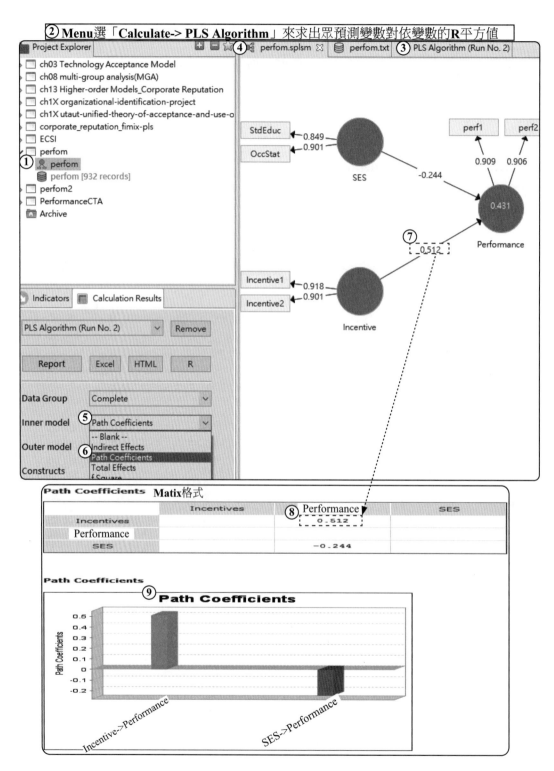

圖2-24　Inner model的路徑係數（path coefficients）（perfom專案檔）

2-3-11 輸出：Path 係數、direct/indirect/total path 係數

1. **Path coefficients** for the inner model

　　HTML 輸出的頂部是 Inner Model 的路徑係數（連接潛在變數的箭頭）。以本例來說，從「激勵→績效」的路徑係數為 0.512。從「SES →績效」的路徑係數為 –0.244。

　　路徑係數始終是**標準化相關**的路徑係數。由於標準化，因此路徑權重是 [–1,+1] 範圍。最接近絕對值 1 的權重是最強的路徑，最接近 0 的權重是最弱的路徑。上方的路徑權重為 0.512，顯示「激勵措施對績效」具有積極影響。「SES →績效」為 –0.244，具有負面影響。由於涉及標準化數據，因此也可以基於這些路徑係數來說，Incentives 對績效的絕對值大約是 SES 的 2 倍。

　　若 Algorithm view 切換到 Model view，將會看到這些標準化路徑係數是放置在圖形模型中相應路徑上的係數，如圖 2-24 ⑦所示。

　　如圖 2-24，endogenous latent 變數（factors）的 R^2 值顯示在藍色橢圓內。這是路徑模型中最常見的效果量，其解釋與多元迴歸一樣。在本例中，只有績效是內生變數（指箭頭指向它的變數）。內生變數績效的 $R^2 = 0.431$，這意味著績效中約有 43% 的變異數係由模型解釋（即，由 SES 和 Incentives 共同解釋）。下文有 R^2 的進一步討論。

2. Direct/indirect/total path coefficients

　　在圖 2-24 中，求得內部模型路徑係數之後，可輸出：「直接效果的係數」（標準路徑係數相同）、間接效果的係數（如 S → O → R）、總效果（直接和間接效果之總和）等，至「Excel Format、R Format」。在本例的模型中，因沒有間接影響，故此處不顯示輸出。但是，上面討論，若添加了從「SES 到 Performance」的箭頭，就可引入間接路徑「SES-> Incentives -> Performance」的中介模型。

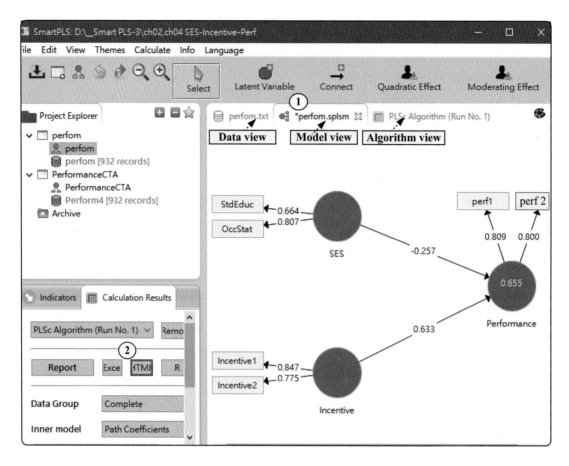

圖2-25　HTML output

3. Direct/indirect/total path coefficients例子

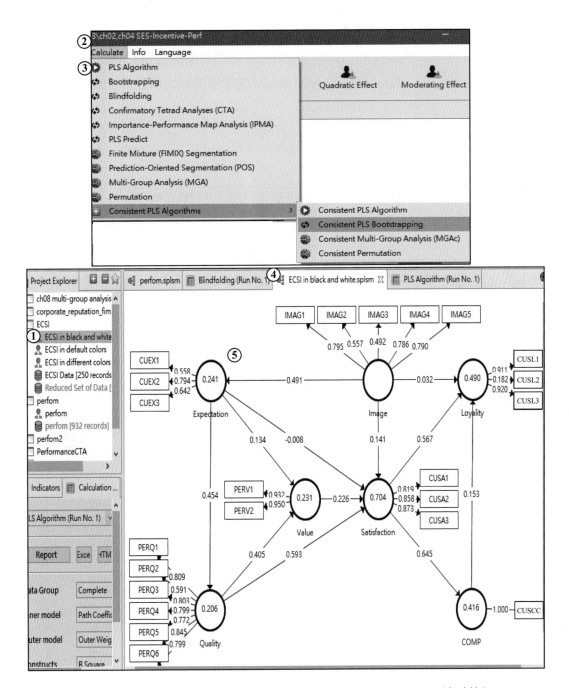

圖2-26　PLS中介模型（ECSI專案檔，ECSI in black and white模型檔）

2-3-12 輸出：outer 模型的測量負荷量（measurement loadings）及權重

在圖 2-27 中，「外部模型（outer model）」是測量模型之一，由 indicators 和將其連接到其各自因素（factors）的路徑組合。反映性模型和形成性模型的權重和負荷量都會輸出。

(a) Outer Loadings 是反映性模型的焦點，代表從「因子（factor）到其代表性指標變

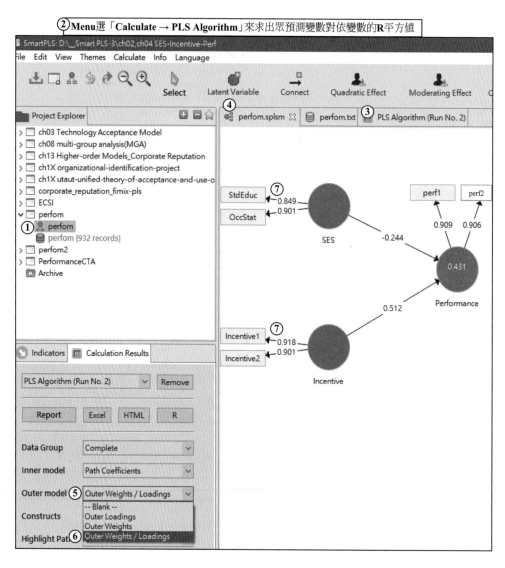

圖2-27　「外部模型（outer model）」

數」的路徑。外部負荷量（loadings）表示指標對其潛在變數的定義之絕對貢獻。

(b) Outer Weights（權重）是形成性模型的焦點，代表了從構成指標變數到組合因子的路徑。外部權重表示指標對其相應潛在變數（成分 component 或組合 composite）的定義之相對貢獻。

本例，選用系統內定的 Outer Model 值「Outer Weights/ Loadings」，讓系統自動判斷是 Weights 或 Loadings。

(1) Loadings（負荷量）

測量模型的負荷量是將因素與指標變數聯繫起來的**標準化路徑權重**。由於 SmartPLS 會自動對數據進行了標準化，因此 **loadings** 從 0 到 1 不等。通常，**loadings** 越大，測量模型越強且越可靠。指標的信度可解釋為測量模型 **loadings** 的平方，因此，$0.708^2 = 0.50$ 就具信度（Hair et al., 2014）。

外部模型 loadings 出現在圖形模型中（圖 2-27）。可將它們視為反映性模型的信度係數的一種形式：loadings 越接近 1.0，則該潛在變數越可靠。按照慣例，對於適配良好的反映性模型，路徑 loadings 應 > **0.70**（Henseler, Ringle, & Sarstedt, 2012: 269）。由於，「loadings = **0.70**」是因子解釋 indicator 中變異數的一半左右，也是解釋變異數必須大於誤差變異數。故將「loadings > **0.70**」作為最小測量負載的準則，請參見 Ringle（2006: 11）。

另一個經驗法則是，若測量 loadings 介於 0.40 至 0.70 之間，則可刪除（dropped）該指標來提高該構念的組合信度（Hair et al., 2014: 103）。

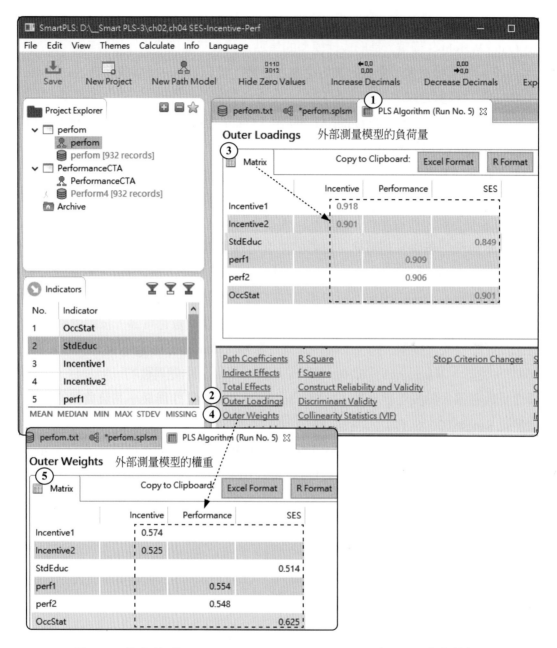

圖2-28　輸出的「Outer Loadings及Outer Weights」（perfom專案檔）

(2) Weights（權重）

與 loadings 相比，外部模型「權重（weights）」介於 0 到 ±1 之間變化。權重在 0 到小於 1 的絕對最大值之間變化。若潛在變數的 indicators 越多，則最大值就越低，外部模型的平均分擔的權重也就越低。

假如 indicators 的 Outer loadings 可能很大，但 Outer weights 卻不大。(a) 若指標的 Outer weights 不顯著，且其 Outer loadings 不大（Hair et al., 2014 認爲「outer loadings < 0.50，表示 not high」）。若 Outer weights 不是形成性模型中理論上重要維度的唯一指標，即使 loadings 很大，該指標也可從模型中刪除。(b) 作爲推論，即使是具有 non-significant 權重的路徑，若它是 theoretically significant dimension 或具有高 loadings 的唯一指標，也應保留在模型中。

2-3-13 反映性／形成性之測量模型、結構模型適配度的專有名詞

在編製量表（scale）的時候，由於是以指標（indicator）的觀察變數（observation variable，即題目）來測量看不見的特質（構面，潛在變數），因此所設計的題目是否穩定且一致（信度）以及是否測量到想要探知的特質（效度），就顯得非常重要。

一、有效度一定有信度，反之未必成立

效度分爲 3 種類型：內容效度、準則效度及架構效度。效度分析有多種方法，其測量結果反映效度的不同方面。常用於調查問卷效度分析的方法，主要有以下幾種：

1. 單項與總和相關效度分析：這種方法用於測量量表的內容效度。內容效度又稱表面效度或邏輯效度，它是指所設計的題項能否代表所要測量的內容或主題。對內容效度常採用邏輯分析與統計分析相結合的方法進行評價。邏輯分析一般由研究者或專家評判所選題項是否「看上去」符合測量的目的及要求。統計分析主要採用單項與總和相關分析法獲得評價結果，即計算每個題項得分與題項總分的相關係數，根據相關是否顯著判斷是否有效。若量表中有反意題項，應將其逆向處理後再計算總分。

2. 準則效度分析：又稱爲效標效度或預測效度。準則效度分析是根據已經得到確定的某種理論，選擇一種指標或測量工具作爲準則（效標），分析問卷題項與準則的聯繫，若兩者相關顯著，或者問卷題項對準則的不同取值、特性表現出顯著差異，則爲有效的題項。評價準則效度的方法是相關分析或差異顯著性檢驗。在調查問卷的效度分析中，選擇一個合適的準則往往十分困難，使這種方法的應用受到一定限制。

3. 建構效度分析：是指測量結果體現出來的某種結構與測值之間的對應程度。架構效度分析所採用的方法是因子分析。有的學者認爲，效度分析最理想的方法是利用因子分析測量量表或整個問卷的架構效度。因子分析的主要功能是從量表全部

變數（題項）中提取一些公因子，各公因子分別與某一群特定變數高度關聯，這些公因子即代表了量表的基本架構。透過因子分析可以考察問卷是否能夠測量出研究者設計問卷時假設的某種架構。在因子分析的結果中，用於評價架構效度的主要指標有累積貢獻率、共同度及因子負荷。累積貢獻率反映公因子對量表或問卷的累積有效程度，共同度反映由公因子解釋原變數的有效程度，因子負荷反映原變數與某個公因子的相關程度。在結束本文時應再次強調，為了提升調查問卷的質量，進而提升整個研究的價值，問卷的信度及效度分析絕非贅疣蛇足，而是研究過程中必不可少的重要環節。

量表會有信度（reliability）、效度（validity）問題發生，主要是量表本身有「測量誤差」存在。量表之信度過低，則沒有效度；相對地，效度過低，則信度沒有意義。信度與效度兩者並非完全獨立，兩者關係，可用數學式「若 P 則 Q」或（P→Q）來表示，即「效度→信度」。換句話說：

(1) 有信度不一定有效度（逆定理「Q→P」不一定成立）。

(2) 無信度一定無效度（~Q→~P）。

(3) 有效度一定有信度（P→Q）。

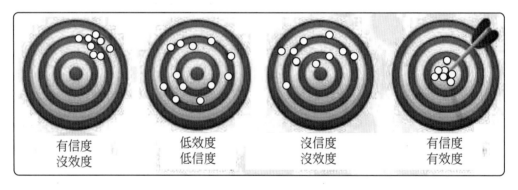

圖2-29　（高vs.低）信度搭配（高vs.低）效度的4種情況

二、名詞解釋

圖 2-30 是一個潛在變數（ξ_1），由 3 個指標變數所反映（reflect），其中 λ_{x11}～λ_{x31} 就是標準化因素負荷量（standardized factor loading, SFL，它跟探索性因素分析的因素負荷量是相同），SFL 數值介於 0～1 之間，δ_1 至 δ_3 是指標變數的殘差（無法被潛在變數所解釋部分）。

因素負荷量 $\lambda_{x11}\sim\lambda_{x31}$ 是這個潛在變數與指標變數之間的相關係數，而因素負荷量的平方就是代表該潛在變數對於該指標（觀察）變數的解釋力（square multiple correlation, SMC 或稱為 R^2），在 SEM 中會將每一個指標變數的變異數標準化為「1」，而 1 減掉 SMC 恰巧就是「潛在變數無法解釋指標變數的殘差」（residual or error），也就是說 $\delta_1 + (\lambda_{x11})^2 = 1$。

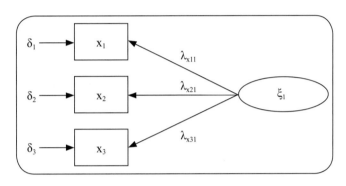

圖2-30 反映性之測量模型

1. 收斂信度（建構信度）

潛在變數的信度檢定可用建構信度（construct reliability, CR），它又稱「成分信度（component reliability）或組合信度（composite reliability, CR）」，其計算公式如下：

$$CR = \frac{(\lambda_{x11} + \lambda_{x21} + \lambda_{x31})^2}{(\lambda_{x11} + \lambda_{x21} + \lambda_{31})^2 + (\delta_1 + \delta_2 + \delta_3)}$$

上列公式的分子當成「本身的變異數」，而分母則是「總變異數 = 本身的變異數 + 殘差變異數」，因此 CR 是介於 0～1 的比值，數值越高代表「真實變異占總變異的比例越高」，亦即內部一致性也是越高。Fornell 和 Larcker（1981）建議潛在變數的 CR 值要 > 0.60。

2. 收斂效度（convergent validity）

效度是指概念定義（conceptual definition）及操作化定義（operational definition）間是否適配。

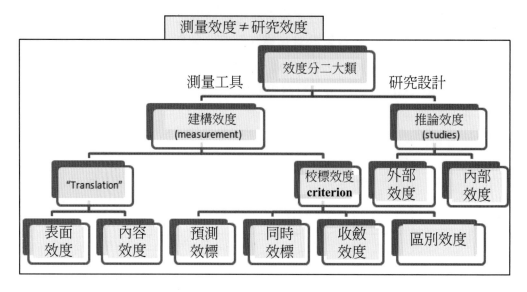

圖2-31　測量效度vs.研究效度

效度（validity）即有效性，它是指測量工具或手段能夠準確測出所需測量的事物的程度。

潛在變數的**收斂**效度，平均變異數萃取量（AVE）是最具代表性，其計算公式如下：

$$AVE = \frac{[(\lambda_{x11})^2 + (\lambda_{x21})^2 + (\lambda_{x31})^2]}{[(\lambda_{x11})^2 + (\lambda_{x21})^2 + (\lambda_{x31})^2] + (\delta_1 + \delta_2 + \delta_3)}$$

AVE 公式與 CR 非常相似，由於每一個指標（觀察變數）的變異數被標準化為1，即「$\delta + \lambda^2 = 1$」，因此公式之分子代表：「潛在變數可解釋觀察變數的解釋力總和」，而分母表示：「觀察變數的總變異數」，分母就是「觀察變數的數目」，因此 AVE 公式就是把因素負荷量平方的加總，再除以題目數量而已，故 AVE 意指「SMC 或 R^2 的平均值」。

之前，「1-4-1 模型：分析程序和模型品質評估（整體適配、測量適配、結構適配、交叉驗證）」已談過適配度相關問題。在此將用 SmartPLS 實作「模型適配度」。

PLS-SEM 與基於共變數的 SEM（CB-SEM）不同，PLS-SEM 沒有整體適配度（goodness of fit, GoF）很難達成的優勢。此類 GoF 是基於模型隱含的共變數矩陣與觀察到的共變數矩陣的接近程度（approximates）。因此，焦點在於再現變數之間的關係。相反，PLS-SEM 與 OLS 迴歸類似，其適配度（goodness of fit, GoF）是強調：依變數的預測值與觀察值有多接近。因此，PLS-SEM 的焦點是預測。這就是為

什麼經常說：CB-SEM 適合檢測假設（testing hypotheses）和因果模型的主因，但當研究目的是預測時，PLS-SEM 是首選。可是，若樣本符合 SEM 假定（常態性、直線性），對於大樣本而言，CB-SEM（即 PLSc）可能比 PLS 求得更佳的預測。

雖然 PLS-SEM 沒有提供 GoF 係數，但是在輸入數據列出之後，SmartPLS 報表會立即顯示與模型適配相關的 7 種係數（「model quality」），如下圖所示。

並非所有度量都適合評估所有類型的適配，你會考慮以下 3 種適配類型：

1. 反映性模型的適配度：當對因子（factors）進行反映建模時，適用於（外部）測量模型的適配度，這是通常的方法。
2. 形成性模型的適配度：當對因子（factors）進行形成建模時，該（外部）測量模型的適配度。
3. 結構適配度：這涉及結構（內部）模型的適配度。

2-3-14　反映性模型的適配度

在反映性模型（reflective models）中，箭頭從「因子→指標變數」，來表示一維基礎構念（construct）：確定所測 indicator 值和代表 indicator 變數的值。透過組合信度或 Cronbach's α 這類方法來檢測：收斂效度（convergent validity）是否適合反映性模型，它不適合形成性模型。以下是適合反映測量模型的適配度。

1. Composite reliability（組合信度，CR）

組合信度（CR）是 Cronbach's α 的首選替代方案，用來檢測反映性模型中的收斂效度。由於 Cronbach's α 可能會高估（或低估）量表（scale）信度，通常是低估，因此，它可能是衡量信度的首選方法。因此，在 PLS-SEM 研究，組合信度是研究者的首選。與 Cronbach's α 相比，組合信度可能導致對真（true）信度的更高估計。

組合信度的可接受極限，是跟任何信度度量（包括 Cronbach's α）一樣。CR 從 0 到 1 不等，其中 1 是完美的估計信度。(1) 在一個足以用於探索目的的模型中，組合信度（CR）應≥ 0.6（Chin, 1998; Höck & Ringle, 2006: 15）。(2) 驗證性研究旨在驗證模型適當性，故 CR 應 ≥ 0.70（Henseler, Ringle, & Sarstedt, 2012: 269）。(3) 若能 CR ≥ 0.80 的結果則更佳（例如：Daskalakis & Mantas, 2008: 288）。(4) 很高的 CR（> 0.90）不要太高興，因為可能代表：多個 indicators 彼此是較少的字辭變體（wording variants），而不是該 factor 所代表的構念的真正代表性度量。你應考慮是否很高的 CR 來反映你的設計問題，或者指標是否代表期望的維度（dimension）且只是高度相關。有關進一步的討論和公式，請參見 Hair et al.（2014: 101）。

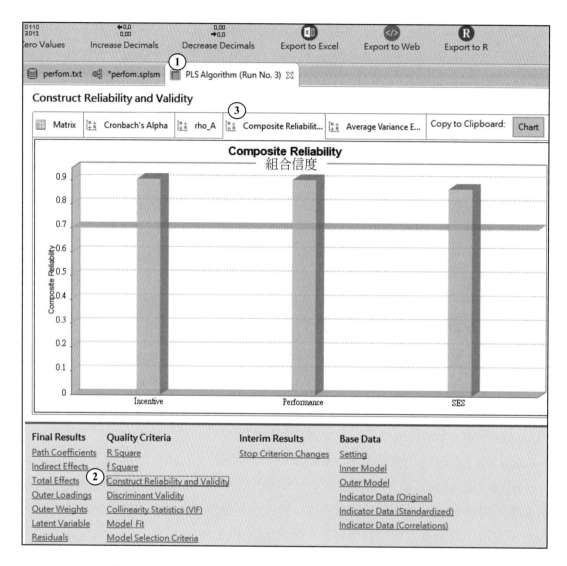

圖2-32　Composite reliability（組合信度）（perfom專案檔）

2. Cronbach's α（一致性信度α）

Cronbach's α 值尚可決定：潛在變數 indicators 是否具有收斂效度，並且因此顯示出信度的問題。按照慣例，與 CR 相同的臨界值（cut-offs）也適用：

(1) α ≥ 0.80 是良好的比例。

(2) α ≥ 0.70 是可接受的比例。

(3) α ≥ 0.60 適合做探索性研究的比例。

但是要注意，Cronbach's α 是保守的度量，往往會低估信度。對於圖 2-33 這些

數據，Incentive 和 Performance 潛在因素的測量是可接受：你在進行驗證性研究，但 SES 潛在因素則未達到該 cutoff（臨界值 0.7）。由於本例，Cronbach's α 值是 2 個或 3 個項目（items）的短式量表，因此通常無法忽略這種小差異（discrepancy），因為它沒有達到足夠能確認量表的 cutoff（臨界值）。

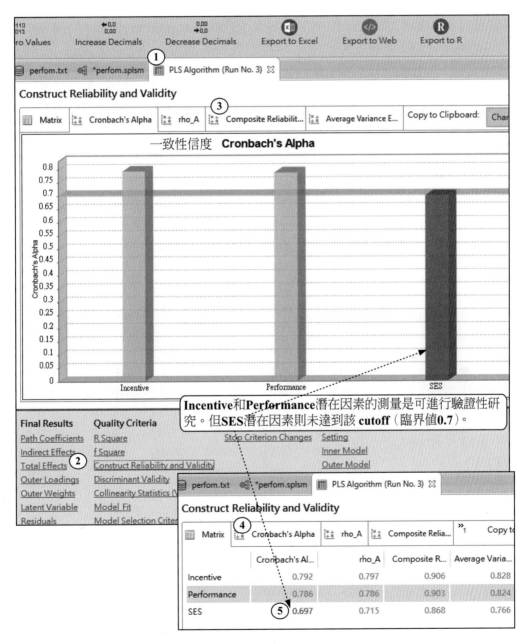

圖2-33　Cronbach's α（一致信度α）（perfom專案檔）

3. Average variance extracted（AVE）（平均變異數萃取量）

AVE 可用作收斂效度或發散效度的檢測。AVE 反映了「反映性模型中每個潛在因素的平均共同性（communality）」。在一個適當的模型中，AVE 應 > 0.5（Chin, 1998; Höck & Ringle, 2006: 15），並且要 >cross loadings（交叉負荷量），這意味著該因素至少應該解釋其各自 indicators 的變異數的一半。若 AVE < 0.50，意味著誤差變異數超過了解釋變異數。有關 AVE 的論文，請參閱 Fornell & Larcker（1981）。

cross loadings的cutoff值=0.5		因素1	因素2	因素3	因素4	因素5
構念(Construct)	Item	QU	Use	Inc	SA	PEU
IT品質(Qu)	Qu1	.893	.011	.002	.020	−.041
	Qu2	.884	−.049	.013	−.010	.006
	Qu3	.804	.032	−.017	−.149	.097
	Qu5	.637	.218	−.032	.125	−.107
IT使用行為(Use)	Use1	.069	.798	.000	−.038	.018
	Use2	−.131	.857	.000	−.089	.030
	Use3	.126	.786	.003	.099	.006
	Use4	.125	.776	.012	.063	−.003
激勵措施(Inc)	Inc1	−.058	.033	.771	.067	.094
	Inc2	.078	−.028	.814	−.019	−.057
	Inc3	.015	−.022	.892	−.057	−.048
	Inc4	−.060	.032	.787	.033	.012
分享態度(SA)	SA1	−.013	.005	−.002	.859	.024
	SA2	−.032	.005	.005	.871	−.035
	SA3	−.023	−.014	.009	.859	.040
知覺IT易用性(PEU)	PEU1	.083	−.209	−.041	.160	.704
	PEU2	.295	−.082	.060	−.052	.681
	PEU3	−.255	.303	−.019	−.062	.759

圖2-34　Cross loadings當作區別（discriminant）效度之示意圖（因素分析之cutoff值＝0.5）

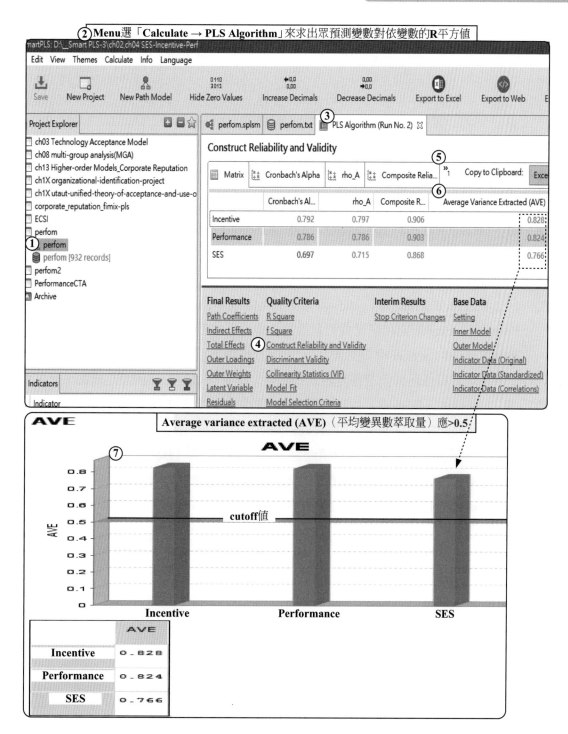

圖2-35 Average variance extracted（AVE）（平均變異數萃取量）（perfom專案檔）

4. Communality（共同性）

所謂共同性 h^2（類似迴歸模型中的 R^2），是一組 communality 能被指標解釋的比例：

$$h^2 = 1 - \frac{VAR(\varepsilon)}{VAR(y)}$$

SmartPLS 2 會印出「communalities」。這些係數與 AVE 係數相同，因此不再重複出現在 SmartPLS 3 報表。在 SmartPLS 2 輸出，以 rows 為 factors，以 communality 為 column，以 communality 係數衡量 row factor 指標的平均變異數百分比（例如：Incent1、Incent2），由該 row factor（例如：Incentives）所解釋，並且是收斂效度的第四個檢測。Communality 可以解釋為 row factor 信度的度量。像任何信度度量一樣，適用於上述相同的 cutoff 準則。

5. Fornell-Larcker discriminant validity criterion（Fornell-Larcker區別效度準則）

Fornell-Larcker 準則和交叉負荷量檢測都是區別效度的評估法。

根據 Fornell-Larcker 準則，AVE 尚可用於辨識區別效度：對於任何潛在變數，$\sqrt{AVE}$ 應高於其與任何其他潛在變數的相關性。這意味著對於任何潛在變數，與其指標區塊（block of indicators）共享的變異數大於與任何其他潛在變數共享的變異數。在 SmartPLS 輸出中，在 Fornell-Larcker 準則中，$\sqrt{AVE}$出現在對角線元素中，相關性出現在其左下方。因此，就絕對值而言，若任何因素欄（factor column）中的最高數字（即$\sqrt{AVE}$）高於其左下方的數字（相關性），那麼就具有區別效度。下文討論的 cross-loadings 對於建立區別效度也很有用。

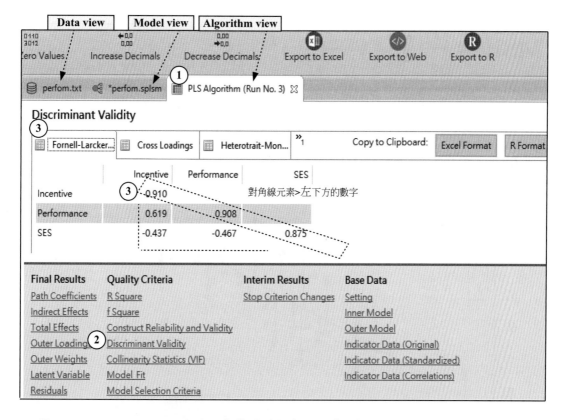

圖2-36　Fornell-Larcker區別效度準則（對角線元素>左下方的數字）（區別效度）

6. Indicator reliability（指標信度）

　　外部（測量）模型的路徑負荷量和權重是：評估模型中指標（無論是反映性，還是形成性）信度的另一準則。參見上面的討論。

7. (SRMR) Standardized root mean square residual（標準化均方根殘差）（圖2-37）

(1) Root mean square residual（RMR, RMS$_E$）均方根殘差

$$RMS_E = \sqrt{\frac{1}{n} \sum_{i=1}^{n} (f_i - o_i)^2}$$

　　RMR 是平均殘差共變數。由於 RMR 受到量表的影響，故無任何標準可以檢定模型的適配性。若兩模型利用相同的數值來檢定時，可用 RMR 來進行比較，RMR 數值較小者，表示該模型越佳。

$$MSE = \frac{1}{n}\sum_{i=1}^{n}(y_i - \hat{y}_i)^2 \qquad RMSE = \sqrt{\sum_{i=1}^{n}\frac{(\hat{y}_i - y_i)^2}{n}}$$

數據組　　實際值　預測值

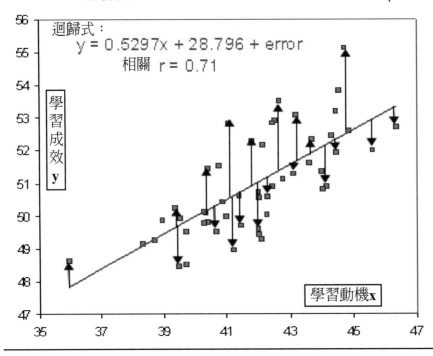

圖2-37　RMS$_E$（Root Mean Square Error）示意圖

(2) Standardized root mean square residual（SRMR）標準化均方根殘差

　　由於 RMR 無法建立絕對的標準來檢定模型的適配性，故利用相關矩陣修改公式，成為 SRMR 指標。SRMR 值在 0 與 1 之間，數值越接近 0，表示模型適配越佳。一般設定此數值必須小於 0.05 為宜。

　　SRMR 是對你界定模型的近似的適配度量。SRMR 測量「觀察到的相關矩陣與隱含模型（model-implied）的相關矩陣之間的差異」。換句話說，SRMR 反映了這種差異的平均幅度，SRMR 值越低則模型適配度越佳。按照慣例，當 SRMR < 0.08 時，模型就具有良好的適配度（Hu & Bentler, 1998）。有些人使用 < 0.10 較寬 cutoff 值。有關 partial least squares 建模的討論，請參見 Henseler, Dijkstra et al.（2014）。

　　如圖 2-38 所示的 SRMR 輸出分 2 個版本：組合因子（composite factor）模型的

SRMR 和共同因子（common factor）模型的 SRMR。SmartPLS 文件指出：「通常，當使用 PLS 時，組合模型 SRMR 是相關的（relevant）。當所有的測量模型都是反映性，且改用 PLSc 時，則 common factor 模型 SRMR 是攸關模型適配（relevant model fit）評估準則」。

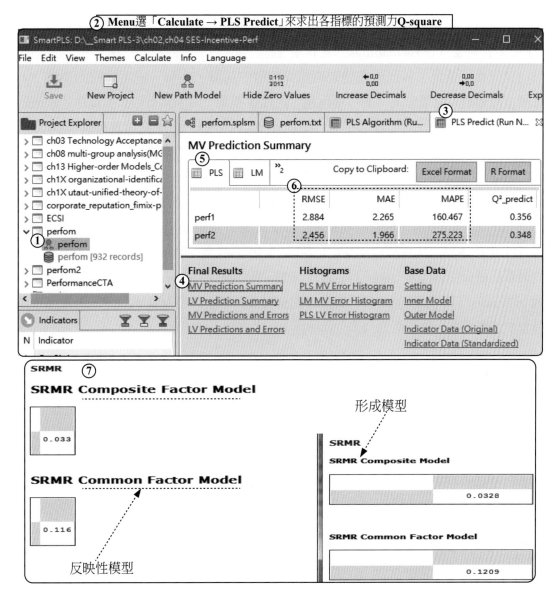

圖2-38　SRMR分2個版本：組合因子（composite factor）模型與共同因子（common factor）模型的SRMR

8. Cross loadings（交叉負荷量）

(1) 因素負荷量（factor loading）是什麼？

因素負荷量其實是因素潛在變數（因素）與指標變數的簡單迴歸（factor → indicator），也就是皮爾森相關。負荷量的平方為因素對變數的解釋能力，又稱為題目信度（indicator reliability），一般建議，信度（$loading^2$）> 0.5 是比較理想的準則（即 loading > 0.707 為佳）。

(2) 交叉負荷量（cross loadings）是什麼？

交叉負荷量是：其他潛在變數與指標變數的相關，在單一構面準則的要求下，每個指標變數只能屬於某一個特定因素，因此會與某一個因素有較高的關係（收斂效度），而與其他的因素為較低相關（區別效度）。一般而言，交叉負荷量 <0.4 算是較低，可以忽略，有人建議 < 0.3 作為刪除題目（cutoff）的準則。

一個好的模型中，指標（indicators）在預期因子（factor）的 loading 要高，但與其他因子（factor）的 loading 要低。理想情況下，因素分析的結構係數，其 loading 應大於 0.7（某些情況下使用 0.6），而交叉負荷量應小於 0.3（某些情況下使用 0.4）。由於本例交叉負荷量都 > 0.4，故圖 2-39 不符合：簡單的因子結構。缺乏簡單的因素結構會削弱因素 labels 的意義。例如：圖 2-39 的「Incentives factor」仍然與績效 indicators（即 perf1、perf2）有很高的交叉負荷量，故沒有區別效度，表示樣本及模型的適配不佳。

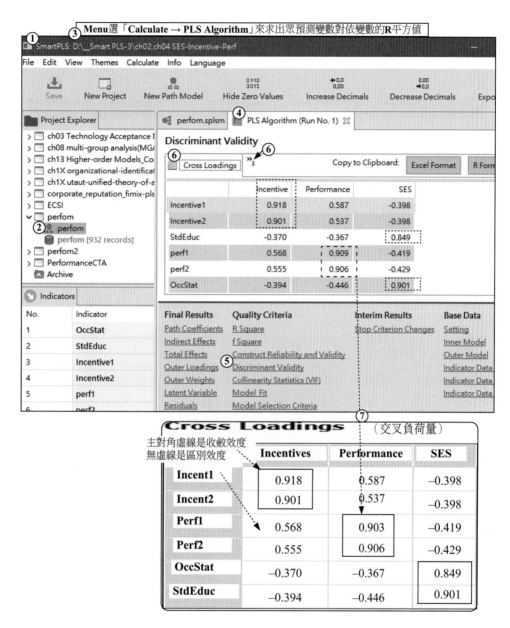

圖2-39　Cross loadings（交叉負荷量）

　　交叉負荷量是平均變異數萃取量（AVE）的替代法（圖 2-40），它可評估反映性模型之區別效度（discriminant validity）的方法。至少，指標變數與另一個潛在變數的相關性不應大於與其自身潛在變數的相關性。若是這樣，則所界定的模型是不正確的。

　　潛在變數的 AVE 最好能 > 0.50，表示潛在變數受到觀察變數的貢獻較誤差的貢

獻量來得多（50%）。若 AVE 要達到 0.50 以上，不就表示所有的因子負荷量的平均值必須高於 0.71。

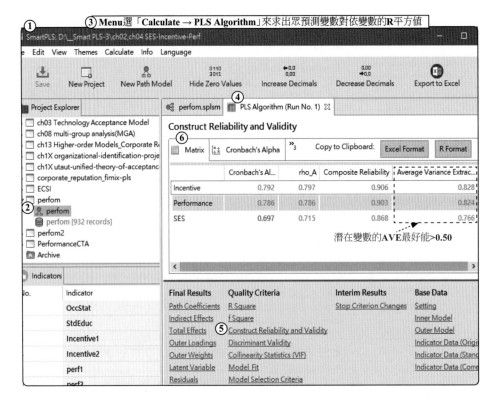

圖2-40　收斂效度：平均變異數萃取量（AVE）

9. Heterotrait-Monotrait Ratio（HTMT）（異質—單質比率）

區別效度是指構面／構念（construct）根據經驗（empirical）標準，真正區別於其他構念的程度。

評估區別效度有 3 種方法：

(1) Cross loadings（交叉負荷量）

(2) Fornell-Larcker criterion（Fornell-Larcker 準則）

(3) HTMT (heterotrait-monotrait ratio)（異質—單質比率）

這 3 種方法，詳情請見「1-4-5 PLS-DA 模型：PLS vs. 區別分析模型」。

在 SmartPLS 中，儘管交叉負荷量和使用 Fornell-Larcker 準則，都是用於評估 PLS 模型的區別效度的公認方法，但這些方法都有不足之處。Henseler, Ringle & Sarstedt（2015）使用模擬發現，透過他們開發的「異質—單質比率（HTMT）」更可

檢測出區別效度。在上述文章中，可找到 HTMT 係數的使用指南。

HTMT 比率是：heterotrait-heteromethod 相關性（即測量不同現象的構念中指標的相關性）的幾何平均值，再除以 monotrait-heteromethod 相關性（即同一構建體中指標的相關性）的平均值。使用幾何平均值進行平均是必要的，因為，假設有 2 個構念時，有 2 個 monotrait-heteromethod 子矩陣（構念內相關的集合）。詳情請見 Henseler, Ringle, & Sarstedt（2015: 121）。

一個適配良好的模型中，異質（heterotrait）相關應小於單質相關，這意味著 HTMT 比率應低於 1.0，如圖 2-41，本例所輸出值。Henseler, Ringle, & Sarstedt（2015: 121）指出，若 HTMT 值 <0.90，表示所界定模型的反映性構念之間已具有區別效度。Henseler, Ringle, & Sarstedt（2015）建議：0.90 當 cutoff 值，但 Clark & Watson（1995）、Kline（2011）建議用更嚴格的 0.85 值當 cutoff 值。

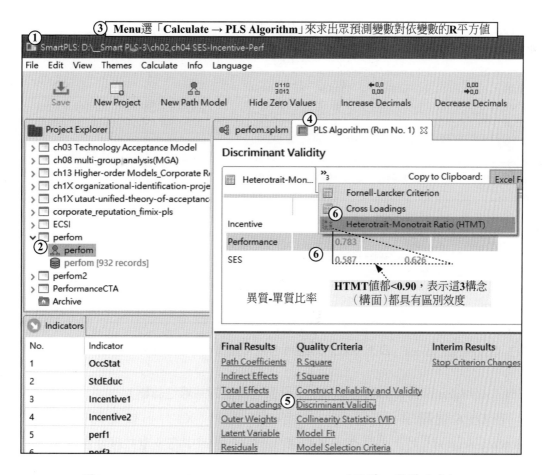

圖2-41　Heterotrait-Monotrait Ratio (HTMT)（異質─單質比率）

10.Factor scores（因素分數）

SmartPLD 印出因素分數表格，列出每個觀察值在每個因素上的分數。對於**標準化因素分數表格**，分數 > 1.96 的觀察值可能被認為是離群值（outliers）。離群案例的比例越大，測量模型的適配度就越差。

內定情況下，標準形式的因素分數會顯示在「Latent Variable Scores」表中，如圖 2-42 以部分格式顯示。這些 observation 分數的相關性就產生「Latent Variable Correlations」表，下面將進一步討論。

分析 factor scores 還可以識別 outlier 情況〔當絕對值 > 1.96（$\alpha = 0.05$）；或大於 2.58（$\alpha = 0.01$）就是離群值〕。

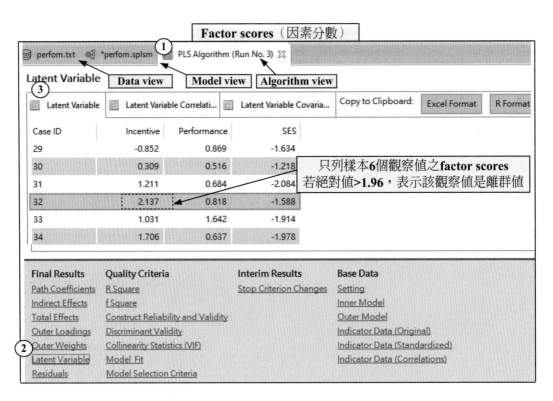

圖2-42　Factor scores（因素分數）（它可當高階構念的第2階段的新變數，見第13章）

11.Multicollinearity in reflective models（反映性模型的共線性診斷）

在 O L S 迴歸中，當 2 個（以上）自變數（X s），彼此高度相互相關（intercorrelated）時，就存在多重共線性。OLS 迴歸中的多重共線性會誇大了標準誤，使自變數的顯著性檢測不可靠，並阻止檢定某一自變數與另一自變數的相對顯著性。一般經驗法則是，當變異數膨脹因素（variance inflation factor, VIF）係數 > 4.0

時，可能會存有多重共線性問題（有些人使用更寬大的臨界值 5.0）。VIF 是容忍值（tolerance）係數的倒數，當 tolerance 小於 0.25 時，會標記（flagged）多重共線性（某些情況下使用更寬的 0.20 截止值）。

(1) 形成模型是迴歸模型之一，其中，多個指標預測依變數的值，即潛在變數值。

(2) 對於反映性模型，潛在變數被建模爲每個指標變數（作爲依變數）的值之單一預測變數。因此，在反映測量模型中，即使 SmartPLS 將輸出 outer（measurement）模型的 VIF 統計量，無論：模型是反映性還是形成性的，多重共線性都不是問題。

在反映性模型或形成性模型中，在結構層級：可能存在多重共線性。即，被建模爲 endogenous latent 原因之潛在變數可是多重共線性的。結構性多重共線性（structural multicollinearity）在反映性模型或形成性模型中都一樣是問題，原因與在 OLS 迴歸模型中相同。結構模型的 VIF 係數，SmartPLS 會印在圖 2-43 進一步顯示的「Inner VIF Values」table 中。在一個適配的模型中，結構性 VIF 係數不應 > 4.0（有人使用更寬鬆的標準 5.0）。

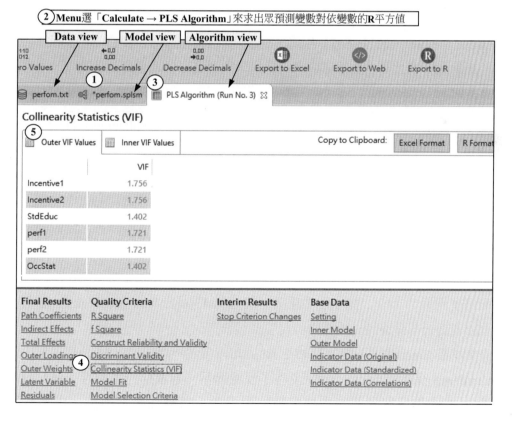

圖2-43　SmartPLS印出「Collinearity Statistics（VIF）」（共線性診斷）（perfom專案檔）

12.Criterion validity（效標效度）

效標效度就是檢查測驗分數與效標的關係，看測驗對我們感興趣的行為預測得如何。因為效標效度需要有實際證據，所以又叫實證效度。

根據收集效標的時間，可以將效標效度分為預測效度 vs. 同時效度。

SmartPLS 並不會印出效標效度，但可以對其進行補充。若有一 PLS 模型中使用的構念的測量，也在該學科中使用並被廣泛接受，則該因子的 factor scores（因素分數），應與該學科中使用的效標有高度相關。在數據收集階段，這要求研究者，對效標構念及其模型中自己構念的 indicators 進行管理。

13.手算Goodness of fit（GoF）（模型適配度）

GoF 是效果量與收斂效度相結合的量度（Tenenhaus et al., 2005）。但是，現在將 GoF 的使用歸因於各種統計缺陷（Hair et al., 2014: 185）。缺點包括：不適合於模型驗證（model validation）（Henseler & Sarstedt, 2012: 565），以及無法好好處理錯誤界定的模型（Hair et al., 2014: 78）。GoF 並不是 SmartPLS 的輸出，而是必須手動計算。GoF 是 outer 模型的平均共同性（communality）和 inner 模型的平均 R^2 的幾何平均值。也就是說，$GoF = \sqrt{\text{average communality} \times \text{average } R^2_{inner}}$。GoF 的範圍從 0 到 1。Henseler & Sarstedt（2012: 565）指出，GoF 仍然有助於評估：PLS-SEM 解釋哪個數據集（datasets）會比其他數據集解釋得更好，有更高反映及更好的解釋。

公式如下：

$$GoF = \sqrt{\frac{\sum_{j=1}^{J} \sum_{q=1}^{p_j} Cor^2(x_{qj}, \hat{\xi}_j)}{\sum_{j=1}^{J} p_j} \times \frac{\sum_{j^*=1}^{J^*} R^2\left(\hat{\xi}_{j^*}, \{\hat{\xi}_j \text{'s explaining } \hat{\xi}_{j^*}\}\right)}{J^*}}$$

其中，J 是模型中潛在變數的數量，$J^* < J$ 是模型中內生潛在變數的數量。$Cor(x_{qj}, \hat{\xi}_j)$ 是第 j 個潛在變數的第 q 個反映指標與相應的潛在變數得分之間的相關性。R^2（$\hat{\xi}_{j^*}$, $\{\hat{\xi}_j$ 在解釋 $\hat{\xi}_{j^*}\}$）是將第 j^* 個內生潛在變數與其解釋潛在變數聯繫起來的迴歸的 R^2 值。

14.Redundancy（重疊）

範例請見第 13 章，「圖 13-17 用某一個 global single item（qual_global 變數）來捕獲受訪者對公司聲譽的一般評估」。

在標準的 SmartPLS 3 中執行 PLS Algorithm，並不會印出：SmartPLS 2 中報表的 redundancy 係數。Redundancy 反映了反應因素〔通常是內生因素（endogenous factors）〕能夠好好預測其指標變數的變異數。重疊係數是衡量：由外生因素

（exogenous factors）（SES 和 Incentive）解釋的 dependent factor（performance）指標之變異數百分比。這可修正評估為模型適配度 R^2。

但在 SmartPLS 3 中，blindfolding algorithm（眼罩演算法），才會輸出：用於構念與指標的交叉驗證的 redundancy 係數和交叉驗證的 communality 係數。

2-3-15 形成性模型的適配度

範例請見第 13 章，「13-3-3 Reflective-formative 高階構念」。

在形成性（formative）測量模型中（涉及潛在變數及其指標的部分），模型圖中的箭頭是：從 indicator 變數指向因子（factors）。這表示形成性模型的因子是反映指標的組合（composite）變數，這些指標代表因子的不同維度，因此研究者不會期望指標會高度相關，這意味著 composite reliability 和 Cronbach's α 值可能不會很高。同樣，你不會期望 composite factor 一定能好好地預測指標變數的值，這意味著共同性（communality）與重疊（redundancy）可能不會特別高，因為任何類型的不同維度的平均值都無法好好地預測任何一個維度。而是，透過以下討論的其他方式來評估：形成性模型的測量適配度。

1. Face validity（表面效度）

表面效度指「受測者與測驗結果的使用者及一般社會大眾對於該測驗的試題和形式等所做的主觀判斷係數」，判斷此一測驗能否達成其所宣稱的目的。表面效度較高之測量比表面效度較低之測量，更能提高受測者之填答意願。

以測量之題型來說，論文式試題通常被認為較具有表面效度，尤其對論文研究不太熟悉之人，會比較相信論文式試題能測量它想要測量之能力。

一般來說，學習能力測量，需要靠受試者之理解能力，故量表表面效度越佳，受試者答題意願就越高。因此能力測驗（量表）更應重視表面效度，可是人格測驗，較需依靠個人之態度，故人格測驗較不重視表面效度，因為受測者越容易虛偽作答。

指標變數之 face 含義是，標註 factor 結構之所有維度，所提供一組攸關且令人信服之資訊。

表面效度可從 2 個方面來改進：(1) 依據特定之測驗目的，來修改測驗名稱；或重新安排試題之用字遣詞，使它顯得更切題、易懂。(2) 改進版面設計、印刷、裝訂等著手，使得整個測驗（量表）看起來更像精心設計，來獲得使用者的重視。

2. Path loading significance（路徑負荷量的顯著性）

可接受的適配度，形成性模型中的測量路徑 loadings 應該很大。原則上，每個形成性指標應可代表：該 factor 的全面指標集的 factor 含義的一個維度，因此不應刪除。也就是說，對於形成性模型，測量模型的路徑係數（即上面討論的路徑負荷量）應該很重要（Henseler, Ringle, & Sarstedt, 2012: 270）。

但是，在經驗實務上，若指標的路徑負載不高（<0.5）並且不顯著，則該數據不支持：該指標與其指標的測量有關的論點，並且可從指標中刪除該指標（Cenfetelli & Bassellier, 2009）。有人建議，除非從內容有效性角度看似相關，否則任何具有低路徑負載的指標（不論是否達到顯者）都可以考慮刪除（Hair et al., 2014: 130-131）。

3. Measurement weights（測量權重）

在前一章節已討論過「形成性測量模型」，測量權重是將因子（factors）連接到指標變數（indicator）的路徑權重，這些也應該達到顯著的。權值越大，模型越佳。

4. Cross loadings（交叉負荷量）

在前一章節已討論過，潛在變數上指標的交叉負荷量，也以相同的方式應用於形成性模型和反映性模型。一個良好的形成性模型，指標（indicators）的預期組合分數（composite factors）和交叉負荷，與它們本不打算衡量的其他因素的組合分數（composite scores）之間的負荷量（loadings）應不高（Klein & Rai, 2009）。

理想情況下，要有一個簡單的因素結構（factor structure），也在上面討論過。但是，Henseler, Ringle, & Sarstedt（2015:131）的模擬發現，「交叉負荷量的性能較差，它在形成性測量模型的使用似乎值得懷疑。在這種背景下，未來的研究應尋求替代方法，來評估區別效度時考慮形成性測量的結構。」

5. Factor scores（因素分數）

在「圖 2-40 Factor scores（因素分數）」已討論過，因素分數表格（factor scores table）列出：每個觀察值在每個因素上的分數。對於標準化因素分數表，若分數 > 1.96 的案例，則可能被認為是離群值（outliers）。離群案例的比例越大，測量的適配度越差。

6. Criterion validity（效標效度）

前一章節已討論的：效標效度也適用於形成性測量模型。

7. Convergent validity（收斂效度）

常作為效標效度（criterion validity）特殊類型之適配度，它創建了：與 formative factor 平行的 reflective factor。一個很好適配的模型中，假定 formative factor 應該

與 reflective factor 的值相關聯，並且能夠預測該 reflective factor 的值，該 reflective factor 是潛在變數的效標。

對於給定的 formative 構念（例如：IncentivesF），再建立相應的反映性構念（例如：IncentivesR）。此時，反映性模型構念 IncentivesR 的指標，應代表總體基礎構念（Incentives），並且應與其 formative 對應的 IncentivesF 有所不同，後者的 indicators 應分別代表 Incentives 的一個維度。基於上述原因，IncentivesR 的指標應是 composite reliability 的 cutoff 值或 Cronbach's α（見上文），但這種認定法對於 IncentivesF 的指標不一定是正確的。

若從 formative factor IncentivesF 到 reflective factor IncentivesR 的結構箭頭的標準化路徑 loading 係數很高，則認定具有收斂效度。Chin（1998）提出的臨界值為 0.9 或至少為 0.8。這意味著反映係數的 R^2 值應 >.81 或至少為 0.64。請注意，這種評估方法要求：先確定反映性構念（reflective construct）的指標，並將其包括在研究專案（project）的數據收集階段中。

8. Standardized root mean square residual（SRMR）（標準化均方根殘差）

SRMR 是模型適配度（goodness of fit）的近似度量，可用於形成性模型。請參閱「圖 2-38 SRMR 分 2 個版本：組合因子（composite factor）模型與共同因子（common factor）模型的 SRMR」。

9. Multicollinearity of the indicators in formative models（形成性模型中指標的多重共線性）

傳統，無論進行線性迴歸或是邏輯斯迴歸（logistic regression），當預測變數（X）個數有 2 個以上，而預測變數之間的相關性偏高時，就存在共線性問題。若共線性問題很嚴重，就易產生幾種現象：

(1) 多個預測變數（X）與依變數（Y）的相關性非常顯著，但迴歸分析出來的所有結果都不顯著。

(2) 標準化迴歸係數異常的高，而且還有可能出現不顯著的結果。

(3) 預測變數與依變數明明就是正相關，卻在迴歸分析裡得到負值的迴歸係數且達顯著（方向不一致）。

換句話說，當遇到以上情況，就應想到是共線性問題所造成的，此時就要透過一些診斷方法，抓出有哪些變數在做怪，並進一步做處理，包括：(1) 過濾法（subset）：CP、逐步迴歸。(2) 正規化／懲罰化（penalization）：包含 Lasso、Ridge、Elastic Net 迴歸，詳情請見作者《機器學習（Lasso 推論模型）：使用 Stata、

Python 分析》一書。**共線性診斷法**有：(1) 透過皮爾森相關分析，找出相關性較高的預測變數。(2) 透過線性迴歸／PLS-SEM 迴歸的共線性診斷。

根據 Hair 的觀點，對於任何給定的 formative models factor，一個適配良好的形成性測量模型都不應在 set（集合）中顯示指標變數過多的多重共線性。由於形成性模型體現了 OLS 迴歸的一種形式，其中因子是指標變數的線性組合作為預測變數，因此可以應用針對多重共線性問題的常用迴歸檢測。

若容忍值（tolerance）< 0.20 或變異數膨脹因素（VIF）> 5，則多重共線性可能是個問題。有人分別使用了更嚴格的臨界值 tolerance < 0.25、VIF < 4。VIF 是 tolerance 的倒數，並且包含相同的資訊（tolerance < 0.20，對應於 VIF > 5），因此僅應用這些檢定之一。Tolerance = $1 - R^2$，這意味著：(1) 當形成性因子的 $R^2 < 0.80$ 時，對應的 tolerance < .20 或 VIF > 5，多重共線性不是問題。(2) 當 VIF = 4.0 且 tolerance = 0.25 時，標準誤就加倍，相對的 $R_j = 0.87$，因此 VIF ≥ 4 是更嚴格但更常見的替代截止標準。

Hair et al.（2014: 125）建議，必須刪除（dropped）模型或以某種不同操作型定義（operationalized）方式，從 tolerance 或 VIF 檢定中標記出：高多重共線性的 formative factors。但有人持反對意見，因為，formative factor 的指標之間的多重共線性會誇大標準誤，並使對自變數的相對重要性的評估變得不可靠，但是，如此高的多重共線性並不會影響迴歸估計的效率。

就純粹的預測（相對於因果分析）而言，如此高的多重共線性在形成性模型（formative models）中不一定是問題。相反，你該關注的是，formative factor 的指標項（indicator items）應包括：該因素所有構成維度的覆蓋範圍。例如：對於「慈善事業」因素，formative items 可能包括：給予教會的錢、給予環境原因的錢、給予民權原因的錢等。若是這種情況，則填答者：為教會捐款了一定數量，往往是為環境而捐或其他形式的捐贈貢獻相同的數量，這一事實可能會產生很高的相關性，但不會改變以下事實：捐贈類型的集合是「慈善事業」的維度，而適當的衡量方式是透過「給予類型的線性組合」。但 Hair（2014）認為，正確的是：較高的多重共線性破壞了你對指標的相對重要性作出判斷的能力，從而無法賦予形成性因素（formative factor）某意義，且若存在較高的多重共線性，則研究者必須避免：基於路徑權重對指標重要性（indicator importance）進行比較分析。

圖 2-44 顯示，(1)「Outer VIF Values」包含：形成性測量模型的 VIF 係數（對於潛在變數，由其 indicators 來預測）。請注意，同一組指標中的 VIF 值會相同（例如：

在形成性模型中，Incent1 和 Incent2 作為激勵因素的預測指標為 1.756）。前面已討論，適用於 formative 測量模型中的多重共線性。(2) 但對於模型的內部（結構）部分，情況則有所不同，其中箭頭連接至潛在變數。「Inner VIF Values」的 VIF 值是內生潛在變數（本例只有 Motivation 是內生）的 VIF 值，根據模型圖中的內生潛在變數具有：傳入因果單向箭頭（causal arrows）的其他潛在變數來預測。

在反映性模型或形成性模型中，在結構模型上可能存在多重共線性，其原因與 OLS 迴歸模型相同。結構模型的 VIF 係數，SmartPLS 會印在下圖的「Inner VIF Values」中。一個合適的模型中，結構性 VIF 係數要 <4.0（有些使用更寬鬆的標準 5.0）。

SmartPLS 輸出 VIF 統計量，如圖 2-44 所示。儘管此處是反映性模型例子，但是輸出格式與形成性模型相同。

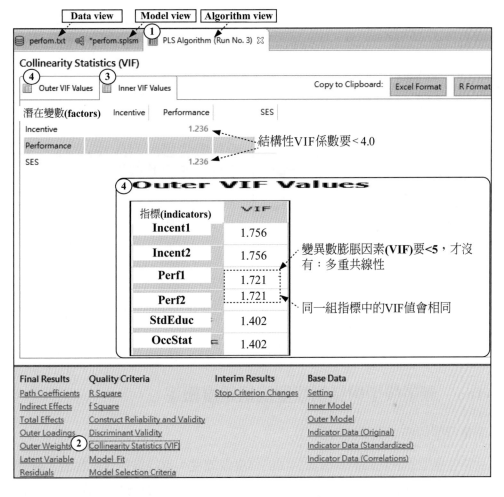

圖 2-44　「Outer VIF Values」及「Inner VIF Values」（反映性模型的共線性診斷）

如前所述，圖 2-44 是針對反映建模的示例。格式與形成性模型（formative model）的例子相同。在下面顯示：等同於形成性模型的輸出，外部（測量）模型的 VIF 值保持不變，四捨五入，但是內部（結構）模型的 VIF 值有所不同，因為 formative model 會更改潛在變數的計算值。

Collinearity Statistic (VIF) — **For equivalent formative model**

Inner VIF Values

潛在變數(factors)	Incentives	Performance	SES
Incentives		1.2284	
Performance			
SES		1.2284	

結構性VIF係數要<4.0

Outer VIF Values

指標(indicators)	VIF
Incent1	1.7564
Incent2	1.7564
Perf1	1.7214
Perf2	1.7214
StdEduc	1.4021
OccStat	1.4021

變異數膨脹因素(VIF)要<5，才沒有：多重共線性

同一組指標中的VIF值會相同

圖2-45　反映性測量改成形成性測量模型之「Outer VIF Values」及「Inner VIF Values」（共線性診斷結果會相似）

2-3-16a 測量模型與結構模型的信效度檢定

一、測量模型評估：反映性模型

反映性模型的評估目的為確認構面的信度及效度，以作為是否適合納入路徑模型的參考。反映性測量模型評估包含判斷指標間一致性的「內部一致性信度（internal consistency reliability）」、構面與所屬指標間的正相關程度的「收斂效度（convergent validity）」，以及評估構面間差異的「區別效度（discriminant validity）」3 個部分：

1. 內部一致性信度

(1) Cronbach's α：一般標準爲 0.7 表示良好（探索式研究可放寬到 0.6）。另外，Hair et al.（2017）提到 Cronbach's α 因假設所有指標皆爲同等可信，但與 PLS-SEM 假定不同，因此會有低估內部一致性的傾向，故研究者應將組合信度納入共同評估。

(2) 組合信度（composite reliability）：建議需達 0.7 以上（探索式研究可放寬至 0.6），表示有足夠的內部一致性信度。

2. 收斂效度

(1) 因素負荷量：建議需大於 0.708（慣例上 0.7 即可接受），表示該指標可解釋所屬構面的百分比爲 50%（0.708^2 爲 0.5），且 p 值達顯著水準。

(2) 平均變異數萃取量（AVE）：應大於 0.5，表示潛在構面可解釋其指標超過一半的變異。若小於 0.5，表示指標變異的誤差大於構面可解釋的比例。

3. 區別效度

(1) 交叉負荷量（cross loading）：該指標於所屬構面的因素負荷量需大於其他構面的因素負荷量。若指標於所屬構面的因素負荷量小於其他構面者，可能有區別效度的問題。

(2) Fornell-Larcker 指標：潛在構面的 AVE 均方根，應大於該構面與其他構面相關係數。若構面 AVE 均方根小於構面間的相關，表示不同因子無法適當地被區分開來。

(3) HTMT（heterotrait-monotrait ratio of correlations）：所有構面間的 HTMT 信賴區間皆未包含 1，若包含 1 則判斷該構面未與其他構面有區別效度。雖然交叉負荷量及 Fornell-Larcker 指標已被普遍用於評估 SEM 與 PLS 的區別效度，但 Henseler et al.（2015）認爲上述指標的敏感度仍不足，因此提出運用 HTMT 指標評估構面間的區別效度。

二、測量模型評估：形成性模型

　　由於構面的構成方式不同，形成性模型是不同且獨立的指標所組成，指標間不一定會有高度相關性，因此反映性模型的評估準則並不適合直接套用於形成性模型當中。形成性模型的評估包含「收斂效度」、「共線性評估」以及「指標顯著性考驗」

等三部分。

1. 收斂效度

如「圖 13-17 用某一個 global single item（qual_global 變數）來捕獲受訪者對公司聲譽的一般評估」。利用 redundancy 分析來量測形成性構面與同樣構面的反映性構面的相關，以評估收斂效度。若該形成性構面對反映性構面的路徑係數大於 0.7，表示該形成性構面具有收斂效度。

2. 共線性評估（collinearity assessment）

與反映性構面不同，形成性構面的指標間不具可替代性，因此彼此不該有高度相關，此狀況稱共線性。共線性可利用變異數膨脹因素（VIF）進行評估，通常建議其值應小於 5，表示指標間沒有共線性問題存在。若指標大於 5，表示有共線性問題，必須對指標進行處理。

3. 指標顯著性考驗

在形成性模型的評估當中，首要為評估指標的權重值，若指標的權重值未達顯著水準，並非表示模型有問題，必須再考量指標的因素負荷量是否達標準，才能判斷該指標是否予以保留，故有 2 個判斷標準：

(1) 指標相對重要性：指標權重（weight）值應達顯著，表示該指標對於形成性構面的相對重要性，可被保留在該構面當中。

(2) 指標絕對重要性：若該指標的權重值未達顯著性，需參考該指標的絕對重要性加以評估。指標的絕對重要性可利用因素負荷量（loading）判斷，若大於 0.5 顯示該指標具絕對重要性，亦可保留。因此若指標權重不顯著，但因素負荷量大於 0.5，表示該指標對構面不具相對重要性，但具絕對重要性。反之，若該指標之權重值未達顯著水準，且因素負荷量低於 0.5，則應刪除。

三、結構模型評估

在結構模型評估包含模型配適度、共線性評估、解釋變異量（R^2）、路徑係數以及效果量（f^2）等部分。

1. 模型配適度（model fit）

利用標準化均方根殘差（standardized root mean square residual, SRMR）進行評估。一般建議 SRMR 需小於 0.08 或 0.1（Garson, 2016），表示模型配適度良好。

2. 共線性評估

利用變異數膨脹因素（VIF）進行評估構面間的共線性，通常建議其值應小於 5，

表示構面間沒有共線性問題存在。若指標大於 5，表示有共線性問題。

3. 路徑係數（path coefficients）

(1) 路徑係數為模型中各構面間的關係，其值介於 –1 至 +1 之間。若越接近 +1，表示高度正向關係；接近 –1，則為高度負向關係；而越接近 0，則表示關係越弱，且通常越不會達顯著水準。

(2) 直接效果（direct effect）、間接效果（indirect effect）與整體效果（total effect）可檢視各構面間相互影響的程度。

4. 解釋變異量（R^2）及效果量（effect size）（f^2）

(1) R^2 又可稱為決定係數（coefficient of determination），表示特定內因變數可被其他外衍變數解釋變異的程度，可用來表示樣本內的預測能力（in-sample predictive power）。由於 R^2 會受到來自其他構面路徑的數量所影響，容易造成偏誤，故一般會採用調整後的 R^2（adjusted R^2）進行判斷。

(2) f^2 可用來評估某個外衍變數對特定內因變數的影響程度，其概念是藉由將特定外衍變數移除後，檢視內因變數 R^2 的變化程度。一般說來 0.02、0.15 及 0.35 分別表示外衍變數對內因變數有小、中、大的效果。f^2 公式如下：

$$f^2 = \frac{R^2_{included} - R^2_{excluded}}{1 - R^2_{included}}$$

表2-1　PLS-SEM模型評估

量測模型評估	
反映性量測模型	形成性量測模型
內部一致性信度 　Cronbach's α > 0.6 　組合信度 > 0.6 收斂效度 　因素負荷量 > 0.7 　AVE > 0.5 區別效度 　交叉負荷量 　Fornell-Larcker 指標 　HTMT < 1	收斂效度 　路徑係數 > 0.7 　指標間共線性 　VIF < 5 權重顯著性與相關性 　指標權重 　指標因素負荷量 > 0.5

表2-1　PLS-SEM模型評估（續）

結構模型評估
模型評估：SRMR <0.08 或 0.1 路徑係數與顯著性 解釋變異量 R^2 效果量 f^2：小（0.02）、中（0.15）、大（0.35）

來源：Hair et al.（2017）、Henseler et al.（2016）及Garson（2016）。

2-3-16b　Structural fit（結構模型的適配度）

　　僅在證明測量適配度之後，才能檢查結構適配度。結構模型（或內部模型）是將一個因素連接到另一個因素的箭頭組合。連接 factors 的直接路徑的 loadings 是標準化的迴歸係數。適當的模型適配準則，將在下文中討論。

1. Structural path coefficients

　　計算路徑圖之後，結構路徑係數（loadings）是將各個因素相互聯繫的路徑權重。由於數據是標準化的，因此路徑 loadings 介於 0 到 1 之間。這些 loadings 應該很大（使用 bootstrapping）。結構（內部）模型中的路徑越大，外生與內生變數關係越強。不顯著（non-significant）的路徑可能需要：在沒有該路徑的情況下重新界定該模型，或者用理論重要性來討論其原因。不顯著的路徑，你可能仍希望保留在模型中，但請注意，在不常見的情況下，刪除非重要路徑可能會影響模型中其他路徑的顯著性。

2. R-square（R²）（外生潛在變數對內生潛在變數解釋變異量）：R^2及f^2都是效果量（effect size）指標

　　在多元迴歸中，多元相關平方（squared multiple correlation, R^2）普遍被作為模型優劣好壞的判定指標，其所反映的是 IV（自變數）的線性整合能夠解釋依變數變異的多寡，亦即，迴歸模型的整體效果量（omnibus effect size）（Kelley & Preacher, 2012）。實務上，當 R^2 達到顯著水準，研究者多即宣稱迴歸模型能夠有效解釋或預測 DV（依變數），進而檢視個別 IV 的影響力（迴歸係數）。但是效果輕微的 R^2 也可能達到顯著水準（例如：當樣本數很大時），而 R^2 達顯著也不代表每一個 IV 都具有解釋上的意義，因此，除了檢視 R^2 與迴歸係數的統計顯著性與數值大小外，你必須選擇適當的係數或指標來說明 R^2 如何被各 IV 分割，藉以判定各 IV 對於模型整體解釋力的貢獻比例，此即 IV 相對重要性（relative importance）的定義（Johnson &

LeBreton, 2004）。相對重要性的概念之所以受到重視，是因為具有統計意義的 R^2 雖是多元迴歸後續分析的先行條件，但是效果量才能提供模型本身與各變數在理論與實務上的實質意義。因此 R^2 一般被視為模型的總效果，個別 IV 必須能夠有效分解 R^2 才能獲知其意義與重要性，但是由於 IV 間通常帶有一定程度的相關，甚至存在多元共線性（multicollinearity），以相關或迴歸係數等傳統指標並無法有效分解 R^2（邱皓政，2017）。

(1) 迴歸模型：整體效果量有 3 種（邱皓政，2017）

R^2 是用於評估所界定迴歸模型的整體適配度的統計度量。

迴歸分析當中最常被視為迴歸模型效果量的是多元相關平方（R^2），多元相關 R 是指：Y 與 $\hat{y}$ 的相關，將 R 取平方反映 DV（依變數）變異被 IV（自變數）解釋的比例，亦即全體 IV 能夠削減 DV 的變異比例（1– 殘差變異比例），或由標準化迴歸係數與相關係數的乘積累加獲得（Thompson, 1995），公式為：

$$R^2 = 1 - \frac{SS_{residual}}{SS_Y} = \rho^2_{\hat{Y}Y} = \beta_1 r_{YX_1} + \beta_2 r_{YX_2} + \ldots + \beta_p r_{YX_p}$$

由於 R^2 並未考慮自由度的影響，因此 R^2 並非母體的不偏估計值，因此當樣本數偏低時（例如：低於 30）或 IV 數目太多時，較佳的效果量指標是調整後 R^2（Adjusted R^2），如下公式：

$$R^2_{adj} = 1 - (1 - R^2)\frac{N-1}{N-p-1}$$

其中，N 為樣本數，p 為用來預測內在依變數的外生變數的數量。

雖然調整後 R^2 為母群體不偏估計值，得以作為整體模型效果強弱的理想指標，但是，因為經過自由度調整而失去變異拆解的可加性，無從判定其統計顯著性。因此在進行效果量拆解或衍生指標的運算時，仍以 R^2 進行，其統計意義可利用 F 檢定來判定。Cohen（1988）以 R^2 為基礎，求取解釋變異與誤差變異的比值，發展出另一個整體「因果效果量」統計量 f^2，公式如下：

$$f^2 = \frac{R^2_{included} - R^2_{excluded}}{1 - R^2_{included}}$$

$R^2_{included}$ 與 $R^2_{excluded}$ 為外生變數被納入或移除時，內生變數的 R^2 值。透過執行 PLS 結構模型 2 次：(1) 第一次納入該外生變數，求出 $R^2_{included}$。(2) 第二次納入該外生變數，求出 $R^2_{excluded}$。接著兩者再代入上面 f^2 公式。根據 Cohen（1988）的 f square 值評估準則，當 $0.02 \le f^2 \le 0.15$ 時，因果效果量是小的；$0.15 \le f^2 \le 0.35$ 時，因果效果量是中

的；當 $f^2 > 0.35$ 時，因果效果量是大的。詳情請見作者《Meta 分析實作：使用 Excel 與 CMA 程式》、《Meta 分析實作：使用 Stata》二書。

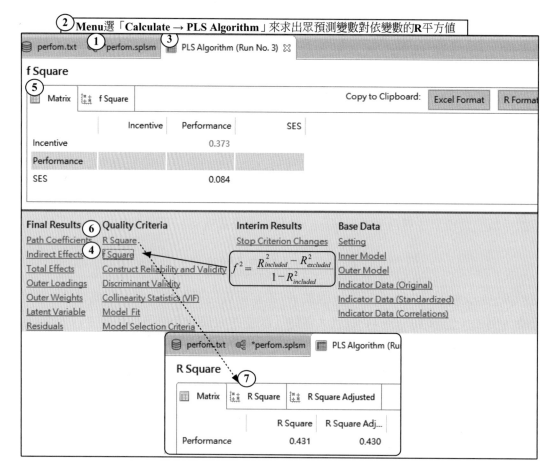

圖2-46　SmartPLS印出「f Square」、「R Square」Quality Criteria（perfom專案檔）

(2) 迴歸模型：局部效果量

R^2 與 Cohen's f^2 統計量是整體性指標，若你關心不同 IV（自變數）投入對於整體模型解釋力增減的影響時，可利用嵌套模型（nested model）的比較原理，來計算出效果增量（ΔR^2），進行局部效果量（local effect size）的估計，亦即目標效果量（Kelley & Preacher, 2012）。局部效果量是否具有統計意義，亦可利用 F 檢定來判定，俗稱 F 改變量檢定（F change test）（Cohen et al., 2003）。同樣的，Cohen's f^2 統計量也可以應用在階層（自變數群又分區塊 block）迴歸局部效果量的估計，公式如下：

$$f_{total}^2 = \frac{R_{M1}^2 - R_{M0}^2}{1 - R_{M1}^2}$$

其中，R_{M0}^2 為帶有 k 個 IV 的基準模型（M0）的解釋變異，R_{M1}^2 為投入額外一個或多個 IV 後的新模型（M1）的解釋變異，因此 f_{total}^2 統計量可視為增量效果。

(3) 迴歸模型：殘差削減效果量

R^2 所關注的是全體 IV 對於 DV 變異的解釋力，相對之下，殘差削減法則是以殘差變異為焦點，探討投入 IV 對於迴歸殘差的影響（Berry & Mielke, 2002）。利用殘差削減（proportional reduction in error, PR_E）的概念，當越多的 IV 投入方程式，殘差變異降低越多。當某個已帶有 k 個 IV 的迴歸模型作為參考模型（$M0$），若額外再多投入一個或多個 IV 作為比較模型（$M1$），$M1$ 的殘差變異必然小於 $M0$，因而得以導出一個改善比率的效果量（ES_e），公式如下：

$$ES_e = 1 - \sqrt{\frac{SS_{residual(M1)}}{SS_{residual(M0)}}}$$

(4) 個別效果量指標：以積差相關為基礎的指標

為了解個別 IV 對於 DV 的影響程度，最直接的方法就是觀察 X 與 Y 兩者間的相關係數 r_{XY}。相關越高表示兩者關係越強，而且 r_{XY} 為標準化係數，因此可相互比較。但由於相關係數僅考慮了 X 與 Y 兩變數間的關係，完全不考慮模型當中所存在的其他變數，因此稱為零階相關（zero-order correlation）。若要將其他 IV（以 Z 表示）的效果移除，可以採取淨相關（partial correlation, r_p）或半淨相關（semipartial correlation, r_{sp}），公式如下：

$$r_p = r_{YX,Z} = \frac{r_{XY} - r_{XZ}r_{YZ}}{\sqrt{1 - r_{XZ}^2}\sqrt{1 - r_{YZ}^2}}$$

$$r_{sp} = r_{Y(X,Z)} = \frac{r_{XY} - r_{XZ}r_{YZ}}{\sqrt{1 - r_{XZ}^2}}$$

淨相關的原理是在計算 X 與 Y 的相關時，把 Z 與 X 以及 Z 與 Y 的關係完全排除，表示 X 與 Y 的關係完全不受其他 IV 的干擾。但若殘差（分母）僅移除 X 與 Z 的相關，而不移除其他 Z 與 Y 的關係，則為半淨相關。

此外，由於多元迴歸的目的多在預測，因此實務上研究者多試圖建立預測分數 $\hat{y}$ 來取代 Y，因此 Courville & Thompson（2001）主張以結構係數（structure coefficient, r_s）來估計特定 IV 與 DV 的相關，藉以反映 IV 的個別效果，公式如下：

$$r_s = r_{\hat{Y}X} = \frac{r_{YX}}{R}$$

由於 $\hat{Y}$ 是所有 IV 線性整合後的投射值，因此結構係數可以直接由多元相關 R 導出，其性質與樣本外（out-of-sample）預測能力當中典型成分與各指標間的典型係數相同（Thompson, 2000），也類似於主成分分析或因素分析中的觀察變數與組合變數之間的相關（Cooley & Lohnes, 1971）。

(5) 個別效果量指標：以迴歸係數為基礎的指標

由上述，整體效果量 R^2 公式可知，迴歸模型的整體解釋力是由個別 IV 累積而成。$\hat{Y} = b_0 + b_1 X_1 + ... + b_p X_p$ 中的斜率 b_1 至 b_p 是保有原測量單位的未標準化迴歸係數，雖然帶有單位便於解釋各係數的意義，但是因為沒有共同尺度，除非進行標準化，齊一各變數單位，否則無法作為強度大小的衡量指標或相互比較。其標準化原理如下之公式，得以去除 IV 與 DV 兩變數的單位的影響。

$$\beta = b \times \frac{S_X}{S_Y}$$

在一般的情況下，β 係數介於 ± 1 之間，其數值大小反映了當其他 IV 維持固定的情況下，某 IV 變動 1 個標準差時 DV 變動幾個標準差。迴歸係數在計算過程中會移除 IV 間的共變效果，若 2 個 IV 與 DV 的相關分別為 r_{Y1} 與 r_{Y2}，2 個 IV 間的相關為 r_{12}，第一個 IV 的標準化迴歸係數如下列公式：

$$\beta_1 = \frac{r_{Y1} - r_{Y2} \times r_{12}}{1 - r_{12}^2}$$

β 係數不僅具有標準化的特性，同時也能將 IV 間的共變加以排除，得以反映個別 IV 的「額外」貢獻，因此有人將 β 係數作為判斷哪一個 IV 比較重要的指標。但值得注意的是，若將上式與 r_p、r_{sp} 相比較可知，β_1 的殘差變異扣除了 r_{12}，但未扣除 r_{Y2}，因此 β 係數的性質近似半淨相關 r_{sp}。當 $r_{12} = 0$ 時，$\beta = r_{sp} = r$。當 IV 間的相關越高，β、r_{sp} 與 r 的差距越大，反映了 β 係數受到 IV 間相關的影響相當大。

(6) 迴歸模型 R^2 是什麼？

在 R^2 中，我們有一個**基線模型**（如圖 2-47 的虛線），它是最差的模型。該基線模型沒有使用任何自變數來預測依變數 Y 的值。相反，它使用依變數 Y 的觀測反應的平均值，並始終將該平均值預測為 Y 的值。

R-squared 簡單地解釋了與**基線模型**相比，所界定的模型（圖 2-47 的實線）有多好。

R^2 的公式為：

$$R^2 = 1 - \frac{SS_E}{SS_T}$$

其中，SS_E 是所界定的迴歸模型的誤差平方的總和。

$$SS_E = \sum_{i=1}^{n} (y_i - \hat{y}_i)^2$$

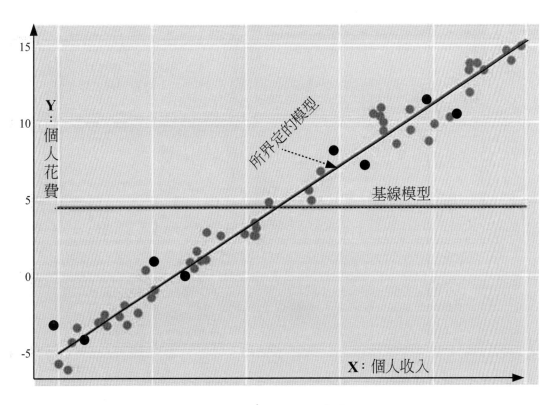

圖2-47　R-square示意圖

同理 PLS-SEM，R-squared 又稱爲決定係數，已在上文討論過，它是結構模型的總體效果量的度量，如同迴歸一樣，如圖 2-48，該模型解釋了 Performance 變數中 43.1% 的變異數。SES 或 Incentive（激勵措施）未顯示 R^2，因爲它們是外生潛在因素。Chin（1998: 323; see also Höck & Ringle, 2006: 15）將 R^2＞臨界值 0.67、0.33 和 0.19 的結果，分別描述爲「實質性 substantial」、「中等 moderate」和「弱 weak」。此處的 R^2 被認爲具有中等強度或效果。但是，「高」是相對於該領域的。若之前給定主題（和領域）的值更低時，則 0.25 值可能被認爲是「高」。

還輸出：調整後的 R^2_{adj}（= 0.430），此處未標示，但在下面進行了說明和討論。

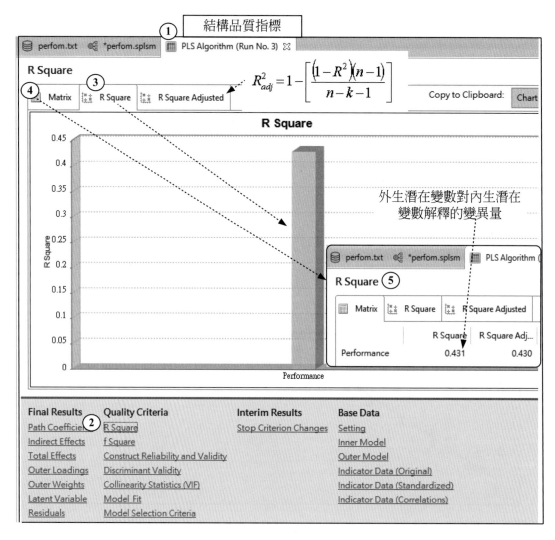

圖2-48　內生潛在變數（performance）的R-square，代表2個外生潛在變數對它解釋的變異量（perfom專案檔）

3. Adjusted R^2

請注意，每當將預測變數添加到迴歸模型中，往往會增加 R^2，即使添加的預測變數與內生變數僅具有微不足道的相關性也是如此。為了補償這種偏誤，可以使用調整後 R^2。如圖 2-49 所示，由 SmartPLS 輸出的調整後的 R^2 可透過以下公式輕鬆計算：

$$R^2_{adj} = 1 - \left[\frac{(1 - R^2)(n - 1)}{n - k - 1} \right]$$

其中，R^2 是未經調整的 R^2，n 是樣本數，k 是預測變數的數量。在 PLS-SEM 結

構模型中，k 是用於預測給定內生因子的外生因子的數量。請注意，術語「$(n-1)$」用於樣本，而 n 則用於列舉（enumerations）。由於本例，模型中變數的數量 k 很少，因此調整後的 R^2 非常接近未調整的 R^2。

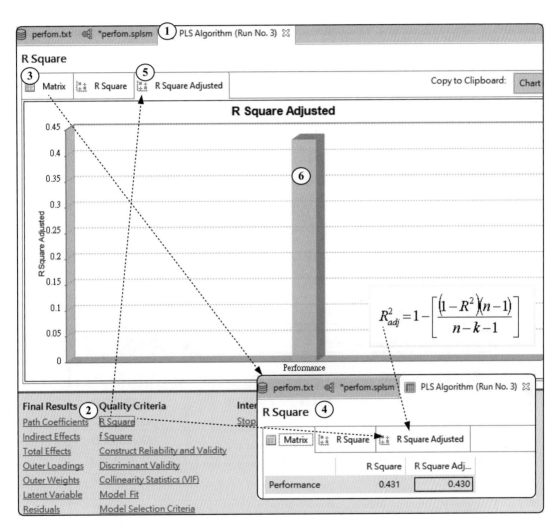

圖2-49　R-square Adjusted值（perfom專案檔）

4. R-square change（ΔR^2）& f-square effect size of exogenous factors

迴歸分析雖廣泛應用於社會科學研究，人們常過度仰賴顯著性檢定與迴歸係數而忽略了效果量（**effect size**）與相對重要性的評估。

傳統上，迴歸模型本身或某一個自變數是否具有意義（significance），主要是由虛無假設顯著性檢定（null hypothesis significance test, NHST）來決定。但是，

統計上具有顯著性並不代表研究者所關心的現象是重要的（important）或有效的（effective），基於 NHST 所得到的結論，僅能說明研究者所觀察的「效果」是否大於「隨機現象」，此一程序所檢驗的是統計意義（statistical significance），而並無法確知效果本身的強弱意義，亦即實質意義（substantive significance）並無法從 NHST 來判定，需要仰賴效果量指標來反映（邱皓政，2017）。

R 平方變化量（R-square change, ΔR^2）是從模型中刪除 causal（exogenous）factor 時 R^2 的變化量。本例「Performance」模型（見上文）共執行了 3 次：

| Step 1 | 將 SES 和 Incentives factors 當作 Performance 的原因（先前描述的原始模型），SmartPLS 先執行 1 次。求得 $R^2 = 0.4308$。 |

| Step 2 | 只刪除 SES 的模型，SmartPLS 執行 1 次。求得 $R^2 = 0.3828$。 |

| Step 3 | 只刪除 Incentives 的模型，SmartPLS 執行 1 次。求得 $R^2 = 0.219$。 |

R^2 的變化量越大，表示該因素越能減少解釋的 Performance 變異數。具體而言，降低 Incentives 導致的解釋差異比降低 SES 更大。因此，解釋變數 Incentives 比 SES 更重要。從上面顯示的標準化結構路徑（inner model loadings）也可以明顯看出。

刪減某因素之後，**R-square**的變化量越大，表示該因素越能解釋的內生變數**(Y)**變異量

解釋**Performance**變異數之**%**	
WITH & WITHOUT SES	
WITH SES AND INCENTIVES	0.4308
UNEXPLAINED	0.5692
WITHOUT SES	0.3828
R2 CHANGE	0.0480
f2 EFFECT	0.0843
WITH & WITHOUT INCENTIVES	
WITH INCENTIVES AND SES	0.4308
UNEXPLAINED	0.5692
WITHOUT INCENTIVES	0.2186
R2 CHANGE	0.2122
F2 effect	0.3728

圖2-50　依序刪除「解釋變數」，來比較誰的R平方變化量大，來認定誰較重要

f 平方效果量是 R^2 變化效果的另一個名稱。係數 $f^2 = \dfrac{(R^2_{original} - R^2_{omitted})}{(1 - R^2_{original})}$。

此等式中的分母為「無法解釋」。f^2 方程式表示 R^2 的變化，占了無法解釋的變異數的很大一部分（Hair et al., 2014: 177）。同樣，與 SES 相比，Incentives 對 Performance 的影響力是較大。

圖 2-50 是使用 Excel 的手動計算。但是，SmartPLS 會輸出 f^2 值，如圖 2-51 所示。

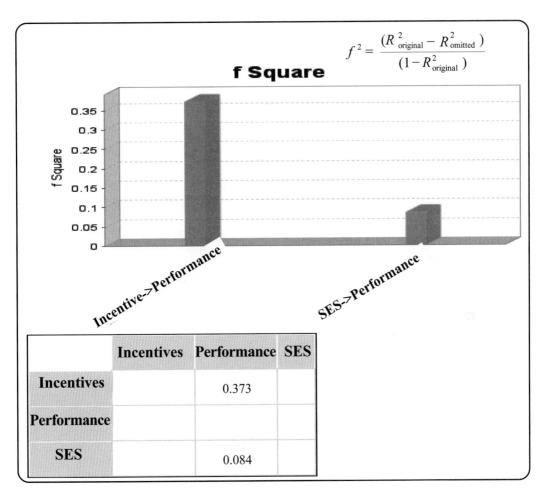

圖2-51　SmartPLS會印出f-square值（perfom專案檔）

Cohen（1988）認為：$f^2 < 0.02$ 表示「小」效果量，$f^2 < 0.15$ 表示「中」效果量，$f^2 > 0.35$ 表示「高」效果量。本例，從模型中刪除 Incentives 的效果是很高的（模型付出代價太高）。

5. Construct Reliability and Validity（構念／構面的信度及效度）

此份報表，會顯示用來評估反映性測量模型的信度與收斂效度，它又包括：Cronbach's α、內部一致性的組合（composite）信度、平均變異數萃取量（AVE）。

當評估反映性測量模型時，首要目標是內部一致性信度（internal consistency reliability），傳統上，Cronbach's α 是內部一致性信度的代表，它用來計算指標變數之間的相關性。可是 Cronbach's α 仍有缺點，是：假定所有指標對構念的 loadings 都是相等的，且會低估內部一致性的傾向。然而，PLS 並不假定「所有指標對構念的 loadings 都是相等的」，比較不會低估。其次，由於組合信度會考慮到各指標之間 loadings 的差異，故用組合信度來評估反映性模型的內部一致性將較爲適當（Hair et al., 2014）。

(1) 收斂效度（convergent validity）

收斂效度多可從組合信度（CR）和平均變異數萃取量（AVE）作爲判斷指標，如後分述兩者的基本概念、評估標準和計算公式。

(a) 組合信度（composite reliability, CR）

組合信度是指組合分數（composite score），由多於單一變數的總和做成的新變數的信度。CR 可視爲構念的內部一致性，過去學者多建議潛在變數的組合信度（CR）應高於 0.6（Fornell & Larcker, 1981）。

基本上，組合信度（CR）與常見的 Cronbach's α 係數概念相似，但因兩者計算公式的些微差異，所以組合信度（CR）的數值皆會高於 Cronbach's α 係數。

Cronbach's α 計算公式：$\alpha = \dfrac{n}{n-1}(1 - \dfrac{\sum S_i^2}{S_x^2})$

其中，n：題數；S_i^2：每一題目分數的變異數；S_x^2：測驗總分的變異數。

組合信度（CR）計算公式：

$$組合信度 = \frac{(sum\ of\ standardized\ loading)^2}{(sum\ of\ standardized\ loading)^2 + sum\ of\ indicator\ measurement\ errer}$$

$$= \frac{(\sum \lambda_\xi)^2}{(\sum \lambda_\xi)^2 + \sum Var(\varepsilon_i)}$$

(2) 平均變異數萃取量（AVE）

平均變異數萃取量（AVE）爲潛在變數中所有的指標變異能夠解釋潛在變數的程度，亦即當 AVE 越高，潛在變數被其指標變異解釋的程度越高。

過去學者建議 AVE 數值應高於 0.5 以上，但因 AVE 若要高於 0.5 以上，表示因

素負荷量皆須高於 0.7 以上，考量數據資料的實際面向，亦可以 AVE 高於 0.36 以上為勉強接受之標準（Fornell & Larcker, 1981）。

平均變異數萃取量（AVE）計算公式：

$$AVE = \frac{sum\ of\ squared\ standardized\ loadings}{sum\ of\ squared\ standardized\ loadings + sum\ of\ indicator\ measurement\ error}$$

$$= \frac{\sum \lambda_i^2}{\sum \lambda_i^2 + \sum_i VAR(\varepsilon_i)}$$

(3) 收斂效度（convergent validity）

本文彙整過去學者提出收斂效度的判斷準則（Fornell & Larcker, 1981），有 3 項：

(a) 構念之間的相關係數需小於 1。

(b) 構念之間的相關係數需小於個別的 Cronbach's α 係數。

(c) 構念之間的相關係數小於平均變異數萃取量（AVE）的平方根。

(4) 區別效度（discriminant validity）

區別效度是指構念（construct）根據實證標準，真正區別於其他構念的程度。主要有 3 種方法來評估區別效度：

(a) 交叉負荷量（cross loadings）：loadings 代表了一個指標對其所屬潛在變數的貢獻。Cross loadings 其實就是一個指標對其他潛在變數的貢獻，所以叫「交叉」。成立條件：指標在相關構念上的載荷應大於其在其他構念上的所有載荷。

(b) Fornell-Larcker 準則：構念／構面的平均變異數萃取量是否大於該構念與其他構念相關係數的平方，意即，構念平均變異數萃取量的平方根是否大於該構念與其他構念的相關係數。

(c) 異質─單質比率 HTMT（heterotrait-monotrait ratio）準則，類似 MTMM 概念。

實務上，學者較偏好使用 HTMT 準則來評估區別效度。若 HTMT 值 <0.90，表示 2 個反映性構念之間已有區別效度，反之則否。

HTMT 就是**特質間**相關（between-trait）與**特質內**（within-trait）相關的比率。它是不同構面間指標相關的平均值相對於相同構面間指標相關的平均值的比值。

圖 2-52 是 質 和 法 的概念。假設模型含 2 個潛在變數 L_1, L_2，每個潛在變數各包含 3 個指標。

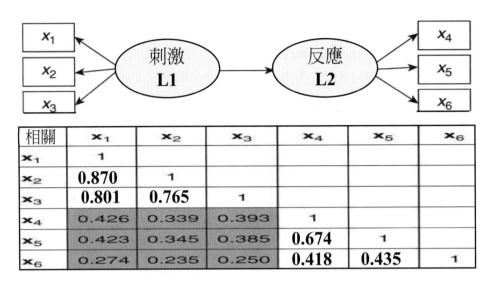

圖2-52　異質─單質比率（HTMT）

HTMT 的值便等於異質異法相關與單質異法相關之比值：

$$HTMT = \frac{異質異法相關的平均值}{單質異法相關的平均值}$$

圖 2-52 灰色區域是 L1 指標與 L2 指標的相關係數，即異質異法相關（heterotrait-heteromethod correlations）等於灰色區域 9 個數的平均數，因為每個灰色區域的相關係數都代表異質異法的一個側面，因此平均這些數便得到異質異法相關。

$$\frac{0.426 + 0.339 + 0.393 + 0.423 + 0.345 + 0.385 + 0.274 + 0.235 + 0.250}{9} = 0.341$$

除了灰色區域外，其他數屬於單質異法，因為它們衡量的是同一個構面，只是方法不同而已。

$$L1的單質異法 = \frac{0.87 + 0.801 + 0.765}{3} = 0.812$$

$$L2的單質異法 = \frac{0.674 + 0.418 + 0.435}{3} = 0.509$$

$$HTMT(L1, L2) = \frac{0.341}{\sqrt{0.812 \times 0.509}} = 0.530$$

想要區別效度成立，就是要構面之間區別效度越大。因此，異質異法相關應該小，因為它們衡量了不同的東西，而單質異法相關應該大，因為它們衡量了相同的東西。即想要區別效度成立，分子應該盡可能小，分母應該盡可能大，那麼整個公式的

數值結果應該小。

成立條件：比較保守的 HTMT 臨界值（threshold）為 0.85，兩構面間的 HTMT 不能大於 0.85。若構面概念相似時（如工作滿意度、組織承諾、離職意向），HTMT 的臨界值可放寬到 0.90。所有構面組合中 HTMT 的 bootstrapping 信賴區間不能包含 1。

評價：HTMT 的評價方法基於推斷統計採用信賴區間衡量區別效度，故有其優勢，但交叉負荷量與 Fornell-Larcker criterion 2 種方法仍然是主流。

6. Multicollinearity（多重共線性）診斷

多重共線性若是達嚴重之程度時，會對多元迴歸分析產生下列偏誤：

(1) 膨脹了最小平方法（least squares）估計參數值之「變異數—共變數」矩陣，使得迴歸係數之估計不精確。

(2) 膨脹迴歸係數（β）估計值之相關係數。

(3) 膨脹預測值 $\hat{y}$ 之變異數，但對預測能力不影響。

(4) 造成迴歸係數及其信賴區間（CI）估計較難解釋。

(5) 造成整體模型之考驗達顯著，但各別迴歸係數之考驗不顯著之矛盾現象。

(6) 造成迴歸係數之正負符號與所期望的相反之衝突現象，這是由於自變數間之壓抑效果（suppress effect）所造成。

比較簡單的診斷法是，看自變數間的相關係數矩陣。若矩陣中元素值 > 0.90 者，則表示該二自變數互為多重共線性變數，該迴歸分析就有嚴重的多重共線性問題存在。另一個比較正式、客觀的診斷法，則為使用第 i 個自變數的「變異數膨脹因素」（variance inflation factor）作為判斷的指標，凡變異數膨脹因素指標值大於 10 者，即表示第 i 個自變數是一個多重共線性變數。一般的迴歸分析之多重共線性問題，有人採子集選擇（subset selection，如 Cp，逐步迴歸）將共線性變數予以刪除，不納入迴歸方程式中。但有人使用「嵌入法（收縮法 shrinkage）」，這種帶懲罰項的著名收縮估計法之迴歸，包括：Ridge（脊）迴歸、LASSO 迴歸等。詳情請見作者《機器學習（Lasso 推論模型）：使用 Stata、Python 分析》一書。

在 PLS-SEM，任何形式的線性迴歸，都可能存在多重共線性。若存在，你就不能使用結構路徑係數，來可靠地評估 predictors（預測變數）的相對重要性，包括：結構（內部）模型中預測變數的潛在變數。對於結構模型，內生因素的預測變數是與傳入結構箭頭（路徑）相關的**其他因素**。

為了評估內部（結構）模型中的多重共線性，可在上面先前討論的 tolerance 或

VIF 準則，回想一下，tolerance = $1 - R^2$，而 tolerance < 0.20 則表示存在多重共線性。這等於說，$R^2 > 0.80$ 表示可能存在多重共線性問題。

這對應於大於 5 的 VIF，儘管有些人將 tolerance 的極限值設為 0.25，VIF 的極限值設為 4。

在任何 PLS-SEM 模型中，R^2 值將與內生變數一樣多。本例，只有一個內生變數（performance），因此只有一個 R^2，它遠低於人們認為多重共線性可能會帶來問題的水平（請參見圖 2-53）。

若將多重共線性標記為可能的問題，則應考慮是否將高度相關的因素（factors）合併為一個更一般的因素，或者是否有多餘可能被丟棄因素。若清楚地表明因素衡量的是不同的因素（因此不應合併）並且在理論上是相關的（因此不應刪除），則應將因素保留在模型中。但是，儘管可以保留這樣一個因素，但是，共線性將意味著路徑係數的標準誤將被誇大，並基於標準化結構（路徑）的係數大小，來解釋預測因子的相對重要性，將是不可靠。

2-3-17 印出 Latent Variable Correlations（潛在變數的下三角之相關矩陣）

圖 2-53 顯示了本例中，3 個因子（factors）的因素分數（factor scores）的相關係數。Factor scores 已在上面討論「Latent Variable Correlations 潛在變數相關性」的係數表明，Incentives 與 Performance 相關的絕對值高於 SES，並且 Incentives 與 SES 的影響為負向。此外，該表還顯示了 exogenous latent 之間的相關程度。由於數據是標準化的，所以共變數表格是多餘的，因為共變數等於相關值。

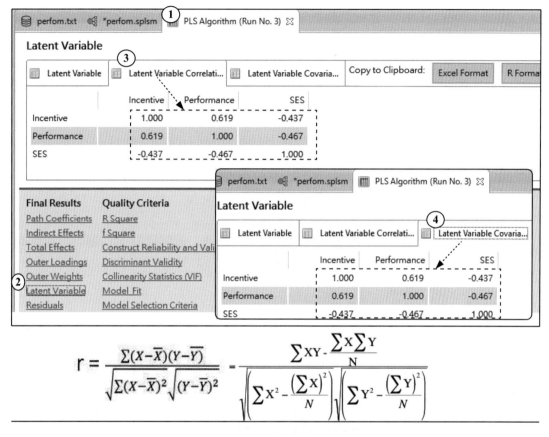

圖2-53　印出Latent Variable Correlations（潛在變數的下三角之相關矩陣）（perfom專案檔）

2-3-18　殘差分析（誤差分析）

殘差分析（residual analysis）就是通過殘差所提供的資訊，分析出資料的信度、週期性或其他干擾。用於分析模型的假定正確與否的方法。

所謂殘差是指觀測值與預測值（適配值）之間的差，即是實際觀察值與迴歸估計值的差。在迴歸分析中，測定值與按迴歸方程預測的值之差，以 ε 表示。殘差 ε 遵從常態分布 $N(0,\sigma^2)$。標準化殘差 $\varepsilon^* = \dfrac{\varepsilon - 殘差的均值}{殘差的標準差}$。$\varepsilon^*$ 遵從標準常態分布 $N(0,1)$。數據點的標準化殘差落在 $(-2,2)$ 區間以外的機率≤ 0.05。若某一數據點的標準化殘差落在 $(-2,2)$ 區間以外，可在 95% 信賴區間將其判為 outlier 數據點，不參與迴歸的適配。顯然，有多少對資料，就有多少個殘差。

殘差分析是指迴歸分析中，針對預測誤差 ε（又稱估計誤差）所進行的分析而

言。殘差（誤差）是指依變數的觀察值與預測值之間的差距，可以下列的數學公式來表示：$\hat{y}_i = b_0 + b_1 x_{1i} + b_2 x_{2i} + ... + b_k x_{ki} + \varepsilon_i$，其中 $\hat{y}_i$ 表示第 i 個人的依變數的預測值，可以表示成 k 個迴歸係數估計值與 k 個相對應的自變數值（即 $X_1, X_2, ..., X_k$）之相乘積，再加上截距，所構成的線性組合（linear composite）值；y_i 表示第 i 個人的依變數的觀察值；ε_i 表示第 i 個人的依變數觀察值的殘差。你可拿殘差值當 X 軸，而以下列 3 種數值當 Y 軸，畫出各種殘差分布 2D 圖（residual plot）：(1) 迴歸模型中的每個預測變數（x）觀察值。(2) 依變數的預測值（$\hat{y}$）。(3) 觀察值的時間順序（time order）。

上述 3 種殘差分布圖中：

(1) 若呈現扇形狀（即隨著橫軸值越大，縱軸值越分散）或隧道狀（即隨著橫軸值越

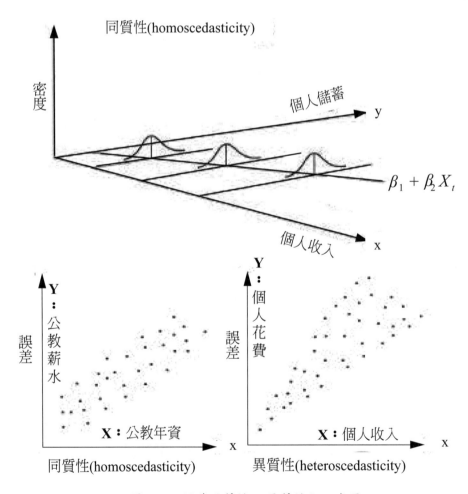

圖2-54　誤差同質性vs.異質性之示意圖

大，縱軸值越密集在一起），則違反「變異數同質性」假定。

(2) 若圖形呈現循環狀（如 sin 或 cos 曲線分布狀）或隨著時間順序呈現某種規則分布時，則違反「獨立性」假定。

(3) 若圖形呈現一種隨機和水平分布的狀態時，則表示迴歸分析的 3 種基本假定（同質性、獨立性、常態性）大致可以獲得滿足。

(4) 若圖形的分布形狀（e.g. 以次數分配圖表示時），不呈現常態分配的形狀時，則表示「常態性」假定已被違反。

　　以上利用殘差值所提供的訊息，來協助篩選或診斷資料結構好壞的做法，即是「殘差分析」。對應到 SPSS/Stata 迴歸分析，常見殘差分析，有：

(1) 殘差非線性（nonlinearity）：迴歸式「預測值 x 軸 vs. 殘差 y 軸」散布圖呈 S 形。

(2) 殘差異質性（homoscedasticity）：迴歸式「預測值 vs. 殘差」散布圖呈喇叭形。

(3) 殘差的常態性：P-P 圖、Q-Q 圖、Shapiro-Wilk W 常態檢定。

(4) 殘差的獨立性（independence）等。

　　以上範例請見作者《高等統計：應用 SPSS 分析》、《Stata 與高等統計分析》兩書。

　　回到 SmartPLS，它可分析殘差以識別樣本的離群值（outliers）。由於殘差反映了：觀測值 y 與期望值 $\hat{y}$ 之間的差異，因此當殘差較低時，模型適配度較好。由於數據是標準化的，並且假設 factors scores 是常態分布，故 | 殘差 | > 1.96 可能被認為是離群值（當型 I 誤差 $\alpha = 0.05$ 時）。大量異常值的存在可能標示著：模型中一個（或多個）解釋變數的遺漏，因此可能需要重新界定。

　　為了方便起見，本例模型與殘差分數（residual score）輸出如圖 2-55。觀察值可能是外部（即 measurement）模型中的一個指標變數或內部（即 structural）模型中的任何潛在變數的 outlier，如圖 2-55 中第 5 筆數據就是 outlier。

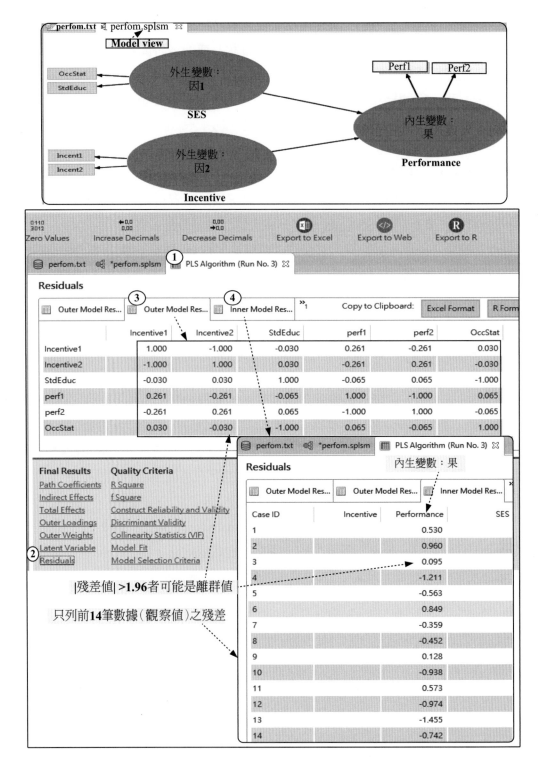

圖2-55　界定模型與殘差得分（residual score）的輸出（perfom專案檔）

界定模型與殘差分數（residual score）的輸出

內定的 SmartPLS 輸出，還包括殘差共變數，如圖 2-56。在一個適配良好的模型，殘差應為隨機常態，共變數值應較低且不顯著。顯著性檢測（significance testing）需要用 SmartPLS 的 bootstrapping 來估算。但要注意，相關性可能是 trivial，但是當樣本量較大時，相關性可能會標記為有效。較大的共變數值可能會標示著：模型中有重要預測變數（predictor）被忽略（omission），此時需要重新界定模型。

較大的共變數值可能你有忽略某預測變數

Outer Model Residual Covariance

	Incent1	Incent2	Perf1	Perf2	OccStat	StdEduc
Incent1	0.157	-0.171	0.043	-0.044	-0.006	0.005
Incent2	-0.171	0.187	-0.047	0.048	0.007	-0.006
Perf1	0.043	-0.047	0.174	-0.176	-0.014	0.012
Perf2	-0.044	0.048	-0.176	0.178	0.015	-0.012
OccStat	-0.006	0.007	-0.014	0.015	0.279	-0.229
StdEduc	0.005	-0.006	0.012	-0.012	-0.229	0.189

適配良好的模型，共變數值應較低且不顯著(non-significance)

Inner Model Residual Covariance

	Incentivess	Performance	SES
Incentivess	1.000	0.134	-0.237
Performance	0.134	1.000	-0.245
SES	-0.237	-0.245	1.000

圖2-56　Covariances of residuals（殘差的共變數矩陣）

第**3**章

Consistent PLS Algorithm （PLSc）估計法， 等同於LISREL、 AMOS

一、PLS-SEM 的優點

偏最小平方法（PLS）旨在預測與解釋，所以仍應以模型解釋力與效果量的方式評估模型的優劣。在 SmartPLS 之「PLS Algorithm、PLSc」，不僅提供了迴歸解釋力（R^2）的概念，「Blindfolding」也提供了外生變數（X）對內生變數（Y）影響的效果量（f^2），以及計算內生變數的預測相關性（predictive relevance）（Stone-Geisser's Q^2）。

其次，因為 PLS 主要程序是把兩組測量變數進行線性組合，簡化成幾個主成分分數再進行一般最小平方迴歸分析，故即使小樣本也可估計出測量模型（outter）與結構模型（inner）。再者，由於路徑分析是迴歸的延伸，以迴歸為核心概念的 PLS 也可延伸到路徑模型的檢測（testing），以及中介效果／調節效果分析（第 12 章）；若模型中有調節變數，PLS 也能夠套用交互作用迴歸、或多群組比較策略，來得到有效率的處理。

此外，Lohmöller（1989）曾使用 Consistent PLS（PLSc-SEM）方法，來模擬「CB-SEM 模型、共同因子模型」，結果發現「Consistent PLS（PLSc）與傳統 CB-SEM，兩者結果非常相似」，兩者有異曲同工之妙。意即 SmartPLS 功能，除了 PLS Algorithm 可做探索／預測模型外，尚已涵蓋 CB-SEM 功能（實作請見第 3-2-4 節）。且學術界已能接受它「不必：整體模型適配度（GoF）的檢定」。

簡言之，PLS 相較於 CB-SEM，PLS 對樣本數要求較少，且分析資料也不需符合多元常態分配，並容易處理多個構念的複雜（因果）結構模型，同時可混合「反映性模型（≒ common factor model）與形成性模型（≒ composite model）」的測量模型，特別適用於預測或強調模型的整體解釋變異程度。

二、PLS-SEM 的適配度

在研究方法方面，早期 PLS-SEM 受批評的兩大問題，已克服（Henseler et al., 2014）：

1. 缺乏一致性結果：SmartPLS 3 提供了 PLSc 功能（Consistent PLS 演算法 + Consistent PLS Bootstrapping）（Dijkstra & Henseler, 2015），已可提供一致的結果（≒ CB-SEM 結果），但只能用在所有構面都是反映性（reflective）之模型。

2. 模型適配度指標：SmartPLS 3 模型適配度，另有：SRMR、d_{ULS}、d_G、Chi-Square、NFI、RMS_{theta} 等指標。其中，SRMR（standardized root mean square residual）為絕對適配指標，衡量你假設模型是否有界定（misspecification）錯誤（Henseler et al.,

2014），若 SRMR 值 < 0.10（或 0.08）表示適配度越好。d_{ULS} 和 d_G 的值本身是無用的，只需小於 Bootstrapping 信賴區間（confidence interval, CI）上限，就表示模型相關矩陣與實證相關矩陣（empirical correlation matrix）之間的差異非常小，可歸因於抽樣誤差。

若你的研究架構內有形成性指標，則不需看 RMS_{theta} 模型適配度指標。SRMR 都以 0.1 為適配門檻。若 d_{ULS}、d_G 值都 > 各路徑信賴區間的上限，則模型就符合適配度。

Chi-Square（χ^2）的值本身不能提供足夠的訊息來判斷模型適配度，需加以計算為增值適配度指標（架構的參數越多，其值則越大）NFI，NFI 值介於 0 到 1 之間，越接近 1 則表示適配度越好，NFI 值 > 0.9 則表示適配度可接受。RMS_{theta} 評估外部模型誤差項相關程度，由於形成測量模型扣除掉誤差項，僅能評估純反映測量模型（purely reflective models），RMS_{theta} 值越接近 0 則表示外部模型誤差項之間的相關性非常小（接近於零），表示具良好的模型適配度模型。其中，GoF（goodness of fit）也是 PLS-SEM 模型適配度的總體測量方法，SmartPLS 不提供 GoF 值故需自行手算，其值判斷為 GoF_{small} = 0.10、GoF_{medium} = 0.25、GoF_{large} = 0.36（Rahman, Memon, & Karim, 2013），然而有文獻指出「GoF 無法識別錯誤的模型」，但對於相同模型、不同數據群組（e.g. 男 vs. 女；實驗組 vs. 對照組）的 PLS-MGA 是有用（Henseler & Sarstedt, 2013）。值得注意的是，SmartPLS 3 雖然計算 SRMR、d_{ULS}、d_G、Chi-Square、NFI、RMS_{theta} 之數值，但是數值計算、數值門檻是早期階段研究，仍需謹慎使用。

(1) Standardized Root Mean Square Residual (SRMR)

均方根殘差（RMSR）是共變數殘差的平均絕對值的度量，而標準化均方根殘差（SRMR），是基於將樣本共變數矩陣和預測共變數矩陣都轉換為相關矩陣。注意：有關 PLS-SEM 文獻需好好地說明，在 PLS-SEM 中，「何處與如何」導出共變數矩陣（因為它不同於 CB-SEM，CB-SEM 是完整的資訊法，而 PLS-SEM 則不是）。更重要的是，你應該使用估計模型（最合理的選擇），還是用飽和模型來求得共變數矩陣。

SRMR 定義是 observed 相關性與模型隱含相關矩陣之間的差。因此，它允許評估 observed 相關性和預期相關性之間差異的平均幅度，當作（模型）適配準則的絕對度量。

選定 RMSR < 0.10（或 0.08）門檻值（更為保守值，請參見 Hu and Bentler, 1999）是很好的。Henseler et al.（2014）曾說，SRMR 可為 PLS-SEM 的適配度量，

因為用它可避免模型錯誤界定（misspecification）。

SmartPLS 還提供 SRMR 準則的 bootstrap-based 推斷統計資訊。有關 SRMR bootstrap 信賴區間結果的解釋，請參見下面的 exact model fit。

(2) Exact Model Fit（精確模型適配）：即 d_{ULS} 和 d_G

到目前為止，在 PLS-SEM 尚未有很多有關精確適配的度量文獻，討論其有用性、行為、相關性和正確應用的知識和資訊。精確模型適配檢測 empirical 共變數矩陣與 composite factor 模型隱含的共變數矩陣之間差異的統計（bootstrap-based）推論。注意：有關 PLS-SEM 的文獻需好好地說明 PLS-SEM 的共變數矩陣的推導方式（因為它不同於 CB-SEM，CB-SEM 是一種完整的資訊方法，而 PLS-SEM 則不是）。最重要的是，你應該使用估計模型（最合理的選擇）還是飽和模型來求得共變數矩陣。

根據 Dijkstra and Henseler (2015) 的定義，d_{ULS}（即歐幾里德距離的平方）和 d_G〔即測地線（geodesic）距離〕，分別代表「兩種計算」此差距的方法。**Bootstrap** 提供這些差異值的信賴區間。d_G 準則建立在 PLS-SEM 特徵值（eigenvalue）計算的基礎上。但是，問題仍然在於這些特徵值與 CB-SEM 有何不同？

注意：d_{ULS} 和 d_G 的值本身不屬於任何值。只有精確模型適配度量的 bootstrap 結果才可以解釋結果。更具體地說，由於 d_{ULS} 和 d_G（和 SRMR）信賴區間不是透過執行 "normal" bootstrapping 過程所獲得的，而是經過調整的 Bollen-Stine bootstrapping 過程，因此它們的結果解釋與 "normal" bootstrapping 結果有所不同。

對於精確適配準則（即 d_{ULS} 和 d_G），可將其原始值與根據抽樣分布所建立的信賴區間進行比較。信賴區間應包括原始值（original value）。因此，信賴區間的上限應 > d_{ULS} 與 d_G 適配準則的原始值，來表示該模型具有「良好適配」。信賴區間之上限可選：95% 或 99% 的點。

換句話說，如果模型所隱含的相關矩陣與實證相關（empirical correlation）矩陣之間的差異如此之小，以致於純粹可歸因於抽樣誤差，則該模型將非常適合。因此，模型所隱含的相關矩陣與實證相關矩陣之間的差異應不顯著（即 $p > 0.05$）。否則，如果差異顯著（$p < 0.05$），則你尚未找到合適的模型。

(3) Normed Fit Index（NFI）或 Bentler and Bonett Index

Bentler and Bonett（1980）所提標準化適配度指數（NFI），是早期 SEM 文獻首批適配度指標之一。它計算提議模型的 χ^2（Chi-Square）值，且將其與有意義的基準來比較。由於提議模型的 χ^2 值本身不能提供足夠的資訊來判斷模型是否合適，因此 NFI 將 null 模型中的 χ^2 值當作衡量基準。但是，文獻沒有解釋 PLS-SEM χ^2 值與 CB-

SEM 值有何不同。

$$\text{然後將 NFI 定義為：} \frac{1-\text{提議模型的}\chi^2\text{值}}{\text{null 模型的}\chi^2\text{值}}$$

因此，NFI 的值介於 0 到 1 之間。NFI 越接近 1，則適配越好。通常，若 NFI 值
>0.9 表示可接受的適配。Lohmöller（1989）提供了有關 PLS 路徑模型的 NFI 計算的
詳細資訊。但是，對於所應用的用戶來說，這些說明很難理解。

NFI 代表增量（incremental）適配度量。因此，NFI 主要缺點是它不會對模型
的複雜性造成不利影響。模型中的參數越多，NFI 結果越大（即越好）。由於這個
原因，不建議使用此度量，而是改用：non-normed 適配指數（NNFI）或 Tucker-
Lewis 指數之類的替代法，該方法透過自由度（degrees of freedom, df）來懲罰 χ^2 值。
Lohmöller（1989）建議計算 PLS 路徑模型的 NNFI。但是，NNFI 尚未在 SmartPLS
中實現。

(4) χ^2 與自由度（degrees of freedom）

假設樣本符合多元常態分布，自由度為 df，則 PLS 路徑模型的 χ^2 值大約為：
$(N-1)\times L$，其中。N 是樣本數，L 是 Lohmöller（1989）定義的最大概似函數。自由
度 $(\text{df}) = \frac{K^2+K}{2}-t$，其中 PLS 路徑模型中的所有變數數目為 t，用於估計模型隱式共
變數矩陣的自變數的數量為 t。但是，未來的研究必須明確定義在使用 PLS-SEM 時，
如何確定 composite 模型、共同因子（common factor）模型或兩者混合模型的自由度。

(5) RMS$_{\text{theta}}$

RMS$_{\text{theta}}$ 是外部模型殘差的均方根殘差共變數矩陣（Lohmöller, 1989）。該適配
度量僅對評估純反映性模型才有用，因為形成性測量模型的外部模型殘差沒有意義。

RMS$_{\text{theta}}$ 旨在評估外部模型殘差相關的程度。該度量值應接近 0 以表示模型適配
良好，因為這意味著外部模型殘差之間的相關性非常小（接近 0）。

RMS$_{\text{theta}}$ 建立在外部模型殘差上，這些殘差是 predicted 指標值與 observed 指標值
之間的差。為了預測指標值，在 PLS-SEM 中必須具有潛在變數分數。但是，PLSc-
SEM 假定存在共同因子，這些因子容易受到因子不確定性的影響，因此不存在確定
的潛在變數分數。因此，即使應將 RMS$_{\text{theta}}$ 計算用於評估 PLSc-SEM 計算的共同因
子模型，但它僅存在於 PLSc-SEM 計算的組合模型中。這個討論需要在 PLS-SEM 和
PLSc-SEM 之間進一步區分。若 RMS$_{\text{theta}}$ 值 < 0.12 表示模型適配良好，意即，殘差
RMS$_{\text{theta}}$ 值越大表示適配度越差（Henseler et al., 2014）。

(6) 估計模型和飽和模型（estimated and saturated model）

PLS-SEM 中，估計模型和飽和模型的區別，還處於早期階段。未來的研究必須就這些結果的計算，使用並解釋提供詳細的解釋和建議。

(1) 飽和模型評估所有構念（all constructs）之間的相關性。(2) 估計模型是基於總效果計畫案（scheme）並考慮模型結構的模型，因此，它是適配度量的更嚴格版本。

當試圖求出 PLS 路徑模型的適配時，經常會在：估計模型和飽和模型之間做出選擇。在這個階段，PLS-SEM 文獻對於適配準則的使用非常模糊，尤其是在估計模型和飽和模型之間的選擇上。但是，如做出可靠的決定，來報告 PLS 路徑模型的適配結果，則**估計模型**似乎是一個較合理的選擇。

(7) 組合模型之適配度量（composite model fit measures）

若要求取得組合模型的適配度量，請對 PLS 路徑模型中的所有構念，使用**形成性度量模型**。模型估計後，請參考估計的（或飽和的）模型之分析結果。

(8) 共同因子模型之適配度量（common factor model fit measures）

若要求取得共同因子模型的適配度量，請對 PLS 路徑模型中的所有構念，使用**反映性度量模型**。模型估計後，請參考估計的（或飽和的）模型 SRMR 結果。但是，當在 PLS 路徑模型中為所有構念假定為共同因子模型時，問題仍然存在。首先，為什麼研究者不使用 CB-SEM 來估計和評估這種模型。

(9) 混合模型適度度量（mixed model fit measures）

範例在第 13 章，分別討論「Reflective-reflective」、「Reflective-formative」高階構念的混合，如何界定、評估。

若同時使用反映性測量模型和形成性測量模型，則 SmartPLS 3 會提供混合模型適度測量，意即，考慮了反映性測量模型的共同因子模型和形成性測量模型的組合模型。但是，現階段 PLS-SEM 文獻並未提供太多說法：例如 (1) 在理論上研究者為何和如何（why and how）區分同一模型中，常以共同因子來代表構念（constructs）或組合（composites）；(2) 混合使用的必要性以及報告其用途的必要性。

三、克服了 PLS-SEM 的批評

在第一章，「1-4-15 中介模型 + 連續型調節模型之統計法：實證論文」，已談過 PLS-SEM 論文發表之重點，在此將再進一步，將這些 PLS-SEM 係數，如何透過 SmartPLS 來求得。

由於 PLS 不提供整體模型適配度（GoF），但你可藉由判定係數 R^2、效果量 f^2 來檢測結構路徑的預測能力。若 R^2 越大，表示模型解釋度越佳。PLS 之資料分析操作程序有三步驟：(1) 建立研究結構模型。(2) 檢測（testing）與修正並完成研究結構模型。(3) 進行研究結構模型的驗證與解釋動作（如：信效度檢定、R^2 與路徑係數解說等）。

3-1 PLS Algorithm 的步驟

Consistent PLS (PLSc) Algorithm 可對反映性構念的相關值進行校正，以便使結果與 AMOS/SAS 的因子模型（factor-model）互相一致（Dijkstra, 2010; Dijkstra, 2014; Dijkstra & Henseler, 2015）。原則上，該校正是建立在知名 Nunnally's（1978）的衰減公式（attenuation formula）校正的基礎。

SmartPLS 中的 PLSc 設定

初始計算：在執行 PLS 演算法時，可決定是否應採用初始 PLS 路徑模型，或者，應該連接所有 LVs 來產生潛在變數分數。Dijkstra & Henseler（2012）建議使用所有 LVs 之間的連接來估計潛在變數分數，以獲得更穩定的結果。

到目前為止，PLSc 對基本 PLS Algorithm 的結果執行的校正，它不需要任何其他參數（parameter）界定。但是，基礎 PLS Algorithm 的參數設定仍很重要，應事前進行檢查。

Step 1: 傳統PLS估計法	1.利用傳統疊代PLS演算法，求得latent variable scores $\tilde{\xi}_i$ 2.判定（inconsistent）潛在變數們的相關 $r_{ij}^* = cor(\tilde{\xi}_i, \tilde{\xi}_j)$
Step 2: 計算 ρA	對每一個反映潛在變數，求其 ρA： $$\rho_A = (\hat{W}'\hat{W})^2 \cdot \frac{\hat{W}'(S - diag(S))\hat{W}}{\hat{W}'(\hat{W}\hat{W}' - diag(\hat{W}\hat{W}'))\hat{W}}$$ （對組合變數量 ρA 設定為1）
Step 3: 衰減校正 correction for attenuation	利用傳統的衰減校正(correction for attenuation)來求consistent構念的相關r： $$r_{ij} = \frac{r_{ij}^*}{\sqrt{\rho_A(\tilde{\xi}_i) \cdot \rho_A(\tilde{\xi}_j)}}$$
Step 4: 路徑係數的估計 estimation of path coefficients	**Case 1.**對於遞迴模型，請使用普通最小平方方法（OLS）根據consistent構念的相關來估計一致的路徑係數。 **Case 2.**對於非遞迴模型，請使用其他適當的估計量（例如：兩階段最小平方法（2SLS），請見作者《Panel-data迴歸模型：Stata在廣義時間序列的應用》一書）。

圖3-1　Consistent PLS Algorithm（PLSc）的四個步驟

3-2　Consistent PLS（PLSc）演算法（等同CB-SEM之AMOS）的估計

請在 menu 中「Calculate」點選「consistent PLS Algorithm」估計法。

3-2-1　Consistent PLS 估計法（一致性 PLS 演算法）

Dijkstra & Schermelleh-Engel（2014）提出了「consistent PLS」（PLSc）演算法，旨在為反映性模型構念（即 AMOS、SAS、LISREL 的 CB-SEM），產生路徑 loadings 與潛在變數之間的相關一致之漸進常態（asymptotically normal）估計。因此，PLSc 是在克服與傳統 PLS 估計演算法之統計不一致問題，它是建立在 Nunally's（1978）的衰減校正基礎上，即 PLSc 是對傳統 PLS Algorithm 的校正（Dijkstra，

2010; Dijkstra & Henseler, 2015a, 2015b）。

　　缺乏「consistency（一致性）」意味著在傳統的 PLS 中，隨著樣本數的增加，估計值不會接近眞實值。但用 PLSc，估計值則可漸進逼近眞實值。PLSc 始終估算反映性模型中的路徑係數、構念間相關和指標loadings。此外，Dijkstra & Henseler（2015a: 299）模擬研究亦發現，PLSc 的 power（統計檢定力）僅比 full information 最大概似（FIML）SEM 略低，但在處理非常態分布數據則更有優勢。

補充：【檢定力（$1-\beta$）vs. Type I誤差α及Type II誤差β】

假設檢定的目的就是利用統計的方式，推測虛無假設 H_0 是否成立。若虛無假設事實上成立，但統計檢定的結果不支持虛無假設（拒絕 H_0 虛無假設），這種誤差稱爲第一型誤差 α。若虛無假設事實上不成立，但統計檢定的結果支持虛無假設（接受 H_0），這種誤差稱爲第二型誤差 β。

(1) 顯著水準α（significance level α）：α指決策時所犯第一型誤差的「最大機率」，所以依據統計研究的容忍程度，一般我們在檢定前都要先界定最大的第一型誤差，再進行檢定。

(2) 第一型誤差 α（type I error）：當虛無假設 H_0 爲眞，卻因抽樣誤差導致決策爲拒絕 H_0，此種誤差稱爲型 I 誤差。型 I 誤差 = 拒絕 H_0 | H_0 爲眞，α = P（Reject H_0 | H_0 is true）。

(3) 第二型誤差 β（type II error）：當虛無假設 H_0 爲假，卻因抽樣誤差導致決策不拒絕 H_0，此種誤差稱爲型 II 誤差。型 II 誤差 = 不拒絕 H_0 | H_0 爲假，β = P（Non-Reject H_0 | H_0 is false）。

(4) 當虛無假設 H_0 爲假，經檢定後拒絕 H_0 的機率稱爲檢定力（power）（也就是正確拒絕 H_0 的機率）。power = P（Reject H_0 | H_0 is false）。

(5) 顯著水準即是型 I 誤差的最大機率，當 α 越大則 β 越小，power 越大。

(6) 當 α 爲零，則根本無法拒絕 H_0，也不會有 power。

(7) 樣本數 n 越大，則 α、β 越小，power 越大。

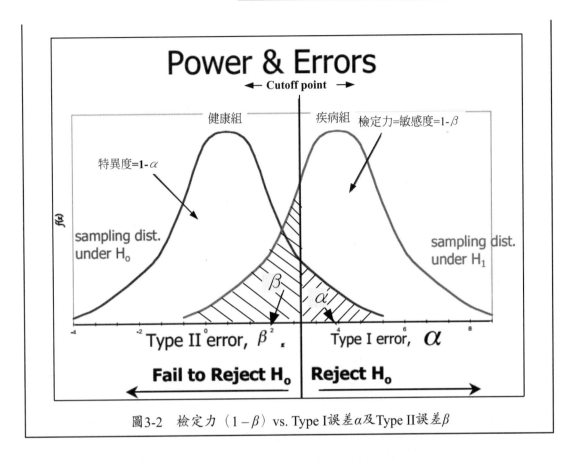

圖3-2 檢定力（$1-\beta$）vs. Type I 誤差 α 及 Type II 誤差 β

　　請注意，傳統 PLS 顯示了 Wold 所說的「大數一致性（consistency at large）」：隨著給定構念的反映性指標變數數量增加，傳統 PLS 演算法逼近眞實值（Dijkstra & Henseler, 2015: 298）。但還應注意，對傳統 PLS 的統計檢定力（power; $1-\beta$）之模擬研究傾向於：consistent PLS 可以與傳統的基於共變數的結構方程模型（CB-SEM）的 power 相媲美（Goodhue, Lewis, & Thompson, 2006; Lu et al., 2011; Reinartz, Haenlein, & Henseler, 2009）。但是，PLS 和 PLSc 估計值可能會有很大差異。

　　傳統 PLS Algorithm「傾向於高估絕對值的 loadings，而低估潛在變數之間的多重（或雙變數）（absolute）相關值等」。PLSc 的優點在於它有「很好校準（well calibrated）」，當 SEM 模型應用在「大母群 population」時，PLSc 將產生眞實的參數（Dijkstra & Schermelleh-Engel, 2015: 586）。因爲傳統 PLS 還會低估內生潛在變數的 R^2 值（Dijkstra, 2010）。

　　若不進行校正，PLS Algorithm 估計值就越不一致，誤差越大則構念間相關性的可能衰減就越大（Goodhue, Lewis, & Thompson, 2012; Dijkstra & Henseler, 2015a:

298）。PLSc 旨在提高統計檢定力，並減少反映性模型中的 Type II 誤差（β）：「研究者拒絕真實模型的機率較小」。傳統 PLS 中估計的不一致也意味著，PLS 高估這些參數的情況下，PLS 的 Type I 誤差（α）要比 PLSc 高。

綜合上述學者的論點，發現：

(1) 對於非遞迴（non-recursive）的反映性模型線性模型，PLSc 方法的問題最少。換句話說，PLSc 是為完全連接的共同因子（common factor）模型設計的，在該模型中，所有構念都是反映性測量。

(2) 由於 indicator 的相關性對於「衡量組合（composite）模型和形成性（**formative**）模型的信度」，無法提供資訊，因此 PLSc 不適用，故不建議將其用於「形成性模型和反映性模型的混合」（Dijkstra & Henseler, 2015a: 311）。

(3) 傳統的 PLS Algorithm 仍然是形成性模型和混合模型的首選，在某些情況下，甚至對於研究目標是**純粹預測**而不是因果分析的反映性模型，也可能是首選。

3-2-2　Consistent PLS 的輸出

續第二章的例子：「SES、Incentive、Performance」模型。

Consistent PLS 會產生與上述傳統 PLS 輸出相同的輸出表。然而，因為 PLSc 演算法會針對估計的一致性進行調整，所以係數是不同的，甚至是實質上不同。儘管兩者路徑係數會不同，但是輸出報表的解釋與上面討論的傳統 PLS Algorithm 相同，除了對於反映性 common factor 模型而言，PLS 估計近似值，而 PLSc 產生更一致的估計（例如：與 LISREL、AMOS 的 SEM 一致）。

為了說明，以下比較 PLS Algorithm 和 Consistent PLS（PLSc）的路徑係數，並用：與先前在 PLS Algorithm 部分中討論的相同之 perfom 模型。

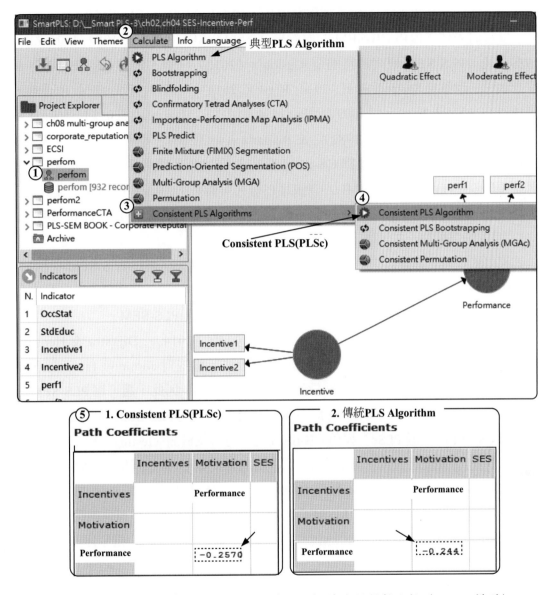

圖3-3　PLS Algorithm與Consistent PLS（PLSc）的路徑係數比較（perfom模型）

3-2-3　PLS-SEM 與 CB-SEM 的比較

PLS-SEM 與 CB-SEM，兩種方法都是互補的，而不是競爭關係。儘管這個問題是眾所周知的（Jöreskog & Wold, 1982），但許多研究者仍將重點放在 covariance-based 結構方程建模（CB-SEM）和 PLS 結構方程建模時，模型估計的差異（PLS-SEM）。這些討論並沒有區分共同因子（common factor）模型和組合（composite）模

型（Henseler et al., 2014），而是將重點放在了 PLS-SEM 模仿 CB-SEM 的能力上。

但在尚未建立模仿 CB-SEM 的原始形式的 PLS-SEM（Wold, 1982; Lohmöller, 1989）時，PLS-SEM 研究者應遵循 Rigdon's（2012）呼籲，先從 CB-SEM 中了解該方法（另請參見 Sarstedt et al., 2014; Rigdon, 2014）。例如：Fornell & Bookstein（1982），Chin & Newsted（1999），Hair et al.（2011），Hair et al.（2012），Hair et al.（2014），Jöreskog & Wold（1982），& Reinartz et al.（2009）等學者提供了使用 CB-SEM 或 PLS-SEM 的建議。選擇 CB-SEM 或 PLS-SEM 的重要考量，是研究目的（結構或預測）：(1) 最大概似（ML）方法旨在研究可觀察物的結構。(2)PLS 方法旨在透過 components 擴展來預測指標（Jöreskog & Wold, 1982, p. 266）。Hair et al.（2011, p. 144）且認同這觀點，並且建議：

1. 如果目的是預測關鍵目的結構或認定關鍵 'driver' 結構，請選擇 PLS-SEM。

2. 如果目的是理論檢測（testing）、理論驗證或替代理論比較，請選擇 CB-SEM。

3. 如果研究是探索性的或對現有結構理論的擴展，請選擇 PLS-SEM。

然而，最近 Bentler & Huang（2014），Dijkstra（2014），Dijkstra & Henseler（2015）引入：提供 consistent PLS-SEM 估計法。這些對 common factor 模型的 consistent PLS（PLSc）估計，已被設計為模仿 CB-SEM。因此，還可用 PLS-SEM 研究「結構」。結果可看到了 PLS-SEM 有兩個發展：(1) 使用 PLS-SEM 進行預測研究。(2) 用 PLS-SEM（透過 PLSc）模仿 CB-SEM 進行分析及檢測（testing）模型的結構。

面對這二個發展方向，本例使用了眾所周知的科技接受模型（TAM, Davis, 1989）。該模型估計之有效樣本數為 1,190 人。用 ATM 模型來比較 SmartPLS（Ringle et al., 2015）與 AMOS、EQS、LISREL 和 MPLUS：替代結構方程建模軟體。

實際上，結果顯示 CB-SEM（ML）和 PLSc 結果之間有很大的相似性。相反地，有趣的是，當使用替代的 CB-SEM 估計技術（例如：GLS、ULS 和 ADF）時，結果仍存在巨大差異，但是學界頂尖 SSCI 期刊已漸漸接受 PLSc 的做法。

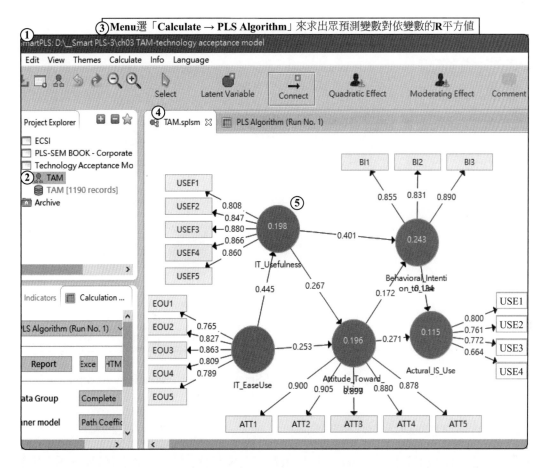

圖3-4 Partial least squares (PLS) Algorithm結果（SmartPLS）（Technology Acceptance Model專案檔）

若將圖 3-4、3-5 做個比較，可發現 PLS Algorithm 與 Consistent PLS（PLSc）Algorithm，兩者分析結果略為有細微差距。

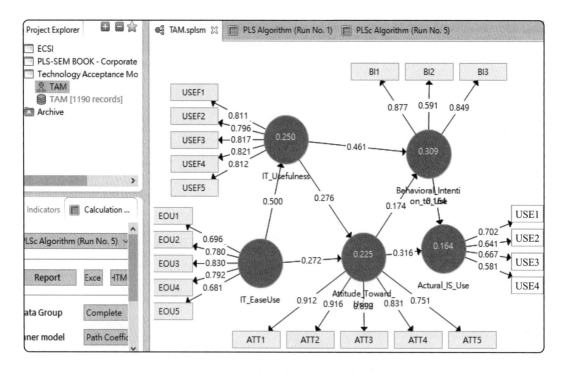

圖3-5　Consistent PLS (PLSc) Algorithm結果（SmartPLS）（Technology Acceptance Model 專案檔）

3-2-4　SmartPLS 之 consistent PLS 的結果≒ AMOS、SAS 的 SEM 分析結果

(1)Model B：基於共同因子（common factor）的結構方程模型（SEM）方法，使用共同因子來表示未觀察到的概念變數。AMOS 是用於評估基於因子的模型的軟體。相對地，(2)Model A：composite-based 的 SEM 方法使用權重組合（weighted composites）來表示未觀察到的概念變數。

SmartPLS 是可同時估計 composite-based 或 common fator 模型的軟體。除了 PLS 之外，還應考慮廣義結構化成分分析（generalized structured component analysis, GSCA）。AMOS 不能估計 composite-based 模型，而 SmartPLS 卻可以。因此，「準確性（accuracy）」問題並沒有真正適用於「這兩種軟體估計兩個不同的模型」。如果嘗試使用錯誤的程序套件來估計模型，儘管在某些情況下結果會相似，但無法期望獲得最佳結果。這與「factor-based SEM vs. PLS」敵對爭論（both pro-factor & pro-composite）都是錯誤的想法，因為至少具有誤導性。

一、先用 SmartPLS 分析 Technology Acceptance Model 專案檔：當對照的基準

下列分析步驟，旨在證明「consistent PLS 的結果≒ AMOS、SAS 的 SEM 分析結果」。

Step1 先建立「TAM.csv 資料檔」，如圖 3-6。

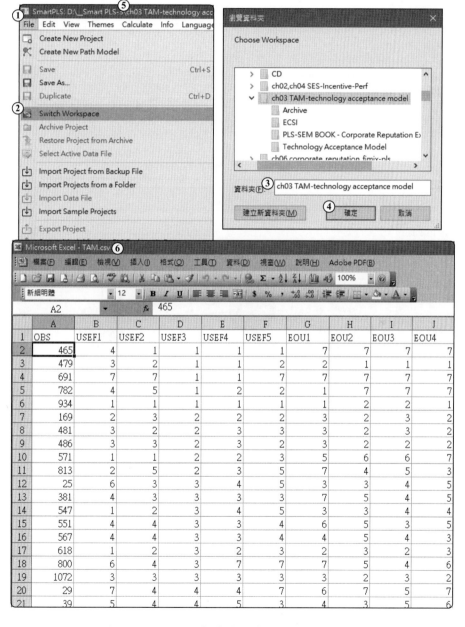

圖3-6 TAM.csv資料檔內容（N＝1,190人）

Step2 建立「Technology Acceptance Model 專案檔」，再根據圖3-7之步驟來分析。

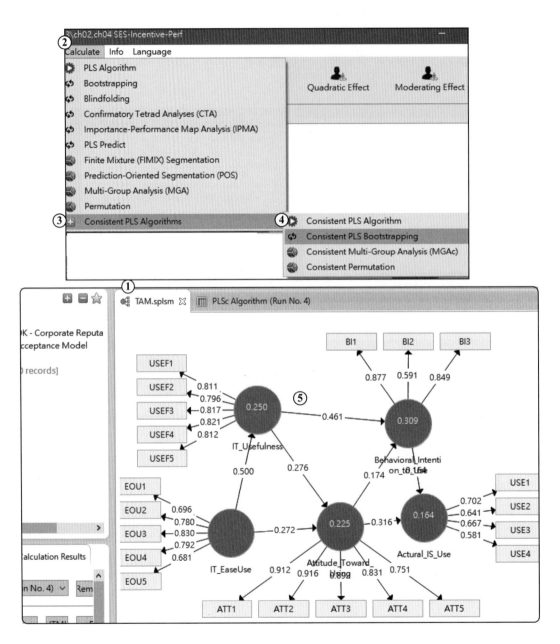

圖3-7　Technology Acceptance Model專案檔（內含TAM.csv資料檔、TAM.splsm模型檔）

　　圖 3-8 用 consistent PLS 的分析結果，可當作對照組之比較基礎點；以下面 AMOS 各種分析步驟，再來比對圖 3-8 之結果，就會發現「consistent PLS 的結果 ≒ AMOS、SAS 的 SEM 分析結果」。

二、改用 AMOS 分析 Technology Acceptance Model：對比「圖 3-7 Technology Acceptance Model」

　　AMOS 與 SmartPLS 兩者，是 2 種不同的軟體，但卻有共通處。如果想開發一種新的理論（探索性研究），則首選 SmartPLS。如果想測試一種理論（confirmatory 研究），那麼 AMOS 將是好的選擇。查一下研究目的，將有助於做出決定。

1. SmartPLS：潛在變數可以是 Formative 型或 Reflective 型。SmartPLS 為了貼近 CB-SEM 估計，另外提供 consistent PLS 演算法，讓 SmartPLS 與「AMOS, Stata, SAS, LISREL」功能相當。請見下面例子：Technology Acceptance Model。

2. AMOS：潛在變數只限在 Reflective 型（測量模型）。

　　AMOS 主要是採最大概似法（maximum likelihood, ML）來估計結構模型。以 ATM 為例，其分析結果有下面幾個圖（圖 3-9～圖 3-12）。

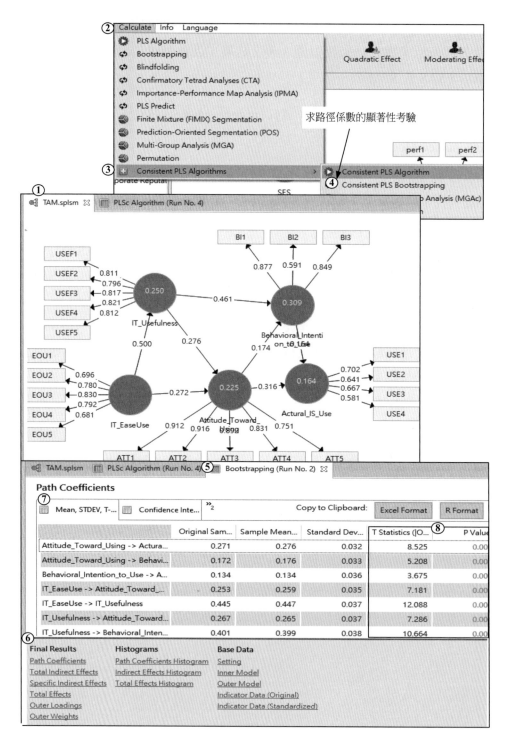

圖3-8　Technology Acceptance Model專案檔之分析結果（內含TAM.csv資料檔、TAM.
splsm模型檔）

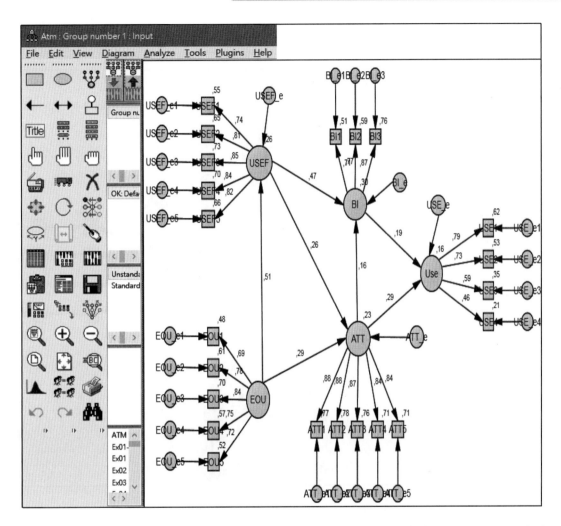

圖3-9　改用AMOS分析Technology Acceptance Model（TAM.sav資料檔、ATM.amw模型
　　　　檔）

註：AMOS; standardized coefficients

1. Generalized least squares（GLS）結果

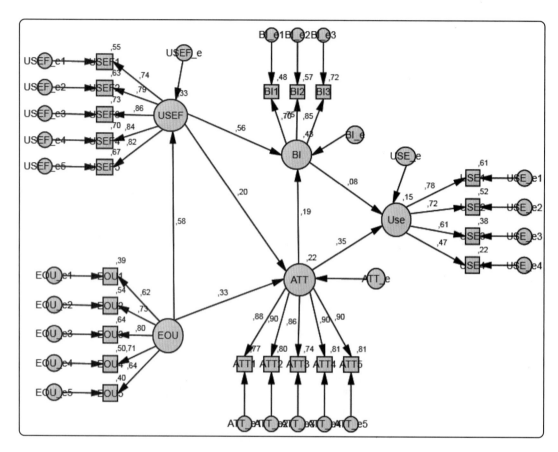

圖3-10　Generalized least squares（GLS）結果

註：AMOS; standardized coefficients

2. Generalized least squares（GLS）結果

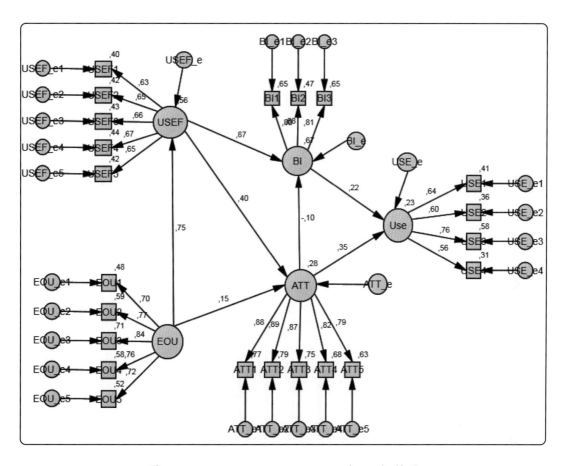

圖3-11　　Generalized least squares（GLS）結果

註：AMOS; standardized coefficients

3. Asymptotically distribution-free（ADF）結果

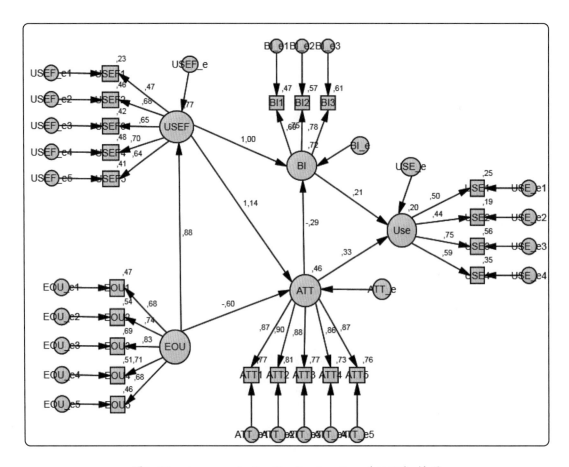

圖3-12　Asymptotically distribution-free（ADF）結果

註：AMOS; standardized coefficients

以上 3 種 AMOS 分析結果，都與 consistent PLS 結果很相近。意即，SmartPLS 功能已涵蓋（可取代）AMOS 功能。加上 SmartPLS 易操作且分析結果採分段式解說，值得給它按個讚。

三、改用 Stata 分析 Technology Acceptance Model：對比「圖 3-8 Technology Acceptance Model」

可將圖 3-13 Stata 分析結果，對比 consistent PLS 結果，也會發現「Stata 與 SmartPLS」兩者也有異曲同工之妙。

Consistent PLS Algorithm（PLSc）估計法，等同於 LISREL、AMOS

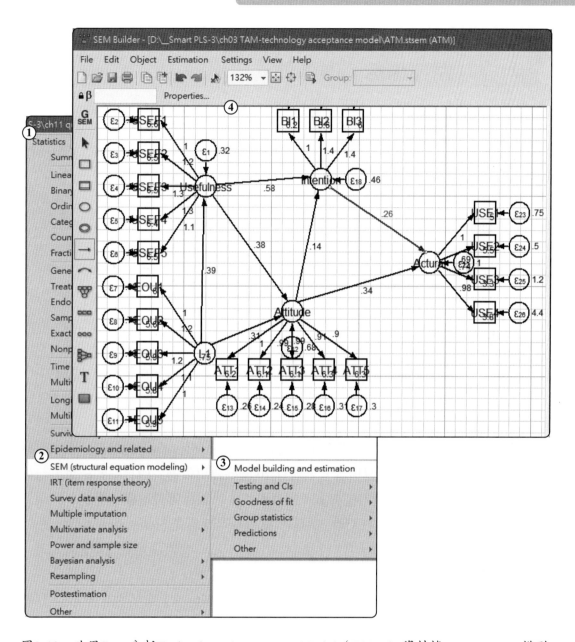

圖3-13　改用Stata分析Technology Acceptance Model（TAM.dta資料檔、ATM.stsem模型
　　　　檔）

3-3　選配PLS bootstrapping來估計：for印出「路徑係數」顯著性

除了「PLS Algorithm、PLSc」外，在 SmartPLS Menu 中若點選「Calculate > Bootstrapping」來估計「路徑係數」，就會額外看到顯著性考驗（t-test 值），若路徑係數 |t|>1.98，則表示路徑係數達到 $p < 0.05$ 顯著水準。

由於 PLS 中的路徑係數不必符合：常態、卡方或其他分布，因此無法計算漸進似（asymptotic）顯著水準。相反，必須採用 bootstrapping 顯著性係數。在 SmartPLS 中，需要在從「Compute」按鈕 menu 中挑選「Bootstrapping」，而不是「PLS Algorithm」來執行模型。

Bootstrapping 使用（放回）重複抽樣方法來計算 PLS 係數的顯著性（significance），它可以與傳統 PLS Algorithm 估計法或 Consistent PLS（PLSc）演算法一起使用，儘管本節重點介紹前者。若想要輸出顯著水準（significance levels），則必須選擇 bootstrapping 選項。Bootstrapping significance 雖然在許多統計設定中很常見，但只是 PLS 其中一種情況，它與迴歸和其他隨機常態數據應用程式的顯著性檢測（asymptotic tests）不同。

傳統的漸進顯著性檢測中，機率水準為 $\alpha = 0.05$，假定有機會從常態分布中隨機抽樣（從母群體中抽取另一個樣本），則有 20 個機會出現絕對值更高的結果。若數據是列舉（enumeration）而不是樣本，則意義不大，因為所有影響（無論多麼小）都是真實的，並且不可能存在「另一個樣本」。(1) 若樣本是 non-random 樣本，則計算出的顯著性水準是誤差至未知數（unknown degree）。(2) 當滿足隨機常態假定時，significant（顯著性）才可推廣到母群體。

當無法假定數據符合常態時，通常使用 bootstrapping 顯著性。對於母群體（population）而言，PLS 擅長估計的分布特性是未知，尤其 bootstrapping 特別合適的。按照通常的計算，bootstrapping 法會從你的數據中，重複抽取大量的「leave-one-out（留一樣本當 test）」樣本。這樣即能從廣大樣本數來計算你給定的感興趣係數（例如：相關值），從而允許計算標準誤。從觀察到的係數到 0 的標準誤，來計數求出顯著性水準。對於 bootstrapping 意義（機率水準為 $\alpha = 0.05$），表示在 20 組樣本中，會有一個機會由於抽樣的機會（從數據中獲取另一個樣本）而出現絕對值（absolute）≥ 絕對值的結果。儘管 bootstrapping 可以適合任何樣本分布，但除非樣本是從母群體

中隨機抽取的，否則你仍無法概括到母群體，而只能將其概括到你手頭的數據。意即，bootstrapping 估計值克服數據的非常態分布問題，沒法解決非隨機抽樣的問題。

3-3-1 PLS bootstrapping Algorithm

PLS 要獲得 bootstrapping 之 significance 的估計值，請在點選你的模型（本例是 perfom 模型）後，Menu 再選「Calculate → Boostrapping」來求出路徑係數 t 值，最後再單擊「Calculate」按鈕。此時將彈出圖 3-14 之對話框，它包含 3 個選項 tab。

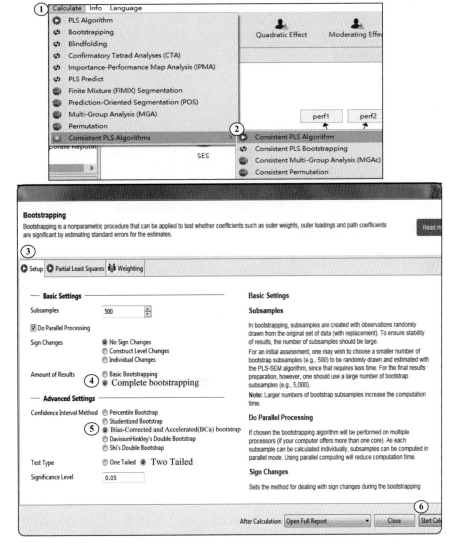

圖 3-14　PLS Bootstrapping Algorithm 之 Setup

一、「Setup」tab 有 7 個選項

你可能希望：單擊右下角的「Start Calculation」按鈕來接受所有 bootstrapping 內定值，倘若想要調整這些選項（options），此對話框共有 3 個選項 tabs：Setup、Partial Least Squares、Weighting。

下面的放大圖（圖 3-15），顯示「Setup」tab 有 7 個選項，並在該圖下方進行了說明（且在對話框本身的右側會進一步說明）。

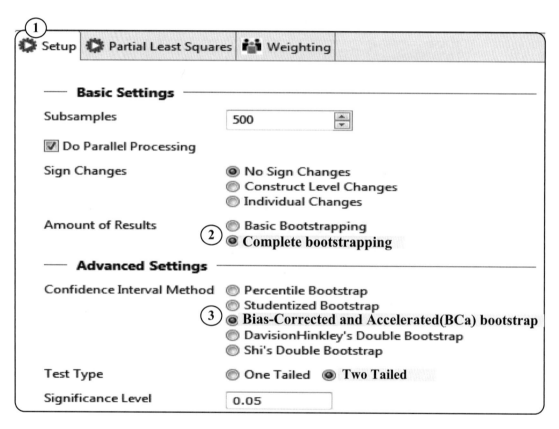

圖 3-15　「Setup」tab 的 7 個選項（for PLS Bootstrapping Algorithm）

1. Subsamples（重複抽樣幾回合）：內定 500 回合「leave-one-out（每回合留一個當作 test set）」，抽後再放回。此內定值適用於**探索性研究**。驗證性研究，建議使用較大的數字（例如：5,000），儘管這將花費更多的計算時間。

2. Do Parallel Processing：內定情況下，subsamples（子樣本）是用你計算機上可用的多個處理核心來計算的，進而減少了計算時間。

3. Sign Changes：與使用整個樣本時的符號（sign）相比，它與給定子樣本（疊代）

中係數的符號（例如：外部模型中的路徑）的變化有關。

(a) 內定值是「No Sign Changes」：意味著重新抽樣中的符號變化若被 resamples 接受，進而導致更大的標準誤。

(b) 「Construct Level Changes」：若在任何係數組中（例如：給定構念的係數的外部模型組），它都使符號與整個樣本中的符號保持一致，但前提是該組中的大多數符號在給定的子樣本中相反了（reversed）。

(c) 「Individual Changes」：它使所有符號與整個樣本中的符號一致。

4. Amount of Results：「Basic Bootstrapping」計算路徑係數、間接效果、總效果、outer loadings 和外部權重的 bootstrapping significance。內定值是「Complete Bootstrapping」，它還會計算 R-square、average variance extracted（AVE）、Cronbach's α 和異質－單質比率（HTMT）的 bootstrapping 顯著性。完整 bootstrapping 會需要更多的計算時間。

5. Confidence Interval Method：Bootstrapping 有多種變體（variants），SmartPLS 提供了 5 種：

(a) Bias-Corrected and Accelerated (BCa) Bootstrap：這是內定設定，並且是一種穩定的方法，可產生相對窄的信賴區間，並且不會占用大量計算時間。BCa 調整 bootstrap 估計分布中的偏態和偏誤。

(b) Percentile Bootstrap：信賴區間是使用給定係數的估計值之 bootstrap 分布的百分位數（percentiles）所構念的。若分布不對稱，中位數和平均值發散或樣本量較小（例如：<50），則不建議使用。

(c) Studentized Bootstrap：信賴區間是使用 Student's t-test 之 bootstrap 分布中的 quantiles 所構念的，該 quantiles 是優於百分位數 bootstrap 方法。

(d) Davision Hinkley's Double Bootstrap：每次抽樣都會重新抽樣，需要額外的計算時間。參見 Davision & Hinkley（1997）。

(e) Shi's Double Bootstrap：Letson & McCullough (1998) 的 Monte Carlo 模擬研究，發現 Shi's 法可快速收斂且產生比單一 bootstrap 方法有更佳信賴區間（概似性真實值在極限範圍內）。單一 Bootstrap 方法的信賴區間限制較多。

6. Test Type：是否需要單尾或雙尾顯著性檢測（testing）。通常是選內定的雙尾檢定，僅在你已確定研究假設（分布）是單側（例如：負係數），才選擇單尾檢定。

7. Significance Level：顯著水準，內定係數是 0.05 臨界值，但也可將它重新設定（例如：對於探索性研究，應設爲 0.10）。

二、「Partial Least Squares」tab

它為 bootstrapping 提供了 4 個附加的可選項，如圖 3-16 所示。

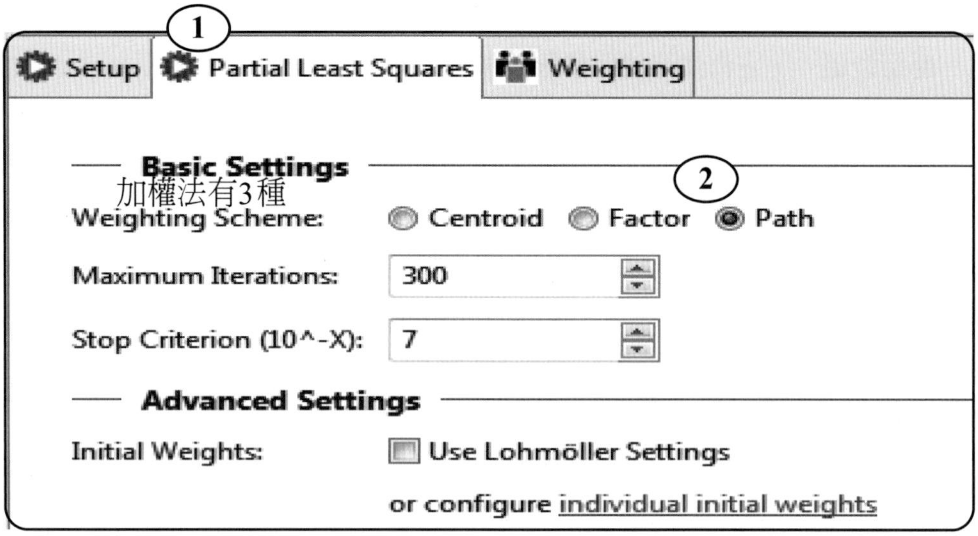

圖3-16　PLS bootstrapping演算法「Partial Least Squares」tab之選項

1. Weighting Scheme：內定情況下，路徑加權法將模型中內生潛在變數的 R^2 值最大化。使用重心法（centroid）和因子法（factor）通常不會有什麼區別。當模型中存在二階潛在變數（其指標本身就是潛在變數的潛在變數）時，不應使用重心法。

2. Maximum Iterations：內定情況下，Bootstrapping Algorithm 將進行多達 300 次疊代，以嘗試達到停止準則所定義的收斂。你可以更改此內定值，通常是在未達到收斂時才須增加疊代次數。

3. Stop Criterion (10^-X)：當係數的變化小於停止準則（內定值為 $10^{-7} = 0.0000001$）時，我認為已實現收斂，你可自調停止準則。

4. Initial Weights：內定情況下，初始外部模型權重（連接潛在變數及其指標變數的路徑權重）設定為 +1。可透過選「Lohmöller Settings」複選框來覆蓋此內定設定，該複選框是：除最後一個設定為 −1 外，所有指標的初始值都設定為 +1。雖然 Lohmöller 法可以加快收斂速度，但這些跡象可能與直覺相反，還可以設定用戶定義的初始權重（單擊「Individual Settings」）。

三、Weighting tab

它允許你在當前數據集中輸入權重變數的名稱，這將導致 program 加計權重來求出 PLS 解。由於本例沒有加權變數，故挑內定值（見圖 3-17）。

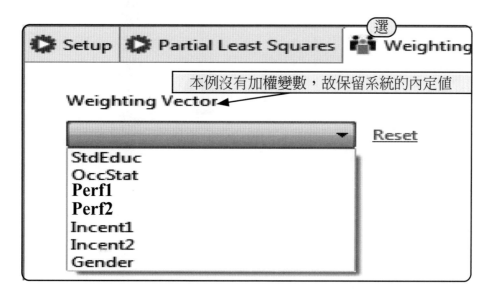

圖3-17　PLS bootstrapping演算法「Weighting」tab之選項

通常，加權變數法是：

1. 要調整某些觀察值相對於其他觀察值的過度抽樣（例如：樣本中的拉美裔美國人可能過度抽樣了兩倍）。
2. 使用加權最小平方法（WLS）權重來調整依變數上觀測值的點變異數的差異、或相對觀測顯著性（importance）的某些其他準則的差異。
3. 根據 finite mixture PLS（第 6 章），可基於所有觀察結果，使用：已知組內成員的機率，來求得給定組（group）的估計值。

3-3-2　PLS bootstrapping 印出之係數 |t 值| > 1.96 者就達到顯著水準

一、Outer model 路徑係數之參數值

如上所述執行 bootstrapping 內定選項，分析本例之 perfom 模型，路徑圖中的值會是 t 檢定的顯著值（significance），而不是標準化相關 r 值。在圖 3-18 之 Model view「perfom.splsm」tab（選項卡）來查看該模型圖，並變更左側的「Calculation Results」為「Inner Model > T-Values」與「Outer Model > T-Values」，結果如圖 3-18 所示。

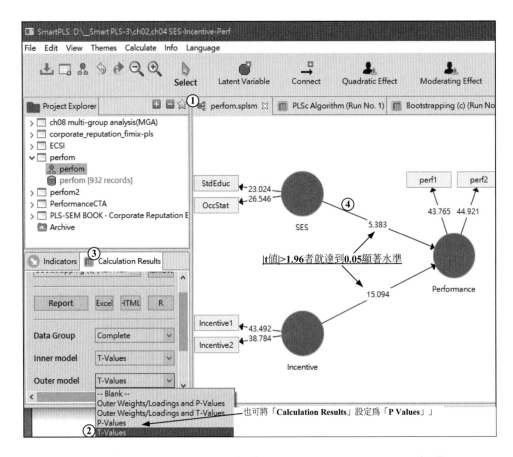

圖3-18 「Calculation Results」設定為「Inner Model T-Values」與「Outer Model T-Values」

若路徑係數 $|t| > 1.98$，則表示路徑係數達到 $p < 0.05$ 顯著水準。本例模型的所有 t 值都是這種情況。你也可以將「Calculation Results」設定為「P-Values」，以求得 p 值（型 I 誤差）。在本例中，p 值 <=0.05，這也意味著所有路徑的顯著性都優於 0.001 機率水準。

請注意，由於 Bootstrapping Algorithm 內是隨機抽樣的過程，故每次啟動時，報表的確切 t 值將略有不同。當更改樣本數時，也會適度更改 t 值。

「t 值、p 值」這些值可以在輸出中看到，可在「Bootstrapping（Run #1）」tab 下交互式查看，也可以作為完整報表的一部分。在這裡，我們使用後者，如前所述，以 HTML 格式發送。「Calculation Results」頂部「Excel Format、R Format」報表是「Path Coefficients」的輸出，這意味著內部模型中的路徑（連接潛在變數的 ->），其對應的 t 值及 p 值如圖 3-19 所示之虛線框。

圖 3-19，「Final Results」報表共有 6 份報表：Path Coefficients（路徑係數）、Total Indirect Effects（總間接效果）、Specific Indirect Effects（特定間接效果）、Total Effects（總效果）、Outer Loadings（外部模型的負荷量）、Outer Weights（外部模型的權重）。

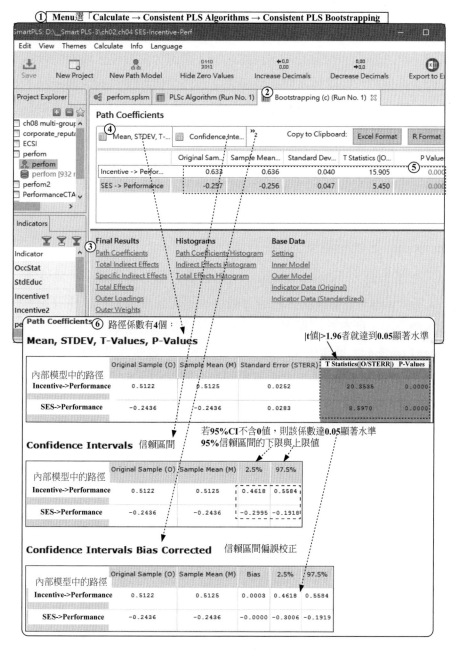

圖3-19　「Bootstrapping（Run #1）」選「Path Coefficients」之結果（Inner model）

在圖 3-19 的輸出中，「T Statistics」欄包含與圖中相同的 t 值。「P-Values」欄顯示了路徑的相應顯著性（機率）水準。信賴區間顯示在下面的單獨表格中。約有 $\frac{\alpha}{2}=\frac{0.05}{2}=2.5\%$ 的案例位於信賴區間下限以下，另有 2.5%（100-97.5）處於信賴區間上限以上，使這些信賴區間為 95%。

圖 3-19，第三張表顯示「偏誤校正」的信賴區間。這種偏誤校正的公式可在 Sarstedt, Henseler, & Ringle（2011: 205）中找到。有關 bootstrapped 信賴範圍的進一步討論，請參閱 Efron & Tibshirani（1998），他指出，偏誤校正後的信賴區間會產生更準確的值。偏誤校正後信賴區間的解釋與其他任何信賴區間的解釋相同：若 0 不在信賴範圍內，則該係數達到顯著水準。偏誤校正已特別用於 PLS tetrad 分析（第 4 章）來評估路徑的顯著性（Gudergan, Ringle, Wende, & Will, 2008）。

T-Values、P-Values、信賴區間和偏誤校正的信賴區間，也會針對間接效果和總效果來輸出，但此處未顯示，因為本例是簡單模型本身沒有間接效果，因此總效果與直接效果相同。

二、Outer model：印出測量模型之係數值

同樣，在圖 3-21，「Outer Loadings（外部負荷量）」標題下，為外部（測量）模型輸出 t 值、p 值、信賴區間。它還會輸出經過偏誤校正的信賴極限表，此處未顯示。對於本例模型，所有外部模型 loadings 也都達到顯著水準。

「Outer Loadings」還產生相同的 3 個信賴區間／顯著性表，此處未顯示。

此外，「Outer Weights」也會產生相同的 3 個信賴區間／顯著性表，但在此處未顯示。

② **Menu**選「**Calculate → Boostrapping**」來求出路徑係數**t**值

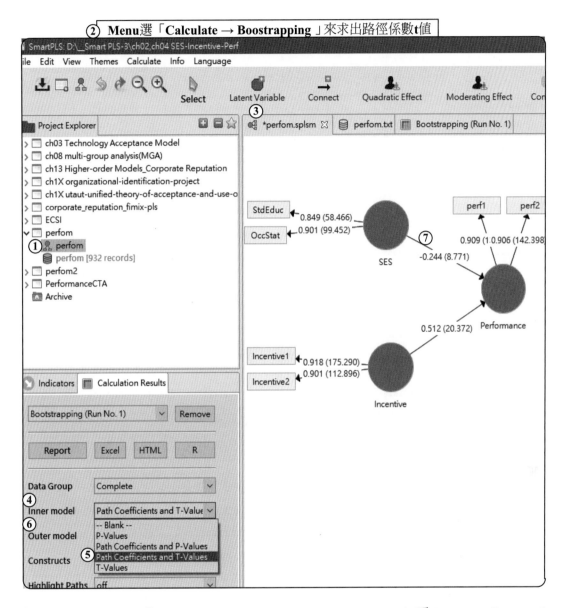

圖3-20　Inner model選Path Coefficients and T-Values, Outer model選Outer Loadings and T-Values

Outer Loadings 外部模型之係數檢定值：

Mean, STDEV, T-Values, P-Values

|t值|>1.96者就達到0.05顯著水準

	Original Sample (O)	Sample Mean (M)	Standard Error (STERR)	T Statistics(|O/STERR|)	P-Values
Incent1 <- Incentives	0.9182	0.9180	0.0054	168.9144	0.0000
Incent2 <- Incentives	0.9014	0.9009	0.0074	121.8676	0.0000
Perf1 <-Performance	0.9087	0.9080	0.0060	152.1207	0.0000
Perf2 <-Performance	0.9064	0.9055	0.0063	143.3811	0.0000
OccStat <- SES	0.8493	0.8480	0.0151	56.1125	0.0000
StdEduc <- SES	0.9007	0.9003	0.0089	100.6409	0.0000

若95%CI不含0值，則該係數達0.05顯著水準
95%信賴區間的下限與上限值

Confidence Intervals

	Original Sample (O)	Sample Mean (M)	2.5%	97.5%
Incent1 <- Incentives	0.9182	0.9180	0.9062	0.9280
Incent2 <- Incentives	0.9014	0.9009	0.8854	0.9142
Motive1 <- Motivation	0.9087	0.9080	0.8961	0.9187
Perf2 <-Performance	0.9064	0.9055	0.8922	0.9163
OccStat <- SES	0.8493	0.8480	0.8187	0.8751
StdEduc <- SES	0.9007	0.9003	0.8835	0.9180

圖3-21 「Bootstrapping（Run #1）」選「Outer Loadings」之結果

如圖 3-22 所示，「quality criteria（品質準則）」（例如：R-square）的輸出有：T-values、p-values、confidence limits、bias-corrected confidence limits，這表示，本例模型 R-square 值都達到顯著水準。輸出類似的報表，尚包括：adjusted R-square, f-square, average variance extracted (AVE), composite reliability, Cronbach's α, the heterotrait-monotrait ratio (HTMT), common factor 之 SRMR，組合模型之 SRMR，但這些表格，本例都未印出，因為之前討論：模型適配度評估的傳統 PLS Algorithm 估計中，都已討論了這些內容。

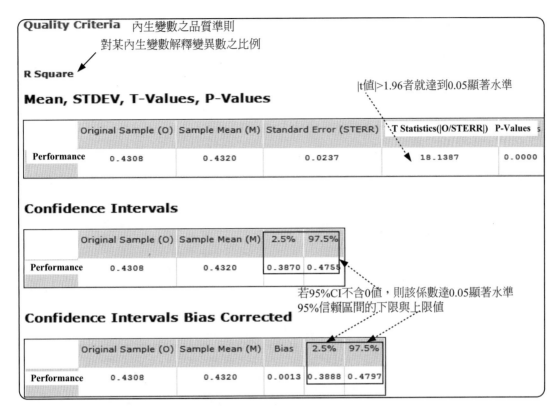

圖3-22　「Bootstrapping (Run #1)」之內生變數「quality criteria」

　　此外，bootstrapping 輸出，還包括 histograms（直方圖），它可顯示「各個疊代過程中估計值的離散度（dispersion）」。例如：下面的直方圖（圖 3-23）顯示了模型從「SES → Performance」的路徑 loading 係數的分布。其他輸出直方圖，還有間接效果和總效果部分。直方圖也可顯示「信賴區間的次數（frequency）」，但外部（測量）模型則沒有直方圖。

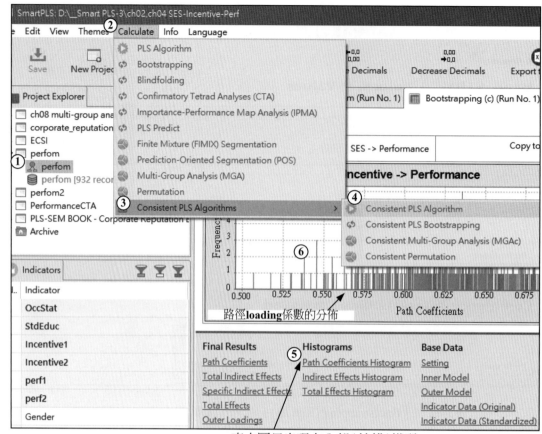

直方圖只出現在內部（結構）模型
外部（測量）模型則沒有直方圖

圖3-23　「Bootstrapping（Run #1）」輸出內部（結構）模型「histograms（直方圖）」

3-3-3　眾多的指標／觀察變數，該刪除一二個嗎？（dropping indicators）

你可能會問，是否應從模型中刪除 non-significant paths 的指標（indicators）？

1. 對於反映性模型，指標可以代表該因素（factor, 潛在變數），原則上，刪除一個不會改變該因素的含義。假設對於給定因子，存在「足夠的（e.g. 4 個以上）」其他代表性之指標變數，則刪除路徑不重要的變數是合理的。刪除指標後，模型中的所有係數都會發生變化，有時會越過 significance 和 non-significance 之間的界限。因此，對於其他統計程序中的係數，建議一次刪除一個指標，然後逐次重新執行模型。

2. 但是，對於形成性模型，每個指標都測量「構成因素的一組維度」的一個變數。刪除此類指標會更改因素的含義，因而忽略了含義的維度。因此，除非針對該維度存在多餘的指標項（indicator items），否則即使不重要，指標也通常不會從形成性模型中刪除。

3-4 選配consistent PLS bootstrapping來估計： for印出顯著性

Consistent bootstrapping 是搭配 consistent PLS 演算法一齊使用。Bootstrapping 是一種非參數（無母數）程序，用來檢測（testing）各種 PLS-SEM 結果的統計顯著性（significance），例如：路徑係數、Cronbach's α、HTMT 和 R^2 值。

上面討論了 Consistent PLS（PLSc），已討論使用內定 PLS Algorithm 進行 bootstrapping，並且論其利弊。「consistent PLS bootstrapping」法使用 bootstrapping 法，它需要搭配 PLSc 演算法，將兩者結合起來（conjunction）使用。作為 bootstrapping 的一種形式，PLSc bootstrapping 是一種非參數方法，可用於導出一致性 PLS 模型中係數的顯著性（t 值及 p 值）。

本節中的例子，我們仍用「perfom.splsm」模型檔，它是「SES、Incentive、Perf」模型的 reflexively 模型版本。這是在上一節中建好的檔。

3-4-1 執行 consistent PLS bootstrapping 演算法

從 SmartPLS menu 中選擇「Calculate > Consistent PLS Algorithms >Consistent PLS Bootstrapping」之後，將出現如圖 3-24 之對話框，它有 5 個選項卡：

1. Setup
2. Bootstrapping
3. Consistent Partial Least Squares
4. Partial Least Squares
5. Weighting

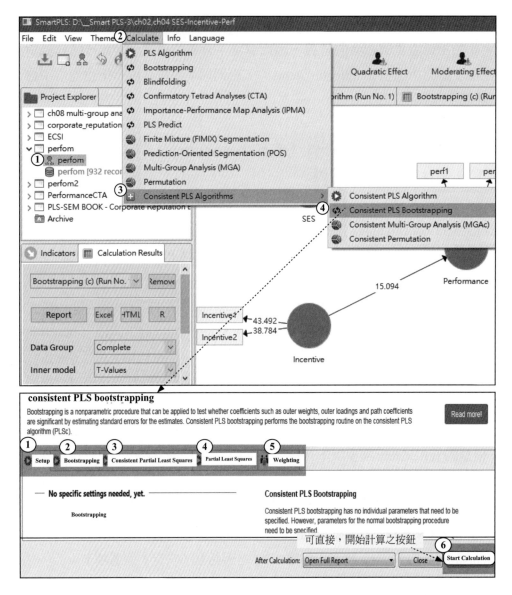

圖3-24　執行「Consistent PLS Bootstrapping」就會出現5個選項卡（tab）

在每個選項卡，你可接受或重設各種內定參數。這些將在下面依次討論。

1. Setup

與一般 PLS bootstrapping 不同（請參見上圖），consistent PLS bootstrapping 不需要在此選項卡下設定任何參數。

2. Bootstrapping

圖 3-25 顯示了 SmartPLS 中「Bootstrapping」tab 的內定設定。

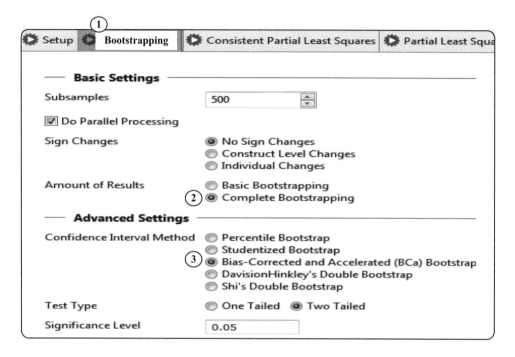

圖3-25　「Consistent PLS Bootstrapping」之「Bootstrapping」選項卡

　　本節下面描述的例子，係用下列所示的內定設定。這些選項的描述如下：

(1) Subsamples：Bootstrapping 需要從給定的數據中重複抽樣。系統內定的 500 個樣本是出於探索目的，使計算時間最小化。但是，對於驗證性分析，建議使用更大的數字（例如：5,000）以保持估算的穩定性。

(2) Parallel Processing：若選此復選框（內定設定），並且你的計算機具有多個處理器，則將使用它們來加快計算時間。若計算機缺少多個處理器，則點選此框無效。

(3) Sign Changes：此選項跟上面討論的普通 PLS bootstrapping 相同。符號變化是指「特定樣本與所有樣本的模型相比，其係數從正轉負的翻轉（或反之亦然）符號」。內定值為「No Sign Changes」，這意味著重新抽樣中的符號變化被原樣接受，進而導致更大的標準誤。它可強制符號符合其他重抽樣結果。

(4) Amount of Results：「Basic Bootstrapping」是「計算出路徑係數、間接效果、總效果、外部負荷量和外部權重的 bootstrapped 顯著性」。內定值是「Complete Bootstrapping」，它還會計算 R 平方、平均變異數萃取量（AVE）、Cronbach's α 和異質—單質比率（HTMT）的 bootstrapped 顯著性。相對地，「Complete bootstrapping」需要更多的計算時間。

(5) Confidence Interval Method：Bias-Corrected and Accelerated (BCa) Bootstrapping 是計算信賴區間的內定法，也是產生相對窄的信賴區間的穩定方法，並且不占用大量的計算時間。上面有關普通 PLS bootstrapping 中，已討論 BCa 方法和替代方法。

(6) Test Type：與大多數社會研究一樣，內定情況下指定 two-tailed 顯著性檢定。僅在研究假設是單尾（例如：負係數）的情況下，才選擇 one side。

(7) Significance Level：同樣遵循通用的社會科學實務，內定值是「型 I 誤差 = 0.05」。你可以將其重設（= 0.01）。

3. Consistent Partial Least Squares

此選項卡沒有顯示出來，但你勾選：「Connect all LVs for Initial Calculation」框。內定情況下是不選中此框，這意味著你可接受模型中：涉及潛在變數（LV）的連接。Dijkstra 和 Henseler（2012）提出，若所有潛在變數都在模型中互相連接（drawn），則可能會得到更穩定的結果。但是，內定（不檢查）選項保留了原始模型，並且測試係數是指該模型，而不是更飽和的模型。

4. Partial Least Squares

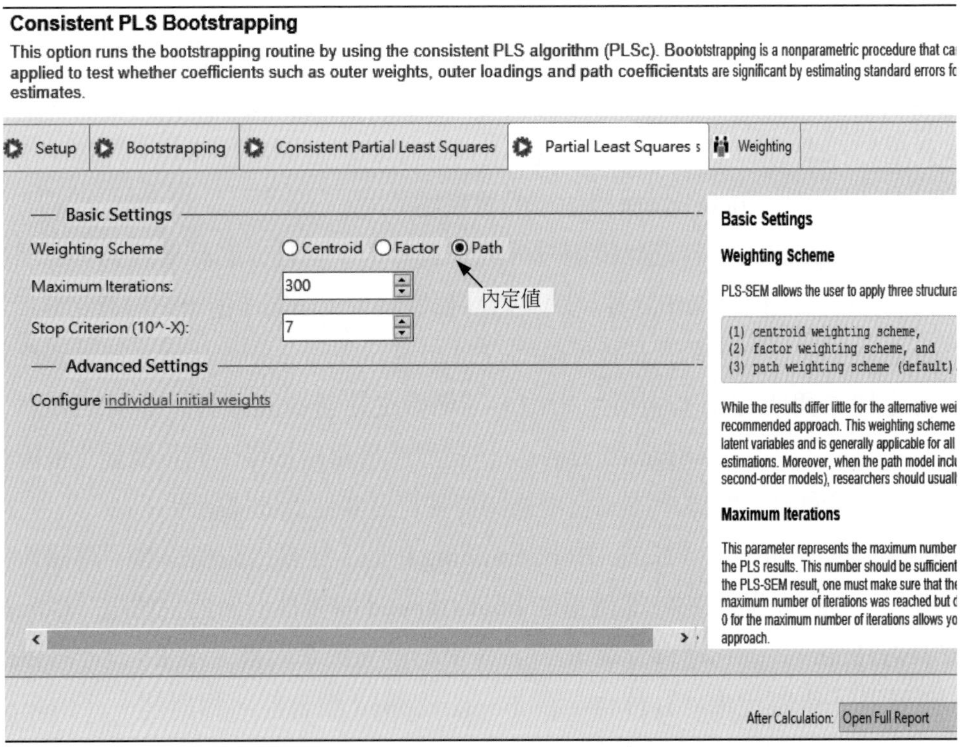

圖3-26　「Partial Least Squares」的設定

在下面描述的本例，我們接受如下所示的內定設定。這些選項的說明如下：

(1) Weighting Scheme：Initial weights 已在上文討論過。建議使用「Path」加權法，因為它被認為會產生最高的 R^2 值。這 3 種方法之間的差異非常小，故任何加權方案的選擇，通常不會影響結果的實質性解釋。

(2) Maximum Iterations：在初始**探索研究**，內定的 300 次疊代會使計算時間最小化。後來，在驗證研究階段，建議使用更高的數字（例如：1,000 甚至 5,000）。

(3) Stop Criterion：在此處輸入的數字（內定為 10^{-7}）指定在連續疊代中，外部權重的變化量必須有多小才能判斷疊代停止。在極少數情況下，收斂是一個問題，可以使用稍大的停止準則（例如：10^{-5}）。

(4) Initial Weights：內定情況下，初始外部權重設定為 +1。但是，若選中「Use Lohmöller Settings」框，則所有初始權重都設定為 +1，最後一個權重設定為 –1。儘管 Lohmöller 法可加快收斂速度，但通常不會採用該方法，因為它可能導致路徑係數出現反直覺的符號。

5. Weighting tab

該選項卡（未顯示）允許在當前數據集中指定變數（「weighting vector」），其值用於觀察值的加權。常見的 3 種加權目的如下：

(1) 權重可以補償母群體的差異抽樣（例如：對特殊興趣小組的過度抽樣）。

(2) 權重可能反應：透過有限混合分析（FIMIX）認定的各個組中，成員資格的機率。

(3) 權重可以補償某些觀測值的差異可靠性（例如：可以使用 WLS 權重）。

3-4-2　Consistent PLS bootstrapping 的輸出

圖 3-27「consistent PLS bootstrapping」輸出，都接受上述所有選項的內定設定。透過單擊右下角的「Start Calculation」按鈕，來執行分析。

計算完成後，路徑圖中的值，即為 t-test 的顯著值。計算後，透過「① perfom. splsm」tab 來查看此圖，以確保將左側的「⑦ Calculation Results」設定為「Inner Model T-Values」與「Outer Model T-Values」，如下圖左下方。

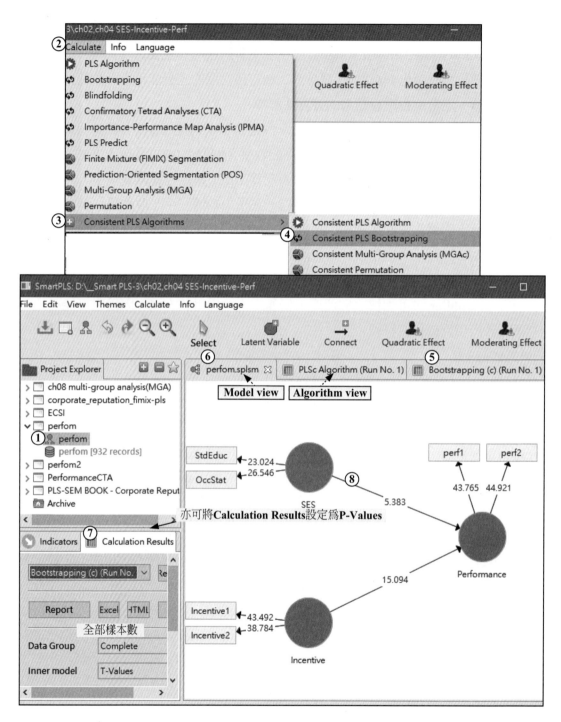

圖3-27 「consistent PLS bootstrapping」的輸出

　　若路徑係數 |t| > 1.98，則表示路徑係數達到 p < 0.05 顯著水準。本例模型的所有 t 值也是如此。也可以將「Calculation Results」設定為「P-Values」，來獲取機率水準，對於本例而言，機率水準均為 0.000，就像普通 PLS bootstrapping 一樣。

　　請注意，由於 Bootstrapping Algorithm 中內建了隨機抽樣過程，因此每次啟動時，報表的確切 t 值將略有不同，甚至你更改樣本數也會僅適度更改 t 值。

　　這些值可在輸出中看到，可在圖 3-27「⑤ Bootstrapping(c)（Run No. 1）」tab 下進行互動，也可以作一份 Excel、R 格式之報表。在這裡，若使用 Excel 格式，則單擊「Excel Format」按鈕，以 Excel 格式將完整的報表發送到所選的 file 位置。

　　圖 3-28，Excel 報表的頂部是「Path Coefficients」的輸出，這是內部模型中的路徑（連接潛在變數的箭頭 ->），如圖中所示虛線框。雖然，通常路徑顯著性或缺乏路徑顯著性的實質性推論是相同的。但請注意，bootstrapping 所固有的隨機過程，將產生與圖中不同的係數。

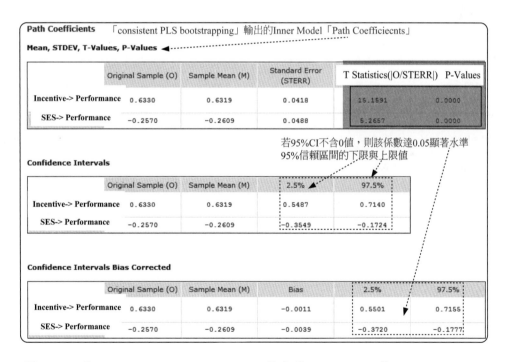

圖3-28　「consistent PLS bootstrapping」輸出的Inner Model「Path Coefficients」

　　在上圖中，「T Statistics」欄位：包含與上圖相對應的 t 相同的值。「P-Values」欄位：顯示給定的路徑，例如：第一 row 是從「Incentives->Performance」相應顯著性（機率）水準。上圖 Confidence Intervals（信賴區間，CI）顯示在單獨表格中。大

約 2.5% 的情況的係數低於 CI 下限，另外 2.5% 的情況高於 CI 上限（即 97.5%），使這些數值達到 95% CI。

上圖第 3 部分是 ordinary PLS bootstrap 估計的內容，它顯示「Bias corrected」、CI、T-Values、P-Values 和經偏差校正的 CI，它也會針對間接效果和總效果輸出，但此處未顯示，因為簡單的本例模型並沒有中介變數之間接效果，因此總效果與直接效果相同。

類似的方式，會在「Outer Loadings」標題出現，外部（測量）模型輸出：T-Values、P-Values 和 confidence limits，如圖 3-29 所示。它還會輸出經過偏差校正的 95% CI，此處未顯示。本例模型若使用 consistent PLS bootstrapping，所有外部模型 loadings 都達到 0.05 顯著水準。「Outer Weights」還會產生：相同的 3 個信賴區間／顯著性表，但此處未顯示。

Outer Loadings 「consistent PLS bootstrapping」輸出的外部模型「Outer Loadings」

Mean, STDEV, T-Values, P-Values

	Original Sample (O)	Sample Mean (M)	Standard Error (STERR)	T Statistics(|O/STERR|)	P-Values
Incent1<-Incentive	0.8471	0.8472	0.0187	45.1932	0.0000
Incent2<-Incentive	0.7747	0.7739	0.0205	37.8066	0.0000
Perf1 <-Performance	0.8094	0.8083	0.0191	42.3870	0.0000
Perf2 <-Performance	0.7998	0.7990	0.0188	42.5688	0.0000
OccStat<-SES	0.6638	0.6632	0.0295	22.5289	0.0000
StdEduc<-SES	0.8067	0.8062	0.0296	27.2267	0.0000

若95%CI不含0值，則該係數達0.05顯著水準
95%信賴區間的下限與上限值

Confidence Intervals

	Original Sample (O)	Sample Mean (M)	2.5%	97.5%
Incent1<-Incentive	0.8471	0.8472	0.8099	0.8842
Incent2<-Incentive	0.7747	0.7739	0.7329	0.8117
Perf1 <-Performance	0.8094	0.8083	0.7691	0.8423
Perf2 <-Performance	0.7998	0.7990	0.7615	0.8343
OccStat<-SES	0.6638	0.6632	0.6023	0.7214
StdEduc<-SES	0.8067	0.8062	0.7461	0.8635

圖3-29　「consistent PLS bootstrapping」輸出的外部模型「Outer Loadings」

　　圖 3-30，印出內生變數的「quality criteria」，包括：T-Values、P-Values、95% CI 與 bias-corrected CI，這裡 R-square 值對於本例模型非常顯著（significant）。輸出類似的表格，尚有：調整後的 R-square、f-square、平均變異數萃取量（AVE）、組合信度、Cronbach's α、異質—單質比率（HTMT）、common factor 模型的 SRMR 和組合模型，這些在此處都未顯示。因為之前在討論 PLS Algorithm 估計模型適配之評估，都已討論過這些措施。

Quality Criteria

R Square

Mean, STDEV, T-Values, P-Values

|t值|>1.96者就達到p<0.05顯著水準

	Original Sample (O)	Sample Mean (M)	Standard Error (STERR)	T Statistics (|O/STERR|)	P Values
Performance	0.6550	0.6602	0.0362	18.0992	0.0000

Confidence Intervals

	Original Sample (O)	Sample Mean (M)	2.5%	97.5%
Performance	0.6550	0.6602	0.5860	0.7250

若95%CI不含0值，則該係數達0.05顯著水準
95%信賴區間的下限與上限值

Confidence Intervals Bias Corrected

	Original Sample (O)	Sample Mean (M)	Bias	2.5%	97.5%
Performance	0.6550	0.6602	0.0052	0.5938	0.7310

圖3-30　「consistent PLS bootstrapping」輸出內生變數的「quality criteria」

　　Consistent PLS bootstrapping 輸出，還包括直方圖（histograms），該圖顯示估計值在疊代中的離散度。例如：圖 3-31 的直方圖顯示了：模型從「Incentive-> Performance」、「SES-> Performance」的路徑 loadings 係數的分布。此外，其他直方圖可產生間接效果和總效果。這是顯示信賴區間中，包含相同資訊的圖形方式。在此，外部（測量）模型並沒有直方圖。

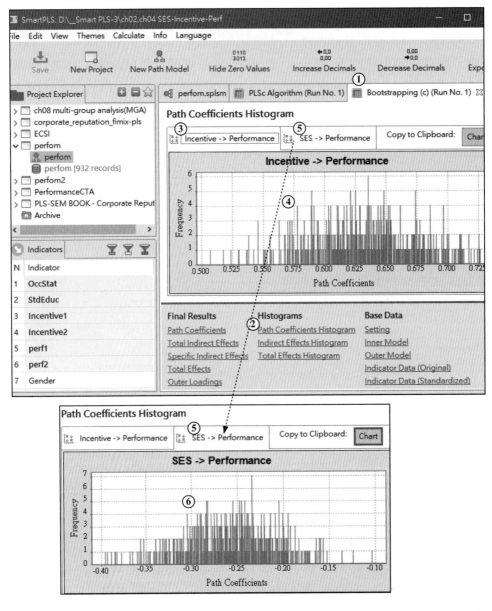

圖3-31 「consistent PLS bootstrapping」輸出的「直方圖（histograms）」（for內部模型）

3-4-3 該不該刪除路徑係數不顯著的指標（indicators）呢？

透過 PLSc bootstrapping 估計法，是否應從模型中刪除路徑不重要的**指標**，它與前面有關普通 PLS bootstrapping 所討論的考慮因素一樣，請見前一節。

3-5 選配blindfolding估計法：結構模型品質 （Q^2）；測量模型品質（H^2）

如圖 3-32 所示，在 SmartPLS 畫面中點選「Calculate → Blindfolding」估計法。

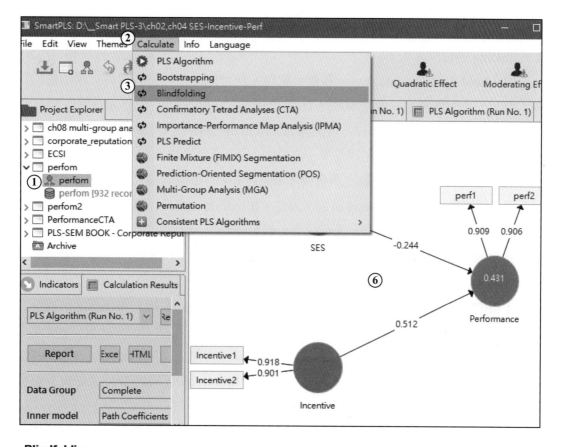

Blindfolding

Blindfolding is a sample re-use technique. It allows ca
criterion for the cross-validated predictive relevance o

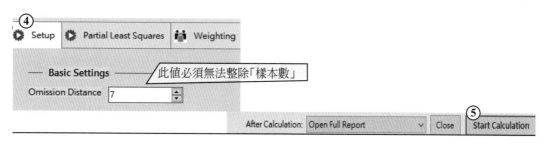

圖3-32　SmartPLS選用blindfolding估計法

3-5-1　Blindfolding 是什麼？

在圖 1-25「SmartPLS 選用 Bootstrapping 重複抽樣估計法」中，選 Blindfolding（蒙眼），它是樣本之再使用（re-use）技術。可以計算 Stone-Geisser 的 Q^2 值（Stone, 1974; Geisser, 1974），來表示 PLS 路徑模型的交叉驗證的預測相關性。

除了評估 R^2 值大小可作預測準確性的準則外，你可能還希望檢查 Stone-Geisser 的 Q^2 值，來當作預測相關性的準則。PLS 路徑模型中潛在變數的 Q^2 值，是透過 Blindfolding 過程來求得。

Blindfolding 是 sample re-use 技術，它可系統地刪除數據點並提供其原始值的預後。為此，該程序需要一個遺漏距離 D 值（omission distance）。建議遺漏距離 D 值在 5～12 之間（Hair et al., 2017）。假設 omission distance 為 7（D = 7），意味著「潛在變數指標」的第 5 個數據點將在單一次 Blindfolding 回合中消除。由於 Blindfolding 必須忽略且預測所選潛在變數之測量模型 indicators 的每個數據點，因此 D = 7 的遺漏距離，將導致 7 次 Blindfolding 回合。因此，Blindfolding 的回合數 = omission 距離。

在第一輪 Blindfolding 中，過程從第 1 個數據點開始，並省略了潛在變數指標的每個第 D 個數據點。然後，該過程使用剩餘數據點來估計 PLS 路徑模型。省略的數據視同遺漏值，並進行相應的處理（例如：透過平均值來替換 pairwise deletion）。然後，將 PLS-SEM 結果再用於預測省略的數據點。省略的數據點和預測的數據點之間的差就是預測誤差。預測誤差的平方和（S_{error}）用於計算 Q^2 值。Blindfolding 是疊代的過程。在第 2 次 Blindfolding 循環中，該演算法從第 2 個數據點開始，忽略每個第 D 個數據點，然後繼續循環上面所述的操作。Blindfolding 經過 D 回合之後，每個數據點都會被省略（1 次以上）之後再進行預測。

當 PLS-SEM 求出預測相關性時，它可有效地預測指標的數據點。對於某個內生潛在變數而言，若 Q^2 值 > 0，表示 PLS 路徑模型對此結構具有預測相關性；反之則反。有關 Blindfolding 程序的詳細說明，請參見 Hair et al.（2017）。

一、交叉驗證（cross validated）

在機器學習上，交叉驗證是用來多回合交互驗證「你設計出來模型」的好壞。

前提：

1. 資料庫（database）沒有先切割好「訓練資料（training data）」與「測試資料（testing data）」。

2. 或是我們要從「訓練資料」找到一組最合適參數出來，比如支援向量機（support vector machine）的懲罰參數（penalty parameter），就可以從訓練資料（training data）做交叉驗證找出來，而不是從「測試資料」得到參數。

　　機器學習最忌諱把「測試資料」偷偷拿進到模型內訓練或是找參數。故在做模型 performance 評估時，要記住一件事情「測試資料」絕對不要進到模型內訓練或是找參數。

二、交叉驗證（Cv-cross validated）的共同性和交叉驗證的重疊性（Cv-redundancy）

　　這兩者都使用 $1 - \dfrac{1 - SS_E}{SS_O}$ 公式，但兩者的期望值計算方法不同。(1) 交叉驗證的共同性是 Stone-Geisser 檢測準則；(2) 交叉驗證的 Redundancy（重疊性）是用效果量 f^2 公式（測試是否應包含變數）。

三、Blindfolding（蒙住眼睛）

　　SmartPLS menu 選「Calculate > **Blindfolding**」。Blindfolding 使用交叉驗證策略，來印出「交叉驗證的共同性和交叉驗證的構念（或指標）redundancy」。SmartPLS 將這些稱為「預測準確性（predictive accuracy）」準則。它與 Bootstrapping 不同，它不會計算標準誤或顯著性係數。相反，其目的是計算模型預測準確性（可靠性）的交叉驗證度量，它有 4 個類型（圖 3-33）。

1. 構念交叉驗證（Cv）重疊性（redundancy）指數

本例採用交叉驗證的非參數檢定方法：Stone-Geisser Q^2 檢定（Hair et al., 2014），對 PLS 模型預測效度的衡量。Stone-Geisser Q^2 檢定是以 Blindfolding Model 計算出預測相關性（predictive relevance），利用其他潛在的變數預測觀察變數評估模式的品質。以 Stone-Geisser Q^2 的兩個衡量指標作為評估模型的標準，Cv-communality 為交叉評估測量模型的共同性（communality），而 Cv-redundancy 為交叉評估結構模型的重疊性（redundancy）（Hair et al., 2014）。

2. 構念交叉驗證的 communality：H^2

3. 指標交叉驗證的重疊性（redundancy）指數

4. 指標交叉驗證的共同性（communality）

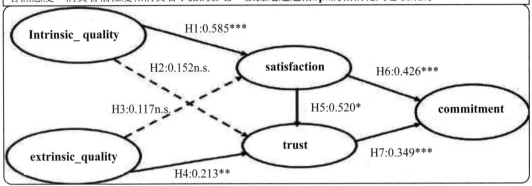

本文旨在檢測消費者對具有受保護原產地標記**(PDO)**的食品的承諾前提。分析內在和外在感知品質對消費者滿意度、消費者信任度和消費者承諾的影響。數據是透過給**Spa**的結構化問卷收集的。

Construct（構念）	Cv-Average communality Index H^2	Stone-Geisser Test Q^2
		交叉驗證的冗餘指數
Intrinsic_ quality	0.7340	—
extrinsic_quality	0.5278	—
trust	0.7635	0.4590
satisfaction	0.8798	0.4063
commitment	0.6109	0.3015
Average	**0.7032**	**0.3890**

Construct	Redundancy[a]	Communality[b] (AVE)	Explained Variance (R^2)	Goodness-of-fit index[c] (GoF)
Intrinsic_ quality		0.734	—	
extrinsic_quality		0.528	—	
trust	0.456	0.750	0.608	
satisfaction	0.408	0.899	0.452	
commitment	0.331	0.635	0.522	
Average	**0.398**	**0.709**	**0.527**	**0.611**

Note:

[a] Redundancy coefficient reflects the joint predictive power of the inner and outer model relationships.

[b] Communality coefficient is equal to the squared correlations between manifest variables and their associated latent variables.

[c] $GoF = \sqrt{[(average\ AVE)*(average\ R^2)]}$ (Tenenhaus *et al.*, 2005).

圖3-33 Blindfolding的結果：交叉驗證的communality（H^2）和交叉驗證的重疊性指數（Q^2）

　　圖 3-33，是 Wold（1985）提出的蒙眼法，計算交叉驗證的共同性指數（H^2）和交叉驗證的重疊性指數或 Stone-Geisser 檢測（Q^2）。H^2 度量「測量模型的品質」，Q^2 度量「結構模型的品質」（Stone, 1974; Geisser, 1975）。測量模型（$H^2 = 0.7032$）顯示出比結構模型（$Q^2 = 0.3890$）更好的品質。但是，也可以正確估計內生構念，其最低 $Q^2 = 0.3015$（消費者承諾），平均 $Q^2 = 0.3890$。

　　從圖 3-33 可看到 Q^2 值都是正值。Chin（1998）認為，若 $Q^2 > 0$，則模型具有預測相關性（predictive relevance），此值越高表示相關性越高。若 $Q^2 < 0$，則模型缺乏預測相關性。高預測相關性意味著「你的 solution 的適配度在所有觀察結果中，都是穩定的」（Wittmann et al., 2008）。

　　反映性模型的內生因素（endogenous factor）的交叉驗證重疊性是用 Stone-Geisser Q^2 值，下面將進一步進行模型適配的度量（Stone, 1974; Geisser, 1974）。

　　如圖 3-34 顯示的 Blindfolding 選項在對話框中所示，你必須設定一個稱為「omission distance（遺漏距離）」D 的距離值。蒙眼演算法會忽略所選內生因子指標的每個第 D 個數據點（下面是動機指標的每個第 7 個數據點）並進行 D 次疊代。合併來自 D 疊代的估計，來計算交叉驗證重疊性的總估計，即 Q^2 值。模型中每個反映性模型的內生因子都會有 Q^2 值。Q^2 值 > 0 表示模型有預測力。有關 Q^2 更多資訊，請參見 Hair 等人（2014: 178-197）。

　　回到本例，我們使用 perfom.splsm 模型檔，這是反映性模型。

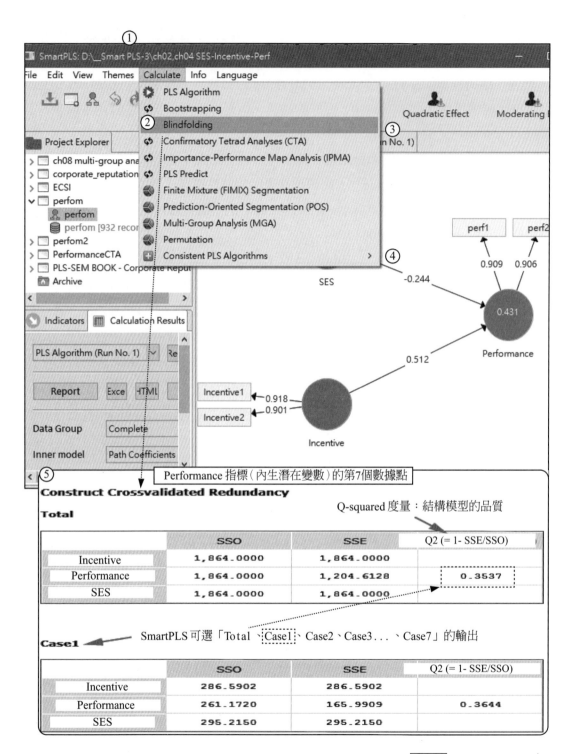

圖3-34　Blindfolding的輸出：構念的cross-validated redundancy（ Total Q-squared：結構模型的品質）

注意：蒙住眼睛的程序只限用於反映性模型（形成性模型則不可），如本例所示。

3-5-2 執行 Blindfolding 演算法

從 SmartPLS menu 中選擇「Calculate → Blindfolding」之後，將出現 4 個選項 tabs：

1. Setup

「Setup」tab 只有單一參數「omission distance（遺漏距離）」。你可將內定值 7 重置為 5～12 之間的某個其他值。遺漏距離參數 D 指定演算法在數據點遺漏過程中達到的距離。內定值「$D = 7$」表示在給定的 Blindfolding 疊代（回合）中，第 7 個數據點被忽略。因有 7 個，因此出於預測其值的目的，而暫時將所有數據點都遺漏。蒙眼的回合數總是 D 輪。

警告：為了預測所有觀測值，蒙住眼睛的演算法要求 n/D 不是整數，其中 n 是樣本數，D 是遺漏距離。本例樣本有 932 個觀察值，且不能被 7 整除，故內定的 $D = 7$ 是可以接受的。

2. Partial Least Squares

「Partial Least Squares」tab 與「consistent PLS bootstrapping」討論的選項卡相同，並且應考慮相同的注意事項。讀者可參考上面章節。本例的蒙眼例子接受內定設定值。

3. Weighting

「Weighting」tab 與 consistent PLS bootstrapping 一節所討論的選項相同，並且應考慮相同的注意事項。讀者可以參考上面的說明。此處的蒙眼例子也接受內定設定值，且在這個蒙眼的例子中，沒有使用加權變數。

4. Blindfolding

若點「Read More!」，將出現「Blindfolding」tab。此選項卡沒有設定值。

3-5-3 Blindfolding 估計的輸出：預測相關性（Q^2 和 q^2）與效果量（f^2）

一、預測相關性（Q^2）

Q^2 又稱為 Stone-Geisser Q^2。Q^2 僅適用於反映性模型的內生因素，Q^2 大於 0 表

示 PLS-SEM 模型的內生變數，具有**預測相關性**。相反，$Q^2 \leq 0$ 表示該模型與給定的內生因子的預測無關。

在「redundancy」輸出中，可找到 Q^2 統計資訊。「communality」輸出是預測相關性的一種替代方法，如下所述。

1. Construct cross-validated redundancy

如圖 3-34，構面交叉驗證的重疊性，是 blindfolding 最令人感興趣的輸出，因為它與 PLS 潛在變數模型的模型適配有關。在 SmartPLS 輸出中，Stone-Geisser Q^2 在「Construct Crossvalidated Redundancy」部分的「Total」表中顯示為「$1 - SS_E/SS_O$」。本例，Q^2 約為 0.35。根據 Cohen（1988）說法：0.02 代表「小」效果量，0.15 代表「中」效果量，0.35 代表「高」效果量。根據此準則，本例模型對於內生因素 Performance 是具有高度的預測相關性。

2. 其他cross-validation表

構面交叉驗證的共同性、指標交叉驗證的重疊、指標交叉驗證的共同性，都是以相同的方式構成的。在每種情況下，將 Q^2 值計算為：1－（誤差的平方和／所觀察到的遺漏值的平方和）。用於解釋小、中和高效果量的臨界值，這與上面討論的相同。

請注意，無論是在討論內部模型中的構面，還是在外部模型中的指標，Q^2 都有 2 種版本：重疊和共同性。以下的比較結果也適用：

- 僅針對模型中的內生變數（此處為 Performance）計算重疊，為模型中的所有構面和指標計算共同性。
- 共同性係數高於重疊係數。
- 僅基於構面（潛變數）分數，在不知道路徑模型的情況下進行了共同性計算。
- Q^2 的重疊計算與 PLS 方法更加一致，PLS 方法側重於：涉及內生變數的路徑（Hair et al., 2014: 183）。

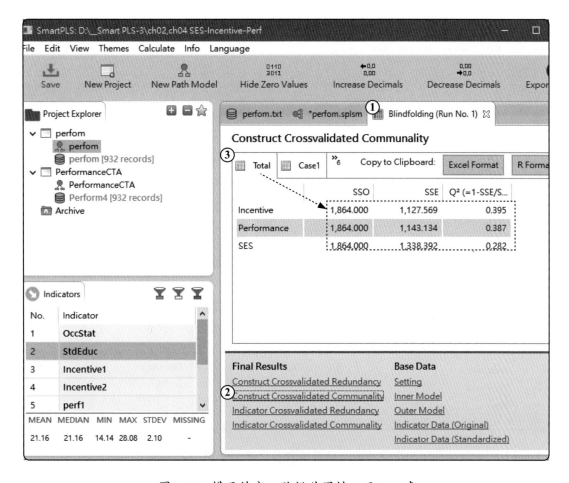

圖3-35　構面的交叉驗證共同性：只Total表

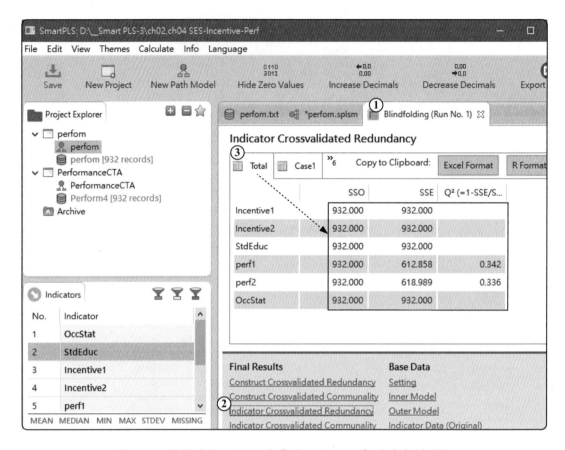

圖3-36　指標的交叉驗證重疊性：只Total表（外部模型）

　　上圖，是潛在構面與其指標聯繫起來的外部模型，在這裡，外部模型對於透過重疊性或共同性方法求出的內生因素（performance）具有高度的預測相關性（Q^2 = 0.35）。「Indicator Crossvalidated Communality」表中顯示，SES 指標（OccStat 和 StdEduc）的預測相關性僅在中等效果（Q^2 = 0.2837）。

二、「外生→內生」效果量（effect size measure）q^2 ≒ 預測相關性（Q^2 和 q^2）

　　SmartPLS 軟體也提供了「外生變數對內生變數的影響力」效果量指標（f^2）。

(1) f^2 是效果量（>= 0.02 是低效果量；>= 0.15 是中效果量；>= 0.35 是高效果量）。它解釋模型中的每個外生變數之變異數。

(2) Q^2 是預測有效性（效度），測得的模型是否具有預測有效性（通常要 > 0 優）。

定義：$q^2 = [Q^2 \text{ (included)} - Q^2 \text{(excluded)}] / 1 - Q^2 \text{ (included)}$
這不是自動功能，因為當不僅排除單個潛在變數而且排除與該變數相關的完整模型結構時，你必須決定要做什麼？

　　人們較少使用「**外生→內生變數**」的 q^2 效果量，它是第三種替代統計量（除了重疊性和共同性之外）。f^2 公式如下方框：旨在評估**內部模型**路徑與內生變數的預測相關性。基於模型中 R^2 值的估計方式亦可用來計算 f^2 值，不論該模型帶有（或沒有）外生因素（假設：Performance 模型中「有或沒有」SES），也可以使用相似的值來計算 q^2，它與上面討論的有（或沒有）給定潛在構面的模型的 Q^2 預測相關性，兩者在詮釋上概念相似。

定義：$f^2 = [R^2 \text{ (included)} - R^2 \text{ (excluded)}] / 1 - R^2 \text{ (included)}$
這不是自動功能，因為當不僅排除單個潛在變數而且排除與該變數相關的完整模型結構時，你必須決定要做什麼？

　　你可根據 Cohen（1988）和上面討論的：低／中／高的截斷準則（cutoff criteria）來解釋 q^2。

第4章

驗證式四分差分析
（CTA-PLS）：該
選formative模型或
reflective模型？

SmartPLS 同一結構模型可含：反映性模型（≒ factor model）與形成性模型（≒ composite model），亦可二選一，那你該選哪一個才對呢？

本章旨在解說，測量模型韌性（你該挑反映性或形成性？），你可使用 CTA-PLS 來確認「模型應採取形成性構念或反映性構念模型」；至於結構模型韌性查核旨在檢查非線性（e.g. 第 11 章：二次方調節效果；第 13 章高階構念）、內生性（endogeneity，第 11 章及第 12 章「二階段迴歸之調節效果」）、異質性（heterogeneity，第 12 章「調節效果」）（Hair Jr. et al., 2019; Sarstedt et al., 2020）。

一、形成性指標與反映性指標：方向不同

在發展潛在變數的構念時，必須思考測量因果的方向性。由於方向性的不同會導致 2 種類型的測量設定：

1. 反映性指標，是指潛在構念為因影響其觀察變數，同一潛在構念的觀察變數（指標）之間有高度的相關性。

2. 形成性指標，是指觀察變數為因影響其潛在構念。例如：測量到餐廳用餐滿意度的潛在構念，會因為觀察變數也就是問卷試題的設計不同而有差異。

例如：就反映性指標而言，因為我到這家餐廳用餐很滿意（satisfaction），導致我喜歡（Like）此家餐廳，即使下次沒空來用餐，我也會推薦（recommend）他人來享用。因此，到餐廳用餐滿意度（satisfaction）是因（潛在構念），而導致結果是果（recommend 指標）。相對地，就形成性指標而言，到這家餐廳用餐的 satisfaction 是結果，其可能原因是服務人員很親切友善、餐點很好吃、用餐環境很棒等（指標），因此這些原因是觀察變數（指標），導致了對這家餐廳的滿意度（構念）評分。

在探索性研究裡，往往無法預知你的測量模型是屬反映性或形成性，此時就需藉助四分差分析（CTA-PLS）來判定。

如圖 4-1 所示，本例的專案檔「perfomCTA」（它對應至 perfomCTA 資料夾）中，它含有：「⑥ perfom4.csv」樣本資料檔、「⑤ perfomCTA.splsm」模型圖檔。

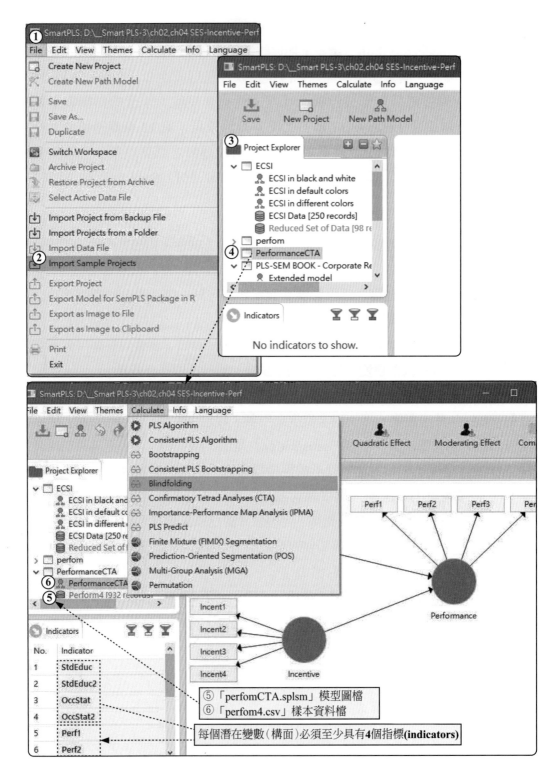

圖4-1　開啟舊的專案檔「perfomCTA」（它對應至perfomCTA資料夾）

4-1 驗證式四分差分析（CTA）：檢測你測量模型是反映性或形成性

　　如圖 4-2，測量模型之 CTA-PLS 評估程序（assessment routine），它符合偏最小平方（PLS）路徑建模假定（assumptions）：「一致的方式用來驗證 tetrad 分析（confirmatory tetrad analysis, CTA）」。概念化（conceptualization）採用 bootstrapping 程序來檢查 CTA-PLS 中：「消失的 tetrads 的適當統計檢測」，就能分辨，你界定的模型，該用形成性指標（formative indicator）或反映性指標界定（specification）。學者曾使用實驗或經驗（empirical）數據，證明了 CTA-PLS 的實用性和有效性（effectiveness）。CTA 是評估 PLS 路徑建模（path modeling）結果的好方法，該程序可幫助你避免：「測量模型不正確界定，所造成潛在無代表性後果（potentially unrepresentative consequences）」。

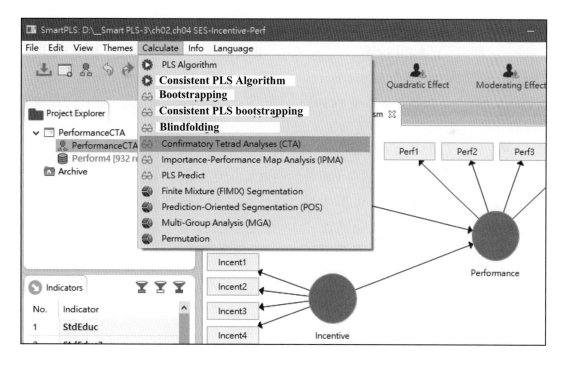

圖4-2　SmartPLS「Calculate」估計法之選項

4-2　概述

Tetrad 分析檢測（tests），虛無（null）假設（H_0）是：「模型指標具有反映性」。故若拒絕 H_0，則表示模型應該改用形成性模型（formative model）。可是，PLS-CTA 是一種數據驅動（data-driven）的方法，若你有合理的理論理由，認為反映性模型較合適，那麼支持形成性建模的發現可被忽視。

「資料驅動」這種程式設計，計算執行的次序取決於資料的相依性。資料驅動計算又分為資料流（data flow）和需求驅動（demand driven）2 種。例如：想要成為一家資料驅動型公司，可不僅僅是收集資料、定期檢視資料這麼簡單的。真正的資料化運營指的是，企業在做每一個決策之前，都需要分析相關資料，並讓這些資料結論指導公司的發展方向。

採用 PLS-CTA 分析時，你界定模型每個潛在變數（構面）必須至少具有 4 個指標（indicators）。SmartPLS 3 當前最大值是每個構念有 25 個指標。

「Tetrad」在希臘語中表示「4 個」。CTA 同時檢查這 4 個共變數的集合（sets）。例如：已知指標變數「g_1, h_2, i_3, j_4，則 tetrad $= c_{12}c_{34} - c_{13}c_{24j}$，其中，$c$ 是下標變數的母群體的共變數（Covariances）。當它 $= 0$ 時，此 tetrad 被認為是「消失的（vanishing）」。Bollen & Ting（1993）已證明了：「如何在某提議的結構方程模型中，確定模型隱含的 tetrad 是否消失。」

在 PLS-SEM 下，驗證性 tetrad 分析（CTA）試圖遵循 Bollen & Ting（2000）的驗證方法，該方法用於檢測模型隱含的四邊形（因此稱為 PLS-CTA）。該方法由 Gudergang, Ringle, Wende, & Will（2008）再用 SmartPLS 軟體進行改版，該軟體是基於 Bollen 等人開發的早期 tetrad 方法。這些學者（Bollen & Ting, 2000; Gudergang et al., 2008: 1241）提出 5 步驟之流程，包括：

Step 1 為潛在變數的測量模型，計算所有消失的四邊形。

Step 2 識別隱含模型的四邊形。

Step 3 消除 redundant 的模型，隱含消失的 tetrads。

Step 4 對每個消失的 tetrads 執行統計顯著性檢測（significance test）。

Step 5 評估所有模型暗示的 non-redundant 消失 tetrads 的結果。

儘管 CTA-PLS 通常遵循與 CTA-SEM 相同的原理和程序，但還是存在一些差異。由於 PLS 不符合傳統顯著性檢測所要求的分布假定，因此必須使用 bootstrap 來測試 tetrad 組。

對於一組指標變數，當該變數中 2 個變數的共變數乘積，與其他 2 個變數的共變數的乘積之間的差是 0 時，表示 tetrad 消失了。若 tetrad 與 0 的差異不大，也表示 tetrad 是消失的。但是，它不是使用 p 值顯著性準則，而是在顯著性對應於 0 且未處於未調整的信賴範圍內的情況下，應用誤差校正（bias correction）。顯著性則對應於：「0 不在誤差調整（bias-adjusted）的信賴範圍內」，這是操作型檢定的準測。

總之，tetrad 分析的邏輯（Gundergan et al., 2008）如下：

1. 虛無假設（H_0）是：給定的 tetrad 組的值為 0（正在消失）。

2. 檢測反映性模型時，模型所有包含的 non-redundant tetrads 都應消失。

3. 計算並檢測 tetrads 的值。

4. 若係數 | t 值 | > 1.96，則支持 H_0；這意味著 tetrads 的值與 0 顯著不同（tetrads 不會消失）。

5. 若係數 | t 值 | > 1.96，則對應的顯著性 p 值，$p \leq 0.05$，也意味著 tetrads 值與 0 顯著不同且不會消失。

6. 因此，當偏誤調整的信賴區間內不含 0 值，則無法接受 H_0，這通常（但並非總是）會對應到 $p \leq 0.05$ 情況。

7. 當你無法接受 H_0：意味著該測量模型應該是形成性的，而不是反映性的。

◆ 4-3　範例：Tetrads分析 ◆

如圖 4-3 所示，先「File → Import」「Perform4.csv」資料檔之後，再一步一步界定你的「*.splsm」Model 檔的內容。

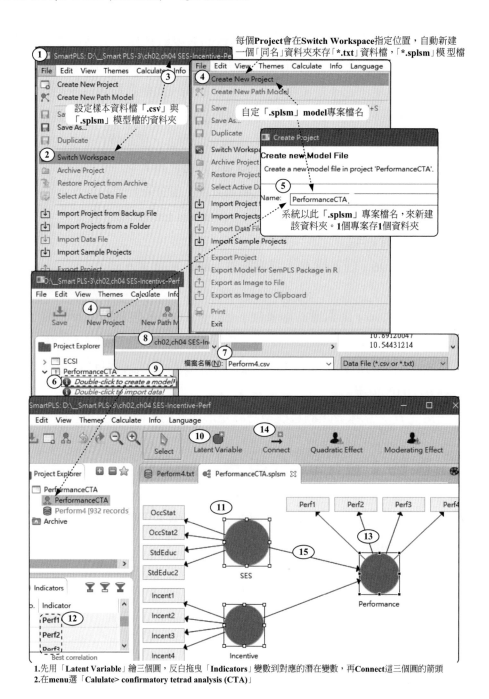

圖4-3　讀入「Perform4.csv」檔之後，再界定你的「.splsm」模型檔

因為 PLS-CTA 每個構面（或構念）需要 4 個以上指標，故本例改用另一資料檔「Perform4.csv」，其指標變數如圖 4-4 所示。

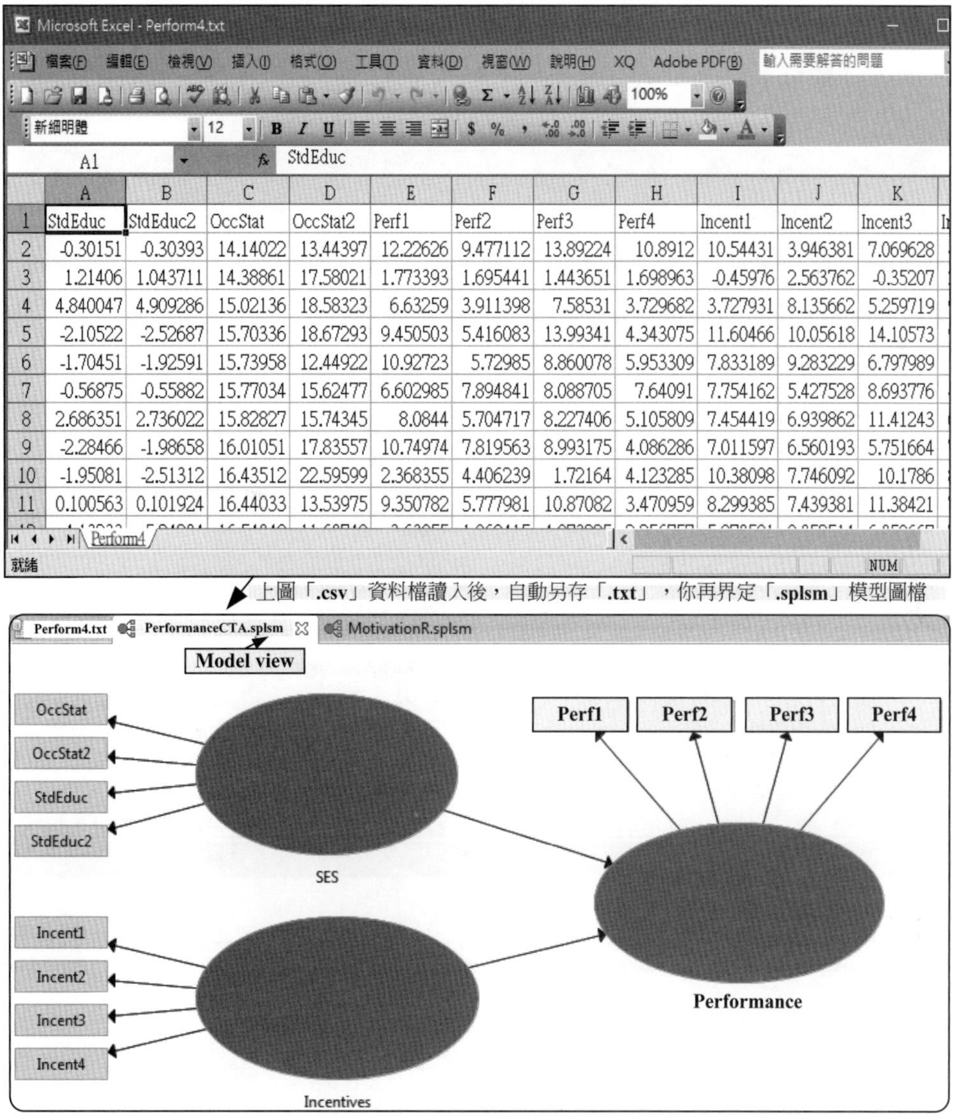

上圖「.csv」資料檔讀入後，自動另存「.txt」，你再界定「.splsm」模型圖檔

圖4-4　資料檔「Perform4.csv」的指標變數（每構面都有4個指標）

4-4　執行：驗證性tetrad分析

　　從 SmartPLS 選單中選擇「Calculate → Confirmatory Tetrad Analysis（CTA）」之後，將出現下圖（圖 4-5）：帶有 2 個選項卡的對話框。通常接受內定設定值，但下面依次討論了 2 個選項卡。

1. Setup（設定）
2. Weighting（權重）

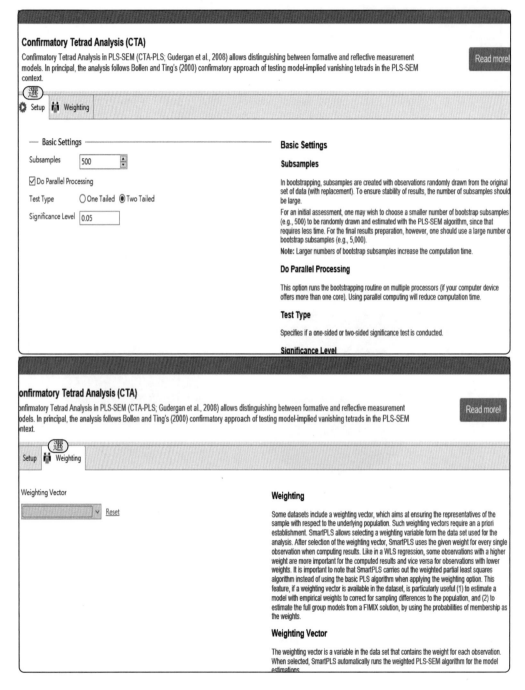

圖4-5　執行「Confirmatory Tetrad Analysis (CTA)」前，你可選擇的Options有2項

圖 4-5 顯示了「Setup」選項卡的內定設定。內有 4 個設定，所有其他步驟均已介紹了所有設定。本例接受內定設定。

1. Subsamples（次樣本）：Bootstrapping 使用數據中的多個重抽樣本，用來檢定 PLS-CTA 中的顯著性。雖然將內定值設定為相對較小的數字（500）可最大程度地減少建模初期的計算時間，但應將其重置為更大的數字（例如：5,000）來進行最終分析。因為大樣本數有助於確保穩定的結果。

2. Do Parallel Processing：此設定支持 CPU 平行處理。若你的計算機具有多個 CPU 處理器，則在指定處理器數量的情況下將加快計算速度。但勿嘗試指定高於你計算機上實際處理器數量的數字。

3. Test Type：通常的 two-tailed 顯著性檢定是內定值。

4. Significance Level（顯著性水準）：通常 $\alpha = 0.05$ 顯著性水準是考慮結果顯著性的內定截止值。

「Weighting」選項卡與上述各節中討論的選項卡相同，注意事項也相同。在此，本例 CTA 接受內定設定值。本例 CTA 也未使用權重（變數）。

4-5　PLS-CTA的輸出

PLS-CTA 為原始模型中，每個潛在構念的指標提供了 tetrad tests，本例是反映性的，構面有：Incentives、SES 和 Performance。圖 4-6 針對這 3 個潛在構面分別做：消失 tetrad 的檢定。

操作決策準測是：查看圖 4-7，最右邊的兩列，即 Low & Up bias-adjusted 的信賴區間上限及下限（CI）。若 CI 不含 0 值，則 tetrad 值 ≠ 0，表示 tetrad 不會消失。發生這種情況時，通常 p 值也會一同達到顯著性（$p \leq .05$）。

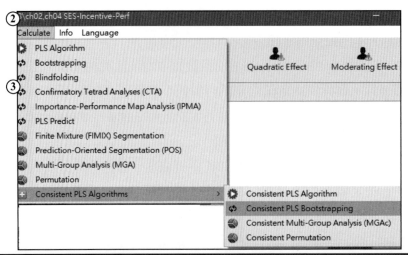

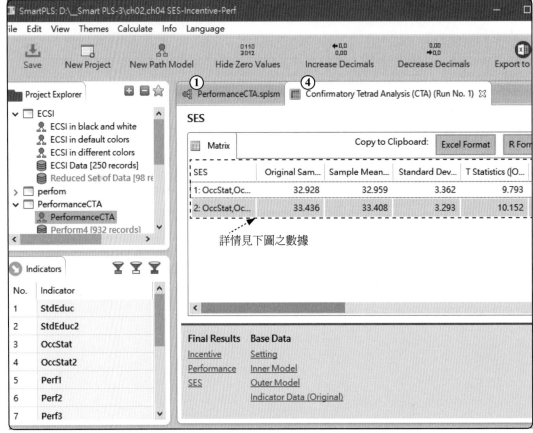

圖4-6　選擇「Calculate → Confirmatory Tetrad Analysis (CTA)」

為了堅持並保留反映性模型，理想情況下，所有 non-redundant tetrads 都將消失。若所有 tetrads 的 bias-adjusted CI 含 0 值（通常 p 值也伴隨無顯著）。可是若 0 不在 bias correction 信賴區間（CI）內，但 p 值卻不顯著該怎麼辦？

這標記（flags）marginal tetrad，其中，bias-adjusted 會使推論產生不同結果。但是，實際決策準則應選：偏差調整後的 CI（不是未經調整的 p 值）。

本例的數據，在 3 個潛在構面中的每一個中，至少有一個 vanishing tetrad tests 中，且 0 都不在 bias-adjusted 的 CI 範圍內。

在本例中，每個構面都有 4 個指標。4 個指標共產生 6 個共變數、3 個 tetrad 和 2 個 non-redundant tetrads。因此，本例輸出中每個構面有 2 個 vanishing tetrad tests。

在反映性模型中，所有 tetrad 都應消失，這意味著對於所有檢定，0 都含在 bias-corrected CI 內。由於本例不是這種情況，因此你可好好地對這些數據進行建模。換句話說，應該選擇其：假定與「消失 tetrad 檢定」結果一致的測量模型（formative 或 reflective）。總之，本例選擇形成性模型（不選 reflective 模型）是對的。

如果CI不含0值，則tetrad值≠0，表示tetrad不會消失
本例選擇形成性模型（不選reflective模型）是對的。

Final Results

Incentives

	Original Sample (O)	Sample Mean (M)	Standard Error (STERR)	T Statistics (|O/STERR|)	P Values	Bias	CI Low	CI Up	Alpha adj.	z(1-alpha)	CI Low adj.	CI Up adj.
1: Incent1,Incent2,Incent3,Incent4	-72.6225	-72.1230	4.5394	15.9982	0.0000	0.4995	-81.0417	-63.2043	0.0250	2.2482	-82.3284	-61.9176
2: Incent1,Incent2,Incent4,Incent3	0.2877	0.2847	0.2839	1.0132	0.3114	-0.0029	-0.2731	0.8425	0.0250	2.2482	-0.3536	0.9230

Performance

	Original Sample (O)	Sample Mean (M)	Standard Error (STERR)	T Statistics (|O/STERR|)	P Values	Bias	CI Low	CI Up	Alpha adj.	z(1-alpha)	CI Low adj.	CI Up adj.
1: Motive1,Motive2,Motive3,Motive4	-70.7761	-70.5775	5.2284	13.5367	0.0000	0.1986	-80.8500	-60.3051	0.0250	2.2482	-82.3320	-58.8231
2: Motive1,Motive2,Motive4,Motive3	-0.2554	-0.2675	0.2493	1.0248	0.3060	-0.0121	-0.7573	0.2222	0.0250	2.2482	-0.8279	0.2929

SES

	Original Sample (O)	Sample Mean (M)	Standard Error (STERR)	T Statistics (|O/STERR|)	P Values	Bias	CI Low	CI Up	Alpha adj.	z(1-alpha)	CI Low adj.	CI Up adj.
1: OccStat,OccStat2,StdEduc,StdEduc2	32.9284	32.9027	3.3484	9.8342	0.0000	-0.0257	26.3242	39.4813	0.0250	2.2482	25.3751	40.4304
2: OccStat,OccStat2,StdEduc2,StdEduc	33.4357	33.4073	3.2934	10.1522	0.0000	-0.0284	26.9366	39.8779	0.0250	2.2482	26.0030	40.8115

圖 4-7 「Calculate→ Confirmatory Tetrad Analysis（CTA）」分析結果

自然地，由於 CTA 與其他 PLS 演算法相比，PLS-CTA 部分的數據和模型不同，因此，此處求出的推論不適用於其他部分。

4-6　PLS-CTA及樣本數

就像顯著性檢定一樣，隨著樣本數的增加，更可能發現與 null hypothesis 的差異（此處的 tetrad 值與 0 的差異）很明顯。隨著樣本數變得越大時，最終所有差異都也會顯著的，對於 PLS-CTA，你終究會拒絕反映性模型。

當 PLS-CTA 拒絕反映性模型而採用形成性模型時，你必須懷疑：你的模型是否為大樣本。你可用「眼睛」檢視偏差調整後的 CI（上限、下限）接近 0 點的程度。但是，建議你採用簡單的探索性方法，對原始中型樣本數（例如：$n = 200$）隨機樣本再次進行分析。

對於較小的樣本，你將發現「T Statistics」欄中的 t 值將減小，並且 0 在 lower & upper bias-adjusted CI 內的機率將會增加。若發現：所有 tetrad 檢定，0 在這些 CI 範圍內，則反映性模型的 full-sample rejection（拒絕）是：樣本數的假象，而且應保留反映性模型。

由於本例數據採用隨機子樣本策略，儘管 t 值確實減小了，但它們並沒有減小到足以促使 0 落在 CI 範圍內，並且實質性解釋也沒有不變。意即，本例仍堅持認為形成性模型是合適的全數據，並且拒絕：「大樣數的反假定（負負得正）」。

第5章

重視度─表現度分析法（IPMA）

　　一般而言，多數量化研究常使用卡方檢定（Chi-square）、t 檢定（t-test）、變異數分析（ANOVA）等分析方法進行資料分析，旨在分析探究各類別樣本間的表現差異；然而，若研究目的並非探究不同受試者間的就業力差異，而是要了解臺灣諮商心理師的整體就業力現況，包括哪些是諮商心理師較重視與較忽略的能力，以及哪些是諮商心理師目前表現較好或較差的能力，故研究者捨棄 t 檢定與變異數分析等常用的統計分析方法，改採用「重視度─表現度」分析法（importance-performance analysis, IPA）進行分析，藉以探討臺灣諮商心理師對職業所需的就業力之重視度與表現度。

一、重視度─表現度分析法（importance-performance analysis, IPA）

　　Importance-performance analysis（IPA），又稱「重視度─表現度映射分析」，係 Martilla & James（1977）所提出，原來是用來分析行銷方案的要素，經由詢問受訪者對於多個服務特質（attribute）項目的重視度（importance）和表現度（performance）看法，以重視度和表現度為兩軸構成重視─表現方格（importance-performance grid，IPA 方格圖），其基本形式是重視度置於縱軸，表現度位居橫軸（但 SmartPLS 將這兩軸對調）。重視度情形由輕微重要（slightly important）到極端重要（extremely important）；表現度由普通（fair）到優秀（excellent），選取全部項目重視度和表現度分數的中位數（median, Md）或算數平均數（M）為分類依據，就能形成 4 個分類（圖 5-1）。

　　IPA 旨在預防你對任何一項行為（或論點）只單方面的思考。若你僅僅考慮其重視度而忽略表現度，或僅考慮表現度卻忽略重視度時，分析結論，就難免有井底之蛙之憾，甚或失於偏頗之虞。改進之道，就是同時：將重視度與表現度兩者，同時放「同一座標」一起考慮。迄今，多年來 IPA 已被應用在許多領域，例如：服務品質、產品策略的形成與評估、餐廳與飯店的決策與滿意度、大學的管理等，並幫助相關人員進行有關的優劣勢修正分析、改進順序或資源投入方向等決策（陳進春等人，2008）。

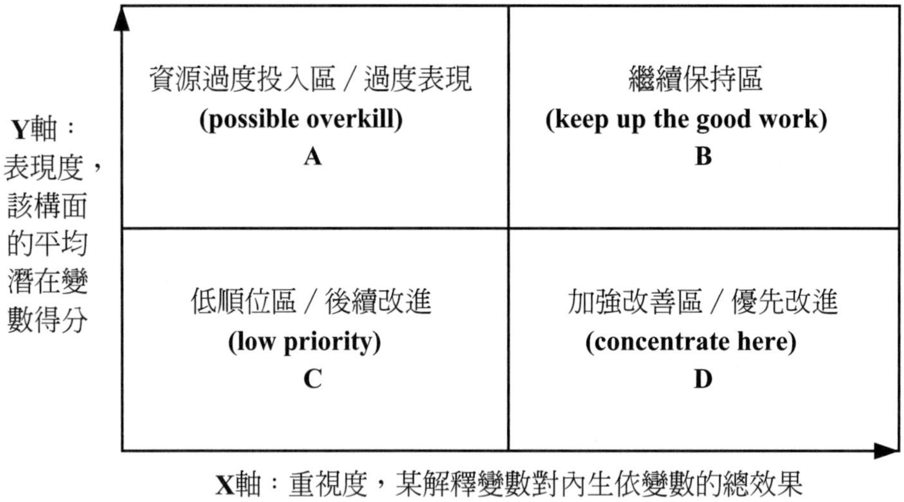

圖5-1　Importance-performance analysis分析圖（陳美菁、陳建勝、李姵築，2009）

1. 繼續保持區（keep up the good work）：代表重視度較高及表現度亦較佳的區域，落入此區域內的就業力項目，表示受試者目前的工作對於該項就業力非常重視，在該項就業力的表現亦十分優異。

2. 加強改善區（concentrate here）：代表重視度較高但表現度較不佳的區域，落入此區域內的就業力項目，表示受試者目前的工作對於該項就業力非常重視，但卻感到本身所具備的該項就業力表現普通或低落。

3. 低順位區（low priority）：代表重視度較低及表現度不佳的區域，落入此區域內的就業力項目，表示受試者目前的工作對該項就業力較不重視，且感到本身所具備的該項就業力表現普通或低落。

4. 資源過度投入區（possible overkill）：代表重視度較低但表現度較優異的區域，落入此區域內的就業力項目，表示受試者目前的工作對於該項就業力較不重視，但在該項就業力的表現卻十分優異。

　　建立 IPA 坐標圖，必須先取得這些屬性的表現度和重視度。例如：對於教師的每一教學屬性之教學表現程度，係來自於所有填寫問卷的學生對該教學表現的評估值的平均而得。Y 軸：表現度（performance）可直接由問卷調查、或用 SmartPLS 先求出各潛在變數的 Performance 值。一開始並沒有設計去獲得每一教學屬性項目重視度的直接訊息，而是間接利用變異數權重（variance weighting）來得到每一項目的重視度訊息。亦即在本研究裡，每一項目的重視度是由所有學生對該屬性的變異數計算而得（陳進春等人，2008）。

通常，教師的教學屬性之所以受重視或是具有參考價值，是由於此屬性受評定（rating）價值的意見不一致，亦即所得屬性評定價值的變異數較大所致，因此變異數權重被當成重視度概念的建構基石。

假設 x_k 為第 k 個教學屬性，則其變異數權重 w_k 的求法，公式如下：

$$w_k = (Var(x_k) - m)/M \tag{1}$$

其中 $Var(x_k) = \sum_{j=1}^{n_k}(R_j(x_k) - \overline{R_k})^2/n_k - 1$；$m$ 和 M 分別表示所有教學屬性中之最小與最大變異量；$R_j(x_k)$ 是表示第 j 位學生對教學屬性 x_k 的評定值；n_k 為對教學屬性 x_k 評定值的學生人數以及 $\overline{R_k}$ 是教學屬性 x_k 的平均評定值（Herlocker, Konstan, Brochers & Riedl, 1999）。在實際應用上，當教師教學屬性之整體滿意度未知時，我們可利用上述變異數權重 $w_k = (Var(x_k) - m)/M$ 來求出每一教學屬性的重視度。

建構一個重視度─表現度分析圖（IPA map），步驟包括（陳進春等人，2008）：

Step1 每一個教學屬性的表現度係由所有學生所給予的評定值平均而得。假設對象學生樣本數為 n 人。所以，對每一教學屬性 x_k 之平均表現評定值 $p_k = \sum_{i=1}^{n_k}\dfrac{x_{ki}}{n_k}$，其中 x_k 是每一調查對象（學生）對於教學屬性 x_k 之個別**表現評定值**，$k = 1, 2, 3, \cdots, 15$ 組。

Step2 利用前述公式 $w_k = \dfrac{Var(x_k) - m}{M}$ 計算出每一教學屬性 x_k 的**重視度權重**。

Step3 由變異數本位法所求出的各教學屬性重視度的權重之後，結合相對的表現評定值，形成一組有序數對（ordered pair）。15 組有序數對將以 (p_1, w_1)，(p_2, w_2)，$\cdots$，(p_{15}, w_{15}) 形式呈現。

Step4 建立變異數本位法的重視度─表現度分析圖，此圖頗為類似平面上直角坐標系。首先，以 x 軸（橫軸）代表教學屬性之表現評定值，而以 y 軸（縱軸）表示教學屬性之重視度權重。兩軸相互垂直於點 (x_0, y_0)，將此點視為此坐標系之原點（origin），其中，$x_0 = \sum_{k=1}^{15}\dfrac{p_k}{15}$，$y_0 = \sum_{k=1}^{15}\dfrac{w_k}{15}$。如此，互相垂直的兩坐標軸將平面分割成 4 個象限。上述一個有序數對即代表平面上一個點。然後，將上述所求出的各有序數對一個一個描在建立的 IPA 平面坐標系上。

Step5 根據此畫出的重視度─表現度分析圖，說明各教學屬性所需改進之輕重緩急項目。亦即落在不同象限即代表不同的改進需求。

二、IPA 分析法

對於特定行為或論點的「重視度」分析，通常有下列幾種方法：（陳進春等人，2008）

1. 基於變異數法（variance-based method）
2. 感度分析法（sensitivity analysis）
3. 亂度法（熵）（entropy method）
4. 層級分析法（AHP method）
5. 問卷調查法

IPA 旨在同時考慮了重視度與表現度兩者去作決策判斷，目前有 2 個主流方法論。(1) 是聚焦在缺口（gaps）的討論。所謂缺口指的是表現度與重視度的差，亦即表現度減去重視度而得的數值。若此值為正，則表示此項屬性的表現是可被接受。反之，若為負，則表示有待加強（O'neill, Wright, & Fitz, 2001; Shaw, DeLone, & Niederman, 2002; Skok, Kophamel, & Richardson, 2001）。然而，此方法論常受批評為缺乏理論依據（Bacon, 2003）。(2) 先行計算出所有屬性的重視度與表現度的平均值。然後，在平面建立一個直角坐標系，通常的做法是以 x 軸表示表現度，而以 y 軸表示重視度（對調亦可），並以上述兩者所求出的平均值為坐標系原點，如此即建立了一個 IPA 的平面上二維直角坐標系。

此 IPA 二維平面直角坐標系則將平面分為 A、B、C、D 四個象限（four quadrant），如圖 5-1 所示。A、B、C、D 四個象限分別代表優先改進（concentrate here）、繼續保持（keep up the good work）、後續改進（low priority）、過度表現（possible overkill）。其中 x 軸越向右則表示表現越高，越向左則相反。而 y 軸越向上則表示越受重視，越向下則表示越不受重視。最後，可將每一個屬性依其重視度與表現度在 IPA 坐標平面上的象限找出其相對應的一個點來表示。如此，每一個屬性將分布在 A、B、C、D 之某一個象限，又均分別代表不同意義，這個訊息將分別提供教師或決策管理者作為教學改進或市場決策之參考。

三、IPA 常見的研究議題

Importance-performance map analysis（IPMA）常見的研究議題有：

1. 重視度—表現度分析法（importance-performance analysis, IPA）在發展教師教學效能上的應用：在評選教師個人教學屬性中，需要改進的輕重緩急次序，以作為優先研究發展改善項目的依據。陳進春、鄭百成、曾瑞譙（2008）針對其任教一個

學期後的教學屬性，進行 185 位修課學生的滿意度問卷調查，來取得學生的反應訊息，以計算教學屬性的表現度，而表現度係由全體修課學生對各個教學屬性評估後而獲得的平均值。

雖然問卷調查本身並無設計直接去獲取教學屬性的重視度項目，但本研究透過表現度採用基於變異數法（variance-based method）來間接計算出各個教學屬性的重視度。

如此，即可畫出該位教師個人教學屬性各個項目的「重視度 × 表現度」之坐標圖，經由坐標位置在分類上的比較分析，可以建議該位教師應優先加強研究改進的教學屬性先後次序為「遲到、早退、調課及缺課」、「教學活動的規劃適切有序」、「能善用比喻、例題、實例激發學生思考及興趣」、「對學生作業及考試結果能提供建設性的改善建議」。

2. 國營銀行管理者創業導向之重視度與表現圖像分析。

3. 對溪頭自然教育園區服務品質之重視度與滿意度。

4. 健檢服務品質認知。

5. 中高齡者對代間關係之重視度與滿意度之研究。

6. 臺灣諮商心理師就業力之分析研究。

7. 國中小任課教師數學專業知能及其受重視程度之研究。

8. 從民眾觀點建立健保政策績效指標：重要性—績效分析法之應用。

9. 澎湖目的地意象之關鍵屬性確認：基於結構方程模型的 IPA 方法。

10. 一般護理之家照護標準作業流程項目需求探討。

11. 以 Kano 模式與重要度績效分析探討亞洲主要貨櫃港口之服務品質。

12. 重視度—表現度分析法在發展教師教學效能上。

13. 運用 IPA 模式探討臺北松山國際機場旅客滿意度之研究。

14. 應用動態重視度—表現度分析法評估醫療資訊系統之可用性。

四、IPA 例子

　　如圖 5-2 PLS-SEM 是「影響網路社會支持之前因及過程」。

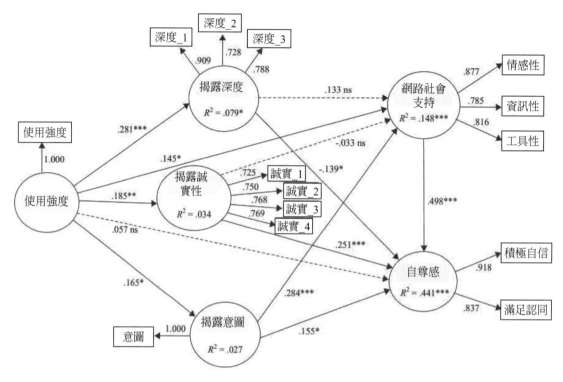

圖5-2　PLS模型分析的結構模型之路徑係數的重視度與預測能力（余淑吟，2019）

　　表 5-1 對應的 IPMA 如圖 5-3 所示，以象限的區域來看，所有構念都是高於平均表現的。揭露意圖、使用強度與揭露深度 3 項，對網路社會支持具有高重視度且高表現性。而揭露誠實性，則是不具重視度卻表現良好的構念，仍是值得注意的構念。

表5-1　中介變數間直接、間接與總效果整理表（余淑吟，2019）

	網路社會支持						自尊感						
	直接		間接		總效果		備註	直接		間接		總效果		備註
	β	t	β	t	β	t		β	t	β	t	β	t	
使用強度	.145	2.158	.078	2.380	.223	3.481	b	.057	1.063	.144	2.927	.201	3.022	a
揭露意圖	.284	3.772						.155	2.360	.141	3.709	.296	3.846	b
揭露深度	.133	1.412						−.139	2.251	.066	1.426	−.072	1.095	c
揭露誠實性	−.033	.341						.251	3.260	−.017	.336	.235	2.958	c
網路社會支持								.498	8.301			.498	8.301	

註：備註欄中a表示完全中介效果；b表示部分中介效果；c表示無中介效果。
　　$t > 1.96$，表示 $p < .05$；$t > 2.58$，表示 $p < .01$；$t > 3.33$，表示 $p < .001$。

　　如表 5-1，各變數之間直接、間接與總效果整理所示，使用強度與網路社會支持有部分中介效果存在，「使用強度」間接受到揭露意圖的中介效果（$\beta = 0.078$, $t = 2.380$, $p < .05$），影響了網路社會支持的獲得（總效果 $\beta = 0.223$, $t = 3.481$, $p < .001$）。「使用強度」與自尊感有完全中介效果，「使用強度」受到揭露意圖（$\beta = .144$, $t = 2.927$, $p < .01$），影響了自尊感的建立（總效果 $\beta = 0.201$, $t = 3.022$, $p < .001$）。揭露意圖與自尊感有部分中介效果存在，揭露意圖間接受到網路社會支持的中介效果（$\beta = 0.141$, $t = 3.709$, $p < .001$），影響了自尊感的建立（總效果 $\beta = 0.296$, $t = 3.846$, $p < .001$）。而揭露深度與誠實性 2 項對自尊感的關係中，網路社會支持無中介效果的影響。

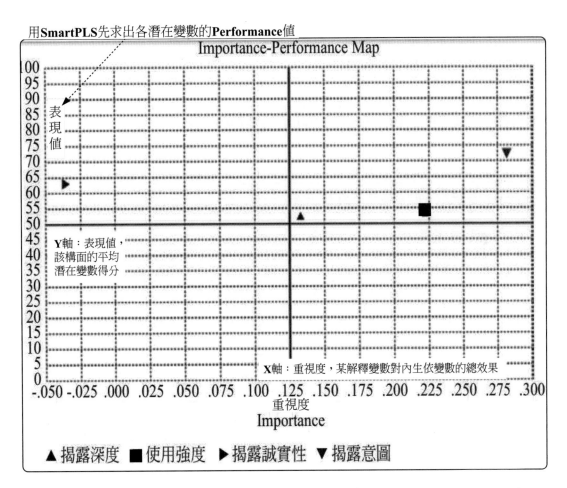

圖5-3　影響「網路社會支持」之重視度與表現度矩陣（IPMA）（余淑吟，2019）

5-1 Importance-performance map analysis（重視度—表現度映射分析）（IPMA）

Importance-performance map analysis（IPMA）又稱爲重視度—表現度矩陣分析，除了模型路徑係數中已包含的資訊外，不添加你模型的資訊。但是，IPMA 是路徑表示的另一種方式，結果可能對你能提供有見解的想法。IPMA 輸出旨在確定 PLS 模型中構念（潛在變數）的**相對重視度**。

如下所述，IPMA 分析突出了兩個維度：(1) 重視度反應了路徑圖（或其他感興趣的選定結構）對最終內生變數的絕對總效果。(2) 表現度反映了潛在變數得分值。

SmartPLS 3 IPMA 兩個維度：重視度和表現度，對於管理行動的優先級尤其重要。因此，最好主要集中於改進那些對解釋某目標構念具有重視度高，但又具有相對較低 performance 的構念。

5-2 範例：IPMA的建檔及分析

本章提出結合結構方程模型（SEM）與 IPA 於關鍵目的地（依變數）之意象屬性確認（預測變數）的新做法（SEM-IPA）。

一、新建一個專案檔（project）：檔名 perfom2

在 SmartPLS 中，取名「perfom」專案檔（Project）就會對應至「perfom」新資料夾（內含 splsm 模型檔，txt 資料檔等）；若另外取名「perfom2」專案檔就會新增「perfom2」資料夾來存檔。本例又分「無中介 vs. 有中介」2 種模型，分別存在「perfom.splsm」、「perfom2.splsm」模型中。本例，工作目錄（Switch Workspace）設定爲「ch02,ch04 SES-Incentive-Perf」資料夾，內存「SES-Incentive-Perf.csv」、「perfom.csv」這 2 個 Excel 資料檔。

一個專案檔（對應至該資料夾）內，它允許一個以上模型檔（.splsm）。

如圖 5-4 所示，當你「File → Import」「perfom.csv」資料檔時就會再自動轉成另一「perfom.txt」文字檔，接著再界定你的「*.splsm」模型圖形檔。

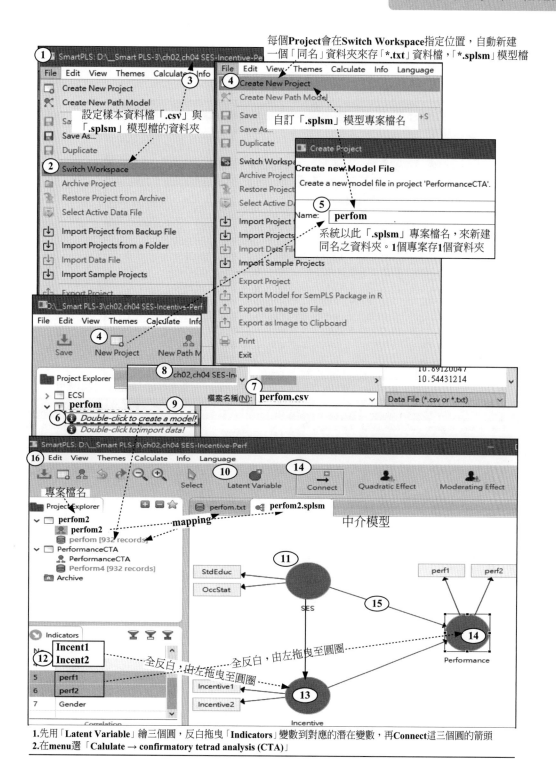

圖5-4 Import「perfom.csv」檔之後，再界定你的「.splsm」模型檔（perfom2專案檔）

通常 SmartPLS，每個構面（或構念）需要 1 個以上指標，故本例用資料檔「perfom.csv」，其指標變數如圖 5-5 所示。

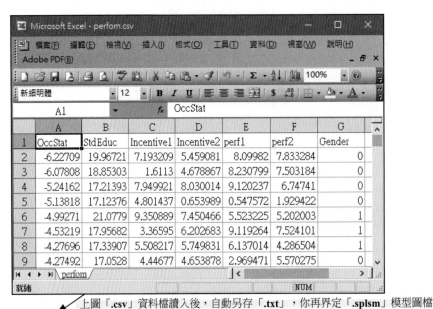

上圖「.csv」資料檔讀入後，自動另存「.txt」，你再界定「.splsm」模型圖檔

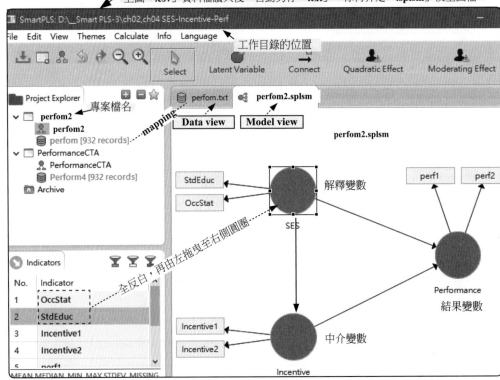

圖5-5　資料檔「perfom.csv」的指標變數（每構面都有2個指標）（perfom2專案檔）

如上述模型中所示，當一個變數（SES）對另一個變數（performance）有直接效果（direct effects）、間接效果（indirect effects）（SES-> 激勵 -> 表現）時，路徑相乘法規則可用於估計直接和間接效果。直接效果是標準化的結構係數，也稱為「SES -> Performance」的內在模型 loadings。間接效果＝「SES-> Incentive」的路徑係數 ×「Incentive -> Performance」的路徑係數。在更複雜的模型中，可能會有 2 個以上的路徑相乘來求得間接效果。「SES -> Performance」的總效果＝直接效果＋間接效果。

考慮圖 5-6 的模型，該模型的箭頭上，標有：「標準化的路徑係數（standardized path coefficients）」。

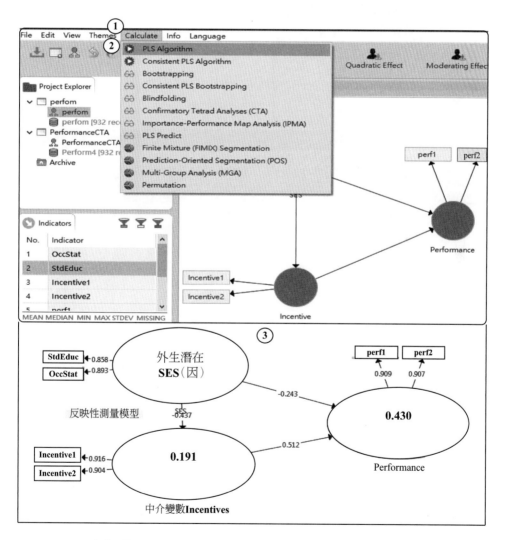

圖5-6　SmartPLS求得「SES-Incentive-Perf」標準化的路徑係數（中介模型）（perfom2專案檔）

二、執行：專案檔 perfom2 之 IPMA

為了說明 IPMA，本例在「SES -> Incentive」添加一個箭頭，將以前討論的「Perfom」二因一果之模型改編為「Perfom2」中介模型。本例資料檔仍是原始資料 perfom.csv。圖 5-7 顯示了 PLS Algorithm 模型的 Perfom2 模型和標準化結構路徑係數（內部模型 loadings）之分析結果。這與圖 1-54 SmartPLS 求得「SES-Incentive-perf」標準化的路徑係數，所劃分總效果的模型相同。但是，由於內定情況下，IPMA 模組（module）會顯示不同的係數，因為 IPMA 演算法的相應輸出是不同的。

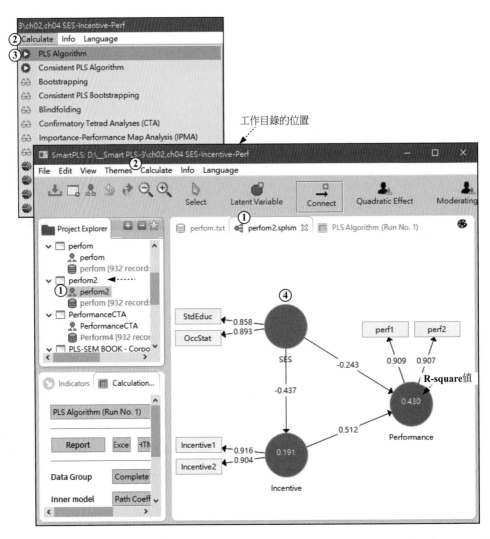

圖5-7　先PLS Algorithm，再Importance-performance map analysis（IPMA）（perfom2專案檔）

圖 5-7 的 PLS Algorithm 模型顯示：潛在構念之間的路徑係數，外部模型路徑爲外部負荷量，（藍色）內生變數（含中介變數 Incentive）的內部值是 R^2 係數。

相對地，同一例子，下面的 IPMA 演算法模型，也顯示了各潛在構念之間的

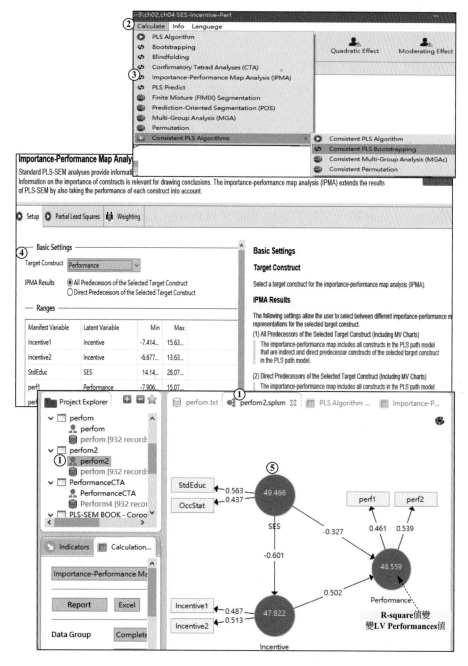

圖5-8　再Importance-performance map analysis (IPMA)（perfom2專案檔）

路徑係數，但是外部模型路徑是外部權重，藍色構面之內部值是 LV（潛在變數）performance 係數。儘管外觀不同，但對相同的資料檔，即 PLS 和 IPMA 分析是同一模型。（關於權重與 loadings 的關係，請參見上文）。

5-3 執行 IPMA

在 SmartPLS menu，選「Calculate → Importance Performance Map Analysis（IPMA）」之後，會出現：帶有 3 個選項卡的對話框。儘管本例接受內定設定值，但下面將討論這些選項卡。

1. Setup
2. Partial Least Squares
3. Weighting

「Weighting」tab 與上文所討論的相同，「Partial Least Squares」tab 也已在上文的部分中討論。這裡，CTA 本例接受這些 tab 的內定設定，包括：不使用權重。

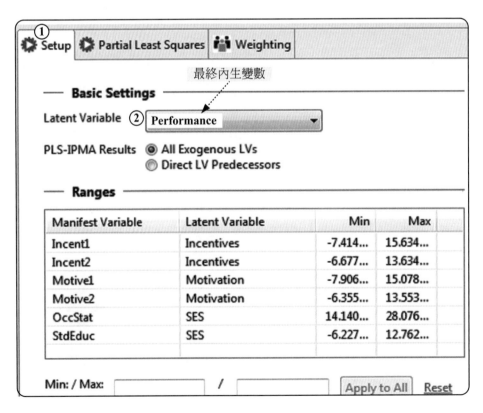

圖 5-9　IPMA 的「Setup」tab（perfom2 專案檔）

在 IPMA setup 選項卡中，有潛在變數（LV）、結果和值域的設置。

1. *Latent Variable*：選擇你感興趣的潛在變數。本例是 Performance，它是模型的最終依變數。

2. *PLS-IPMA Results*：內定的「All Exogenous LVs」（所有外生 LV）選擇會導致 importance-performance 圖，包括所有模型構念，這些構念的直接路徑或間接路徑的 latent 變數。若選「Direct LV Predecessors」，僅包括模型構念，這些模型構念是目標構念的直接前行構念。

3. *Ranges*：IPMA 結果包括 0～100 值域內的表現度。為了正確 re-scale 為 0～100，你必須正確輸入指標（manifest）變數的刻度。SmartPLS 會搜索資料檔並查找：回卷觀測值中值域最小者（最大者）。但是，此假定可能不正確。例如：若是採 1～7 計分的李克特量表，但實際資料檔可能只有 3～7 的值。在這種情況下，必須輸入正確的實際值域（1～7）。所有變數的正向與負向計分也應 recode 成同方向（即反向題要重新 recode）。對於所有變數，正向計分題，高值必須表示「更好」或「更多」。輸入不正確的值域將導致錯誤的表現度。只需單擊計算值並輸入另一個，即可更改臨時值域範圍。或者，可以在底部輸入最小值和最大值，並將其應用於所有變數。

在本例中，Incent 與 Motive 變數的值域範圍是 0～20；OccStat 值域範圍是 0～100；StdEduc 值域不需要重設。更改後的圖，如圖 5-10。

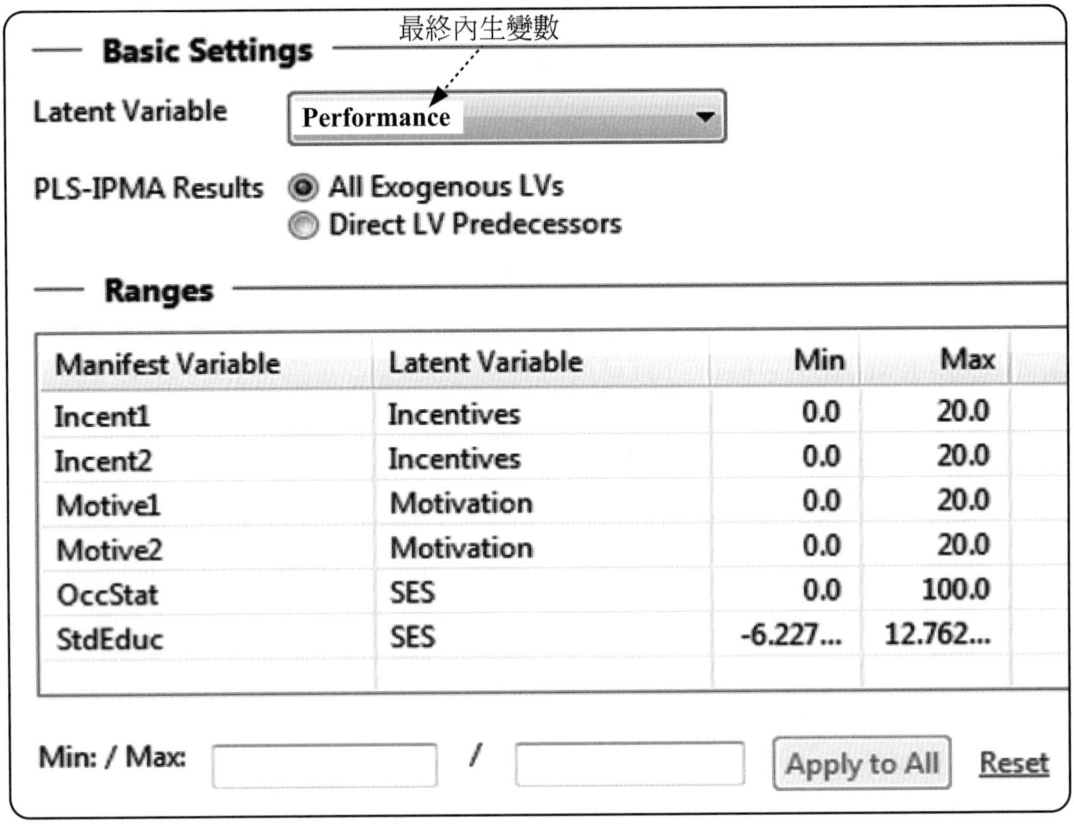

圖5-10　Incent與Motive變數的值域是0～20；OccStat值域是0～100；StdEduc值域不需改（perfom2專案檔）

完成所有設置後，單擊右下方的「Start Calculation」按鈕。

5-4　IPMA分析結果

一、LV Performances（潛在變數的表現度）

LV Performances 是未標準化潛在變數得分的平均值。如下所述，這些用於計算表現度（performance values）。請注意，在 IPMA 模組中，你可在 SmartPLS 來獲得未標準化的潛在變數分數。

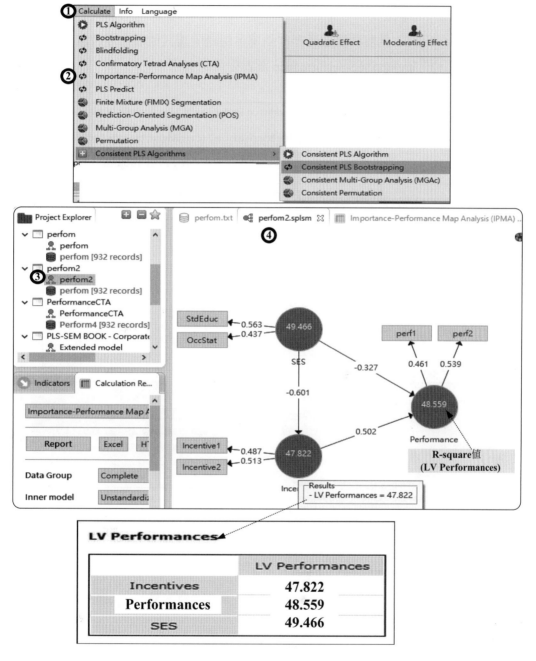

圖5-11　LV Performances（潛在變數的表現度）

　　「Importance（重視度）」是指基於標準化結構（內部模型）路徑係數的模型的總效果。針對外生變數對內生依變數（本例為 Performance 依變數）的總效果，列出了 Performance 模型的總效果（因此又稱「Importance」）。

二、Importance-Performance map（重視度—表現度映射圖）

儘管本例，只有 2 個解釋變數是非常簡單，但是隨著其他潛在變數越多，模型變得越來越複雜，則 importance-performance 圖就變得越有用。

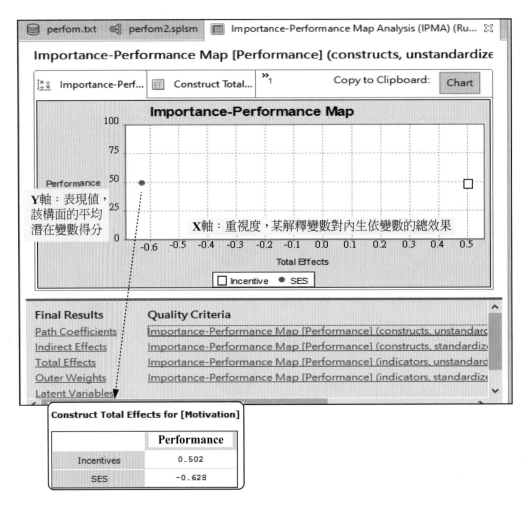

圖5-12　Importance-performance map（重視度—表現度映射圖）（perfom2專案檔）

「Importance（重視度）」：X 軸，是某解釋變數對內生依變數的總效果。若對目標構面具有更高的絕對總效果，則更為重要。儘管有負值（-0.628）（路徑 SEX -> Performance），但 SES 的絕對重視度仍比 Incentive 大。

「Performance（表現度）」：Y 軸，是該構面的平均潛在變數得分，若該 LV（構面）的平均潛在變數分數越高，則其表現越優，也反應了越強的測量路徑。雖然，SES 顯示出更高的表現度，Y 軸表現度是取自圖 5-11「LV Performances」。

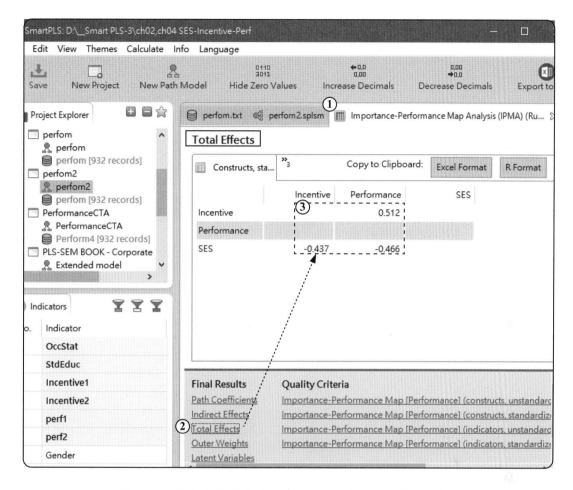

圖5-13　對內生依變數的Total Effects（perfom2專案檔）

進一步閱讀，有 SmartPLS 3 線上 Help 推薦的：Hair et al.（2014）對 IPMA 的詳細解釋；有關 IPMA 的應用，請參見 Höck et al.（2010），Völckner et al.（2010），Rigdon et al.（2011）& Schloderer et al.（2014）。

第6章

有限混合分群（FIMIX）：內部路徑模型的異質性，來對樣本分群（樣本要常態）

作者另一書《有限混合模型（FMM）：STaTa 分析（以 EM algorithm 做潛在分類再迴歸分析）》，內容包括：線性迴歸、次序迴歸、Logistic 迴歸、多項 Logistic 迴歸、count 迴歸、零膨脹迴歸、參數型存活迴歸、2SLS 線性迴歸、order 迴歸、Beta 迴歸等理論與實作。

一、有限混合分析（finite mixture analysis）是什麼？

如圖 6-1，當資料不同質（not homogenous），但需要進行分群（segmentation）來個別分群後再看其結果時，就需要 FIMIX-PLS（有限混合 PLS）（Hahn, Johnson, Herrmann, & Huber, 2002; Ringle, Wende, & Will, 2010; Ringle, Sarstedt, & Mooi, 2010; Sarstedt, Becker, Ringle, & Schwaiger, 2011）。換句話說，若懷疑回收樣本，存在無法觀察到之異質性，就需要 FIMIX。如下文所述，若不使用 FIMIX，很可能會導致結果詮釋的實質性錯誤。

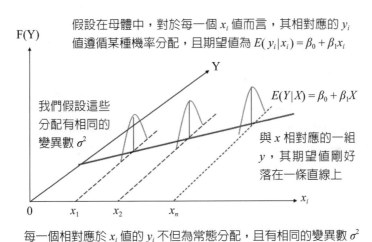

圖6-1　殘差同質性之示意圖

FIMIX-PLS 是基於內部路徑模型之異質性（heterogeneity）（圖 6-2），來對觀察值進行分群。這樣，FIMIX-PLS 可用於評估「各分群之聚合（aggregate）模型」，例如：基於準則程序之聚合模型，係確保聚合結果不會受到內部路徑模型估計，而無法觀察到的異質性之影響。

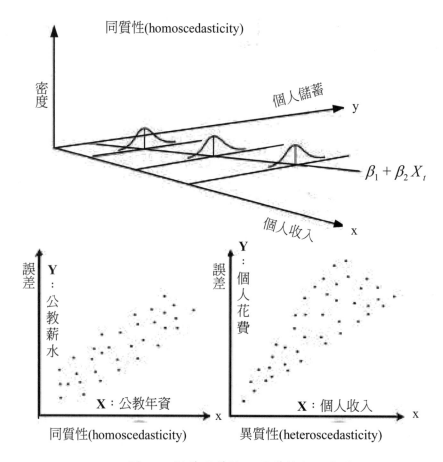

圖6-2　誤差同質性vs.異質性之示意圖

二、有限混合模型（Finite mixture model, FMM）的功能

1. 填補樣本中遺漏值（missing data）。

2. 發現潛在變數的價值（discovering the value of latent variables）。

3. 用來估計 Hidden Markov Model 的參數（Estimating the parameters of HMMs）：
   HMM 是一個統計馬爾可夫模型，被建模之系統假定為具有無法觀察（即潛在）
   狀態（state）的馬爾可夫過程。潛在馬爾可夫模型可表示為最簡單的動態貝葉斯
   （Bayesian）網絡。在較簡單之馬爾可夫模型（如 Markov chain）中，狀態對於
   觀察者是直接可見的，因此狀態轉移機率是唯一之參數，而在潛在馬爾可夫模型
   中，狀態不是直接可見的，但輸出是可見的（依賴於狀態）。每個狀態都有輸出
   標記之機率分布。因此，由 HMM 產生的 sequence of tokens 會出現關於狀態序列
   （sequence of states）的一些資訊。

4. 用來估計有限混合模型的參數（平均數 μ，變異數 Σ）。

5. 非監督式集群學習（unsupervised learning of clusters）。

6. 半監督分類和聚類（semi-supervised classification & clustering）。

6-1　有限混合模型（Finite mixture model, FMM）

6-1-1　有限混合模型（Finite mixture model, FMM）：理論基礎

❏　單變量Gaussian分配

$$\mathcal{N}(\,x\mid\mu,\sigma) = \frac{1}{\sqrt{2\pi\sigma^2}}\,e^{-\frac{(x-\mu)^2}{2\sigma^2}}$$

mean　　variance

❏　多變量Gaussian分配

$$\mathcal{N}(\,x\mid\mu,\Sigma) = \frac{1}{(2\pi|\Sigma|)^{1/2}}\exp\left\{-\frac{1}{2}(x-\mu)^T\,\Sigma^{-1}(x-\mu)\right\}$$

mean　covariance

用概似法來估計**Gaussian**分配之這些參數

❏　考慮　log of Gaussian Distribution

$$\ln p(x\mid\mu,\Sigma) = -\frac{1}{2}\ln(2\pi) - \frac{1}{2}\ln|\Sigma| - \frac{1}{2}(x-\mu)^T\,\Sigma^{-1}(x-\mu)$$

❏　　　　偏微分，並令方程式為**0**

$$\frac{\partial \ln p(x\mid\mu,\Sigma)}{\partial\mu} = 0 \qquad \frac{\partial \ln p(x\mid\mu,\Sigma)}{\partial\Sigma} = 0$$

$$\mu_{ML} = \frac{1}{N}\sum_{n=1}^{N} x_n \qquad \Sigma_{ML} = \frac{1}{N}\sum_{n=1}^{N}(x_n - \mu_{ML})(x_n - \mu_{ML})^T$$

其中，**N**為樣本數或資料點數

圖6-3　對數高斯分布最大概似之示意圖

高斯混合模型有 2 類

現有的高斯模型（Gaussian model）有單一高斯模型（Single Gaussian model, SGM）和高斯混合模型（Gaussian mixture model, GMM）2 種。從幾何角度來看，單一高斯分布模型在 2D 空間上近似於橢圓，在 3D 空間上近似於橢圓球。在很多情況下，屬於同一類別之樣本點並不滿足「橢圓」分布之特性，所以需要引入混合高斯模型來解決這種情況。

1. 單一高斯模型

多維變數 x 服從 Gaussian 分布時，其機率密度函數 PDF 定義如下：

$$N(x; \mu, \Sigma) = \frac{1}{(2\pi)^{D/2}} \frac{1}{(|\Sigma|)^{1/2}} \exp\left[-\frac{1}{2}(x-\mu)^T\Sigma^{-1}(x-\mu)\right]$$

在上述定義中，x 是維數為 D 的樣本向量，μ 是模型**期望值**，Σ 是模型**變異數**。對於單一 Gaussian 模型，可明確訓練樣本是否屬於該高斯模型，所以你經常將 μ 用訓練樣本之平均值代替，將 Σ 用訓練樣本之變異數來代替。假設訓練樣本屬於類別 C，那麼上面之定義可以修改為下面形式：

$$N(x; C) = \frac{1}{(2\pi)^{D/2}} \frac{1}{(|\Sigma|)^{1/2}} \exp\left[-\frac{1}{2}(x-\mu)^T\Sigma^{-1}(x-\mu)\right]$$

上面公式，表示樣本屬於類別 C 的機率。你可根據定義之機率臨界值來判斷樣本是否屬於某個類別（class）。

2. 高斯混合模型（GMM）

GMM 就是資料可以看作是從多個高斯分布中產生出來的。從中央極限定理可看出，Gaussian 分布這個假定其實是比較合理的。為何要假定資料是由若干個 Gaussian 分布組合而成的，而不假定是其他分布呢？事實上，不管是什麼分布（常態、指數分布……）？若 K 取得足夠大，該混合模型就會變得很複雜，且可用來逼近任意連續型機率密度分布。由於 Gaussian 函數具有良好的計算性能，所以 GMM 廣受認同。

每個 GMM 是由 K 個高斯分布所組成，每個 Gaussian 分布稱為一個成分（component/ class），這些成分線性加成在一起就組成了 GMM 的機率密度函數：

$$p(x) = \sum_{k=1}^{K} p(k)p(x|k) = \sum_{k=1}^{K} \pi_k N(x \mid \mu_k, \Sigma_k)$$

根據上面公式，若要從 GMM 分布中隨機取一個點，需要兩步：

1. 隨機地在這 K 個成分之中選一個，每個成分被選中的機率實際上就是它的係數

$P_i(k)$。

2. 選定了成分之後，再單獨考慮從這個成分的分布中選取一個點。

　　如何用 GMM 來做聚類呢？其實很簡單，假設你有些資料是由 GMM 所產生，那麼只要根據資料來推出 GMM 的機率分布，然後 GMM 的 K 個成分實際上就對應至 K 個聚類（clusters）。在已知機率密度函數之情況下，要估計其中之參數的過程被稱作「參數估計」。實例請用 Chrome 開啟光碟片中「**GMM EM 聚類具有模糊的邊界 .gif**」檔、「**GMM EM 聚類具有良好的分離 .gif**」檔，它是 EM 動態模擬圖。

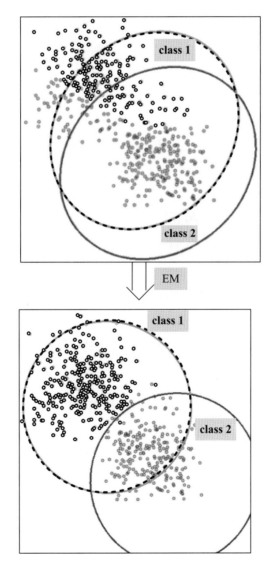

圖6-4　「GMM EM聚類具有模糊的邊界.gif」檔（請用iExplore觀看EM動態模擬圖）

你可利用最大概似估計來確定這些參數，GMM 之概似函數如下：

$$\sum_{i=1}^{N} \log \left\{ \sum_{k=1}^{K} \pi_k N(x \mid \mu_k, \Sigma_k) \right\}$$

可用 EM 演算法來求解這些參數。EM 演算法求解之過程如下：

Expectation-step：使用當前之參數（和觀察值）重建隱藏的結構 [Use current parameters（and observations）to reconstruct hidden structure]。

求資料點由各個成分產生之機率（並不是每個成分被選中之機率）。對於每個資料 x_i 來說，它由第 k 個組件產生之機率公式：

$$\gamma(i, k) = \frac{\pi_k N(x_i \mid \mu_k, \Sigma_k)}{\sum_{j=1}^{K} \pi_j N(x_i \mid \mu_j, \Sigma_{kj})}$$

Maximization-step：使用隱藏之結構（和觀察值）來重估參數 [Use that hidden structure（and observations）to reestimate parameters]。

估計每個成分之參數。由於每個成分都是一個標準之高斯分布，可以很容易分布求出最大概似所對應之參數值，分別如下公式：

$$\mu_k = \frac{1}{N_k} \sum_{i=1}^{N} \gamma(i, k) x_i$$

$$\pi_k = \frac{N_k}{N}$$

$$\mu_k = \frac{1}{N_k} \sum_{i=1}^{N} \gamma(i, k) x_i$$

$$\Sigma_k = \frac{1}{N_k} \sum_{i=1}^{N} \gamma(i, k)(x_i - \mu_k)(x_i - \mu_k)^T$$

6-1-2　高斯混合模型（Gaussian mixture model, GMM）

一、何謂高斯（常態）模型

有限混合模型中，又以高斯混合模型（Gaussian mixture model, GMM）應用最廣且最早，它是用高斯機率密度函數（常態分布曲線）精確地量化事物，將一個事物分解爲若干類（class），它們都基於高斯機率密度函數（常態分布曲線）形成之模型。通俗點講，無論觀測資料集如何分布以及呈現何種規律，多數都可以透過多個單一高斯模型之混合進行適配（fit）。

　　高斯混合模型（GMM），既然叫高斯混合模型，自然是由高斯模型混合而來。高斯模型，就是平時之常態分布，又名高斯分布。要學習理解高斯混合模型，需要中央極限定理和最大概似估計這 2 個機率理論背景知識。高斯混合模型，主要是用於聚類（clustering）。如圖 6-5 之例子：假設現在有 3 個不同之高斯分布，你用這樣的 3 個分布隨機產生任意多個點，那麼如何將某個點判定為屬於哪一個分布？這就相當於一個聚類問題，如何將一個點分布到它應該屬於的那個類（component/ class）中。

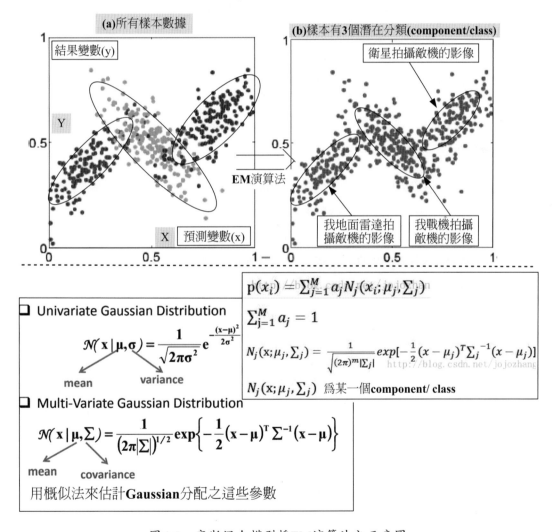

圖6-5　高斯混合模型採EM演算法之示意圖

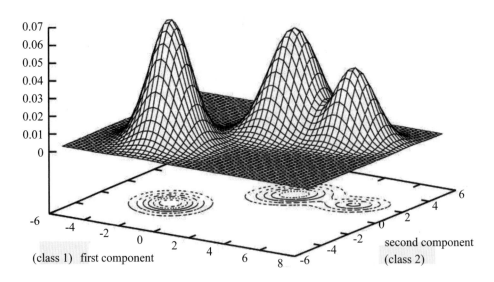

圖6-6　混合機率密度函數的估計（mixture probability density function）（樣本本身潛藏3
　　　　個類別／成分）

統計學是應用機率理論與事實之數字，描述、組織、綜合、分析和解釋量的資料的方法或程序，並由此過程藉以發現各現象之眞理原則等學問。

在統計學中，混合模型（MM）是代表一個大群體中存在子群體之機率模型，MM 不要求觀察資料應事先被人爲認定它屬於哪個子群體？一般，混合模型代表大群體觀察結果之 2～3 個機率分布之混合分布。

高斯混合模型（GMM）是指對樣本之機率密度分布進行估計（如圖 6-7），EM 訓練模型是幾個高斯模型之加權總和。每個高斯模型就代表了一個類（一個 cluster/class）。若將樣本資料投影到幾個高斯模型中，就會得到在各個類別之機率。

理論上 GMM 在做參數 θ（平均數 μ，變異數 Σ）估計時，常採用的是最大概似方法（ML）。點估計之最大概似法就是使樣本點在估計機率密度函數時，得到最大之機率值。

如圖 6-7 所示，雙高斯混合模型往往會比單一高斯模型，更能貼近眞實世界之樣本分布。

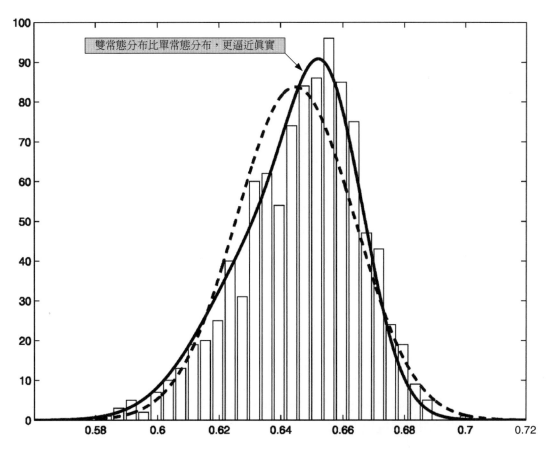

雙常態分布比單常態分布，更逼近真實

圖6-7　1,000隻螃蟹，額頭與身體長度數據，適配成2種：單一成分（虛線）vs.雙成分
　　　　（實線）常態混合模型

◆◆ 6-2　常態性假定之檢定：可用Stata、SPSS來補充 ◆◆

　　由於有限混合分群（FIMIX）分析，有一前提之假定（assumption）要符合：最
終內生變數要符合常態，違反常態性時就要改用「第 7 章 預測導向分群（prediction-
oriented segmentation, POS）」。

6-2-1 檢定變異數的非線性及變異數同質性（homogeneity of variance）

6-2-1a 殘差非線性（nonlinearity）檢定：迴歸式「預測值 vs. 殘差」散布圖

使用 SPSS 進行簡單和多重線性迴歸之前，首先檢查變數之分布。如果沒有驗證數據是否已正確輸入並檢查了合理的值，那麼係數可能會產生偏誤（bias）。以類似的方式，不檢查線性迴歸的假定可能會影響估計係數和標準化誤差〔例如：迴歸分析獲得顯著效果（significant effect），但實際上是無顯著效果〕。本節將討論如何檢查數據是否符合線性迴歸的假定。回想一下，迴歸方程（簡單線性迴歸）是：

$$y_i = b_0 + b_1 x_i + \varepsilon_i$$

它有下例這個假定：

$$\varepsilon_i \sim N(0, \sigma^2)$$

即殘差常態分布的平均值為 0，誤差變異數固定為 σ^2。請看下面圖（圖 6-8、6-9）：殘差和預測值在視覺上是什麼？

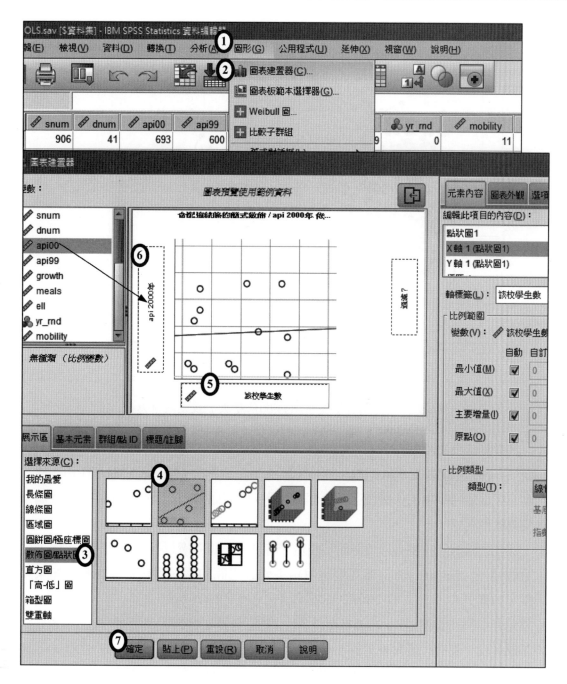

圖6-8　「enroll自變數預測api00依變數」散布圖之畫面

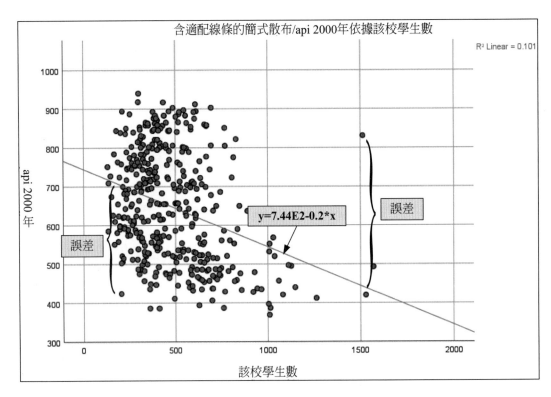

含適配線條的簡式散布/api 2000年依據該校學生數

圖6-9　「enroll自變數預測api00依變數」殘差之示意圖

該觀察結果由圓點表示，而最佳適配或預測迴歸線由對角線實線表示。該殘餘是從觀察到預測迴歸線的垂直距離（或偏差）。預測值是在 x 軸上給定點落在預測線上的點。在這個特例中，你繪製了 api00 與註冊。由於你有 400 所學校，將有 400 個殘差或偏離預測線。

線性迴歸假定主要基於預測值和殘差。特別是，將考慮以下假定：

1. 直線關係（linearity）：預測變數與結果變數之間的關係應該是線性的。如果違反，影響很大。

2. 誤差變異數同質性（homoscedasticity）：誤差變異 σ_ε^2 應該是固定的（constant）。如果違反，沒有什麼大不了的。

3. 常態性（normality）：錯誤應該是常態分布的，常態性對於 b 係數檢驗是有效的（特別是對於小樣本），係數的估計只需要錯誤是相同和獨立分布的。如果違反，這並不是什麼大事。

4. 誤差獨立性（independence）：任一觀察值的誤差與其他觀測值的誤差都不相關。如果違反，偏誤巨大。

5. 模型界定（model specification）：應該適當地指定模型（包括所有相關變數，並排除無關變數）。

此外，在分析過程中可能會出現一些問題，儘管嚴格來說它不是迴歸假定，但它們是迴歸分析師非常關心的問題。

1. 多重共線性（multicollinearity）：預測因子彼此高度相關，既能預測結果，也可能導致估計迴歸係數的問題。

2. 不尋常的且有影響力的數據（unusual & influential data），包括：

   (1) 多重共線性（multicollinearity）：殘差較大的觀測值（預測得分與實際得分的偏差），請注意，紅色線和藍色線都表示特定值註冊時異常值與預測線的距離。

   (2) 槓桿（leverage）：衡量預測變數與預測變數均值的差異程度；紅色殘差比藍色殘差低。

   (3) 影響值（influence）：具有高槓桿率和極端異常值的觀測值，如果不包括，則會大幅度地改變係數估計值。

多年來 SPSS 已經開發了許多圖形方法和數值檢定來做迴歸診斷。在本章節中，將探索這些方法並展示如何驗證迴歸假定以及使用 SPSS 檢測潛在問題。你的目標是使用多種預測因子（meals, acs_k3, full, enroll 變數）的組合來製作最佳學術表現（api00 變數）預測模型。

以下是本節常用變數所代表的殘差類型：

關鍵字	說明	Assumption檢測
PRED	Unstandardized predicted values	直線關係（linearity）、誤差**變異數同質性**
ZPRED	Standardized predicted values	
RESID	Unstandardized residuals	直線關係（linearity）、誤差**變異數同質性**、Outliers
ZRESID	Standardized residuals	
LEVER	Centered leverage values	不尋常的且有影響力的數據
COOK	Cook's distances	
DFBETA	DF Beta	

標準化變數（預測值或殘差）的平均值為 0，標準差為 1。如果殘差是常態分布的，那麼其中 95% 應該在 [−1.96,1.96] 之間。如果它們落在 1.96 以上或 −1.96 以下，則是不尋常的觀察值。

| 範例 | 誤差非線性檢定（regression指令） |

一、資料檔之內容

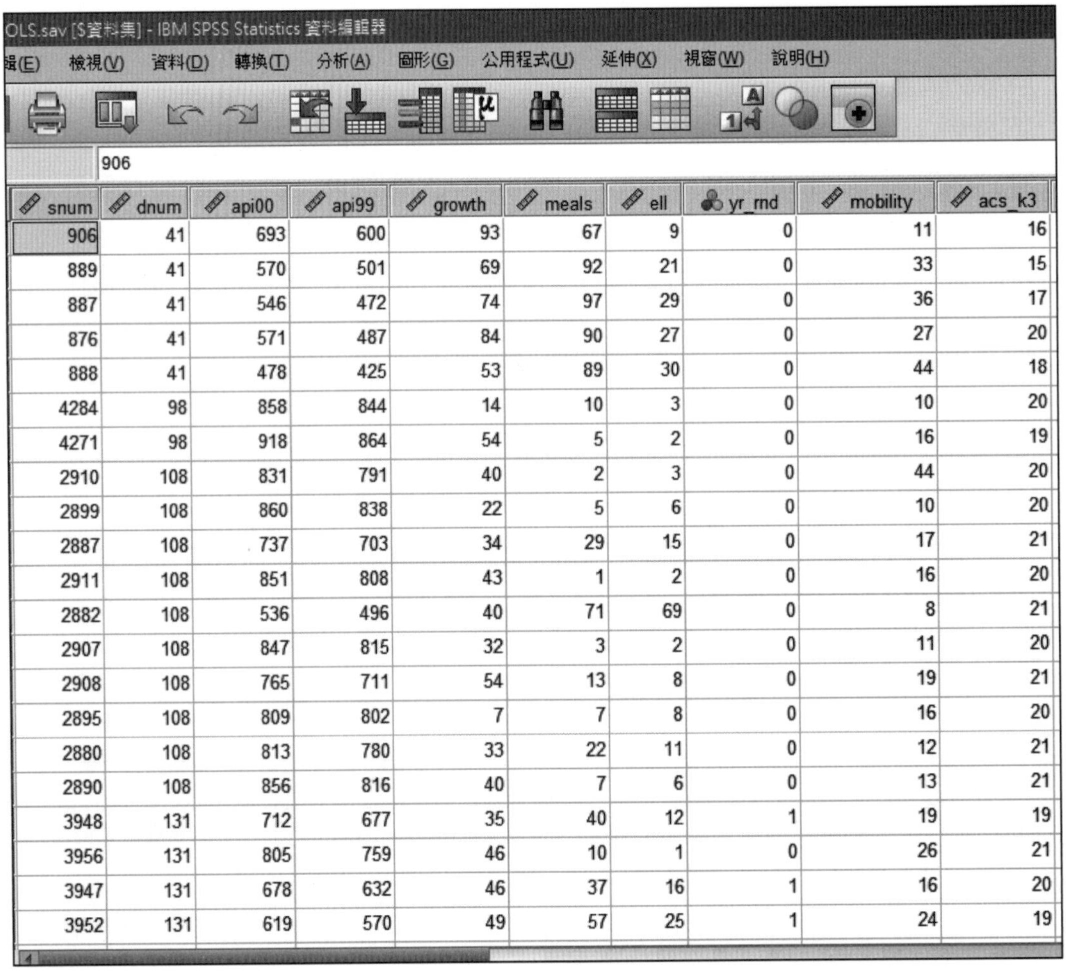

圖6-10 「elem_api_OLS.sav」資料檔內容（N = 400所學校，22個變數）

二、分析結果與討論

Step 1 繪「api00 預測 enroll」標準化預測值（ZPRED 當 X 軸）vs. 標準化殘差（ZRESID 當 Y 軸）之散布圖

分析線性迴歸時，事先假定依變數和預測變數之間的關係是線性的。如果違反了這個假定，線性迴歸會嘗試將一條直線適配（fit）成不符合直線的數據。預測值與殘

有限混合分群（FIMIX）：內部路徑模型的異質性，來對樣本分群（樣本要常態）

差的二維散布圖，可以幫助你推斷預測因子與結果變數之間的關係是否為線性的（the relationships of the predictors to the outcome is linear）。首先，繪「api00 預測 enroll」標準化預測值（ZPRED當X軸）vs. 標準化殘差（ZRESID當Y軸）之散布圖，如圖6-11。

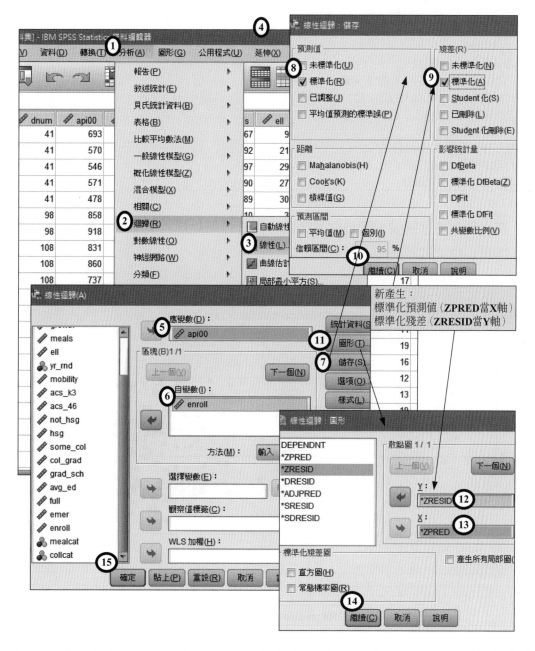

圖6-11　迴歸式「api00預測enroll」求得標準化預測值（ZPRED）、標準化殘差（ZRESID）」畫面

對應的指令語法：

```
title "非線性假定，nonlinearitysps".
GET
  FILE='D:\CD範例\elem_api_OLS.sav'.

REGRESSION
  /MISSING LISTWISE
  /STATISTICS COEFF OUTS R ANOVA
  /CRITERIA=PIN(.05)POUT(.10)
  /NOORIGIN
  /DEPENDENT api00
  /METHOD=ENTER enroll
  /SCATTERPLOT=(*ZRESID ,*ZPRED)
  /SAVE ZPRED ZRESID.
```

現在將忽略迴歸表，因為你主要關心的是標準化殘差與標準化預測值的散布圖，如圖 6-12 之散布圖。

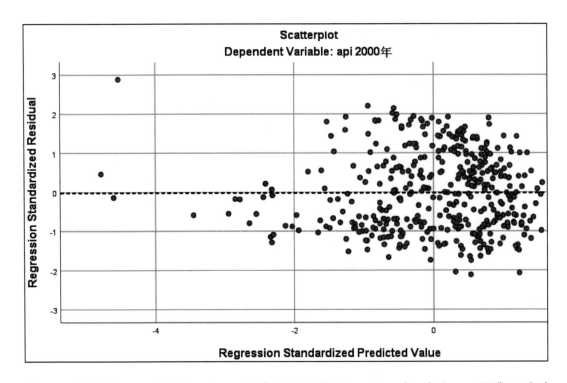

圖6-12　繪出「api00預測enroll」標準化預測值（ZPRED當X軸）vs.標準化殘差（ZRESID當Y軸）之散布圖

從圖 6-12 情節簡單地說出這種關係是很困難的。讓你嘗試通過散布圖來適配 Loess Curve（非線性最佳適配線），來檢測任何非線性。要做到這一點，double click 輸出窗口中的 scatterplot，轉到「Elements → Fit Line at Total」。

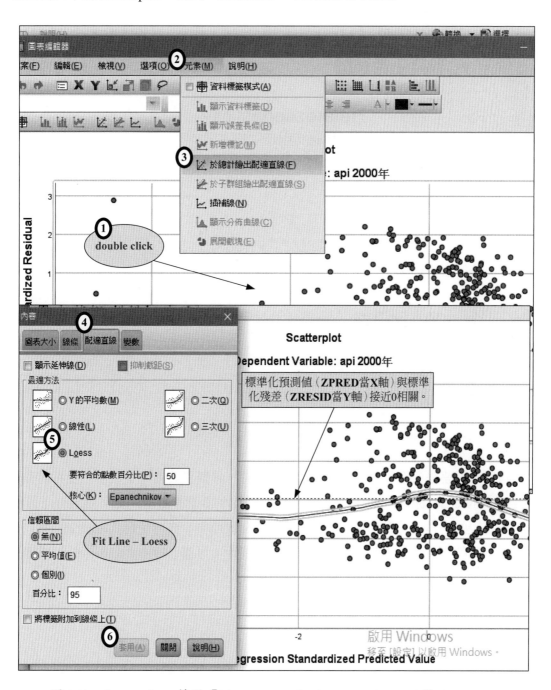

圖6-13　Scatterplot，轉到「Elements → Fit Line at Total」，Fit選Line–Loess

　　如圖 6-13 所示 Loess curve，標準化預測值（standardized predicted）對標準化殘差（residuals）之間的關係大致為 0。本例得到結論，反應變數和預測變數之間的關係為零，因為殘差似乎隨機分散在零附近。

6-2-1b　殘差異質性（homoscedasticity）：迴歸式「預測值 vs. 殘差」散布圖

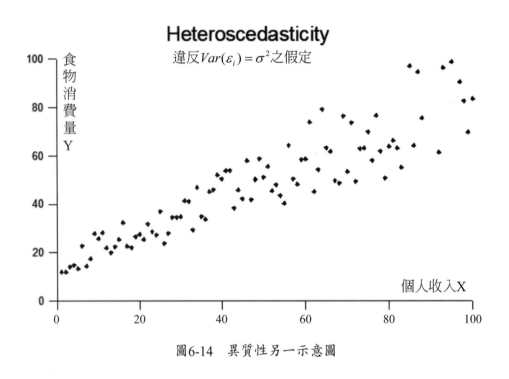

圖6-14　異質性另一示意圖

　　自變數的誤差項除了需要呈現常態性分配外，其變異數也需要相等，變異數不同質（heteroscedasticity）會導致自變數無法有效的估計應變數，例如：殘差分布分析時，所呈現的三角形分布和鑽石分布，在 SPSS 軟體中，你可使用「estat imtest」，來測試變異數的一致性。當變異數的不相等發生時，可透過轉換（transform）成變異數的相等後，再進行迴歸分析。

▶ 範例 σ²同質性檢定（testing homogeneity of error variance）（regression指令）

普通最小平方法（ordinary least squares, OLS）迴歸另一個假定：殘差的變異數是同質（homogeneous），殘差在預測值是均勻的，又稱 homoscedasticity。如果模型適配很好，那麼適配值（fitted values）對殘差散布圖不應存有任何模態（pattern）。如果殘差的變異數是非固定的，謂之異質性（heteroscedasticity）。對直線關係評估而言，常用圖形法是使用「殘差對適配值」散布圖（見上圖）。誠如所見，異質性是：標準化預測值的較低值，往往在零附近且有較低的變異數（the lower values of the standardized predicted values tend to have lower variance around zero）。

但是，你所看到的是殘差，視你所界定的模型而會改變。回想上一章節「非線性」。在此你界定「meals, full, acs_k3, enroll 四個自變數對依變數 api00（學術績效）」迴歸，求得適配度 $R^2 = 83\%$。對應指令如下：

```
title "誤差變異數同質性之圖形檢測法, homogeneity_of_error_variance.sps".

GET
  FILE='D:\CD範例\elem_api_OLS.sav'.

REGRESSION
 /MISSING LISTWISE
 /STATISTICS COEFF OUTS R ANOVA
 /CRITERIA=PIN(.05)POUT(.10)
 /NOORIGIN
 /DEPENDENT api00
 /METHOD=ENTER meals acs_k3 full enroll
 /SCATTERPLOT=(*ZRESID ,*ZPRED).
```

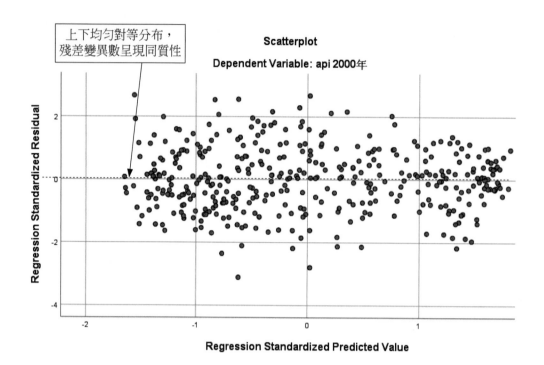

圖6-15　殘差變異數呈現同質性

假設本例使用 Stata 之 White's General Heteroskedasticity 檢定，結果 $\chi^2_{(4)} = 18.35$（p < 0.05），拒絕「H_0: homoskedasticity」，亦顯示本例之 OLS 殘差具有異質性。這已違反 OLS 的同質性假定。此時就需改用 Robust OLS 來克服殘差異質性之問題。

6-2-2　殘差的常態性：P-P 圖、Q-Q 圖、Shapiro-Wilk W 常態檢定

在線性迴歸中，一個常見的誤解是：結果變數必須是常態分布的，但實際上，應指「殘差符合常態分布」才對。為了使迴歸係數 t-test 的 p 值有效，滿足這個假定是非常重要的。請注意，殘差常態性往往隨著模型自變數不同而有改變，這意味著如果添加更多的預測變數，常態性就會改變。

若是資料呈現常態分配（normal distribution），則誤差項也會呈現同樣的分配。當樣本數夠大時，檢查的方式是使用簡單的 Histogram（直方圖）；若是樣本數較小時，檢查的方式是使用 normal probability plot（常態機率圖）。

SPSS 有提供：(1) 圖形法：P-P 圖、Q-Q 圖。(2) 統計檢定法：Shapiro-Wilk W 常態檢定法。

▶ **範例** ┃ 殘差的常態性（normality of residuals）：P-P圖檢定（regression指令）

（一）問題說明

樣本從「California Department of Education's API 2000」資料庫中，隨機抽樣 400 所小學，包括：學校的學術表現、班級人數、招生、貧困等屬性。

你係期待，辦校績效（api00）較佳者，應是：(1) 補英語學習者 %（ell）較少；(2) 貧窮學生少，即學生吃免費餐 %（meals）較低；(3) 緊急教師證 %，兼課教師 %（emer）較少。

研究者先文獻探討以歸納出，影響美國小學「辦校績效」的原因，並整理成下表，此「elem_api_OLS.sav」資料檔之變數如下：

變數名稱	影響辦校績效的原因	編碼Codes/Values
api00	Y: 辦校績效（academic performance indicator, API）	
meals	X1: 學生吃免費餐 %，即貧窮學生 %	
ell	X2: 補英語學習者 %	
emer	X3: 緊急教師證 %，兼課教師 %	
acs_k3	幼兒園到小三平均班級人數	連續變數
full	老師有完整教師證 %	連續變數

一、資料檔之內容

snum	dnum	api00	api99	growth	meals	ell	yr_rnd	mobility	acs_k3
906	41	693	600	93	67	9	0	11	16
889	41	570	501	69	92	21	0	33	15
887	41	546	472	74	97	29	0	36	17
876	41	571	487	84	90	27	0	27	20
888	41	478	425	53	89	30	0	44	18
4284	98	858	844	14	10	3	0	10	20
4271	98	918	864	54	5	2	0	16	19
2910	108	831	791	40	2	3	0	44	20
2899	108	860	838	22	5	6	0	10	20
2887	108	737	703	34	29	15	0	17	21
2911	108	851	808	43	1	2	0	16	20
2882	108	536	496	40	71	69	0	8	21
2907	108	847	815	32	3	2	0	11	20
2908	108	765	711	54	13	8	0	19	21
2895	108	809	802	7	7	8	0	16	20
2880	108	813	780	33	22	11	0	12	21
2890	108	856	816	40	7	6	0	13	21
3948	131	712	677	35	40	12	1	19	19
3956	131	805	759	46	10	1	0	26	21
3947	131	678	632	46	37	16	1	16	20
3952	131	619	570	49	57	25	1	24	19

圖6-16 「elem_api_OLS.sav」資料檔內容（N = 400所學校，22個變數）

二、分析結果與討論

Step 1 誤差常態之圖形檢定法：P-P 圖（常態機率圖）

圖 6-17 係以「percent enrollment (enroll)」來預測「academic performance (api00)」為例。如果勾選「Plots → Standardized Residual Plots」之常態機率圖，SPSS 就會自動繪常態機率圖（P-P 圖）。

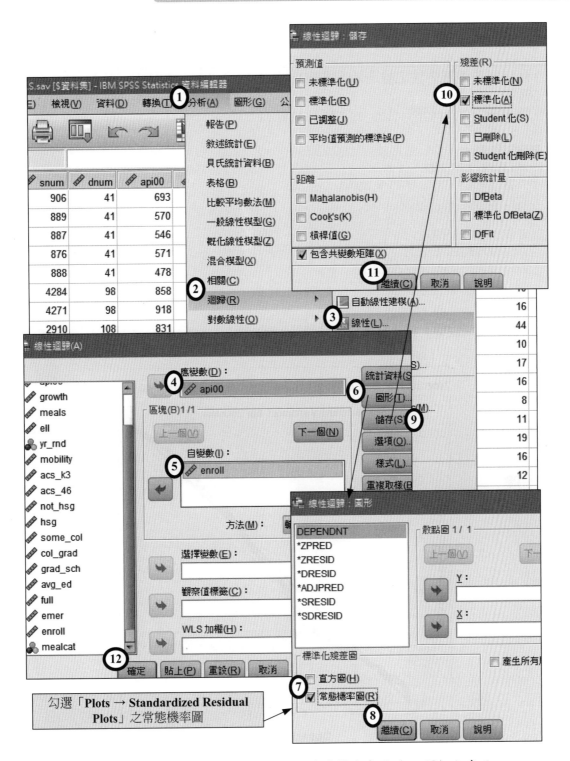

圖6-17　迴歸式「enroll預測api00」並繪常態機率圖（P-P圖）之畫面

對應的指令語法：

```
title "誤差常態性之檢測法, 誤差Normal probability圖.sps".
GET
  FILE='D:\CD 範例\elem_api_OLS.sav'.

REGRESSION
  /MISSING LISTWISE
  /STATISTICS COEFF OUTS R ANOVA
  /CRITERIA=PIN(.05)POUT(.10)
  /NOORIGIN
  /DEPENDENT api00
  /METHOD=ENTER enroll
  /RESIDUALS NORMPROB(ZRESID)
  /SAVE ZRESID.
```

【A. 分析結果說明】誤差常態性之檢測法：P-P 圖

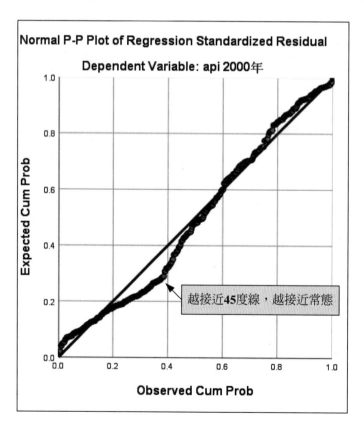

圖6-18　迴歸式「enroll預測api00」所繪的常態機率圖（P-P圖）

　　如上所示：常態機率圖（P-P 圖）將標準化殘差的觀測累積分布函數（CDF）與常態分布的預期 CDF 進行比較。請注意，你正在測試「殘差常態性」，而不是預測變數。

Step 2 誤差常態之圖形檢定法：Q-Q 圖

　　此外，Q-Q 圖（quantile of a normal distribution）亦是檢視殘差是否符合常態的方法。根據 SAS 說法，如果想比較各種分布的「位置和尺度」（a family of distributions that vary on location & scale），則 Q-Q 圖比 P-P 圖好，Q-Q 圖也對尾部分布（tail distributions）更敏感。本例 Q-Q 圖，係選「Analyze – Descriptive Statistics Q-Q Plots」，如圖 6-19。

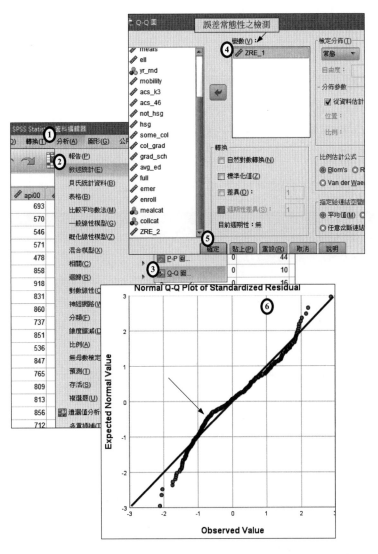

圖6-19　「Analyze – Descriptive Statistics Q-Q Plots」畫面

對應的指令語法：

```
title "誤差常態性之檢測法, 誤差Normal probability 圖.sps".
GET
  FILE='D:\CD 範例\elem_api_OLS.sav'.

subtitle "誤差Normal probability圖(Q-Q plot)".
PPLOT
  /VARIABLES=   ZRE_1
  /NOLOG
  /NOSTANDARDIZE
  /TYPE= Q-Q
  /FRACTION=BLOM
  /TIES=MEAN
  /DIST=NORMAL.
```

Q-Q 圖如上圖所示。如果分布是常態的，那麼你應該期望（expected）這些點聚集在 45 度線的周圍。請注意 Q-Q 圖曲線之尾部分布與 P-P 圖曲線的差異。Q-Q 圖對中型樣本數之非常態性檢定非常靈敏。通常，當 P-P 圖無法偵測出非常態時，Q-Q 圖卻可發現在 45 度線上端有輕微的偏離常態，此結果與 Kernel density 圖很相似。

Step 3 統計檢定法：Shapiro-Wilk W 常態檢定法

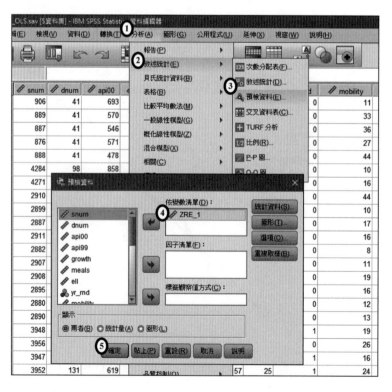

圖6-20 迴歸式「enroll預測api00」的誤差：Shapiro-Wilk W常態檢定之畫面

對應的指令語法：

```
title "誤差常態性之檢測法, 誤差 Normal probability圖.sps".
GET
  FILE='D:\CD 範例\elem_api_OLS.sav'.

subtitle "迴歸式「enroll預測 api00」的誤差:Shapiro-Wilk W 常態檢定法".
EXAMINE VARIABLES=ZRE_1
  /PLOT BOXPLOT HISTOGRAM      NPPLOT
  /COMPARE GROUPS
  /STATISTICS DESCRIPTIVES EXTREME
  /CINTERVAL 95
  /MISSING LISTWISE
  /NOTOTAL.
```

【B. 分析結果說明】誤差常態性之統計檢定法：**Shapiro-Wilk W 常態檢定**

	Tests of Normality					
	Kolmogorov-Smirnov[a]			Shapiro-Wilk W		
	Statistic	df	Sig.	Statistic	df	Sig.
ZRE_1	.097	400	.000	.971	400	.000
a. Lilliefors Significance Correction						

Shapiro-Wilk W 值 = 0.971，它是假設在常態分配 Z 分數之上。由於 $p = 0.00 <$ 0.05，故接受「H_0：殘差是常態分配」，所以本例迴歸式之殘差符合常態性之假定（assumption）。

為了下一章節「模型界定」，先將上述迴歸模型所產生的誤差（ZRE_1、ZRE_2）先刪除。

圖6-21　在ZRE_1身上按滑鼠右鍵，再「刪除」它

6-3　未能觀察到的異質性（unobserved heterogeneity）

　　未能觀察到的異質性，意味著存在一個（以上）變數或構念未納入在模型中，但它們卻解釋了估計係數的差異。你甚至可能根本不知道這些未能觀察到的變數是什麼？更不用說擁有它們的數據。若未能觀察到的變數很重要，則各 groups（subsets of data）計算的 PLS 係數也會不同。也就是說，模型可能需要在組之間有所不同，且傳統 PLS Algorithm 計算出的係數可能反映「不良的未能觀察到的異質性」，意味著模型中未包含一個或多個變數或構念，但它們解釋了估計係數的差異。你甚至可能根本不知道這些未能觀察到的變數是什麼？更不用說擁有它們的數據了。若未能觀察到的變數很重要，則各 groups（subsets of data）計算的 PLS 係數也不同。

　　也就是說，模型可能會在各組間有所不同，並且傳統 PLS Algorithm 計算出的係

數可能會反應不同組間的「不良平均值」。反過來，這將導致：型 I（α）和類型 II（β）的誤差推理。

　　若 (1)multi-segment 模型解釋的平均變異數 < PLS Algorithm 方案。(2)one-segment 的 PLS-FIMIX model-selection 準則，顯示出：one-segment 比 multi-segment 有較佳的適配度，multi-segment 適配度明顯下降（Becker et al., 2013: 686），則可以拒絕：存在未能觀察到的異質性，並只用傳統的全樣本 PLS Algorithm。

　　在 FIMIX 下，你可預先指定組數。FIMIX 演算法的一般策略：是將數據集最佳地劃分為你給定的組數，並為每個組計算單獨的係數。FIMIX 會以優化概似函數的方式將 cases 分配給各組，進而最大化 segment-specific 的解釋變異數。應該注意的是，最大概似法的假定（assumption）：內生潛在結構具有多元常態分布。也就是說，FIMIX-PLS 是 PLS 的參數形式（≠非參數 PLS Algorithm），在傳統形式中它是非參數（無母數）。

　　儘管下面，顯示 three-group 方案的輸出，但該策略要求你探索許多 solutions（例如：2 組到 10 組的 solutions）。事實上，根據經驗法則，九成研究樣本是屬 two-group 的分布〔e.g. 男生組 vs. 女生組；實驗案例（case）組 vs. 控制組〕。下面討論的適配度度量，即可用來確定哪種 solutions 最佳？由於本例也是數據驅動（data-driven）的策略，因此必須謹慎檢測來確保 best-solution groups 有意義且有理論依據。

　　與任何數據驅動過程一樣，FIMIX 認定的組，反應數據可能會有噪聲（noise），分組結果不是透過未能觀察到的變數而對數據集進行真正的分割。基於這個原因，期望用一組數據（如：偶數 cases）來開發模型，再用另一組數據（如：奇數 cases）來驗證模型，即三角驗證法。Becker et al.（2013: 687-688）提議：用保留（hold-out）驗證樣本來進行交叉驗證。

　　總而言之，若對數據進行了分群，須基於內定的聚合（aggregate）估計法，對 PLS-SEM 估計及解釋也會摻雜著實質性誤差，因此若符合這 2 個條件：(1) 為每個分群所建立單獨的結構路徑模型會更優；(2) 分群被觀察到可以應用參數檢測，則可用參數型的 multigroup 分析。

　　如圖 6-22 所示。抽樣中，常常存在未能觀察到的異質性是「unobserved（未發掘）」，因為你事先不知道這些組是什麼？由於未能觀察到的異質性可能導致內定 PLS 的結果會產生偏誤，因此有人建議，常規使用 FIMIX-PLS 來偵測可能的未能觀察到的異質性。至於其他方法也是可能的，詳情請見作者另一書《有限混合模型（FMM）：STaTa 分析（以 EM algorithm 做潛在分類再迴歸分析）》。

　　若在統計和理論上可行，有限混合分析，可將觀察結果劃分為多個組之後再進行預測，根據上下文／脈絡，這些組可能容易受到不同的「分析、政策、營銷策略」等的影響。因此，PLS-FIMIX 也是聚類（cluster）分析的替代法之一，它可用於檢定未能觀察到異質性的表徵。

6-4　用不同分群（segments）來比較模型之適配度

　　Menu 選「Calculate → Finite Mixture (FIMIX) Segmentation」，就會出現圖6-22：Finite Mixture (FIMIX) Segmentation「Setup」與「partial least squares」選項。

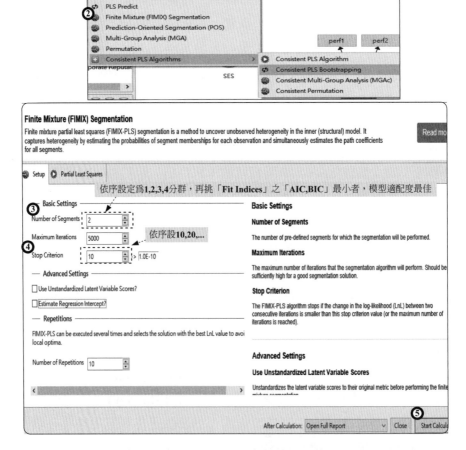

圖6-22　Finite Mixture (FIMIX) Segmentation「Setup」與「Partial Least Squares」選項（perfom2專案檔）

上圖（圖 6-22），第 2 個選項卡「Partial Least Squares」為 PLS 演算法提供「權重和其他選項」。正如上面討論的那樣，此處不再多說。

由於，通常研究者不會事前知道樣本要切割 segments 的數目，因此，必須依序「1,2,3,...」segments，幾次重複試驗 FIMIX-PLS（Ringle 建議 2～10 segments）。此外，由於 PLS-FIMIX 演算法是隨機的，對於任何指定數量的 segments（群），每次執行都會產生不同的適配指數（AIC, BIC, ...）的值。因此，應對每個 segments 數進行多回合分析，然後再比較 segments 數哪個最優（經驗值是 segments=2），可用平均的適配值（例如：多回合的平均 AIC 值取最小者之 segments 數）來確定最佳模型該分幾群？

在多回合執行 FIMIX-PLS 之後，然後使用資訊準則（AIC, BIC, ...）之「Fit Indices」：來選擇具有最佳 segments 數的模型。Sarstedt, Becker, Ringle, & Schwaiger（2011: 52）曾用計算模擬法來研究 18 種替代模型選擇準則，結果發現：(1) 修改 AIC_3（AIC 的一種變體，Akaike Information Criterion）和 CAIC（Consistent AIC）串聯使用，最能提供最佳的分類效果。只要 AIC_3 和 CAIC 指示相同數量的分群，則 84% 的情況下，此結果都符合正確的分群數。另外，(2) 聯合（joint）考慮 AIC_3 和 BIC 似乎很不錯，因為兩準則的聯合，在所有情況下，有 82% 的機率會產生真正的分群數。

注意，較早論文中，Sarstedt & Ringle（2010: 1303）曾建議用 CAIC 當識別最佳 segments 數的準則。可是，Sarstedt, Becker, Ringle, & Schwaiger（2011）採用模擬法，重新修改上述的建議，僅 CAIC 被認為不足適配（underfit）該模型。

如圖 6-23 所示，在 FIMIX-PLS 內定值，每次執行都會輸出 AIC_3 和 CAIC 值。如上述建議，若同時使用 AIC_3 和 CAIC：這些係數缺乏易於表達的內在含義，取而代之的是，它們只用於 segments 模型的比較，AIC_3 和 CAIC 值越低，則你界定模型越佳。

圖 6-23，顯示本例（perfom2 專案檔）分群數「=1,2,3」的 PLS-FIMIX 輸出。除了常用的 AIC、AIC_3、CAIC、BIC 準則外，還輸出其他適配指數。Sarstedt et al.（2011: 44）曾對分類效果做過模擬研究，結果發現：除了上述的 AIC_3 和 CAIC 外，所有其他準則（AIC、AIC_c、MDL_5、lnL_c、NEC、ICL-BIC、AWE、CLC 和 ZH）的成功率非常不令人滿意，只有 28% 滿意甚至更低。AIC 的表現最差，滿意只 6%。

下面的輸出用於 SmartPLS 3。從版本 3.2.2 開始，SmartPLS 只輸出短式適配度和 segments 可分離性係數列表，如下所述。

現今，SmartPLS 只輸出較短的 fit and segment separability coefficients 表，如下面所述。

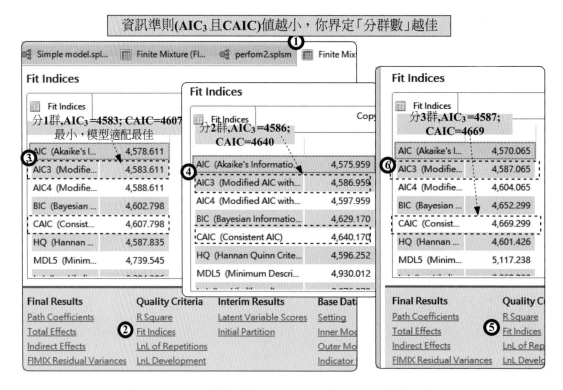

圖6-23　FIMIX求得「Fit Indices」（perfom2專案檔）

上圖（圖 6-23），三回合 3 個模型比較，結果發現：分 1 群時：AIC$_3$ = 4,583、CAIC = 4,607，兩者都是 3 個模型中最小，故分 1 群之模型適配最佳。意即本例用傳統 PLS Algorithm 即可，不需用 FIMIX 分析。

　　總而言之，令 K 為建議的分群數。從 K = 2～10 的條件下執行 FIMIX-PLS 之後，最佳 segments 數是：修改後的 AIC$_3$ 和 CAIC 最低的分群數，其熵（entropy）也為 0.5 或更高。下文可能沒有最佳解，因為對於所有解而言，熵可能都很低，這表示，缺乏分離性會破壞對分群的解釋。若由於低分離性（由低熵表示）而無法解釋分數，則你可能恢復：使用 PLS Algorithms 之全體樣本的模型。

6-5　適配指數（fit indices）

SmartPLS 3 在其 FIMIX 模組中，會輸出很多適配指數。每一個都將在下面簡要討論。

1. Akaike Information Criterion – AIC

$$AIC(p) = \ln (S_z^2) + \frac{2p}{n}$$

或 AIC = 2×lnL + 2×Ns

其中，lnL 是 log-likelihood。Ns 是具有 S 個 segments 模型之參數數目。

除了與另一個 AIC 進行比較外，AIC 的絕對值沒有直觀價值，在這種情況下，AIC 越低代表模型越佳。

AIC 也是「OLS、logistic 迴歸」常見的模型適配度（goodness of fit, GoF），它調整模型卡方（－2 log-likelihood），來懲罰模型複雜性（若缺乏簡約性和過度參數化時）。χ^2 模型是概似（likelihood）度量，AIC 是懲罰性（penalized）概似性度量。模型複雜度是根據自由度來定義的，越高越複雜。隨著樣本數量的減少，模型複雜度的損失也會略為減少。添加到 SEM 模型中的每個參數／箭頭，AIC 都會增加大約 2（值越高，適配越差），這會因模型複雜性和缺乏簡約性而受到不利影響。

AIC 可用來比較具有不同數量的潛在變數的模型，不僅僅是具有相同潛在變數但箭頭較少的 nested 模型。也就是說，與卡方不同，AIC 可用於基於同一數據集比較「非分層模型與分層（hierarchical, nested）模型」，而模型卡方僅能用於 nested 模型。

AIC 接近 0 表示良好的適配度。模型有可能求得 AIC 值 < 0。在模型開發中，研究者在 AIC 開始上升時，即可停止修改（Akaike, 1978）。

2. Bayesian Information Criteria – BIC

$$BIC(p) = \ln (S_z^2) + \frac{p\ln(n)}{n}$$

或 BIC = 2×lnL + ln(N)×Ns

其中，lnL 是 log likelihood，N 是樣本數。Ns 是具有 S 個 segments 模型的參數數目。

BIC 又稱 Akaike's Bayesian Information Criterion（ABIC）或 Schwarz Bayesian Criterion（SBC, SBIC）。BIC 會因樣本數以及模型複雜性而受到不利影響，也就是

說，隨著樣本數量的增加，BIC 懲罰就會增加。與 AIC 相比，BIC 更傾向於使用參數較少的簡約模型。通常，BIC 傾向於型 II 誤差（β）（認為這種關係是真實時，模型適配是不好的）。當樣本數較大或模型中的參數數量偏少時，建議用 BIC。

與飽和模型相比，BIC 是目標模型的 log of a Bayes factor 的近似值。BIC 在 1980 年代由 Raftery（1995）推廣後，在社會學中得到廣泛使用。但是，後來在文獻中發現了 BIC 的局限性。參見 Winship et al.（1999）解說 BIC 的爭議。BIC 使用樣本量 n 來估計與給定數據集相關的資訊量。基於大 n 但在自變數高度共線性的獨立性，或幾乎沒有差異的模型中，可能會導致 BIC 產生誤導性的適配值（Schwarz, 1978）。

3. Consistent AIC – CAIC

$$AIC = -2(\text{marginal log-likelihood}) + 2K\left(\frac{n}{n-K-1}\right)$$

$$CAIC = -2(\text{conditional log-likelihood}) + 2\,(\rho+1)\frac{(n-K-1)}{(n-K)(n-K-2)} + \frac{n(K+1)}{(n-K)(n-K-2)}$$

CAIC 會對樣本數以及模型複雜性（缺乏簡約性）進行懲罰。罰款量大於 AIC，但小於 BIC。與 AIC 一樣，CAIC 值越低，適配度越好。

4. Modified AIC (Factor 3)–AIC₃

Bozdogan（1994）開發了經過修改的 AIC_3 作為 AIC 的版本。模型由於缺乏簡約（過度適配），都會受到更嚴厲的懲罰。與 AIC 的 2 個參數相比，它的處罰是參數數量的 3 倍。計算公式：$AIC_3 = 2 \times \ln L + 3 \times Ns$，其中，$\ln L$ 是對數概似，而 Ns 是具有 S 個 segments 模型的參數數量。

5. Modified AIC (Factor 4)–AIC₄

從 SmartPLS 3.2.2 開始增加此適配度 AIC_4：是 $4 \times Ns$ 的懲罰，而不是 $3 \times Ns$。

6. Minimum Description Length (Factor 5): MDL₅

$MDL_5 = 2 \times \ln L + 5 \times \ln(N) \times Ns$，其中，$\ln L$ 是 log-likelihood，N 是樣本數，Ns 是具有 S 個 segments 模型的參數數量。詳情請見 Liang, Jaszczak, & Coleman（1992）。

7. Hannan Quinn Criterion: HQ

$$HQIC = n \ln \hat{\sigma}_a^2 + 2M \ln(\ln n)$$

HQ 旨在糾正小樣本的 BIC，它採用更嚴格的懲罰條款來做。對於較大的樣本，

可將 HQ 視為：AIC 向模型添加參數的相對寬容度與 BIC 的相對粗糙度之間的折衷。

8. Entropy Statistic (Normed): EN

Entropy 將在以下章節中討論。

9. Integrated Completed Likelihood BIC: ICL-BIC

整合式完全概似性 BIC（ICL-BIC）是 CLC 的替代法。它的演算法還嘗試在 $-2 \times$ lnL + $3 \times$Ns 之間，來平衡 entropy-based 的 segmentation 準則，其中，lnL 是對數概似性，Ns 是具有 S 個 segments 模型的參數數量。

當然，還有其他 fit measures。在文獻中最常用的是 GoF 適配度。PLS 3 沒有為 FIMIX 輸出此數據，但在其網站上指出：適配度（goodness of fit, GoF）已開發為 PLS-SEM 模型適配的整體度量。可惜，由於 GoF 無法可靠地將有效模型與無效模型加以區分開來，且由於其適用性僅限於某些模型設定，因此應避免用此適配度。但 GoF 對於 PLS 多組分析（PLS-MGA）可能有用。

此外，由於 PLS 以非參數為主，故不適合計算 CB-SEM 常用的適配指數，例如：在 CB-SEM 的適配度量（例如：not CFI、RFI、NFI [normed fit index]、IFI 或 RMSEA）。PLS 和 CB-SEM 共有的適配度量，只有「基於資訊論的度量」，例如：AIC、BIC 或其變體。

6-6 亂度法（熵）（entropy）：當分群的適配指數

一、熵（Entropy）的理論背景

熵（entropy）源自化學、熱力學的名詞，是德國物理學家克勞修斯（Clausius, 1865）定義的，旨在描述一個系統不受外部干擾時往內部最穩定狀態發展的特性，且為在學習可逆（及不可逆）熱力學轉換時的一個重要元素。1984 年再將熵概念用來解決資訊理論的問題，才改成以數學來度量生活中不確定性問題的重要方法，因而連結了熱力學與資訊理論中的熵概念。Shannon 資訊論提供另一方法，利用熵和交互資訊來對隨機變數之資訊加以量化。熵方法也屬一種過濾器模型，在本節中，將概述計算 MI 所需的理論背景，包含條件屬性間以及條件屬性與決策屬性間的 MI 值的計算，以作為屬性刪減的措施（黃光宇、林禹璋，2016）。

假設 $p(f_i)$ 代表 f_i 的概率密度函數，則第 i 個條件屬性 f_i 的熵定義爲：

$$H(f_i) = \sum_{f_i} p(f_i) \log p(f_i)$$

對於另一個條件屬性 f_j 而言，f_i 的條件熵（entropy）定義爲：

$$H(f_i \mid f_j) = -\sum_{f_i} p(f_i) \sum_{f_j i \neq j} p(f_i \mid f_j) \log p(f_i \mid f_{j_i})$$

其中，$p(f_i \mid f_j)$ 是給定 f_j 條件下，f_i 的概率密度函數（pdf）。

存在 2 個條件屬性 f_i 與 f_j 之間的交互資訊（MI）可以從上面 2 個方程式計算而得：

$$MI(f_i; f_j) = H(f_i) - H(f_i \mid f_j)$$

而當考慮條件屬性 f_i 與某個決策屬性的第 k 個分類（class）d_k 關係的交互資訊（MI）時，則需要利用到額外的知識，$MI(f_i; d_k)$、$H(d_k)$ 和 $H(d_k \mid f_i)$。

假設決策屬性的分類集合 D 包含 m 個分類 $D = \{d_1, d_2, ... , d_m\}$，則 D 的熵定義如下：

$$H(D) = -\sum_{l=1}^{m} p(d_l) \log p(d_l)$$

同樣地，對於整個條件屬性集合 F 而言，D 的條件熵定義爲：

$$H(D \mid F) = -\sum_{l=1}^{m} p(d_l) \sum_{f_i} p(d_l \mid f_i) \log p(d_l \mid f_i)$$

其中，$p(d_l)$，$l = 1, 2, ..., m$ 代表第 l 個分類（class）d_l 的概率密度函數（pdf）；而 $p(d_l \mid f_i)$ 則代表給定 f_i 條件下，d_l 的概率密度函數。同樣地，條件屬性集合 F 與決策屬性的分類集合之間的交互資訊（MI）爲：

$$MI(D; F) = H(D) - H(D \mid F)$$

公式 $MI(f_i; f_j)$ 表示 2 個條件屬性間交互資訊（MI）的量化關係；而公式 $MI(D; F)$ 則表示 1 個條件屬性集合 F 與決策屬性的分類集合之間的交互資訊（MI）。

二、熵（Entropy, EN）當分群的適配指數

EN 是 normed 的熵標準（Ramaswamy, DeSarbo, & Reibstein, 1993）。熵在 SmatPLS 的輸出中顯示爲「EN」，表示度量 segments 的分離程度，其中 1.0 表示完全分離（所有觀察值在特定 segments 中的機率爲 1.0，在其他任何 segments 中的機率爲 0.0）。Sarstedt 利用模擬實驗對這種熵方法產生疑問：「它是否增加了確定最佳 segments 數的有用」，這已超出了使用 AIC₃ 和 CAIC 的範圍。但是，熵是有用的指標，可以清楚地定義和解釋這些 segments（黃光宇、林禹璋，2016）。

Ringle（2006: 6）認為：(1) 對於清晰的分群，熵必須 ≥ 0.5，因為 N = 0.119，本例 segments = 3（EN = 0.728，> 0.5 準則）。(2) 若各個 segments 之間的路徑係數（path coefficients）差異很大，且這些 segments 無法解釋，則應首選內定的 global PLS solution（樣本不應分群）。有關熵的計算和進一步的討論，請參見 Ramaswamy, Desarbo, Reibstein, & Robinson（1993）。此外，熵標準的常態化（normalized）版本也可以使用（NEC），normalized 熵準則，請見 Celeux & Soromenho（1996）。

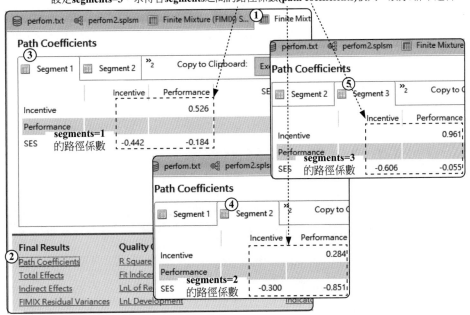

設定segments=3，求得各segments之間的路徑係數(path coefficients)很大，故分3群不適合

圖6-24　設定segments = 3，求得各segments之間的路徑係數（path coefficients）很大，故分3群不適合（perfom2專案檔）

EN 和 NEC 的公式如下（Sarstedt, Becker, Ringle, & Schwaiger, 2011: 54）：
1. EN （Entropy criterion，又稱normed entropy criterion）

$$EN = 1 - \frac{\sum_{s=1}^{S}\sum_{i=1}^{N} P_{is} \times \ln(P_{is})}{N \times \ln(S)}$$

其中，P_{is} 是觀察值 i 屬於段 s 的後驗機率，S 是 segments 數。N 為樣本數。第 1 次求和是從 $i = 1 \sim N$，第 2 次求和是從 $s = 1 \sim S$。詳情請見 Ramaswamy, DeSarbo, & Reibstein（1993）。

E(S) 是具有 S segments 的模型的估計熵，公式如下：

$$E(S) = \sum_{s=1}^{S} \sum_{i=1}^{N} P_{is} \times \ln(P_{is})$$

2. NEC (Normalized entropy criterion)

$$NEC = E(S)/[\ln(S) - \ln(1)]$$

其中，符號與 EN 相同，但 ln(S) 是具有 S 個 segments 模型的對數概似。ln(1) 是具有 1 個 segments 的模型的對數概似。

若 NEC(S) < NEC(1)，Celeux & Soromenho（1996: 203）認為：就選擇 S clusters；否則，在數據中不聲明任何聚類結構。

NEC 是假定樣本符合高斯／常態分布（但不限於平均值為 0、變異數為 1 的標準常態分布）的參數係數。

6-7 路徑係數（path coefficients）

路徑係數可標準化或非標準化形式來顯示。使用上圖（圖 6-24）右上角突出的「>>」箭頭按鈕，在各 segments 之間切換（此處要求 3 個）。路徑係數將針對每個 segments 而變化，並對每個 population 的各 segments 模型，顯示不同的路徑係數。由於同一 segments 每次執行之係數會有所不同，因此你可多回合對同一 segments，執行多回合之「平均」路徑係數。

1. 若 segments 之間的路徑係數差異很大（如圖 6-24），且熵顯示這些 segments 是可解釋的，則表示需要針對不同的組使用不同的模型。可用 AIC$_3$ 和 CAIC 來確定的最佳 segments 數的「平均」FIMIX 路徑值，如前所述。

2. 若路徑係數差異不大且熵低於 0.5，表示未能觀察到的異質性不是問題，因此可以應用普通的整體 PLS Algorithm。

3. 若路徑係數顯著不同，熵低於 0.5，則未能觀察到的異質性可能會影響結果，但是鑑於模型中測量的變數，與未能觀察到的異質性有關的 segments 的性質很可能難以解釋。許多研究者僅基於低熵就會恢復到以往的全樣本 PLS Algorithm。但是，這種情況可能要對模型重新界定，或者，若將 FIMIX 應用於驗證資料檔會導致案例成員（case membership）明顯不同的 segments，則得出結論是：由 FIMIX 認定的 segments 反應了數據的任意噪聲，並使用整體 PLS Algorithm 即可。

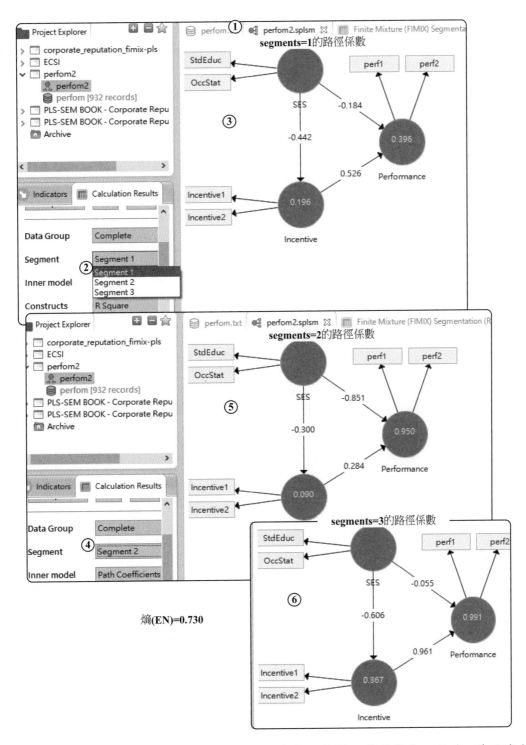

熵(EN)=0.730

圖6-25　令segments = 3，求出各segments的路徑係數，差異很大，故分3群不適合
（perfom2專案檔）

第7章

預測導向分群（POS）：樣本不必要符合常態

　　由於有限混合分群（FIMIX）分析，有一前提之假定（assumption）要符合，是最終內生變數要符合常態，若違反常態性，就要改用「預測導向分群（prediction-oriented）」。

　　此外，SmartPLS 亦可應用於橫斷面 cross-sectional 及縱貫研究（longitudinal）。只是，目前學者較缺乏縱貫研究的 PLS-SEM 論文，例如：對公司車隊中的電動汽車（BEV）的接受程度進行縱貫研究。根據研究設計／方法，收集了 3 個時間點的數據：在首次使用 BEV 之前、使用 BEV 之後的 **3 個月**、**6 個月**，對應的研究架構（和數據）共有 3 種不同的 SEM 模型。並再進行多組分析，來測試不同時間點的潛在變數的路徑係數之間的差異。必須要注意：(1) 使用重複橫斷面數據有其局限性；(2) 原創性／價值縱觀：縱向研究中不同的 PLS 路徑模型。此時，決策樹可幫助你選擇最合適的模型。

7-1　Prediction-oriented segmentation（POS）概念

　　預測導向分群（prediction-oriented segmentation, POS）是 FIMIX 的另一替代法，它是一種處理數據中未能觀察到的異質性方法。Henseler, Ringle, & Sarstedt（2016）發現 PLS-POS 作為 segmentation 方法優於 PLS-FIMIX。像 FIMIX 一樣，POS 是一種多組分析的形式，其中，組是透過數據驅動法求得的。相比之下，下文討論的多組分析（MGA），通常表示分析是：研究者觀察到「已知感興趣的組別」數據。

　　未能觀察到的異質性可能導致：解釋型 I(α) 和型 II(β) 有誤差。Becker, Rai, Ringle, & Volckner 模擬發現：(1)FIMIX 和 POS 在反映性模型上表現都良好，但**形成性模型**的表現只有 POS 較好（Becker et al., 2013: 677）。(2)FIMIX 程序是採用參數 t 檢定的情況（樣本要符合常態假定），但 POS 程序完全是非參數的，不必假定常態分布一定要符合（Becker et al., 2013: 677）。(3)FIMIX 在結構模型中，檢定未能觀察到的異質性（潛在結構之間的關係），而 POS 在結構模型和測量模型中檢定未能觀察到的異質性（指標變數與其構面的關係）。通常，POS 更符合「建模未能觀察到的異質性所涉及的假定」，因此 POS 是首選。

　　PLS-POS 使用客觀準則進行模型適配，即兩個 R^2 測度：(1) 內定度量在模型中的所有構面（構念）上使用 R^2，從而測量模型（外部模型）和結構（內部）模型的分

割（segmentation）。(2) 替代度量是使用 R^2 當作你選的目標構念（target construct）。

PLS-POS 的演算法，是基於對 PLS 路徑模型適合的距離度量，將 cases 分配給 segments（此複雜距離度量的公式在 Becker 等人手冊中）。PLS-POS 獨有的距離測量 在形成性模型和反映性模型都一樣。距離標準適用於許多疊代，透過「hill-climbing （爬山）」過程來找尋效能（performance）的改進。儘管使用距離將 cases 分配給 segments（groups），但是疊代演算法可在搜索最佳解時，將案例重新分配給不同的 組。該演算法「僅將一個觀察值分配給最接近的 segments，且確保在接受更改之前 改善客觀準則（所有內生潛在變數的 R^2）」（Becker et al., 2013）。也就是說，「最 優」是根據模型中內生構念的 R^2 值來定義。需要注意的是，對於相同模型，PLS-POS 演算法是計算機密集型（computer-intensive），並且比 PLS-FIMIX 更花時間， 通常 PLS-POS 演算法會花 3 分鐘（Becker et al., 2013: 689）。

總之，(1) 若多組（multi-segment）模型中的 R^2 低於傳統 PLS 解答，則可以拒 絕存在未能觀察到的異質性，並可用傳統的全樣本 PLS Algorithm。(2) 若單段解答的 PLS-POS 適配度 R^2 準則 > 多組（你可挑全部構面或僅最終構面 R^2），且 R^2 有明顯 惡化（Becker et al., 2013: 686），則樣本沒有異質性。

更多詳情，請參見 Becker et al.（2013）、Squillacciotti（2005）。

7-2 預測導向分群（prediction-oriented segmentation, POS）：實作

下面討論的 PLS-POS 例子，是 perfomF 專案檔「內含 perfom.csv 資料檔及 perfomF.splsm 之 perfomF 形成性模型」，如圖 7-1 所示（具有由 POS 演算法計算的 路徑係數）。perfomF 形成性模型 ≠ perfom 反映性模型（因為指標箭頭的方向相反）。

一、新建專案檔 perfomF：形成性模型 perfomF.splsm 之步驟

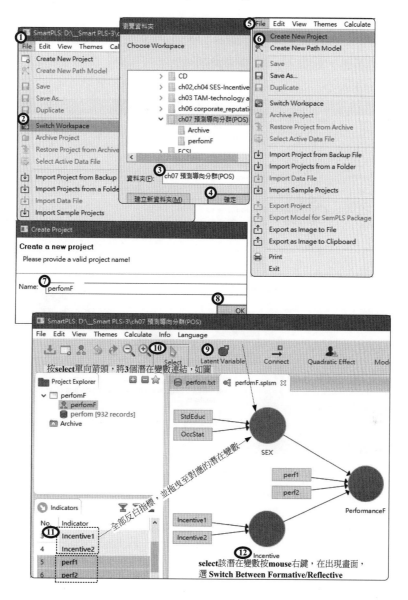

圖7-1　新建perfomF專案檔之過程（內含perfom.csv資料檔、perfomF.splsm形成性模型檔）

二、執行 POS 之步驟

要執行 POS 分析，請從「Calculate」按鈕下拉 menu 中選擇「Prediction Oriented Segmentation（POS）」，就會出現「Prediction-Oriented Segmentation（POS）」視窗。如圖 7-2 所示，打開到 2 個選項卡中的第 1 個選項卡「Setup」，它顯示內定值 1,000

（請將搜索深度設置為樣本數 931，而非內定值），並且將在下面的例子輸出中使用
這些內定值。

第 2 個選項卡「Partial Least Squares」，為 PLS 演算法提供了權重和其他選項。
正如上面討論的那樣，此處不再討論或說明。

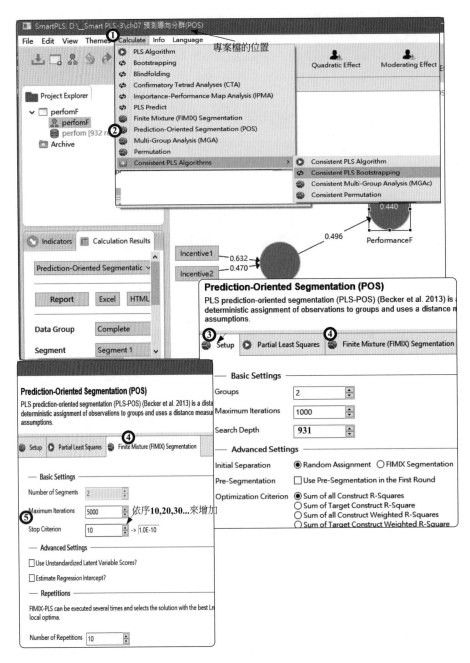

圖7-2　用perfomF專案檔執行POS之操作過程（內含perfom.csv資料檔、perfomF.splsm形
　　　　成性模型檔）

Setup 選項又分：「Basic Settings」與「Advanced Settings」。

1. Groups：仿照前一章「有限混合分群（FIMIX）」的做法，你可分 4 回合，依序執行 Groups=2、Groups=3、Groups=4，再比較 Quality Criteria-R Squares 最高者，來當最佳的模型，如圖 7-3 所示。

2. Maximum Iterations：POS 採用疊代過程來計算。內定情況下，該演算法最多執行 1,000 次疊代，這幾乎在所有情況下都足夠，故可忽略它。

3. Search Depth：搜索深度是「將重新抽出多少觀察值來測試最佳準則是否得到改善」。界定的數量不得超過樣本數量（本例 N 為 931）。(1) 在 POS 模型的探索性執行中，可用較低的搜索深度來加快計算速度。(2) 但對於驗證性建模，就應使用樣本數 N。

4. Pre-Segmentation：內定情況下，不使用預分群（pre-segmentation）。若選此框，則將使用距離度量，將所有觀測值預先分配給最適合的組（segmentation），然後演算法才開始執行其疊代算法。沒人評估預分群是否可以提高模型的性能。

5. Optimization Criterion：此選項設定用於評估模型適配度的準則。內定情況下，準則是「Sum of All Construct R-Squares」，它是基於模型中所有 segmentation 的所有 R^2 的總和。另一方法是「Sum of Target Construct R-Square」，若選擇此選項，則必須指定目標構念。「Sum of Target Construct R-Square」是基於該目標構念（並非所有內生構念）的 R^2，及在所有 segmentation 上的總和。

三、POS 的輸出結果

1. POS結果的概述

PLS-POS 的疊代性質，意味著係數和組分派（group assignments）可能因模型的執行而顯著不同。POS 演算法，首先，將樣本隨機分派（除非調用 pre-segmentation），然後，使用距離度量重新分派觀測值（相比之下，PLS-FIMIX 不採用距離測量）。根據 Becker et al.（2013: 676）警語：「為避免局部最佳化，建議重複使用具有不同起始 partitions 的 PLS-POS」。每次執行模型時，都會自動出現不同的起始位置。此論點也得到 Becker et al.（2013）認可，建議多回合執行 PLS-POS 演算法來獲得替代的起始 partitions，最後才選擇最佳的 segmentation 解。

此外，出於評估可靠性（reliability）的理由，可對來自母群的多個樣本（或來自數據的多個樣本）進行相同模型的執行（Becker et al., 2013: 688）。

最後，可以透過具有不同 segments 數界定（例如：2～10）模型，並進行敏感性

分析，來檢測：「關於母群體中 segments 數的一些先驗斷言（assertion）」。例如：關於種群的先驗斷言也很有用，就像行銷應用程式於市場分割數目。

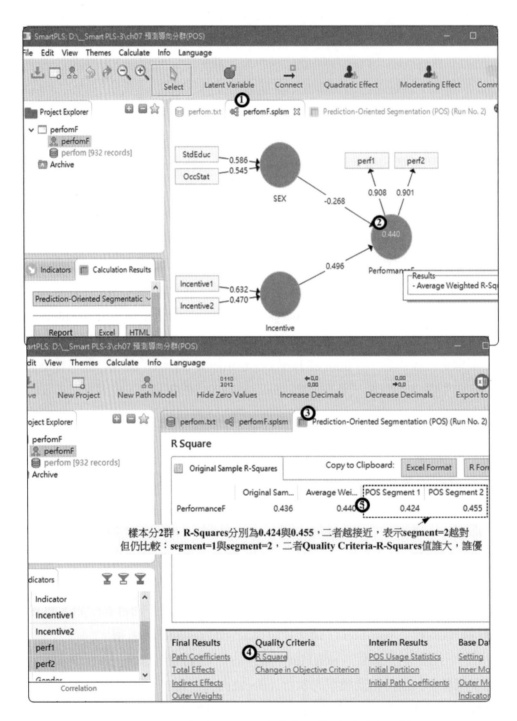

圖7-3　用POS執行perfomF專案檔之結果（僅分2群）

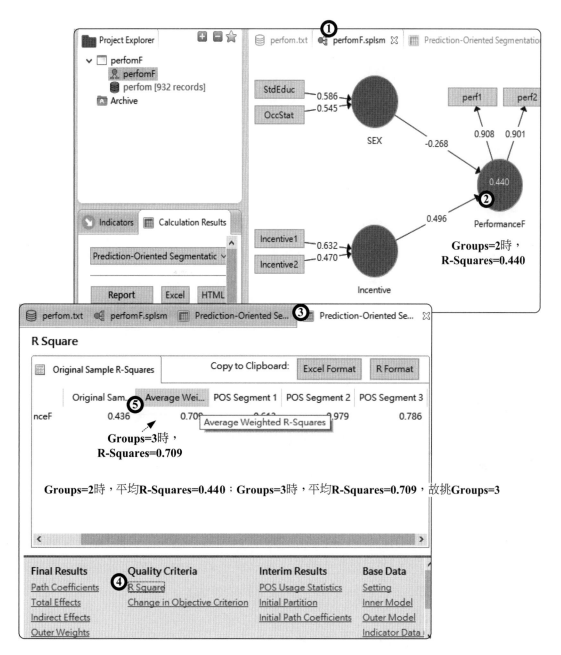

圖7-4　用POS依序執行Groups=2、Groups=3，再比較Quality Criteria-R-Squares兩者誰最高

2. Segment sizes（分群大小）

像在任何分類程序中一樣，希望分類組不要太小。當細分的規模不大時，它們可能反映有異常值：「bad respondents（不良回答者）、過度適配和其他統計偽像

（Becker et al., 2013: 686）」。根據經驗法則（rule of thumb），對於 two-segment 解，應避免 90:10 或更差的比例。「Segment Sizes」報表顯示了相關資訊。在這種情況下，兩組中的較小者占總數的 11% 以上，這不成問題，特別是對於中型到大型樣本量（本例，樣本數 n = 931，求出較小的 segment 仍有 105 個觀測值）。

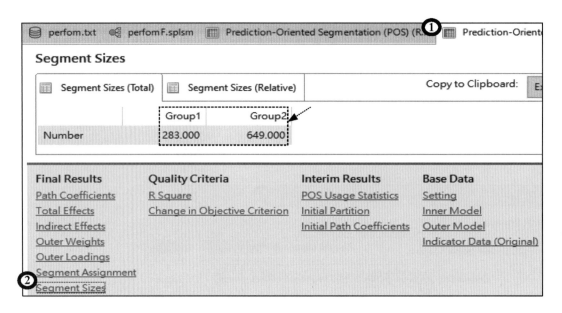

圖7-5　POS分二Groups時，Segment sizes

Segment sizes 太小可能意味著，在求解中，要求了太多細分 segments。可替代地，若 segments 數是最佳的（可是 segments 太小），則它可被折疊成與其沒有明顯不同的其他 segments（Becker et al., 2013: 686）。如圖 7-6 所述，儘管顯著性檢定引入了參數假定，但仍可在多組分析中檢定（Becker et al., 2013: 686）次群組之間差異的顯著性（path coefficience | t | < 1.69 時，就達到顯著性）。

3. POS R-squared coefficients

如圖 7-6，R-squares 係數是基於模型的 R-squares 的總和（儘管此模型只有 1 個內生變數），表示對於較小的分群數，Incentives 與 SES 對 PerformancedF 的解釋水準，Segment 1 都比 Segment 2 大。但是，Segment 2 仍略高於 original sample R-square。這表示，本例樣本，分 2 群比分 1 群來得優。

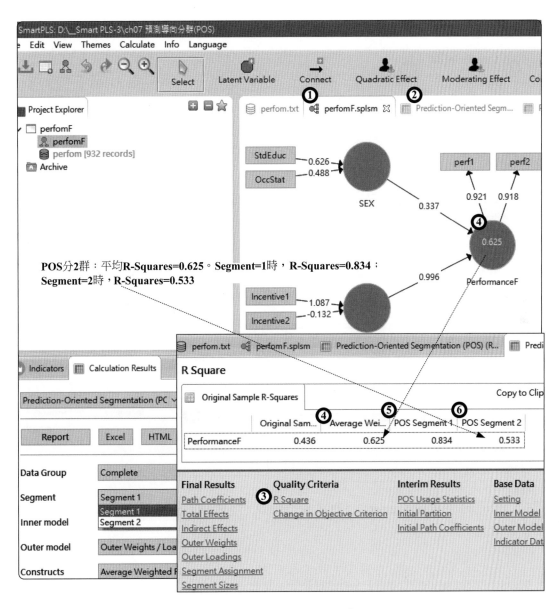

圖7-6 POS分2群：平均R-Squares=0.625。Segment=1時，R-Squares=0.834；Segment=2時，R-Squares=0.533

4. Original與PLS-POS path coefficients

對於結構（內部）模型，將為原始模型和每個 segment，輸出標準化路徑係數。同樣，路徑係數在較小 segment（如 Segment 1）路徑係數值會較高。

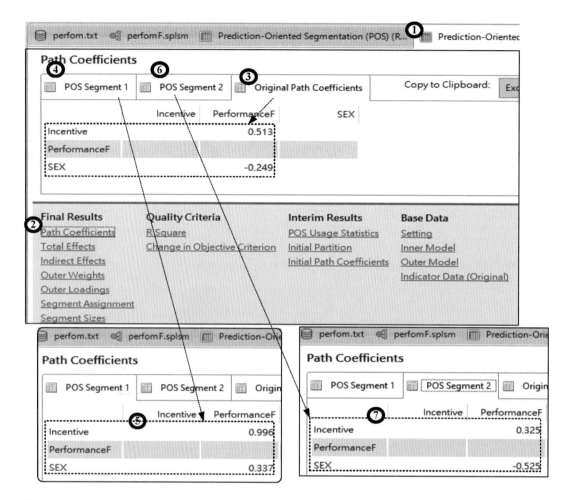

圖7-7　Original、POS Segment1、POS Segment2，三者path coefficients比較（perfomF專案檔）

5. Measurement model（outer）weights & loadings

　　對於測量（外部）模型，SmartPLS 將輸出權重和負荷係數。兩者都用於了解指標變數相對於其構念的相對重要性。為此，權重用於形成性模型（本例），而負荷量用於反映性模型。

　　對於反映性模型，**loadings** 是指標變數與構念之間的相關性。在 confirmatory PLS 因素分析中，根據經驗法則，負荷量應 > 0.7，來確認「先驗認定的指標變數係由特定結構表示」（Hulland, 1999: 198）。但是，0.7 標準很高，在現實生活中的數據很難達到，這就是為何有研究者（尤其是出自探索性目的）用較低的水準（例如：0.4 作為 central factor）的原因（Raubenheimer, 2004）。當然，你必須根據理論來解

釋 **loadings**，而不是根據任意的臨界水準來進行解釋。

但是，對於形成性模型（如本例），權重代表每個指標在解釋構念變異數時的重要性（Becker et al., 2013: 670; see Edwards & Lambert, 2007; Petter et al., 2007; Wetzels et al., 2009）。隨之而來的是，「weights」可用於形成性構念之推算含義，如下所述。

在圖 7-8 的輸出中，你可能會注意到，Segment 1 中，對構念 Incentives，Incent1

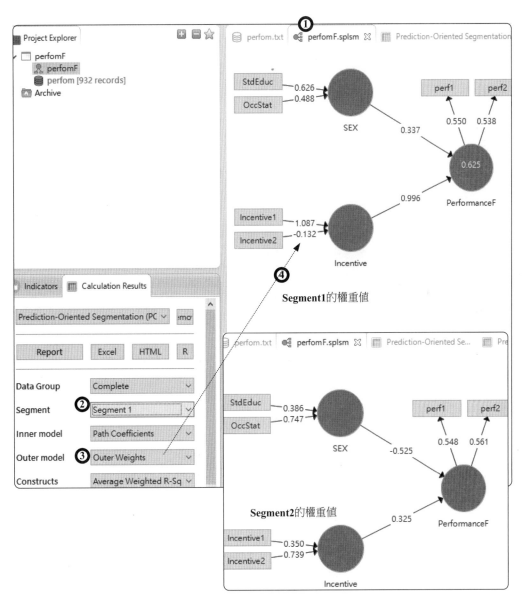

圖7-8　POS分2群：Measurement model（outer）weights二群的比較

與 Incent2 的權重比大約為 2：1，但是在 Segment 2 中，2 個指標變數的重要性更加相等（較大的部分）。我們可以說，與 Segment 2 相比，Incent1 在第一部分中對「Incentives（激勵）」的定義貢獻較大。同樣，在定義「PerformanceF」構念時，可以對 Motive1 和 Motive2 進行類似的觀察。在 Segment 2 中，StdEduc 對「SES」構面的定義貢獻更大。對於「SES」構念，在 Segment 1 中 Occstat 比 StdEduc 更重要，但在 Segment 2 中則相反。

第8章

多群組分析（MGA）：
回卷事前已分組

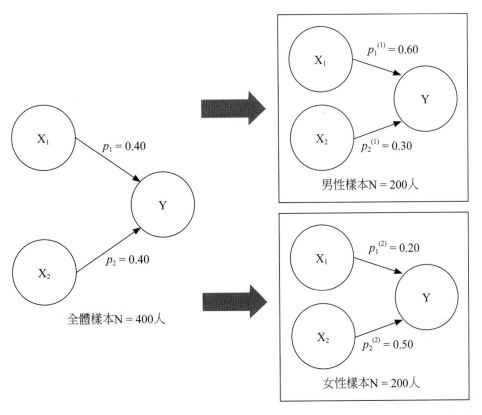

圖8-1 PLS-SEM的異質性效果（Heterogeneity Effect in PLS-SEM）（又如：實驗組vs.控制組）

　　理論模型的複驗，必須持續在不同群體中進行檢測，方能增加理論模型測量不變性（恆等性）的證據。據此，直接採用過去已驗證過的測量工具，未實徵地互驗該理論模型對不同樣本群體的適用性，忽略理論模型可能對不同群體間的不同意義，而將不同群體樣本或變數進行聚合（aggregation）分析，將無法確認所得的結果究竟是反應出學習者真實的差異或是因為理論模型的測量所造成（邱皓政，2011），增加測驗工具在實務應用以及結果詮釋上的困難。因此，當研究中包含了不同的群體時（e.g. 男 vs. 女；實驗組 vs. 對照組），應進行理論模型的跨群體互驗，檢視該理論模型應用於不同群體樣本的不變性。然而，坊間多數研究的量表，普遍都包含了性別或年齡群體這種異質性問題，在測量上的跨群體不變性卻很少受到重視，因此有進一步檢證的必要。

　　例如：成就目標理論模型之跨群組不變性的檢測（testing），可分成2個階段：

Step 1　為基本模型的檢測：採用全體樣本進行整體性的理論模型驗證，再將分屬

不同群體之樣本分別進行分析，確認理論模型與觀察資料的適配程度與簡單性，檢視單一群組觀察資料之共變數結構是否顯著不同於假定之理論模型，並檢查整體樣本與不同群體樣本所估計而得之參數間是相似的，據以建立基線模型（baseline model）。

Step 2 為因素不變性的檢測：逐步限定模型參數，建立階段性逐步設限的 nested 模型，並透過模型間的比較，檢測理論模型的測量不變性（Byrne, 2004）。Byrne, Shavelson, & Muthén（1989）將因素不變性分為測量恆等與結構恆等，測量恆等關心的是因素型態／結構、因素負荷量及誤差變異的恆等；而結構恆等則是強調因素的變異數／共變數結構及因素平均數的恆等。在這些因素不變性的 nested 模型中，可依參數限制的嚴格程度分成 5 個不同的層次：態樣恆等（configural invariance）、量尺恆等（metric invariance）≒組合恆等（compositional invariance）、題項截距恆等（scalar invariance）、因素變異數／共變數恆等（factor variance/covariance invariance）及誤差變異恆等（error variance invariance）（Cheung & Rensvold, 2002）。

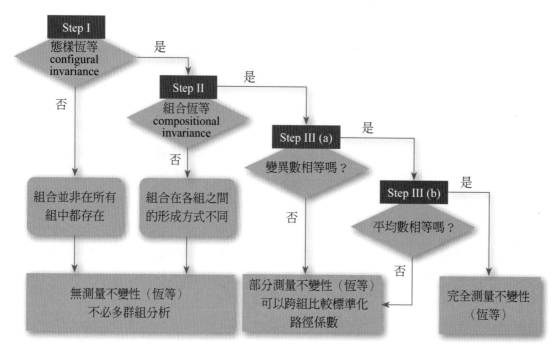

圖8-2 灰色陰影框表示，實作結構不變性和成分不變性都是MGA技術必須執行的步驟

SmartPLS「Permutation」演算法之 MICOM 有提供前 3 項檢定（第 9 章再實作它）。

(1) 態樣（pattern）不變性旨在檢測不同群組樣本，是否具有相同的因素個數與態樣，確保在不同群體間皆能測量到相同的成就目標構念，是進行後續分析的必要條件。

(2) 量尺不變性則是指不同群體間在指標變數的權重（或因素負荷量）的不變性，意味著成就目標測量量尺對不同群體而言是否具有相同的意義。

(3) 題項截距不變性的成立需植基於量尺不變性之上，檢視不同群體在量表題項上的初始反應是否有所不同。

(4) 因素變異數／共變數的不變性，同樣需建立於題項截距不變性之上，了解不同群體間在潛在變數間交互相關及變異的一致性。

(5) 誤差變異的不變性是對測量不變性最嚴格的要求，必須將上述參數皆限定為相同，更進一步地檢視測量題項在不同群組間的實施是否具有相同的不變性（Steenkamp & Baumgartner, 1998; Wang & Wang, 2012）。

符合上述檢測程序之測量模型，便具有完全的或充分的測量不變性。但在實徵研究方面，因素變異數／共變數以及誤差變異不變性的檢測不僅過於嚴苛，顯著性也較低，鮮少有實徵研究能夠符合完全的測量不變性的要求（Byrne, 2004），Byrne et al.（1989）建議：若部分量尺或題項截距不變性成立，即可進行因素變異數／共變數分析。其中，部分量尺或題項截距不變性檢測是指當完全量尺或題項截距不變性未能成立時，便採取逐步寬鬆的檢定策略，逐步釋放不變性限制（Kline, 2011），部分量尺或題項截距不變性的條件是每個因素至少有 2 個變數具有負荷量與截距上的不變性（Byrne et al., 1989; Steenkamp & Baumgartner, 1998）。

8-1 多群組分析（multi-group analysis, MGA）：事前已分組，內生變數要多元常態

PLS 多群組分析用於：你的回卷事前已分組（e.g. 男 vs. 女；實驗組 vs. 對照組），各組之間的 PLS 模型是否存在顯著差異。這種用法就是「類別型調節變數」。

1. 檢測（testing）由 FIMIX（依變數要常態）或 POS（依變數未必常態）組成的 segments 是否彼此不同。若沒有任何 segments 與其他任何 segments 的路徑係數有

顯著差異，則可採用單 segment 的求解，意即使用傳統的 PLS Algorithm 法。

2. 先透過（cluster）聚類分析，再檢定：因素分析、多維標度（multidimensional scaling, MDS）或其他外部統計程序所形成的組之間的 PLS 模型是否不同。

3. 檢測：PLS 模型在各組之間測量變數是否不同。例如：假定性別是測量變數，檢測男性 vs. 女性之間的模型是否不同，這是本例之解說題材。

　　MGA 又稱為**參數多組**（parametric multigroup）分析，它用獨立樣本 t 檢定來比較各組之間的路徑（Kiel et al., 2000），因為顯著性測試要求假設要符合多元常態分布，這與傳統方法不同。

8-2　測量不變性（measurement invariance），又稱測量恆等性

　　在實證研究上，李俊賢、黃芳銘、李孟芬（2016）曾檢定消費者型態量表（consumer style inventory, CSI，原始量表是由 Sproles 和 Kendall 在 1986 年所提出）於臺灣年輕族群的性別（男生 344 人、女生 400 人）測量不變性的程度。驗證性因素分析結果顯示 8 個因素 CSI（完美品質、物超所值、品牌意識、新穎流行、娛樂購物、慣性品牌、衝動消費、抉擇困擾），在性別群體上有區別效度與信度分別得到支持。多群體模型支持男女在形貌、尺度、因素共變數與變異數等皆具不變性。而物超所值與衝動消費這 2 個因素只具有部分截距與測量恆等（不變性），娛樂購物此一因素則不具備性別的測量恆等。最後，針對 8 個因素做因素平均數的不變性檢定時，呈現出個別因素有其性別的差異。其中，女性在物超所值、新穎流行、慣性品牌與衝動消費等 4 個因素平均數較男性高，但在品牌意識則低於男性，而完美品質與抉擇困擾則無顯著差異。

　　外部模型是「measurement（測量）」模型，因為它確定內部模型中的構念（又稱構面）的測量方式。換句話說，外部模型確定內部模型中構念的含義。

　　「測量不變性」的問題出現在多組分析中（見下文），你試圖確定模型在各組之間（例如：男性 vs. 女性之間）是相同還是不同。僅當內部模型構念在每組中的度量相同且因此具有相同的含義時，這種模型比較才具有邏輯意義。也就是說，建立**測量不變性**是進行多組分析的**必要前提**。在 SmartPLS 中，使用第 9 章「Permutation」Algorithm 部分中所述的 MICOM 程序測試測量不變性。

8-3 多群組分析（multi-group analysis, MGA）：實作

為了說明 MGA，我們延用第 2 章、第 4 章：perfom 專案檔，為了好記將它 rename 為 ch08 multi-group analysis（MGA）專案檔〔內含 perfom.csv 資料檔、multi-group analysis (MGA).splsm 形成性模型檔〕，它是針對傳統 PLS 討論的相同 Performance 模型。圖 8-3 複製了 perfom 模型，它與反映性 Performance 模型相同。

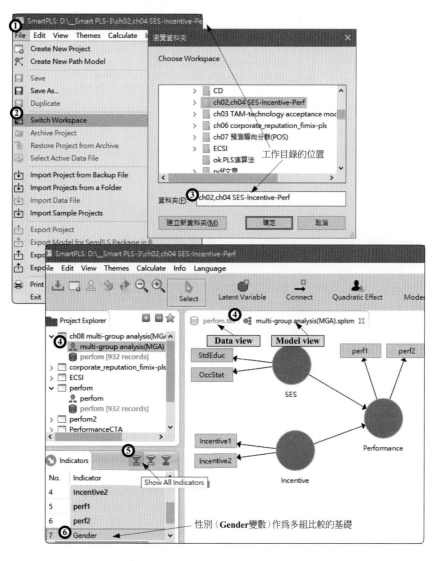

圖8-3 ch08 multi-group analysis（MGA）專案檔〔內含perfom.csv資料檔、multi-group analysis (MGA).splsm形成性模型檔〕

如上，這一次，我們將使用性別（Gender 變數）作為多組比較的基礎。

1. 定義組別（groups）

在執行 MGA 之前，必須先定義問卷事前已知的「組別」。雙擊本例的 perfom. txt 資料檔，使數據視圖顯示在右側。然後單擊「Generate Data Groups」按鈕／圖示，如圖 8-4 所示。

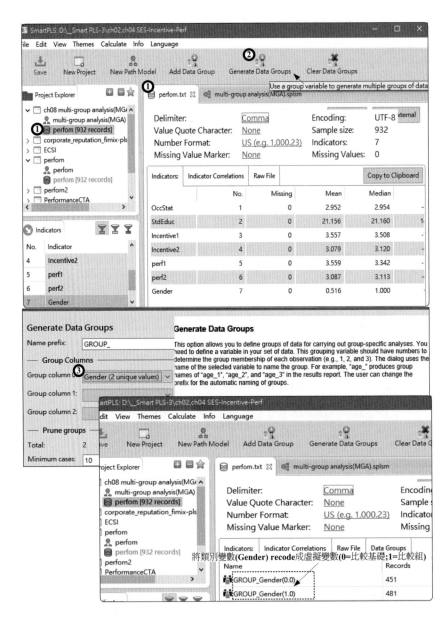

圖8-4 定義組別（groups）：Generate Data Groups圖示〔ch08 multi-group analysis （MGA）專案檔〕

像本例性別（Gender），就需將此類別變數（levels>2）再recode成虛擬變數（0=比較基礎；1=比較組）。

在perfom.txt的 data view 中，若尚未按「Data Groups」選項卡，請按它。對於本例，此選項卡顯示分別有2個451和481記錄的性別組。

若將游標懸停在2個組的右側，才會出現「Delete」和「Edit」按鈕。單擊「Edit」按鈕將轉到「Configure Data Group」視窗，在此視窗即可重新命名「組名稱」。以下，GROUP_0被重新命名為「Male」。未顯示，GROUP_1重新命名為「Female」。

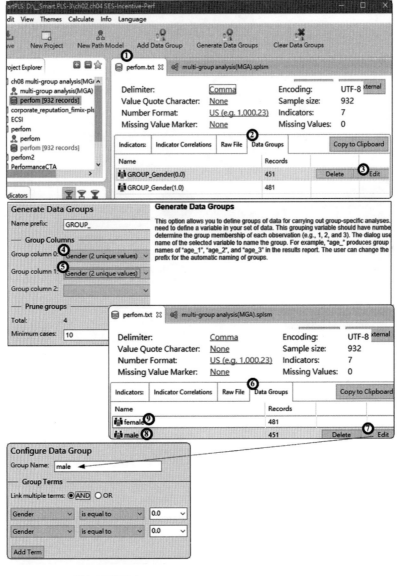

圖8-5　在perfom.txt的 data view ，按「Data Groups」tab之「Edit」，開啟「Configure Data Group」來命名各分組label

8-4 執行MGA分析與結果討論

定義組後，在「Project Explorer」（SmartPLS 界面的左上方窗格）中突出顯示「ch08 multi-group analysis（MGA）」專案中，請選「multi-group analysis（MGA）」模型檔，然後單擊頂部 menu 欄最右側的「Calculate」圖示之後，再選擇「Multi-Group Analysis（MGA）」，在圖 8-6 顯示 MGA「Setup」tab 對話框中，Groups A 中勾選「Male」；同樣，在 Groups B 中勾選「Female」，最後再按「Start Calculation」鈕。

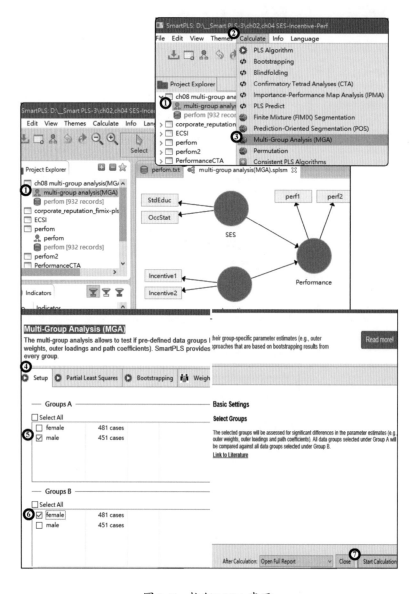

圖8-6　執行MGA步驟

1. Multi-group 分析的步驟

　　圖 8-7，由於 PLS solution 未遵循已知分布，因此可選擇使用 bootstrapped significance。「Bootstrapping」tab 是提供顯著性檢定之參數。前面章節已介紹 bootstrapping 估計法的用途，對於本例，唯一的更改，是將「Subsamples」從內定的 500 重置為更大的數字（5,000），如此更適合於驗證性分析。

　　「Weighting」tab 也與上面討論的相同。本例，就接受內定值。

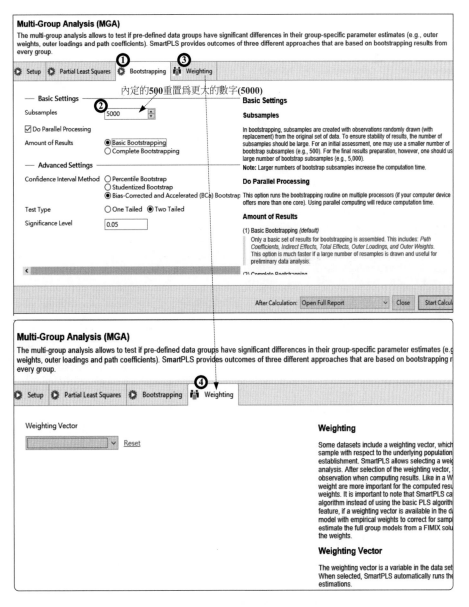

圖8-7　MGA選項：Bootstrapping、Weighting畫面

2. Multi-group輸出

由於剛剛介紹的過程，執行的是傳統具有分組功能的 PLS 演算法，因此基本報表與該演算法相同，如第 2～4 章所述，此處不再贅述。但是，該報表（如圖 8-8 所示）現在除了「Complete」之外，還包含「Male」和「Female」欄。此圖是透過單擊下面顯示的「Calculation Results」tab 中 MGA 的輸出，亦可選 Excel Format 或 R Format 來永久保存該報表。

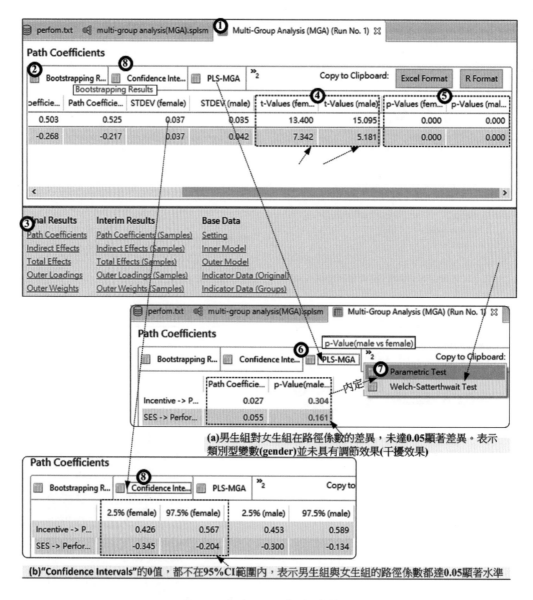

圖8-8　執行MGA輸出的結果

上圖（圖 8-8），該報表分別提供了女性和男性組群的路徑係數，以及 bootstrap-estimated 估計的標準差、t 值和顯著性 p 值以及 95% 信賴區間（CI）。雖然男性的結構（內部）模型中的標準路徑係數高於女性，但這種差異是否顯著呢？Bootstrap t-test 以信賴區間在下面的輸出部分中回答了這個問題。請注意，對於「Incentives -> Performance」路徑，信賴區間在二組有重疊（Female CI=[0.4249, 0.5611]; Male CI=[0.4553, 0.5932]）。「SES -> Performance」路徑的信賴區間也重疊。重疊的信賴區間：意味著在 0.05 的顯著性水準，我們不能拒絕虛無假設 H_0，即男性和女性樣本之間的路徑係數沒有差異。

總之，對於本例樣本，結構模型中的所有路徑（「Incentives -> Performance」路徑與「SES -> Performance」路徑），對於男性和女性均達顯著（$p < 0.05$），如 p 值欄所示。同理，男性或女性的「Confidence Intervals」的 0 值，都不在 95% CI 範圍內，表示男生組與女生組的路徑係數都達 0.05 顯著水準（等同 $p < 0.05$）。

此外，在「P-value（male vs. female）」tab 中，顯示本例：男生組對女生組在路徑係數的差異，未達 0.05 顯著差異。表示類別型變數（gender）對「Incentives -> Performance」與「SES -> Performance」路徑都未具有調節效果（干擾效果）。

男性和女性模型之間的差異也可以透過圖形來查看，如圖 8-9 所示。

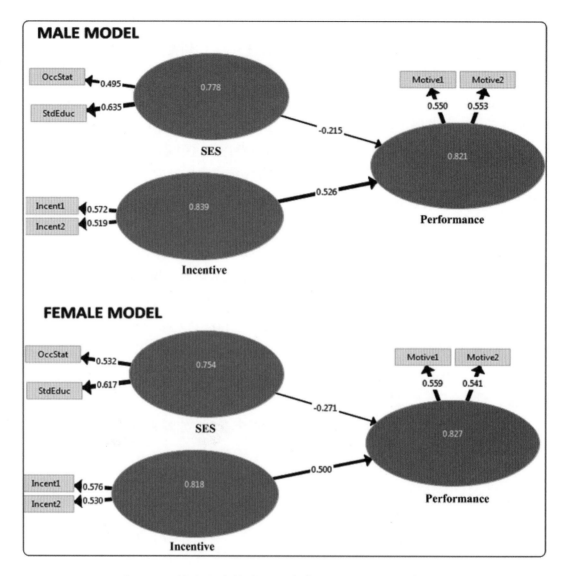

圖8-9　男性和女性模型之間的差異可以透過圖形來查看

　　上圖顯示：使用男性和女性模型提取的路徑係數和平均變異數，並使用路徑的絕對重要性（absolute highlighting）來顯示。你可看到模型的路徑權重很相似，反應在路徑（單向線）寬度上。但是，路徑係數的數值仍有微小不同。

3. 分群間差異的檢定（testing for segment difference）

　　透過使用 t-tests，MGA 將分布假定重新引入 PLS，否則將是無分布過程。還要注意的是，當樣本量較大時，即使是很小的係數差異也可能會被視為顯著。因此，建議再檢查係數之間的距離，尤其是在熵低的情況下，這表示 segments 可能無法解釋。

SmartPLS 輸出「Path Coefficients」中的「Bootstrapping Results」表，印出了男女之路徑係數、平均值、標準誤、t 值和 p 值，如圖 8-10 所示。確切的係數會因 MGA 模型的運行而異。

PLS-MGA

	Path Coefficients-diff (| Male - Female |)	p-Value(Male vs Female)
Incentive->Performance	0.0265	0.2987
SES->Performance	0.0553	0.1577

Parametric Test

	Path Coefficients-diff (| Male - Female |)	t-Value(Male vs Female)	p-Value(Male vs Female)
Incentive->Performance	0.0265	0.5372	0.5913
SES->Performance	0.0553	1.0196	0.3082

Welch-Satterthwait Test

	Path Coefficients-diff (| Male - Female |)	t-Value(Male vs Female)	p-Value(Male vs Female)
Incentive->Performance	0.0265	0.5368	0.5917
SES->Performance	0.0553	1.0163	0.3100

圖8-10　3種檢定路徑差異的顯著性結果

男性和女性路徑係數之間的差異要經過 3 個檢測。內定情況下，這些顯著性檢測使用 0.05 顯著性水準。這 3 種方法是：

1. PLS-MGA：若針對特定組的路徑係數差異的 p 值 <0.05 或大於 0.95，則此非參數顯著性檢定可發現差異顯著。該方法（參見 Henseler et al., 2009）是對原始非參數 Henseler MGA 方法（例如：Sarstedt et al., 2011）描述的擴展，為最常用的檢測。

2. Parametric Test：假設 2 組（以上）具有相同的變異數，這是一種類似的方法，但為參數化的。

3. Welch-Satterthwait Test：這是另一種參數檢測，它假定組之間的變異數不相等。有

關進一步的討論，請參見 Sarstedt et al.（2011）。Hair et al.（2014: 247-255）介紹了手動方法，包括公式和實例。

　　本例，在「P-value（male vs. female）」tab 中，顯示本例：男生組對女生組在路徑係數的差異，未達 0.05 顯著差異。表示類別型變數（gender）對「Incentives -> Performance」與「SES -> Performance」路徑，都未具有調節效果（干擾效果）。

1. Other group comparisons

　　SmartPLS 輸出相似的表（此處未顯示），旨在比較並檢定外部（測量）權重、外部負載、間接效果、總效果、R 平方、平均變異數萃取量（AVE）、組合信度和 Cronbach's α 值之間的差異與路徑係數。對於本例數據，這些係數中的任何一個在性別上都未具顯著差異。

2. Bonferroni adjustment

　　請注意，當存在多個 t-tests 而不是一個 t-tests 時，所計算的顯著性機率水平過於寬鬆，可能涉及發生型 I 誤差（偽陽性 false positives）。也就是說，cutoff 值 =0.05 水準太高，需要進行調整。儘管是保守的，常見的調整是，進行多個獨立測試的 Bonferroni adjustment。Bonferroni adjustment 會要求透過：用作分母的檢定數來降低 α 有效水平。例如：若 5 個獨立的 t-tests 需要「$\alpha = 0.05$」，則 0.05/5 = 0.01 應該是達到 0.05 的基礎實際水準所需的計算水準。

3. The permutation algorithm（排列演算法）

　　如下一章所述，排列（置換）演算法提供另一種不同的方法來測量組間（inter-group）差異。

8-5　改用類別型調節變數

　　變數可分為「類別變數」（categorical variable）及「連續變數」（continuous variable），其中，類別變數可再細分為名義變數（nominal scale）和次序變數（ordinal scale）；連續變數則可細分為等距變數（interval scale）和等比變數（ratio scale）。

　　其中，類別型調節變數的分析法有 2 種：(1) 多群組分析（MGA），請見第 8 章例子。(2) 直接納入虛擬變數（dummy variable），此類別變數指向依變數（最終內生變數），請見下面解說。

本例，gender 虛擬變數（0=male; 1=female），若想交叉驗證 gender 對「二因一果」的調節效果，分析步驟如圖 8-11。

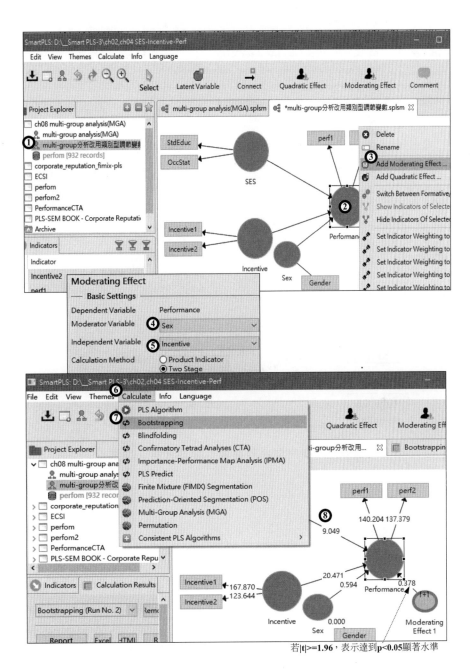

圖8-11　類別型調節變數來分組分析〔ch08 multi-group analysis（MGA）專案檔內含 perfom.csv資料檔〕

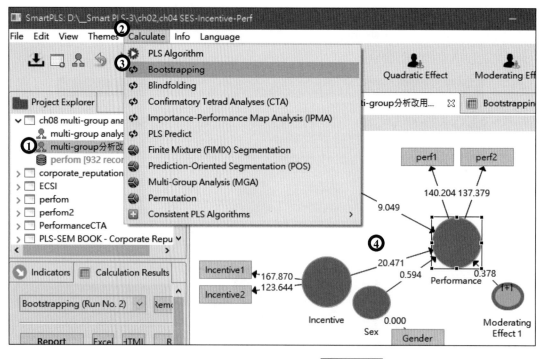

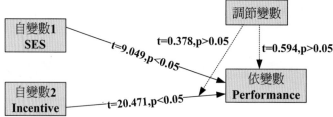

圖8-12　類別型調節變數來分組分析之結果

排列（置換）演算法（MICOM）：測量組間（inter-group）差異（不變性）

9-1 排列（置換）演算法（permutation algorithm, MICOM）概念

置換演算法（permutation）旨在比較組間（e.g. 男 vs. 女；實驗組 vs. 對照組）。此外，該此演算法可用於執行 Henseler, Ringle, & Sarstedt's（2015）描述的 PLS-SEM 測量不變性評估程序（measurement invariance assessment procedure, MICOM）。MICOM 是用於顯示在評估 composite 模型時（前面已討論 composite 模型），組間顯著差異，是否是由構念（構面）之間的組間差異（例如：SES）所引起的。有關進一步說明，請參見 Dibbern & Chin（2005）、Ringle, Wende, & Becker（2015）。

多組（multi-group）分析，是假定問卷已建立了組別。內定情況下，從每個組中抽取 1,000 個隨機樣本（不替換），但為了確保結果的穩定性，建議將 5,000 個樣本用於最終分析。

在 menu 選「Calculate → Permutation」，輸出既包括使用 permutation 檢定的 PLS 多組分析，也包括用於評估測量不變性（measurement invariance）的 MICOM 結果。

9-2 排列（置換）演算法（example model）：實作

本例，延用第 8 章「ch08 multi-group analysis（MGA）」專案檔。內含 multi-group analysis（MGA）模型檔及 perfom.csv 資料檔（gender 為類別變數）。

1. 定義組別（groups）

在執行 MGA 之前，必須先定義問卷事前已知「組別」。雙擊本例的 perfom.txt 資料檔，使數據視圖顯示在右側。然後單擊「Generate Data Groups」按鈕／圖示，如圖 9-1 所示。

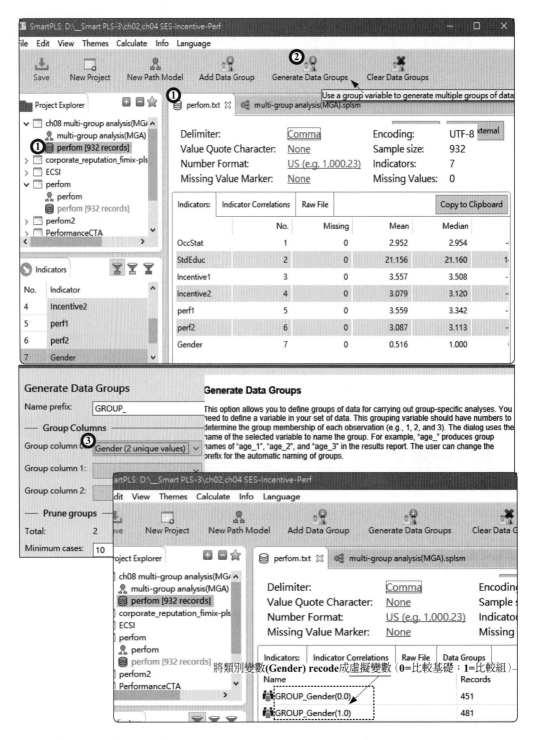

圖9-1　定義組別（groups）：Generate Data Groups圖示〔ch08 multi-group analysis（MGA）專案檔〕

像本例性別（Gender），都需將此類別變數（levels>2）再 recode 成虛擬變數（0 = 比較基礎；1 = 比較組）。

在 perfom t.txt 的 data view 中，若尚未按「Data Groups」選項卡，請按它。對於此示例，此選項卡顯示分別有 2 個 451 和 481 記錄在性別組。

若將游標懸停在 2 個組的右側，才會出現「Delete」和「Edit」按鈕。單擊「Edit」按鈕將轉到「Configure Data Group」視窗，在其中可以重命名組。以下，GROUP_0 被重命名為「Male」。未顯示，GROUP_1 重命名為「Female」。

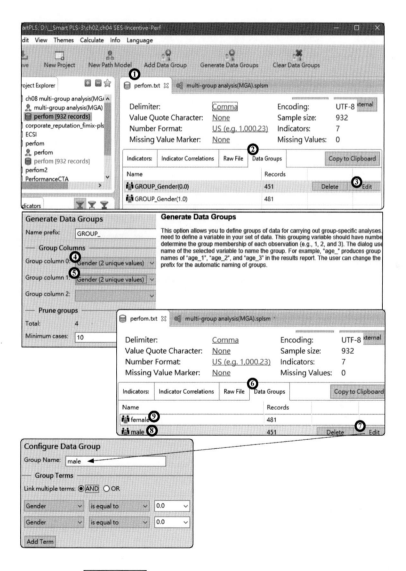

圖9-2　在perfom t.txt的 data view，按「Data Groups」tab之「Edit」，開啟「Configure Data Group」來命名各分組label

2. 執行Permutation

圖 9-3，本例數據執行 permutation 演算法，請在 Project Explorer（SmartPLS 界面的左上方窗格）中「ch08 multi-group analysis（MGA）」專案檔，單擊「Calculate → Permutation」。其餘選項，請依下圖（圖 9-3）所示步驟來操作。

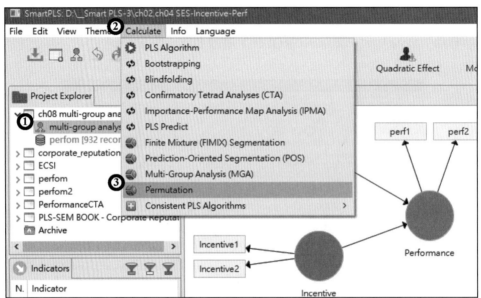

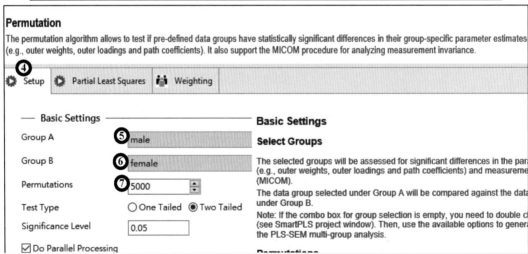

圖9-3　單擊「Calculate → Permutation」之步驟〔ch08 multi-group analysis（MGA）專案檔〕

本例接受「Partial Least Squares」與「Weighting」tab 的內定值。這些選項卡與前面章節所述內容相同。

9-3 Permutation演算法的輸出

對於任何給定的路徑係數，permutation 過程的結果，如圖 9-4。

輸出中顯示了：用於比較女性和男性群組的 PLS 模型之基於 permutation 的顯著性檢定結果。類似的輸出（未顯示）包含：相應的外部 loadings、外部權重、間接效果、總效果、R^2、平均變異數萃取量（AVE）、組合可靠性、Cronbach's α。MICOM 結果將在下面討論。

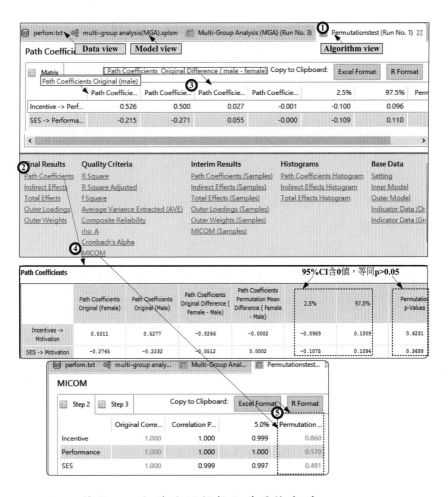

圖9-4 Permutation結果：二組的路徑係數之差異檢定〔ch08 multi-group analysis（MGA）專案檔〕

本例 permutation 檢定結果：確認了結構（內部）模型的 Female groups 與 Male groups 之間無顯著差異，因為最右邊一列中的所有「Permutation p-values」均高於 0.05 臨界值。

一、測量不變性（measurement invariance of composite models, MICOM）檢定

組合模型的測量不變性（measurement invariance of composite models, MICOM）過程旨在檢定：組間的測量（外部）模型是否相同。由於外部模型中的指標確定了結構（內部）模型中結構的含義，因此缺少度量不變性意味著，即使「女性」和「男性」群組的結構帶有相同 labels，具有欺騙性，因為 constructs 測量是不同的事物。MGA 檢測僅在測量不變性時才有意義，這意味著僅當內部模型構念測量相同的事物時才有意義。

因此，MICOM 是進行多組分析（MGA）之前，在邏輯上必不可少的步驟。因此 Hult et al.（2008: 1028）指出「建立數據等效性（equivalence）失敗是潛在的測量誤差源（即，測量內容與實際測量內容之間的差異），這加重了估計量的精度，降低了假設統計檢定 power（$1 - \beta$）的估計，並提供誤導性結果。」

MICOM 在 Jörg Henseler, Christian M. Ringle 和 Marko Sarstedt 文章有更詳細介紹：使用偏最小平方法檢定 composites 的測量不變性〔在 *International Marketing Review*（2015）也有提供〕。

在 SmartPLS 中，MICOM 檢定是「Permutation」演算法輸出的一部分。MICOM〔其輸出如下圖（圖 9-5）所示〕有 3 個過程分析：

Step 1 Configural invariance（型態恆等）

態樣（pattern）不變性旨在檢測不同群組樣本，是否具有相同的因素個數與態樣，旨在確保於不同群體間皆能測量到相同的成就目標構念，也是進行後續分析的必要條件。

當每個組中的模型：(1) 在內部模型中具有相同數量的構念；(2) 在外部模型中具有相同的指標時，則存在 configural 不變性。Configural 不變性還要求：以與另一組相同的方式對一組中的指標來進行編碼（例如：虛擬變數），數據處理必須相同（例如：標準化或遺漏值處理），並且演算法選項和設定也應相同。SmartPLS 線上文章指出：「在 SmartPLS 中執行 MICOM 通常會自動建立 configural 不變性」。統計輸出不適用於此步驟，因此未顯示。

Step 2 Compositional invariance（組合不變性）

它對應 CB-SEM 的量尺恆等（metric invariance），是指不同群體間在指標變數的權重（或因素負荷量）的不變性，意味著成就目標測量量尺對不同群體而言是否具有相同的意義。

「step 2」是對組之間的測量（外部）路徑的指標權重不變性的檢定。本例數據為例，可計算**男性**指標權重的向量和女性指標權重的另一個向量，作為組之間測量模型中差異的度量。若存在組合不變性，則由觀察組的指標權重建立的分數應與合併數據的指標權重向量建立的分數完全相關。Permutation 法透過：建立兩組與 observed 組大小相同的組來執行此操作，但使用來自合併數據（pooled data）的隨機抽樣觀察（抽樣之後無需替換）填充（populating）它們。MICOM 輸出會顯示「Permutation p-values」，用於檢定外部模型中的 item loadings 在各組之間是否不變。若不顯著，如下圖（圖 9-5）所示，本例所觀察到的指標向量的相關性與從合併數據中隨機填充的相同大小的組的相關性沒有顯著差異，這表示指標向量也沒有彼此不同。具體來說，MICOM 法檢定原始數據之虛無假設：「女性和男性相關性 $c = 1$」。若 $c <$ 合併數據排列中 c 分布的 5% 的分位數，則拒絕組合不變性的假設。若發現不顯著，意味著可以假定 compositional 不變。當相關性不顯著且低於 1.0 時，就會發生這種情況，如圖 9-5 所示。

Step 3 Scalar invariance（equality of composite means & variances：題項截距恆等）

題項截距不變性的成立需植基於量尺不變性之上，檢視不同群體在量表題項上的初始反應是否有所不同。

Step 3 若以類似於 Step 2 所述的方式來檢測 scalar 不變性，該方法在 Henseler, Ringle, & Sarstedt（2016）中有詳細介紹。MICOM 輸出顯示了「Permutation p-value」tests，旨在用來檢測每個內部模型構念的平均值和變異數的組間差異。下面將會進一步顯示圖 9-5 的輸出。

若 Step 2 和 Step 3 均傳回不顯著，則存在「full measurement invariance」。若僅 Step 2 傳回不顯著，則存在「部分測量不變性」。可能會發生以下動作：

(1) 由於具有完整的測量不變性，因此有必要合併（pooling）數據，並且可能不需要 MGA。Henseler, Ringle, & Sarstedt（2016）稍寬的建議是：僅在大多數結構效果不變的情況下合併。請注意，合併將增加統計 power。

(2) 若存在 compositional 不變性，則出於比較模型之目的，你可以比較 MGA，以便進行模型比較。Henseler, Ringle, & Sarstedt（2016）建議在解釋 Step 3 的結果之

前，在 Step 2 堅持 compositional 不變性時中斷 MICOM 分析，以便執行 MGA 來確定結構不變性是否存在。

(3) 同樣，要求 scalar 不變性（ Step 3 ）（完全測量不變性）是一個非常嚴格和保守的要求，但是若要在各組之間比較平均值或要 pooled 數據，則是必需的。更爲寬容的是，Steenkamp & Baumgartner（1998）所提出，若構面至少 2 個指標在組間具有相等的 loadings 和截距（intercepts），則存在足夠的 scalar 不變性。

(4) 更加嚴格和保守將要求相等的誤差變異數（σ_ε^2），因此通常不尋求這種不變性。

總之，本例數據，就存在完全的測量不變性。

二、Type I 與 Type II 誤差

如圖 3-2 所示「檢定力（$1-\beta$）vs. Type I 誤差 α 及 Type II 誤差 β」三者的關係。注意，MICOM 過程的統計檢定力（power）是未知，這意味著型 II 誤差（僞陰性）的風險未知。同樣，當比較 2 個以上的組時，檢測的次數呈指數增加，除非應用了一些懲罰性調整（例如：參見第 8 章的 Bonferroni adjustment 的討論），否則型 I 誤差的膨脹風險會增加，儘管這樣做可能會過分嚴格型 II 誤差的風險。未來的模擬研究和靈敏度分析就可闡明這些問題。現在可以觀察到，儘管型 II 風險未知，但隨著樣本數的增加，power 增加、風險降低，這使得 MICOM 對於較大的樣本更加可靠。

9-4 測量不變性（measurement invariance, MICOM）的檢定

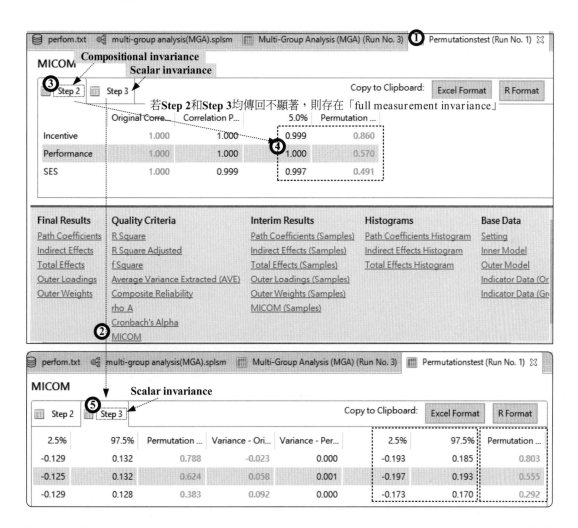

圖9-5 「MICOM Step 2 Compositional invariance」、「Step 3 Scalar invariance」分析結果〔ch08 multi-group analysis（MGA）專案檔〕

圖 9-5 顯示：本例，Step 2 Compositional invariance 和 Step 3 Scalar invariance 均不顯著（p > 0.05），證明本例符合「full measurement invariance」。

第10章

PLS迴歸建模（PLS Predict）≒樣本外的預測能力

除本章外，第 13 章亦有實作例子，請見「圖 13-12 PLS Predict 的結果，求出 MA$_E$ 和 RMS$_E$ 值都很小」，表示該迴歸模型具有樣本外預測力。

10-1　PLS迴歸：SmartPLS ≠ SPSS或SAS

由於方法的根本差異，SmartPLS 迴歸的輸出（MA$_E$、RMS$_E$ 值等）跟 SPSS 或 SAS 中的輸出完全不同。SmartPLS 要求在分析之前明確界定潛在構念。在下面例子，界定了 2 種構念：預測變數（Predictors）、反應依變數（Dependents）。但在 SPSS 和 SAS 中的 PLS 迴歸中，不需要先驗（事前）指定潛在構念或維數，也不需要將指標變數與特定構面相關聯。相反地，可以接受內定的維度數（number of dimensions）。

即使將模型約束為與 SmartPLS solutions 中的維數相同，SPSS 或 SAS 計算的因素也將是**數據驅動**的維度，而不是 SmartPLS 建模所需的**理論驅動**的維度。在 SAS 和 SPSS 中，相同的構念解釋了預測變數和反應指標；但在 SmartPLS 迴歸模型中，對於預測變數和反應指標都存在**單獨的構念**。因此，迴歸係數將不同且含義不同，並且模型適配也不同。大多數 SmartPLS 用戶根本很少執行 PLS 迴歸建模（PLS$_{predict}$）。相反，人們將執行前面幾章的 PLS-SEM 建模（ch02～ch09），預先指定外生和內生因子的數目，並且界定指標與每種指標的相關聯（associating），再根據**理論建議**將構念性的箭頭連結起來。SPSS 和 SAS 不支持 PLS-SEM 建模（只有 CB-SEM）。

10-2　PLS迴歸：SPSS也 ≠ SAS

由於演算法和選項不同，由 SPSS 和 SAS 建立的因素在組成與含義上也都不同，儘管對於每種因素，累積了：測預變數對反應變數解釋之 100% 的變異數。SPSS 內定為 4 因素 solutions，SAS 為 5 因素 solutions。SPSS 將名目、次序型依變數視為類別型變數來處理，而 SAS 假定所有依變數都是連續變數。SPSS 和 SAS 出現這種差異，導致許多 PLS 迴歸模型的路徑係數和模型適配也都不同。

◆ 10-3　PLS迴歸：modeling（PLS Predict）：實作 ◆

　　PLS 迴歸建模（regression modeling），本章使用「ch10-PLS 迴歸 Model 專案檔」，內含 HappyLife.csv 資料檔（圖 10-1，N = 1,517 人）及 ch10-HappyLife.splsm 模型檔。

　　在本節中，下圖（圖 10-1）從一組 3 個預測變數（race, age, prestg80）來預測另一組 2 個反應變數（happy, life），其編碼如下：

1. happy：總體幸福，1=Very Happy, 2=Pretty Happy, 3=Not Too Happy; a categorical variable

2. life：生活是令人興奮還是沉悶？1=Exciting, 2=Routine, 3=Dull; a categorical variable

3. race：受訪者種族，1=White, 2=Black, 3=Other; a categorical variable

4. age：受訪者年齡；連續變數

5. prestg80：被調查者的職業聲望；連續變數

　　HappyLife.csv 資料檔，取自 1991 年美國一般社會調查網（SSAC）的樣本，但是由於 SmartPLS 希望數據集沒有遺漏值，因此需要對遺漏值進行多次估計。最後所得數據集為 HappyLife.csv。

　　樣本輸入和遺漏值之模型建檔，與前面 ch02～ch09：「SmartPLS 路徑建模的描述」相同。

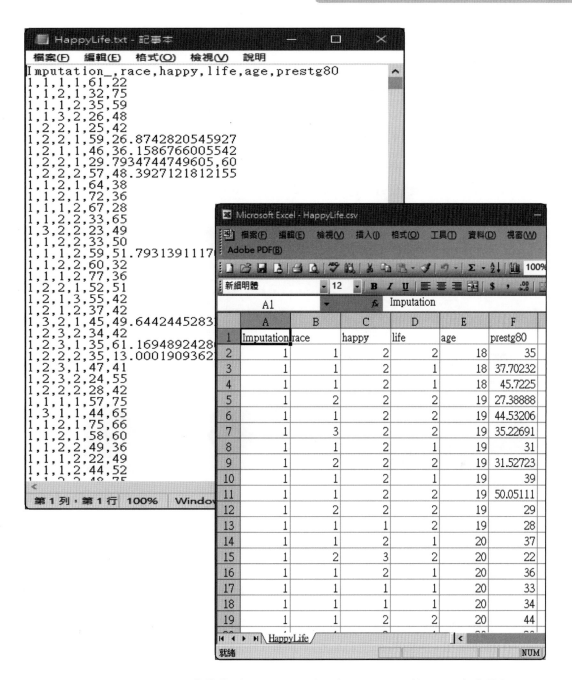

圖10-1　HappyLife.txt資料檔（N＝1,517人）（ch10-PLS迴歸Model專案檔）

10-4　在SmartPLS中建構簡單的迴歸模型

在本例中，新建一個簡單的迴歸模型，自變數「種族、年齡和職業聲望（race, age, & occupational prestige）」，來預測「幸福和生活態度（happy & life attitudes）」。通常，PLS 迴歸模型中，有 2 個因素，一組是預測變數（Predictors），一組是反應變數（Dependents）。所有測量的預測變數均是預測因子的指標，而所有測量的依變數均是依變數的指標。圖 10-2，是 ch10-HappyLife.splsm 模型檔。

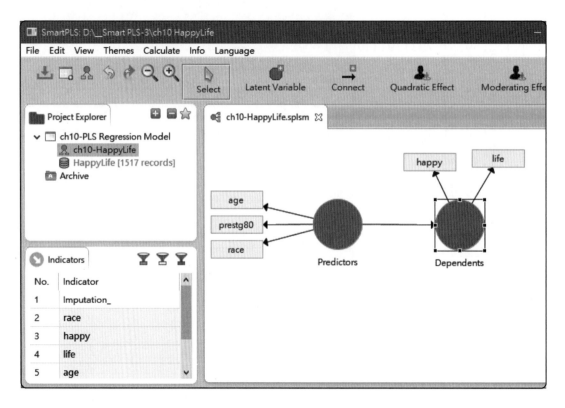

圖10-2　「（race, age, & occupational prestige）」來預測「（happy & life attitudes）」之迴歸模型（ch10-PLS迴歸Model專案檔，HappyLife資料檔）

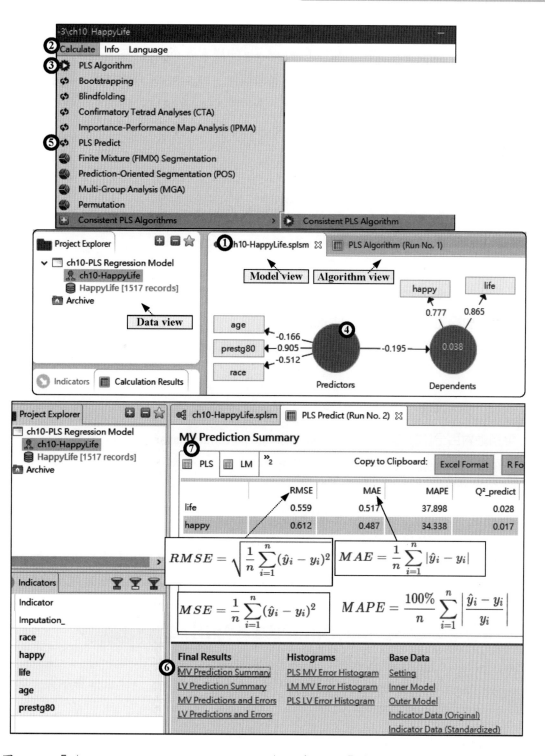

圖10-3 「（race, age, & occupational prestige）」來預測「（happy & life attitudes）」之
迴歸分析結果（ch10-PLS迴歸Model專案檔）

我們透過執行 Shmueli et al.（2016）的 PLS predict 程序（10 folds, 10 repetitions），來檢查了該模型關於 Dependents 的樣本外（out-of-sample）預測能力。結果發現，與 naïve linear model（LM）基準相比，PLS-SEM 分析結果，顯示「最後依變數」Dependents 的（所有）1 個指標所產生的 MA_E 和 RMS_E 值很小，這支持了本模型具有預測能力（Danks & Ray, 2018; Shmueli et al., 2019）的說法。

1. 均方根誤差（RMS_E, root mean square error）

$$均方根誤差（RMS_E）= \sqrt{\frac{1}{n} \times \sum_{i=1}^{n}(\hat{Y}_i - Y_i)^2}$$

$\hat{Y}_i$：預測值

Y_i：實際值

用來衡量觀測值與實際值之間的偏差。

2. 平均絕對誤差（MA_E, mean absolute error）

是絕對誤差的平均值，能反映預測值誤差的實際情況。

$$MA_E = \frac{1}{n} \sum_{i=1}^{n} |\hat{y}_i - y_i|$$

3. 平均絕對百分比誤差（MAP_E, mean absolute percentage error）

可以用來衡量一個模型預測結果的好壞。

$$MAP_E = \frac{100\%}{n} \sum_{i=1}^{n} \left| \frac{\hat{y}_i - y_i}{y_i} \right|$$

MAP_E 是非常好用的評估指標，因爲 MAP_E 的 P 是百分比的意思，與其看損失了多少的數字，不如看 % 更能夠清晰明瞭，但其他損失函數也有他好用的地方。

◆ 10-5　PLS迴歸的SmartPLS輸出之各指數 ◆

上面是討論：「SmartPLS 中 PLS-SEM 建模的統計輸出」。下面僅顯示與上面的圖形模型相對應的部分輸出。

（一）路徑係數（path coefficient）

本例，PLS 迴歸模型中，只有一條路徑，從預測變數到依變數「Predictors -> Dependents」。SmartPLS 輸出，如圖 10-4 所示。

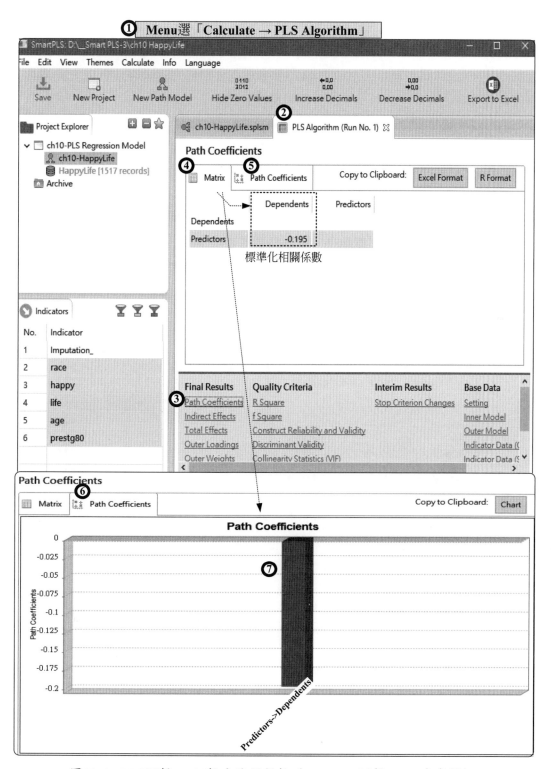

圖10-4　PLS迴歸model輸出路徑係數（ch10-PLS迴歸Model專案檔）

在統計學中，直方圖（histogram）是對數據分布情況的圖形表示之一，是二維統計圖表，它的 2 個坐標分別是統計樣本和該樣本對應的某個屬性的度量，以長條圖（bar）的形式具體表現。因爲直方圖的長度及寬度很適合用來表現數量上的變化，所以較容易解讀差異小的數值。直方圖是品質管理七大工具之一。

直方圖的輸出在路徑模型中很有趣，通常，路徑模型在結構（內部）模型可有多個路徑，但在這裡是 trivial。此類「直方圖與路徑係數」與上面完整的路徑圖中顯示的係數是相同。

（二）Outer模型之負荷量及權重（loadings and weights）

測量（外部）模型的路徑輸出，可能是負荷量或權重（loadings or weights），如圖 10-5 所示。路徑「outer loadings」是在圖 10-3 完整的路徑圖中內定顯示的負荷量，如本例中一樣，通常路徑係數是：反映性 PLS 模型要看負荷量（loadings）；形成性 PLS 模型要看路徑權重（weights）。

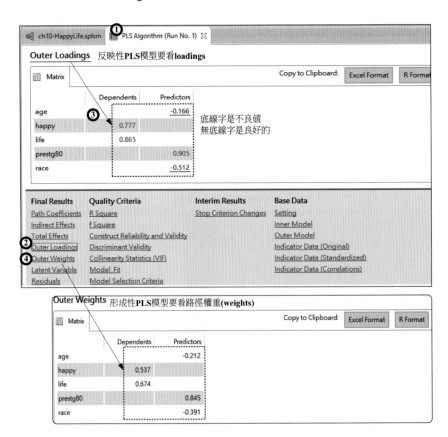

圖10-5　Outer loadings與Outer weights（ch10-PLS迴歸Model專案檔）

（三）模型適配度／品質準則（model fit/quality criteria）

為了評估模型適配，SmartPLS 在內定的 PLS 演算法中輸出以下係數：

1. R Square（眾多自變數對依變數的變異數解釋%）

$$R\text{-}Square = \frac{\Sigma(Y_{actual} - Y_{predicted})^2}{\Sigma(Y_{actual} - Y_{mean})^2}$$

2. F Square：SmartPLS 3 在 bootstrapping 報表中提供了 F 平方值，但在 blindfolding 報表中卻未提供 Q 平方值。

3. Construct Reliability and Validity

信度係指可靠性或一致性（consistency）。信度好的指標（分量表）在同樣或類似的條件下重複操作，仍可得到一致或穩定結果。詳情請見作者《研究方法：社會科學與生醫方法論》著作。

效度係指概念定義（conceptual definition）及操作化定義（operational definition）間是否適配。因此，當一個構面（構念）具有效度，是在特定目的與定義的情況下做此判斷。同樣的構面（構念）在不同的研究目的下，可能有不同的效度。

測量的效度比信度更難達到。因為有信度不一定有效度，但有效度一定有信度。由於構念（構面）是抽象的，而構念是具體的觀察。

(1) 表面效度（face validity）：指測量工具經由受試者／研究者主觀覺得「與研究主題相關」。意即一看到測量工具，就知道想測量什麼，所以也是最沒有效力的一種。這是最容易達成且最基本的效度。此類效度就是由學界來判斷指標，是否真的測量到所欲測量到的構念（構面）。

(2) 內容效度（content validity）：指某測驗之題目內容是否周延、具代表性、適切性，並確實包含所欲測量主題的內涵。從量的內容來檢查，看看是否符合測量目標所預期的內容。這是一種特殊的表面效度。內容效度的達成有以下 3 個步驟：

  (a) 說明構念（構面）定義的內容。

  (b) 從此定義所包含的區域或部分中做抽樣。

  (c) 發展指標將定義來連結。

(3) 效標效度（criterion validity）：此類效度是用某些準則或校標來精確的指明一個構面（構面）。檢視量表的效標效度，是要將它與測量同一構念（構面）且研究者有信心的構面來做比較。

(4) 效標關聯效度（criterion-related validity）：指測驗分數與一些外在效標間的相

關，它以經驗性的方法，研究測驗分數與外在效標間的關係，所以又叫經驗效度或統計效度。效標關聯效度可以分成下列幾種：

(a) 同時效度（concurrent validity）：一個指標必須與既存且已被視爲有效的指標相關聯。

(b) 預測效度（predictive validity）：指測驗分數與將來效標資料之相關程度，若相關係數高，則測驗工具的預測效度越高，預測效度的效標資料通常需要經過一段時間才可收集到。

(c) 區分效度（differential validity）：拿 2 種不同的測驗工具當作效標，分別與設計的測量工具之測驗結果求算相關係數，兩者的差即爲區分效度。

(5) 建構效度（construct validity）：構念（構面）效度，是用於多重指標的測量情況。此類效度也有 2 個次類型：

(a) 收斂效度（convergent validity）：當測量同一構念（構面）的多重指標彼此間聚合或有關聯時，就有此種效度存在。

(b) 區別效度（discriminant validity）：此種效度也稱爲發散效度（divergent validity），與聚合效度相反。此類效度是指當一個構念的多重指標相聚合或呼應時，則這個構念的多重指標也應與其相對立之構念的測量指標有負向相關。

4. **Discriminant Validity**（區別效度）。

5. **Collinearity Statistic**（**VIF**）：共線性檢測，有 2 種方法來判斷：(1) 變異數膨脹因素（variance inflation factor, VIF）；(2) 共線性診斷。當變異數膨脹因素 > 10 或共線性診斷 >100 時，表示有共線性的問題。

6. **Model Fit**（模型適配度指標）。

7. **Model Selection Criteria**：例如：赤池訊息量準則（Akaike information criterion, AIC）是評估統計模型的複雜度和衡量統計模型「適配」資料之優良性（goodness of fit，白話：合身的程度）的一種標準。

$$AIC = -2(\text{log-likelihood}) + 2K$$

其中，K 是模型參數的數量（模型中變數的數量加上截距）。

Log-likelihood 是模型適配的度量。數字越高，合身性越好。這通常是從統計輸出中獲得的。

對於小樣本數（$\frac{n}{k} \leq 40$），請使用二階 AIC：

$$AIC_c = -2(\text{log-likelihood}) + 2K + \frac{2K(K+1)}{n-K-1}$$

其中

n = 樣本量；K = 模型參數個數；Log-likelihood 是模型適配的度量

一、某構念的信度（Cronbach's α）與效度

儘管上面已經討論過「模型適配度及品質度量」，但是 Cronbach's α 輸出顯示如圖 10-6。Cronbach's α 是衡量收斂效度的常用度量，用於衡量構念的內部一致性。根據通常的經驗法則，$\alpha > 0.60$（或更高）對於探索性研究是足夠的，0.70 或更高對於驗證性而言是足夠的，而 0.80 或更高對於確認性而言是好的。在此 Cronbach's α 低於 0.60，表示「Predictors」構念和「Dependents」構念的指標不一致。這意味著構念是多維的，而不是一維的。多維性是 2 個構念之間的 R-squared 低的原因之一。本例就是多維性構念。

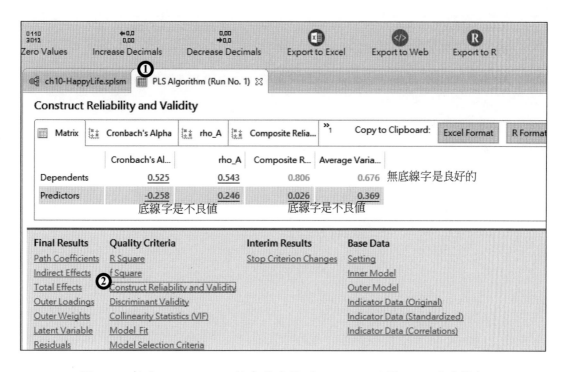

圖10-6　輸出Cronbach's α值與效度值（ch10-PLS迴歸Model專案檔）

二、構念間的區別效度（discriminant validity）

如圖 10-7 所示之 Discriminant Validity（區別效度值）。

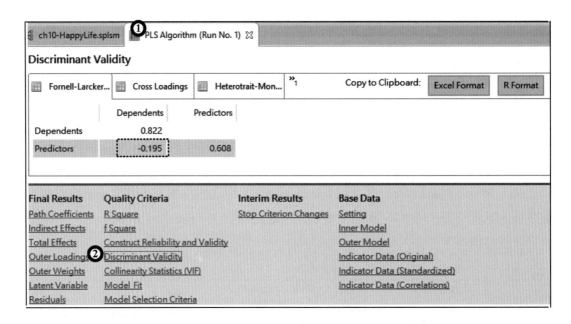

圖10-7　Discriminant Validity（區別效度值）（ch10-PLS迴歸Model專案檔）

第11章

非線型模型（qua-dratic effect）：二次方之因果模型嗎？

多數支持 PLS 路徑模型中因果關係的標準概念化，暗示著：「構念以線性方式影響另一個構念」。可是，在某些情況下，這種假設是不能成立，因為「因果模型」關係常常不是非線性的。

在 PLS-SEM 中，構念之間的關係呈現多種形式。在散布圖中繪製潛在變數的值時，線性關係可用直線（具有正斜率或負斜率）來表示，而非線性關係不是直線而是曲線的關聯。

當 2 個構念之間的關係為非線性時，2 個構念之間的效果量不僅取決於外生構念變化的幅度，還取決於其值。在分析非線性效果時，必須對效果的性質做出假設。儘管學界已有多種不同的效果類型，但二次效果仍是最常見。圖 11-1 顯示客戶滿意度對忠誠度的二次方效果估計，有 4 類。

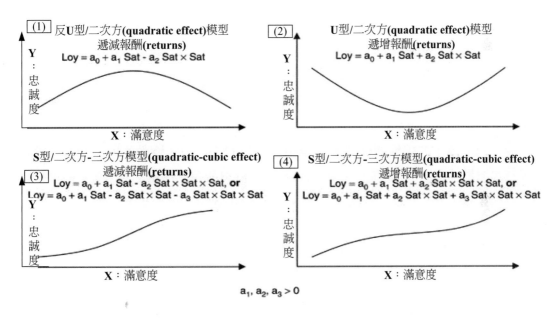

圖11-1　滿意度對忠誠度的因果模型有4種

11-1　使用Quadratic Effect Modeling（QEM）來處理非線性關係

一、非線性關係是什麼？

有經驗的研究者會同意，變數並不總是像直線一樣具有線性關係（Hay & Morris, 1991; Eisenbeiss, Cornelißen, Backhaus, & Hoyer, 2014）。例如：在行銷領域，廣告活動和銷售收入通常具有非線性（quadratic 關係）。消費者可能會在觀看有吸引力的廣告後急於購買公司的產品或服務，當他們打算逐步購買最初的刺激消失之後，即使它們不斷地曝露在廣告中也不會下降。換句話說，廣告對銷售的影響逐漸減弱，即使它們總體上具有正相關。顧客滿意度和忠誠度之間的關係可以說是相同的。儘管客戶滿意度（CxSat）通常會以積極的方式影響忠誠度（Loyal），但他們不一定總是要求一直保持線性關係。實際上，客戶滿意度和忠誠度常具有非線性「二次方」關係。一段時間後，即使客戶對產品或服務仍然非常滿意，客戶對品牌的忠誠度達到頂峰也並不罕見。如果我們繪製圖形，則可以透過具有正斜率的向下凹曲線來表示這種關係，見圖 11-2。

從技術上講，非線性關係可看作是由新創建的二次項（變數）所調節的線性關係，二次項是外生構造（例如：CxSat×CxSat）的自我相互作用。為了確定目標變數是具有線性關係還是非線性關係，應該評估 PLS-SEM 中的以下 2 個方面：

1. 二次項的顯著性
2. 二次項的 f^2 效果量

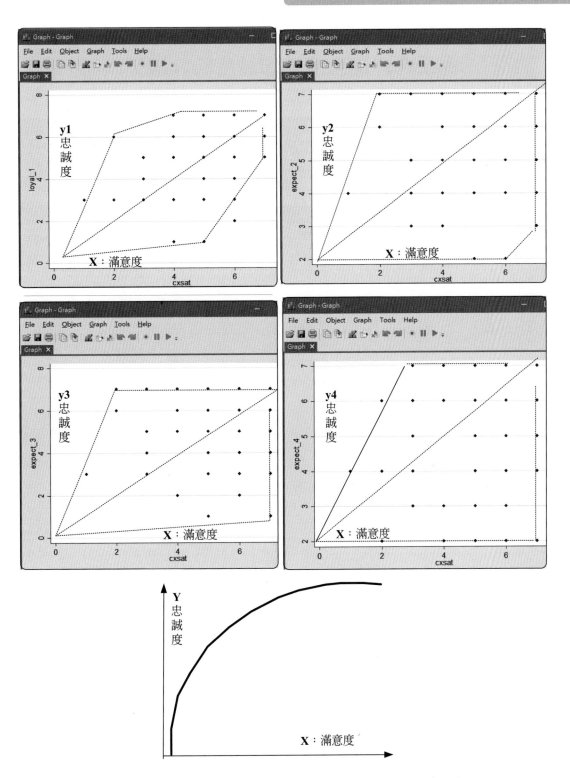

圖11-2　本例，滿意度與忠誠度是非線性關係嗎？（散布圖）

11-2 使用二次方效果（quadratic effect）建模：咖啡客戶滿意度對忠誠度的非線性關係

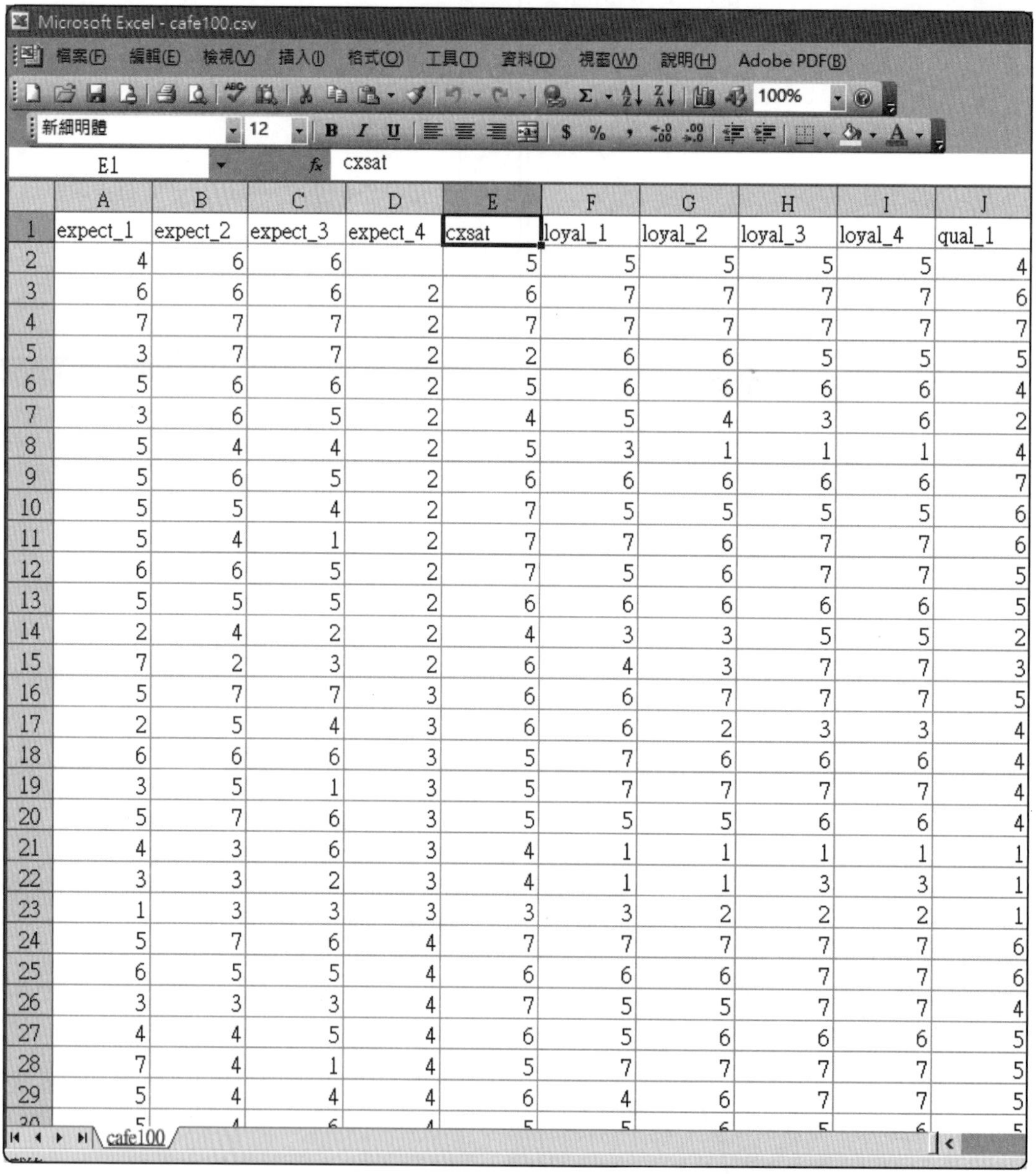

```
Microsoft Excel - cafe100.csv
檔案(F)  編輯(E)  檢視(V)  插入(I)  格式(O)  工具(T)  資料(D)  視窗(W)  說明(H)  Adobe PDF(B)

新細明體          12    B I U    $ % ,

E1          fx    cxsat
```

	A	B	C	D	E	F	G	H	I	J
1	expect_1	expect_2	expect_3	expect_4	cxsat	loyal_1	loyal_2	loyal_3	loyal_4	qual_1
2	4	6	6		5	5	5	5	5	4
3	6	6	6	2	6	7	7	7	7	6
4	7	7	7	2	7	7	7	7	7	7
5	3	7	7	2	2	6	6	5	5	5
6	5	6	6	2	5	6	6	6	6	4
7	3	6	5	2	4	5	4	3	6	2
8	5	4	4	2	5	3	1	1	1	4
9	5	6	5	2	6	6	6	6	6	7
10	5	5	4	2	7	5	5	5	5	6
11	5	4	1	2	7	7	6	7	7	6
12	6	6	5	2	7	5	6	7	7	5
13	5	5	5	2	6	6	6	6	6	5
14	2	4	2	2	4	3	3	5	5	2
15	7	2	3	2	6	4	3	7	7	3
16	5	7	7	3	6	6	7	7	7	5
17	2	5	4	3	6	6	2	3	3	4
18	6	6	6	3	5	7	6	6	6	4
19	3	5	1	3	5	7	7	7	7	4
20	5	7	6	3	5	5	5	6	6	4
21	4	3	3	3	4	1	1	1	1	1
22	3	3	2	3	4	1	1	3	3	1
23	1	3	3	3	3	3	2	2	2	1
24	5	7	6	4	7	7	7	7	7	6
25	6	5	5	4	6	6	6	6	6	6
26	3	3	3	4	7	5	5	7	7	4
27	4	4	5	4	6	5	6	6	6	5
28	7	4	1	4	5	7	7	7	7	5
29	5	4	4	4	6	4	6	7	7	5
30	5	4	4	4	6		6	5	6	5

```
cafe100
```

圖11-3 cafe100.csv資料檔（N = 100人）（Quadratic effect專案檔）

Step 1 本例使用「cafe100.csv」資料檔（上圖）進行說明。假設我們懷疑客戶滿意度（CxSat）與客戶忠誠度（Loyal）之間存在非線性關係，可執行二次效果建模（QEM）來確定是否存在這種情況。

Step 2 首先，我們需要在「Quadratic_Effect.splsm」模型檔中，建之一個二次項（rename 為 CxSat_q）。在我們的彩色模型中，右鍵單擊依變數（Loyal），然後選擇「Add Quadratic Effect...」，見圖 11-4。

Step 3 選擇自變數 CxSat，並將「Calculation Method」設定為「Two Stage」。使用其他預設設定。單擊「OK」按鈕來建構二次項。

Step 4 從「Quadratic Effect 1」重新命名為「CxSat_q」。右鍵再單擊它，然後選擇「Show Indicators of Selected Constructs」。

Step 5 回到「Calculate」選單，選擇「PLS Algorithm」，執行估計來獲得路徑係數（請見圖 11-4）。

圖 11-4，「Calculation Method」設定兩構念的交互項之計算法，有 3 種選擇：

(1) Product Indicator（乘積項指標）

該方法使用潛在預測變數和潛在調節變數的指標的所有可能的配對組合。這些乘積項充當結構模型中交互項的指標（「product indicators」）。

(2) Two-stage（內定值）：二階段

該方法使用主效果模型的潛在預測變數和潛在調節變數的潛在變數來評分（無交互項）。這些潛在變數分數將被保存並當作第二階段分析的乘積項指標，該指標除了預測變數和調節變數之外，還涉及交互項。

(3) Orthogonalization（正交化）

在線性代數中，如果內積（inner product）空間上的一組向量能夠組成一個子空間，那麼這一組向量就稱為這個子空間的一個基底。Gram－Schmidt 正交化提供了一種方法，能夠透過這一子空間上的一個基底得出子空間的一個正交基底，並可進一步求出對應的標準正交基底。

SmartPLS 透過對潛在預測變數和潛在調節變數的所有指標的迴歸分析：潛在預測變數和潛在調節變數的指標的所有可能的成對（pairwise）乘積項所算出的殘差。這些殘差當作結構模型中交互項的指標。

殘差將正交於預測變數和調節變數的所有指標（即彼此獨立），來確保交互項的指標不與預測變數或調節變數的任何指標共享任何變異數。

選「File→ Switch Workspace」來指定你的工作目錄為「ch11quadratic model_cafe」

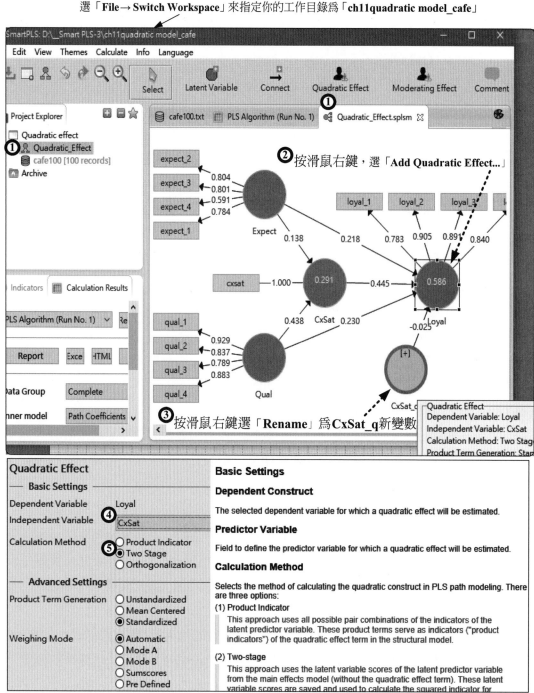

圖11-4 Quadratic effect專案檔（內含cafe100.csv資料檔、Quadratic_Effect.splsm模型檔）

【Advanced Settings】

上圖（圖 11-4），「Product Term Generation」定義如何計算交互作用的乘積項。它共有 3 個選項：

(1) Unstandardized（未標準化）

未標準化的數據用於計算交互作用效果的乘積項。

(2) Mean-Centered（平減：$x - \bar{x}$，旨在降低交互作用之乘積項，與原來兩變數有高度共線性）

以平均值為中心的數據用於計算相互作用效果的乘積項，如此預防「交互項與原始組合變數」有高度共線性。

(3) Standardized（內定值）：標準化

標準化數據用於計算相互作用效果的乘積項。

注意：如果將 Two-stage 法當作計算方法，則所有選項都應得出相同的結果，因為乘積項計算的組成部分（即潛在變數分數）始終是標準化的。

對於乘積項的指標和正交化方法，應將內定選項標準化。

| Step 6 | 然後可以使用「Bootstrapping」程序來確定二次項的顯著性（significance）。轉到「Calculate」選擇表，再選「Bootstrapping」，使用 5,000 的子樣本來執行它（圖 11-5）。

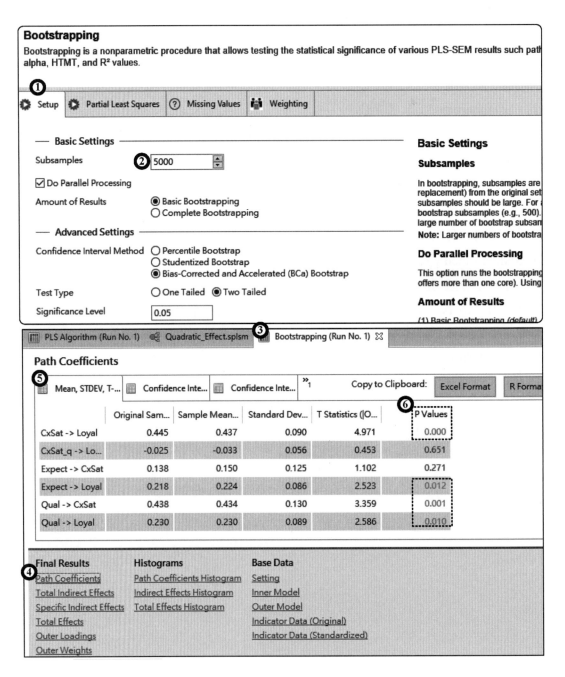

圖11-5　Bootstrapping的選項設定

Step 7 Bootstrapping 完成後，查看「Path Coefficients」報表中的「Mean, STDEV, T-Values, P-Values」選項卡。使用以下假設與 0.05 的顯著性水準，來檢查相應的 p 值：

對立假設 H_1：滿意度和忠誠度具有顯著的非線性二次效果。

虛無假設 H_0：滿意度和忠誠度沒有顯著的非線性二次效果。

Step 8 因此本例，我們接受虛無假設 H_0：客戶滿意度（CxSat）和忠誠度（Loyal）不具有任何顯著的非線性二次效果。

Step 9 要想再次確認，可以仔細檢查「Confidence Intervals Bias Corrected」選項卡（圖 11-6）。

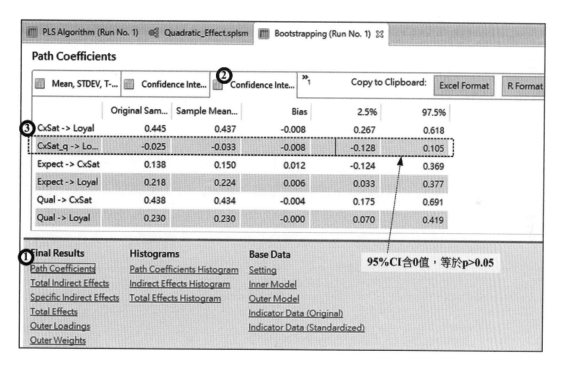

圖11-6 「Confidence Intervals Bias Corrected」的結果表

Step 10 除了評估二次項的顯著性外，還必須藉助二次項的 f^2 效果量（effect size），再次評估非線性效果的強度。回到「PLS Algorithm（Run No.）」選項卡，然後查看頁面底部。在「Quality Criteria」標題下，單擊「f Square」超連結以查看 f^2 效果大小（圖 11-7）。

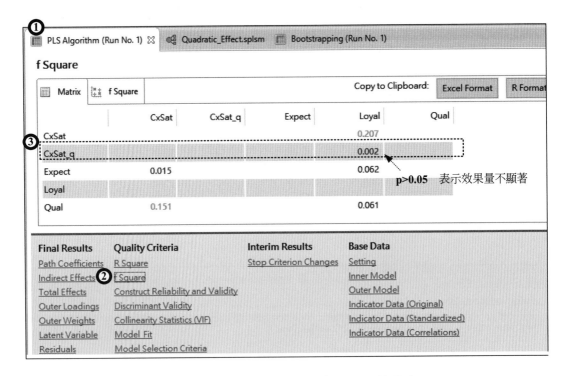

圖11-7　「Quality Criteria」的 f Square 結果表

Step 11 圖 11-7，二次項 CxSat_q 的 f^2 效果量為 0.002，小於 Cohen（1988）提出的下限 0.02。偏低的 f^2 效果量，表示本例所增加的「二次效果是無意義」，這清楚地表示，本例，客戶滿意度和忠誠度在我們的數據集只具有線性關係（非二次方曲線關係）。

第12章
調節效果

調節變數（moderating variable，又稱干擾變數）係指一個「調節」另外兩個變數之間關係強度（調節效果，moderation effect）。

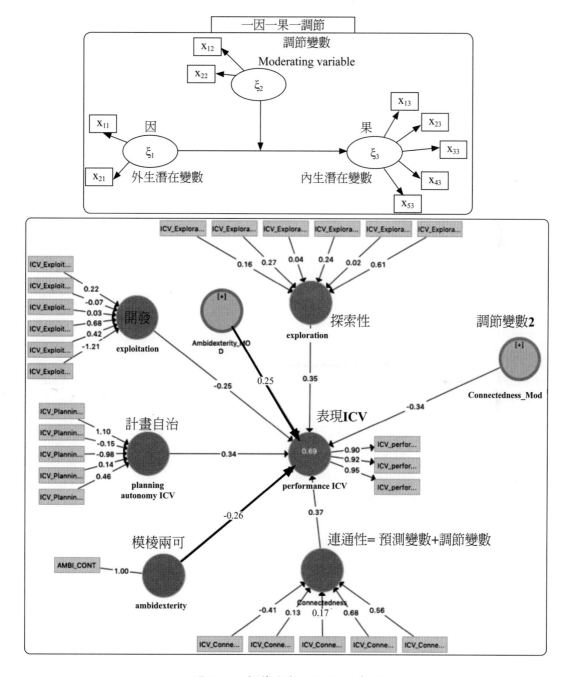

圖12-1 調節變數SEM之示意圖

　　調節變數和中介變數之相關分析對心理學領域很重要。例如：兒科心理學家經常在他們的理論和實證研究中納入調解和中介，但很少人介紹：中介和調解相互轉換／結合，來判定誰優，殊實可惜。

　　在社會學、管理學和心理學領域做研究，會大量運用到各種不同變數，每個變數有其不同定義與功能，有時更牽涉到研究工具的選擇與使用：

1. 自變數（independent variable）：又稱預測變數（predictor），通常表示想要推理的原因。

2. 依變數（dependent variable）：又稱被解釋變數，通常表示所要推理的結果。

3. 調節變數（moderating variable）：介於自變數與依變數之間具調節作用，又稱干擾變數、情境變數。

4. 中介變數（intervening variable）：影響依變數的隱性因素、間接效果。

5. 控制變數（control variable）：是自變數的特殊類型，它會潛在地影響依變數。控制變數通常是人口統計或個人的變數，必須要被「統計式控制」，才能確保自變數對依變數的真正影響。

　　例如：不同的教學法對學生學習成效的影響，此因果模型，最基本的研究必定會有 2 種研究變數：

1. 自變數（independent variable）

(1) 自變數也稱解釋變數、預測變數，指的是在研究中實驗者所操弄的變數，也是研究者最關心的變數。

(2) 白話文就是：去影響別人的變數。在 PLS 模型中，就是外生潛在變數。

2. 依變數（dependent variable），又稱結果變數

(1) 依變數是隨著自變數的變化而改變的變數。

(2) 白話文就是：被影響的變數。在 PLS 模型中，就是內生潛在變數。

　　回到「不同的教學法對學生學習成效的影響」，教學法就是自變數，而學習成效就是依變數。

　　但是，很多時候研究變數之間常常彼此互相影響（比如學生的學習成效可能回過頭影響老師的教學法）。

　　所以為因應更複雜的情況，除了自變數與依變數外，尚有調節變數、中介變數、高階構念（第 13 章）……。

3. 調節變數（moderator variable）（又稱干擾變數）：調節自變數與依變數的關係。

(1) 與自變數產生交互作用的變數就叫做調節變數。

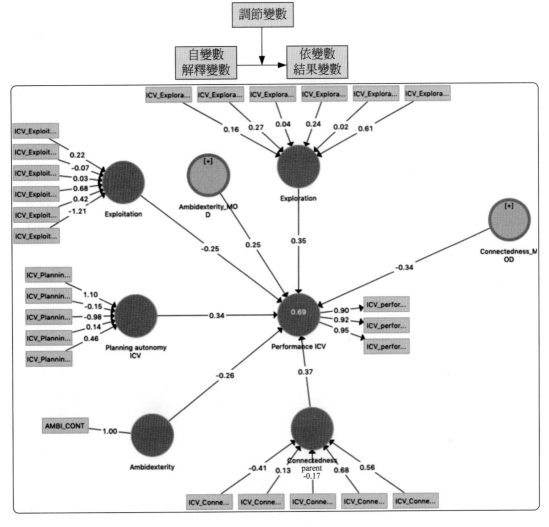

圖12-2　調節變數之示意圖（一因一果一調節）

(2) 交互作用指的是自變數與調節變數彼此互相影響，自變數的效果不能單獨解釋，必須將調節變數納入考慮。

(3) 例如：教學法對學習成效的影響中，「智力、態度」可能為調節變數，若將智力、態度考慮其中，則教學法的影響未必那麼有效（智力高的學生可能老師怎麼教，學習成效都很好）。

4. 中介變數（intervening variable）：自變數與依變數中的「直接、間接」效果。

(1) 會影響自變數與依變數的關係，但是無法加以控制，只能從統計上間接了解其影響力。

(2) 簡單來說自變數可能透過中介變數再去影響依變數：間接效果（下圖細箭頭）。
而自變數也可能直接去影響依變數：直接效果（下圖較粗的箭頭）。

(3) 例如：教學法對學習成效的影響中，「學習動機」可能為中介變數，啟發式的教
學法可能提升學習動機，進而影響學生的學習成效（間接效果）

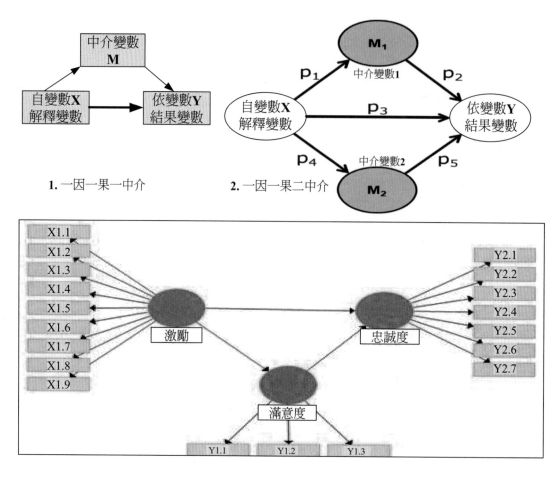

圖12-3　中介變數之示意圖

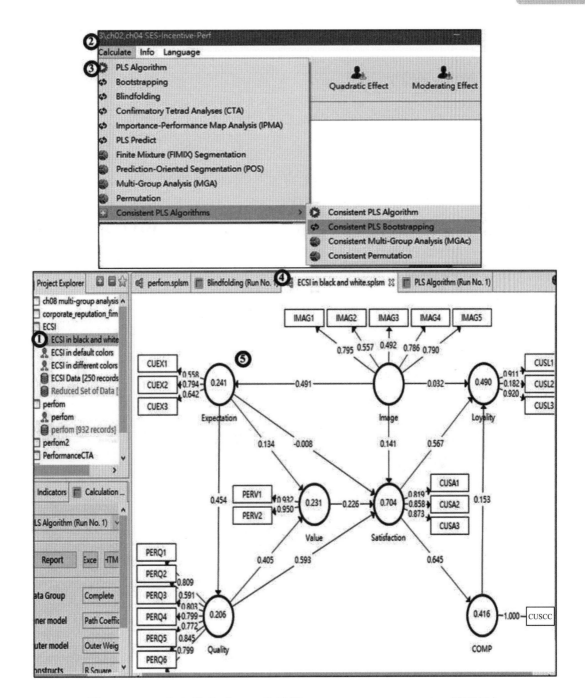

圖12-4　PLS中介模型（ECSI專案檔，ECSI in black and white模型檔）

5. **共變數**（**covariate variable**）：兩邊都討好的雙面人，即它同時影響「自變數 ＋ 依變數」。

(1) 共變數是無法直接控制，但可能影響因果關係的變數。

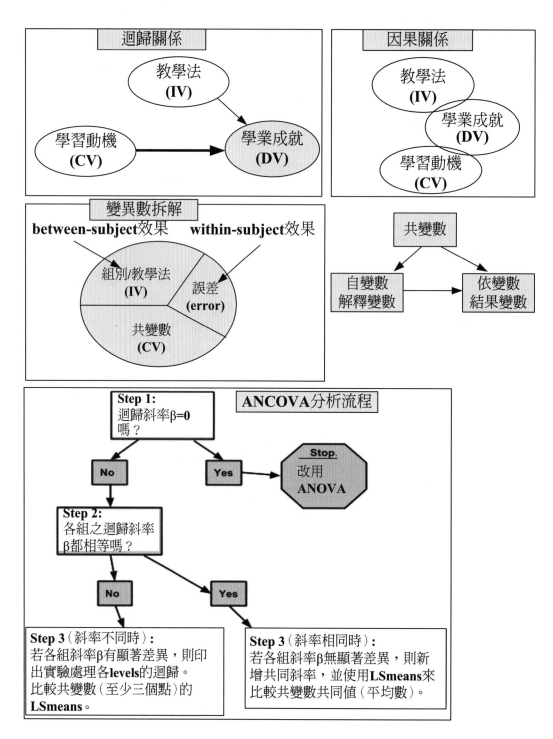

圖12-5　共變數之示意圖（一因一果一共變）

(2) SPSS/Stata 常用共變數分析（ANCOVA），對共變數進行統計控制來減少共變數的影響（較粗箭頭），通常用於無法隨機分派的狀況，但現在流行用 SmartPLS 來分析。

(3) 例如：教學法對學習成效的影響中，若要探討教學法是如何真正影響學習成效，則可先進行「前測」，而前測的成績就可作為共變數，後測當依變數。接著使用 ANCOVA 將前測的影響加以控制，才能看出教學法對學習成效的真正效果。又如，上圖 12-5，學習動機是「教學法與學業成就」的共同的因。

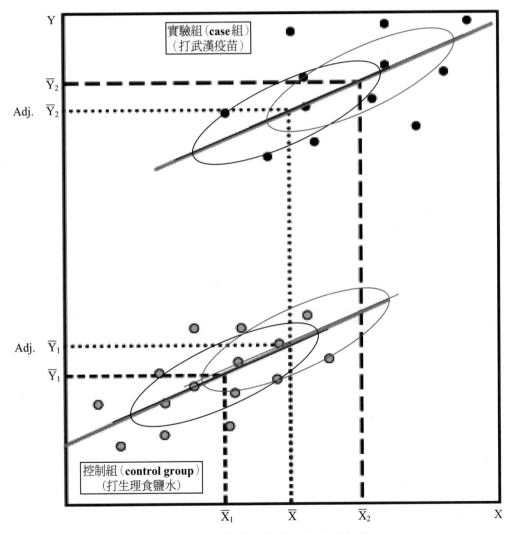

圖12-6　共變數分析對平均數的調整

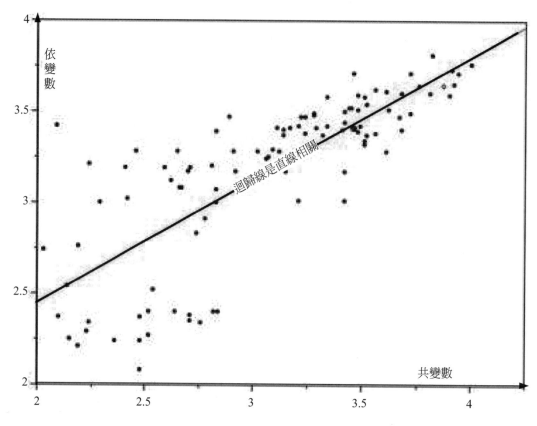

圖12-7 依變數和共變數之間迴歸線是直線相關

12-1 理論建構的途徑有二（多重因果關係之建構法）

　　所謂「建構」（construction），英文的意思就是「無中生有」。而理論的建構，顧名思義就是從無到有建立某理論。理論建構旨在探討為人類之社會、心理與行為等建構理論的意義與途徑。理論建構是一種過程，它同時發展出觀念、構念及命題，用來說明至少 2 個以上定理或命題之間的關係。此種關係可能存在，亦可能不存在，故關係的真假可以透過經驗來證明。理論的建構途徑如前一章所說，有 2 種途徑：一種是內伸法，一種是外延法，理論建構所面臨的基本問題（即理論與研究問題如何互通）常見有下列 2 項：

1. 通常理論較為抽象，而研究則必須實際收集資料來驗證，故抽象理論與實際研究

之間存有無法整理的缺口（gap），所以要靠學者來約定俗成（convention）的慣例，或彼此之間的同意（行規）來連結這個缺口。

2. 科學家利用理論模型來解決此缺口，並發覺模型，所以科學家在操作模型時要暫時忘記眞實世界，只需探討該模型即可。研究模型是根據想法拼出來的，宛如積木一樣，它代表眞實的印象（image）。

　　理論建構是一個過程，在建構的過程中所發展出來的構念（概念）與假設（命題）是用來說明至少兩個定理或命題的關係，這種關係是可以存在，也可以是不存在。Kaplan（1964）提出理論建構有 2 個途徑（intention vs. extension）：

（一）內部細緻化／內伸法（knowledge growth by intention）

　　在一個完整的領域內，使內部的解釋更加細緻、更適當化。Intention 有 3 種方法：

1. 增加中介（intervention）變數

　　在「自變數 X 影響依變數 Y」關係中，添增一個中介變數 I，使原來的「X → Y」變成「X → I → Y」的關係，假設原來的 $r_{XY} = 0.75$，加入中介變數（intervention）後，$r_{XY,I} = 0.04$。例如：原來「刺激 S →反應 R」變成「刺激 S →有機體 O →反應 R」。

2. 尋找「共同」外生變數（exogenous variable）

　　例如：「抽菸→癌症」關係中，發現抽菸（X 變數）是因爲心情不好（E 變數），癌症（Y 變數）也是因爲心情不好，此時「X → Y」關係變成圖 12-8 的關係。原來「X → Y」的虛假關係不見了，後來發現 E 才是 X 與 Y 的共同原因（common cause）。

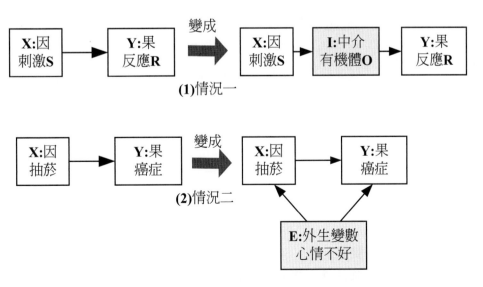

圖12-8　內伸法（中介變數vs.共同原因之外生變數）

3. 增加干擾（moderate）變數（次族群，subgroup）

例如：「工作滿意影響工作績效」的模型中，後來發現年齡層（次族群之干擾變數 M）亦會影響工作績效（Y 變數），此時原來的「X → Y」關係，就變成圖 12-9，即 X 與 Y 的關係是有條件性的，隨著干擾（moderate）變數的不同，其關係強度亦會隨著不同。例如：原來「父母社經地位→子女成績」其關係強度，係隨著「不同縣市城鄉差距」而變動。

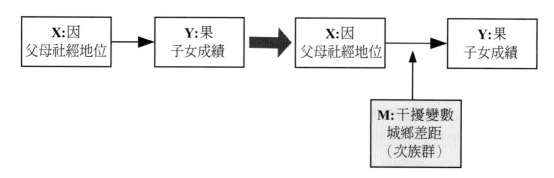

圖12-9　父母社經地位vs.子女成績（次族群當干擾變數，又稱調和變數）

（二）外延法（knowledge growth by extension）

在一個較小的領域，先求取完整的解釋，然後將此結論延伸至相似的領域，此種 extension 模型有 3 種不同的做法：

1. 增加內生變數（endogenous variable）

由已知「X → Y」延伸為「X → Y → Z」，即從已知 X 與 Y 的關係中延伸至 Z 的知識。例如：原來「個人態度→意向」變成「個人態度→意向→實際行為」。

圖12-10　個人態度（因果鏈是外延法之一型態）

2. 增加另一原因之外生變數

由已知「X → Y」延伸為下圖 12-11 關係，即由原先發現 X 會影響 Y，後來又發

現Z也會影響Y。例如：除「學生IQ→成績」外，另加一個「家長社經地位→成績」。

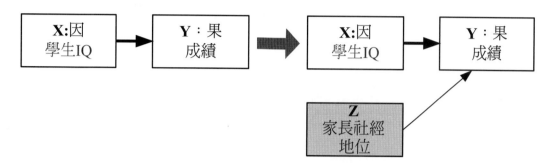

圖12-11　學生IQ（多因—果架構是外延法之一）

3. 增加另一結果之內生變數

由已知「X → Y」延伸為圖 12-12 關係，即由原先發現 X 會影響 Y，後來又發現 X 也會影響 Z。例如：原來「地球氣候→糧食產量」，又發現「地球氣候→河川水文」。

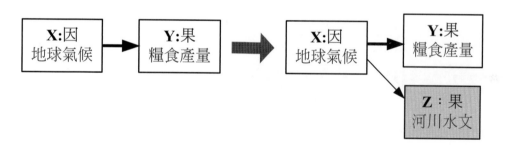

圖12-12　地球氣候（一因多果之研究架構）

小結

實務上，我們在進行理論建構時，都會混搭內伸法與外延法這 2 種做法（intention vs. extension）來建構新理論。例如：在行為科學中，早期的學者發現「學童的學前準備→學童的幼兒園畢業成績」，後來學者再根據「intention」或「extension」，將此模型擴展為圖 12-13。

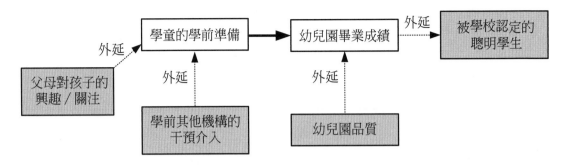

圖12-13　兒童的學習發展模型

　　上述幾個因果模型圖，「→」箭頭代表「前因後果的方向」，其統計值即是「方向的強度」。在橫斷面研究設計，其統計值包括：χ^2 檢定、t 檢定、F 檢定、Pearson r 檢定、迴歸係數 b 等幾種。這些統計值都可用本書 Excel 程式，來做單位變換成「Fisher's Z_r 效果量」，並做總平均效果量及其顯著性檢定。

　　甚至，縱貫面研究之時間序列（time series），亦可套入 Meta 公式，以「機率 p 值、迴歸係數 b 之 t 檢定」，做單位變換成為「效果量」或機率組合法。

　　總之，有關中介變數與調節變數，各式各樣的造型及其混合，詳情請見作者《研究方法：社會科學與生醫方法論》一書。

12-2　一因一果一調節

1. 在社會科學的研究中，自變數（IV）與依變數（DV）的影響關係經常會受到第三變數的混淆（obscured）與干擾（confounded）。
2. 忽視一個重要的第三變數，不僅會造成迴歸係數估計的偏誤，也可能因為忽略第三變數與 IV 之間的交互作用（interaction effect），而無法正確的解釋 IV 對 DV 的條件化關係〔單純主要效果（simple effect）〕。
3. 調節變數（moderator, confounder）又稱干擾變數。
4. 可以讓 IV → DV 的效果有系統的產生（強度或形式）變化。
5. 由於 IV 與調節變數會對 DV 產生交互作用，使得在調節變數的不同水準之下，IV → DV 的效果有條件的產生變化。

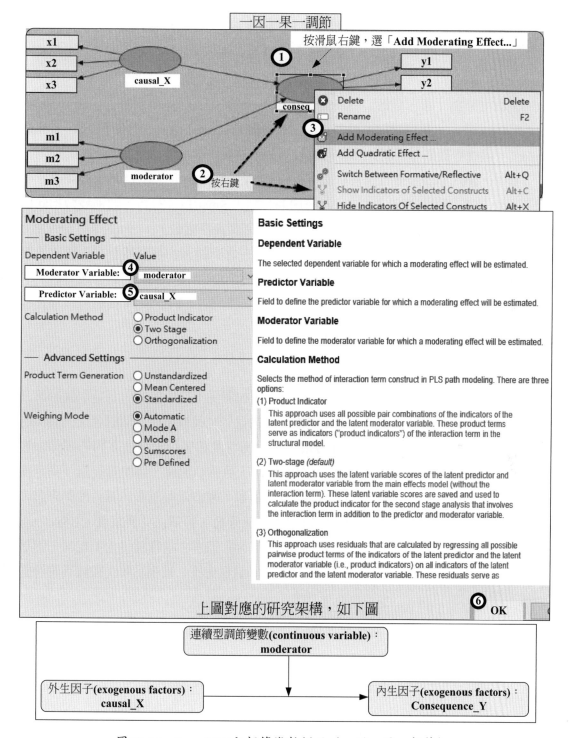

圖12-14 SmartPLS之調節變數例子（一因一果一調節）

12-3　連續型調節變數（實作）：企業聲譽的前因及調節（干擾）因素

變數可分為「類別變數」（categorical variable）及「連續變數」（continuous variable），其中，類別變數可再細分為名義變數（nominal scale）和次序變數（ordinal scale）；連續變數則亦可細分為等距變數（interval scale）和等比變數（ratio scale）。

其中，類別型調節變數的分析法有 2 種：(1) 多群組分析（MGA），請見第 8 章例子。(2) 直接將虛擬變數（dummy variable）納入 SmartPLS 分析，類別變數指向依變數（最終內生變數）例子，請見「8-5 改用類別型調節變數」。

當存在調節（moderation）效果時，2 個構念之間關係的強度甚至方向取決於第三個變數。換句話說，關係的性質根據第三變數的值而不同。例如：對於所有客戶，2 個構念之間的關係並不相同，但是根據其收入而有所不同。因此，調節可以（並且應該）被視為解決數據異質性的一種手段。

一、本例簡介

調節描述了一種情況，其中，2 個構念之間的關係不是恆定的，而是取決於第三個變數（稱為調節變數）的值。調節變數（或構念）更改模型中 2 個構念之間關係的強度甚至方向。例如：先前的研究發現，客戶滿意度和客戶忠誠度之間的關係因客戶的轉換障礙（switching barriers）而有所不同。更確切地說，轉換障礙對「滿意度 CUSA →忠誠度 CUSL」關係具有明顯的負面影響：轉換障礙越高，滿意度與忠誠度之間的關係越弱。換句話說，轉換障礙用作調節變數，可解決「滿意度 CUSA →忠誠度 CUSL」連結中的異質性。因此，對於所有客戶而言，這種關係並不相同，而是根據他們的轉換障礙而不同。因此，調節可以（並且應該）被視為解決數據異質性的一種手段。

Microsoft Excel - Corporate_reputation_data.csv

檔案(F)　編輯(E)　檢視(V)　插入(I)　格式(O)　工具(T)　資料(D)　視窗(W)　說明(H)　Adobe PDF(B)

新細明體　12　B I U 　$ % ，

A1　serviceprovider

	A	B	C	D	E	F	G	H	I	J	K
1	serviceprovider	servicetype	comp_1	comp_2	comp_3	like_1	like_2	like_3	cusl_1	cusl_2	cusl_3
2	3	2	4	5	5	3	1	2	5	3	
3	3	2	6	7	6	6	6	6	7	7	
4	3	2	4	5	2	5	5	5	7	7	
5	3	2	6	4	4	6	5	6	7	7	
6	3	2	6	4	6	6	6	7	6	7	
7	3	2	3	4	4	6	7	7	7	7	
8	1	1	7	5	7	4	1	7	7	7	
9	1	1	6	6	6	4	3	4	5	4	
10	3	1	5	7	6	7	5	7	5	7	
11	3	2	6	5	5	6	6	6	6	6	
12	1	1	4	4	4	4	4	4	4	2	
13	1	1	3	6	2	4	6	5	4	5	
14	2	2	3	3	4	2	4	4	4	5	
15	1	2	5	7	7	3	4	7	7	7	
16	1	2	3	7	7	6	4	7	4	1	
17	1	1	2	3	3	3	2	3	4	4	
18	1	1	6	7	6	3	5	3	2	1	
19	1	1	6	7	6	6	7	6	6	6	
20	2	2	6	7	7	5	6	6	6	7	
21	1	2	5	6	6	5	6	6	5	5	
22	2	1	2	3	3	1	1	1	3	3	
23	1	2	7	7	7	7	7	7	7	7	
24	2	1	6	7	7	6	6	5	5	5	
25	1	2	4	4	3	5	4	2	4	1	
26	2	2	5	5	5	4	5	4	5	7	
27	1	2	7	7	7	7	5	7	5	5	
28	2	1	5	5	6	5	4	3	6	6	
29	4	2	6	5	6	6	5	6	6	7	

Corporate_reputation_data

圖12-15　Corporate_reputation_data.csv資料檔（N = 345人）（Corporate_Reputation_ Extended專案檔）

　　調節關係由先驗假設，並經過特定檢測（tested）。調節關係的檢測取決於你：「是否假設特定模型關係或所有模型關係是否取決於調節的分數」。又如，你可假設只有「滿意度CUSA →忠誠度CUSL」連結受「收入」的顯著影響。這些事項還適用於「CUSA和CUSL之間」的公司聲譽模型之關係。在這種情況下，我們將研究：「受

訪者的轉換障礙是否以及如何影響這種關係」。圖 12-16 顯示了這種調節關係的概念模型，該模型僅關注：公司聲譽模型中的「滿意度 CUSA → 忠誠度 CUSL」連結。

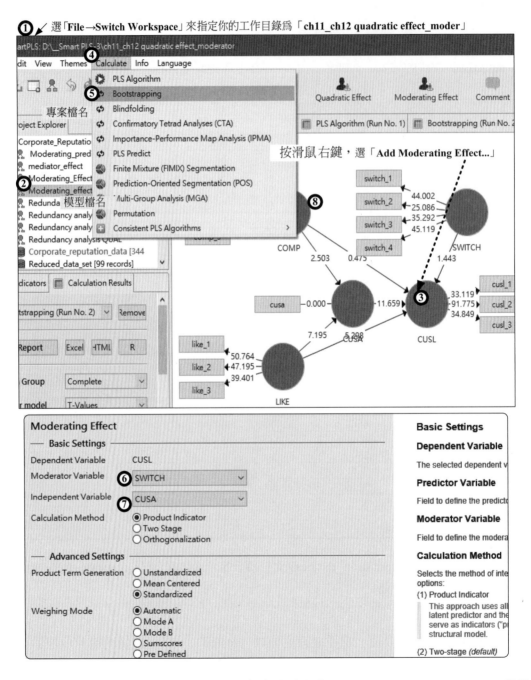

圖12-16　Corporate_Reputation_Extended專案檔（內含Corporate_reputation_data.csv資料檔、Moderating_effect2.splsm模型檔）

圖 12-16，「Calculation Method」設定兩構念的交互項之計算法，有 3 種選擇：

1. Product Indicator

該方法使用潛在預測變數和潛在調節變數的指標的所有可能的配對組合。這些乘積項充當結構模型中交互項的指標（「product indicators」）。

2. Two stage（內定值）

該方法使用主效果模型的潛在預測變數和潛在調節變數的潛在變數評分（無交互項）。這些潛在變數分數將被保存並用於第二階段分析的乘積項指標，該指標除了預測變數和調節變數之外，還涉及交互項。

3. Orthogonalization

透過對潛在預測變數和潛在調節變數的所有指標的迴歸分析：潛在預測變數和潛在調節變數的指標的所有可能的成對（pairwise）乘積項所算出的殘差。這些殘差當作結構模型中交互項的指標。

殘差將正交於預測變數和調節變數的所有指標，以確保交互項的指標不與預測變數或調節變數的任何指標共享任何變異數。

【Advanced Settings】

圖 12-16，「Product Term Generation」定義如何計算交互作用的乘積項，它共有 3 個選項：

1. Unstandardized

未標準化的數據用於計算交互作用效果的乘積項。

2. Mean Centered（平減：$x - \bar{x}$，旨在降低交互作用之乘積項，與原來兩變數有高度共線性）

以平均值為中心的數據，用於計算相互作用效應的乘積項。

3. Standardized（內定值）

標準化數據用於計算相互作用效應的乘積項。

注意：如果將 Two stage 法當作計算方法，則所有選項都應得出相同的結果，因為乘積項計算的組成部分（即潛在變數分數）始終是標準化的。

對於乘積項的指標和正交化方法，應將內定選項標準化。

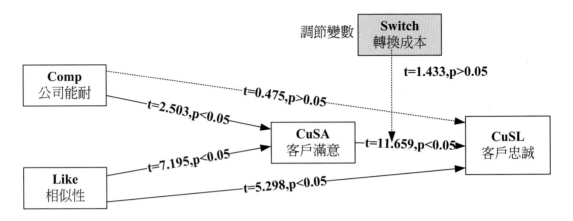

圖12-17　Corporate_Reputation_Extended專案檔對應的研究架構

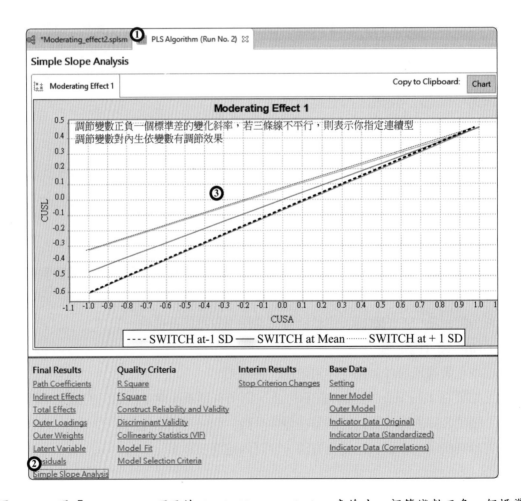

圖12-18　選「Final Results下面的Simple Slope Analysis」來繪出：調節變數正負一個標準差的斜率的變化量（Corporate_Reputation_Extended專案檔）

12-4　調節變數，也是預測變數之一：它有2種身分

　　對最終依變數而言，你界定的調節變數，同時也是依變數的預測變數，其關係圖如圖 12-19 至圖 12-21。

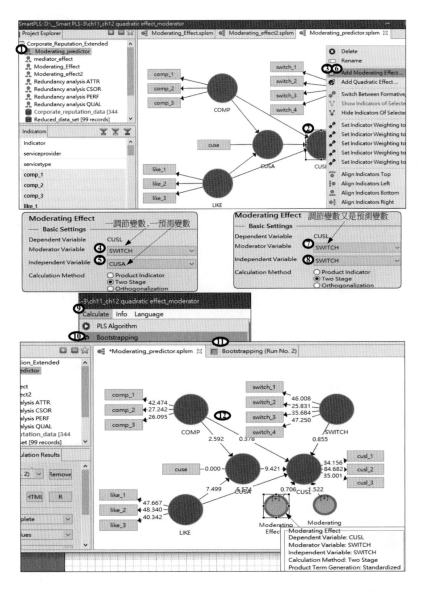

圖12-19　調節變數又是預測變數（Corporate_Reputation_Extended專案檔，Corporate_reputation_data資料檔，Moderating_predictor模型檔）

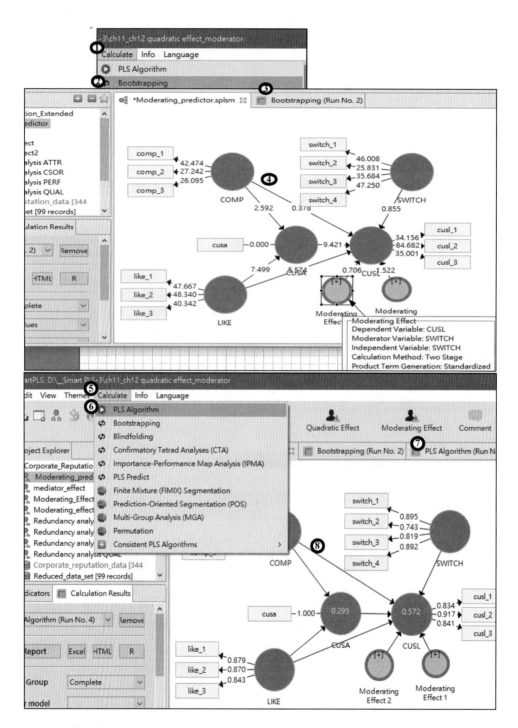

圖12-20　調節變數又是預測變數：分析結果R-Square=0.572（Corporate_Reputation_
　　　　Extended專案檔，Corporate_reputation_data資料檔，Moderating_predictor模型
　　　　檔）

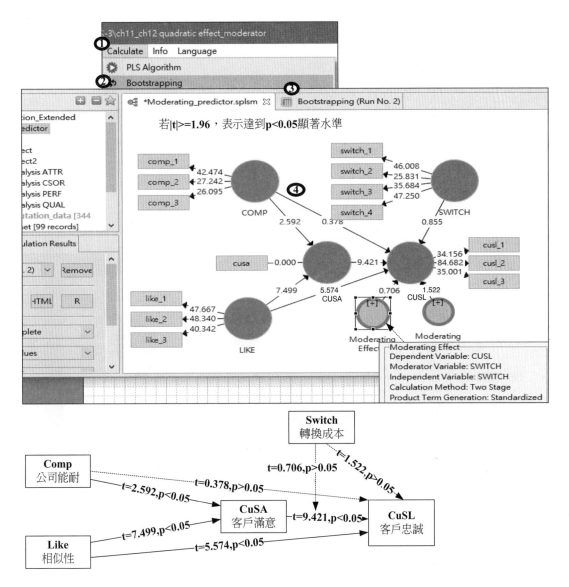

圖12-21　調節變數又是預測變數：研究架構之分析結果R-Square=0.572

12-5　練習題：複雜的調節變數

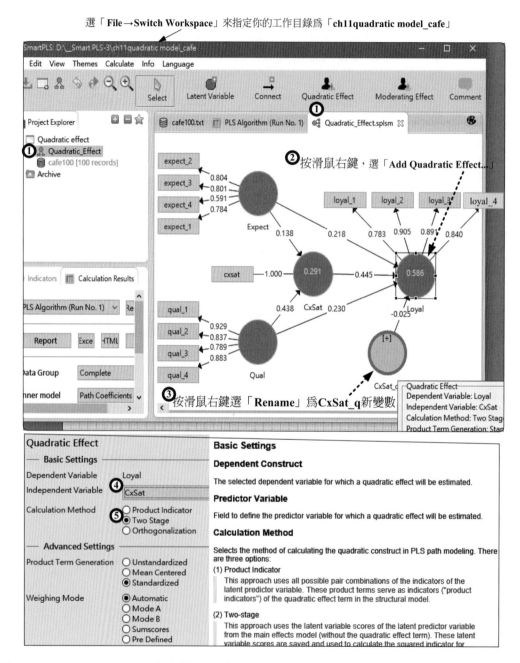

圖12-22　Quadratic effect專案檔（內含cafe100.csv資料檔、Quadratic_Effect.splsm模型檔）

第**13**章

高階（higher-order）構念的界定、估計及驗證

在偏最小平方構念方程模型（PLS-SEM）的應用中，高階構念（higher-order constructs）便於：在更抽象的高層維度及其更具體的低階次維度上，對構念進行建模，這已成爲越來越明顯的趨勢。不幸的是，例如：在評估其信度和效度時，研究者經常會混淆高階構念的界定（specification）、估計及驗證（validation）。針對這一問題，本章將解釋如何使用重複的指標（repeated indicators）和兩階段（two-stage）方法來評估 PLS-SEM 中高階構念的結果，這觀念應用在社會科學研究中很重要。針對高階構念的「反映—反映」和「反映—形成」類型，我們使用公司聲譽（corporate reputation）模型例子來說明其界定、估計及驗證。因此，我們提供了學者、市場研究者和從業者在研究中使用高階構念時所需要的指導。

◆ 13-1　高階模型（higher-order） ◆

13-1-1　緒論

最近，在社會科學及其他領域，基於組合的（composite-based）方法，來觀察變數和潛在變數之間的複雜相互關係模型已求得廣泛的關注。偏最小平方構念方程模型（PLS-SEM）特別受到市場營銷和商業研究相關領域的關注（Hair et al., 2017b; Hair et al., 2019）。隨著 PLS-SEM 的日益普及，研究者正逐漸從相對較小且專注的模型轉向更高階的模型設計（Sharma et al., 2019）、高階構念驗證（Ringle et al., 2019）。高階構念（又稱 hierarchical 成分模型）爲你提供了一個框架，可在更抽象的維度（稱爲高階成分）與更具體的次構念（稱爲低階成分，lower-order components）進行建模。

這樣，它們擴展了構念的概念化，這些構念通常依賴於單個抽象層。高階構念具有幾個優點。例如：高階構念有助於減少路徑模型關係的數量，進而實現模型簡約（Edwards, 2001）。

研究者可以將獨立的構念概括成爲高階構念，進而使模型中從（然後）低階成分至依賴構念的關係消失。另一優點是，高階構念也有助於克服 bandwidth-fidelity 的兩難（Cronbach & Gleser, 1965, p. 100）。

據此，需要在「各種資訊（bandwidth）與檢測的澈底性之間求得更確定的資訊（保眞度 fidelity）之間取得權衡」。最後，高階構念提供了減少形成指標之間共線性的方法，此方法是提供工具來跨更抽象的構念的不同具體次維度重新布置指標或構念（Hair et al., 2018）。

為了求得高階構念的好處，必須解決至少 3 個問題：

1. 高階構念的概念化和 specification，必須以 well-developed 測量理論為基礎。實際上，這一步驟與開發新的測量量表一樣具有挑戰性和乏味性（DeVellis, 2016）。具體來說，在實施高階構念時，你必須決定：(1) 低階成分的測量模型界定（specification）。(2) 高階成分及其低階成分之間的關係（Wetzels et al., 2009），兩者在本質上都可以是反映性的或形成性的。結果，產生了 4 種類型的高階構念（如圖 13-1）：反映—反映、反映—形成、形成—反映、形成—形成（Cheah et al., 2019）。先前說明 PLS-SEM 高階構念，「反映—反映」和「反映—形成」的高階類型在不同領域具有突出的特色（Cheah et al., 2019）。

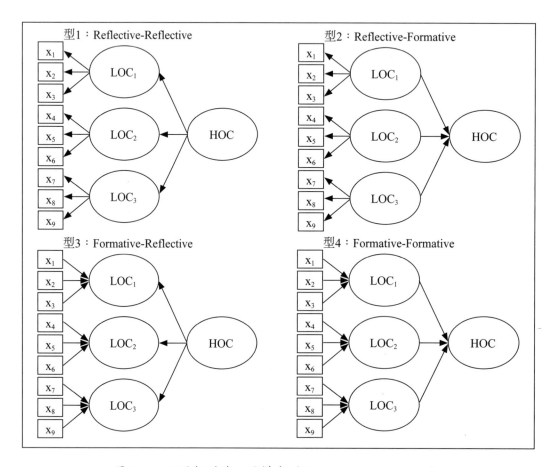

圖13-1 不同類型的二階構念（higher-order constructs）

註：LOC = lower-order component; HOC = higher-order component

在過去 30 幾年（1989-2018）在 *Journal of Marketing Research, Journal of Marketing* 和 *Journal of the Academy of Marketing Science* 上發表的所有 PLS-SEM 研究評論都支持這些發現。在使用 PLS-SEM 有 57 篇研究，有 16 篇（28.07%）界定使用高階構念。其中，有 7 篇研究使用「反映—反映型」，8 篇研究使用「反映—形成型」之高階構念，只有 1 篇研究在路徑模型中使用了 2 種類型。

2. 你可以選擇不同的方法來識別高階構念。著名方法是：圖 13-2 重複指標方法（repeated indicators）或兩階段方法（Hair et al., 2018），正如文獻綜述所說的那樣。文獻中，16 篇高階構念有 13 篇研究（占 81.25%）採用了兩階段法，3 篇研究（占 18.75%）採用了重複指標法。

3. 評估高階構念的測量品質是很高的挑戰性，正如我們在 PLS-SEM 中對其使用的文獻綜述所證明的那樣。例如：有些作者沒有評估低階成分（lower-order）和高階成分的信度和效度，另外有人錯誤地將高階和低階成分之間的關係解釋為構念模型關係，而不是評估：「低階成分當作高階構念的測量模型的元素」。

我們還發現，儘管研究者經常分析低階成分的區別效度，但卻忽略了整個高階構念的區別效度評估。考慮這些問題，本文旨在說明如何在 PLS-SEM 中界定、估計及驗證高階構念。在介紹高階構念與必須考量的關鍵技術之後，再討論如何透過應用標準模型評估準則來評估結果。在此只專注於著名的反映—反映、反映—形成類型的高階構念。本例使用公司信譽模型，它會分別使用重複指標和兩階段法來說明其界定和估計，並且討論了如何應用標準模型評估準則來驗證高階構念。在此過程中，須特別注意區別效度的評估，該區別效度的先前研究並未（或僅是不完全）涵蓋（Becker et al., 2012）。

13-1-2　HCMs 重要觀念

建立高階模型或層次組成模型（hierarchical component models, HCMs）時，通常會涉及測試包含構念的兩層構念的二階模型。例如：可以在 2 個抽象級別上測量滿意度（satisfaction）。隨後的 HCM 將包括：一般的滿意度構念與幾個次構念，這些次構念捕獲了滿意度的其他更具體的屬性，例如：對價格的滿意度、對服務質量的滿意度、對服務人員的滿意度以及對服務環境的滿意度，這 4 個滿意次構念又有 2 個以上指標。

HCM 包含在更高抽象級別上測量的更普遍的構念（即 HOC），同時包含幾個子

成分（即 LOC），這些子成分說明了該構念的更多具體特徵。HCM 可以減少構念模型關係的數量，使 PLS 路徑模型更加簡約，同時增加各個構念所覆蓋內容的帶寬。

　　HCM 的建立是基於精心建立的理論／概念。基於這些理由，可從 4 種主要的 HCM 類型中進行選擇。這些 HCM 類型中的每一種都描述了 HOC 和 LOC 之間的特定關係，以及用於較低級別上操作構念的度量模型：「反映—反映」、「反映—形成」、「形成—反映」、「形成—形成」。通常，「反映—反映」性、「形成—反映」性 HCM 的 HOC 代表了一種更通用的構念，類似於反映測量模型，同時它解釋了所有潛在的 LOC。相反，HOC 由「反映性—形成性」、「形成性—形成性」HCM 中的 LOC 形成，這類似於形成性測量模型。重複指標方法「collect-type HCM 的總體效果分析」以及 two stage 方法，允許在 PLS-SEM 中對 HCM 進行建模和估計。在界定和估計 PLS-SEM 中的 HCM 時，尚需考慮其他方面，包括：每個 LOC 的指標數量、PLS-SEM 演算法加權方案，以及反映性模型和形成性模型加權的使用。

　　你可用 SmartPLS 軟體，對本章介紹的 4 種 HCM 類型中的任何一種進行建模（圖 13-2）。

　　在分析 HCM 估計結果時，不僅需要仔細評估 LOC 的測量模型，還需要仔細評估 HOC 的測量模型。與 PLS 路徑模型中的其他構念不同，HOC 的評估與「HOC 及指標變數之間」無關，但與 HOC 與 LOCs 之間的關係就有關。雖然這些關係在 PLS-SEM 的關係分析中被映射（mapped）為路徑係數，但從建模的角度來看，它們對應於 loadings（reflective-reflective 及 formative-reflective HCMs）或權重（對於 reflective-formative 或 formative-formative HCMs），因此需要如此詮釋。

　　圖 13-3 顯示了，second-order 構念的企業信譽（corporate reputation）（REPU 變數），它又含：「能耐（competence）（COMP 變數）與相似性（likeability）（LIKE 變數）2 個 first-order 構念」，這兩者都是 SmartPLS first-order 構念的「reflective-reflective」模型的例子。

　　有關 higher-order 模型，詳情請見 Hair et al.（2018）說明。

13-2　如何界定higher-order構念？

　　在此，提出幾種在PLS-SEM中界定和估計高階構念的方法。最著名的是（擴展）重複指標法和兩階段法（Ringle et al., 2012）。Becker et al.（2012）在大規模模擬研究中，評估「反映性—形成性」高階構念的 2 種方法。結果發現，（擴展）重複指標

方法在估計高階構念的度量模型（即低階成分和高階成分之間的關係）時產生較小的偏誤。相反，兩階段方法顯示路徑模型中，指向 (1) 從外生構念到高階構念，以及 (2) 從高階構念到內生構念的路徑參數恢復之效果較好。雖然我們建議你選擇最適合研究目的之方法，但是只要樣本數夠大，重複指標和兩階段方法通常會產生高度相似的結果。

13-2-1 （擴展）重複指標方法

在（擴展）重複指標方法（extended repeated indicators approach）中，所有低階成分的指標都分配給高階成分（Lohmöller, 1989）。例如：當一個高階構念由 3 個低階成分組成，每個成分用 3 個指標（x_1-x_3, x_4-x_6 和 x_7-x_9）測量時，高階成分將用與低階成分相同的 9 個指標 x_1-x_9 進行測量（如圖 13-2）。

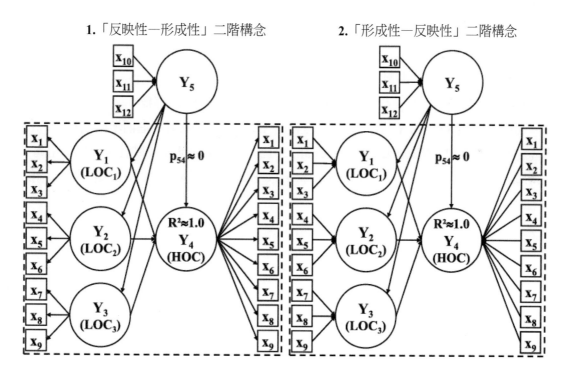

圖13-2　（擴展）重複指標方法（extended repeated indicators approach）之示意圖（Sarstedt et al., 2019）

上圖，LOC = lower-order component 及 HOC = higher-order component。在該圖中，對於「反映性—形成性」的高階構念，通常，軟體內定以 Mode A 當作高階成分 Y_4 的反映項（即重複指標 x_1，…，x_9）；因此要注意，高階成分 Y_4 要選擇 Mode B（反映性）。

即使（擴展）重複指標方法很容易在 PLS-SEM 中使用，但當「反映性—形成性」和「形成性—形成性」高階構念還充當路徑模型中的從屬構念時，它的使用仍然存在某些問題（例如上圖）。當使用「反映性—形成性」或「形成性—形成性」的高階構念時，PLS-SEM 會將高階成分迴歸到其低階成分上。由於重複了所有低階成分的指示（上圖的 x_1-x_3、x_4-x_6 和 x_7-x_9）來標註高階成分（x_1-x_9 在上圖），高階成分的變異數將由低階成分充分解釋（即 R^2 值內定為 1）。結果，路徑模型中不屬於高階構念的部分：「任何先行構念（上圖 2 的 Y_5）都不會解釋高階成分的任何變化」。路徑係數估計（上圖的 p_{54}）將接近於 0 且無意義（Ringle et al., 2012）。為了解決這個問題，Becker et al.（2012）提出擴展重複指標法（也稱為 collect-type 層級成分模型的總效果分析；上圖）。基於擴展重複指標法，你需要額外指定前一個構念（Y_5）與低階成分（Y_1-Y_3）之間的關係。你無需分析先行構念與高階成分（p_{54}）的直接關係，而直接關係是設計為 0，只需要分析先行構念對高階成分的總影響。

這種總效果還包括 Y_5 透過低階成分對 Y_4 的所有間接效果，進而準確描繪了先行構念對高階成分的實際效果（Becker et al., 2012）。上圖說明，反映性正方形（左圖）和形成性正方形（右圖）類型的高階構念，以及一個先行構念（Y_5）的擴展重複指標方法。

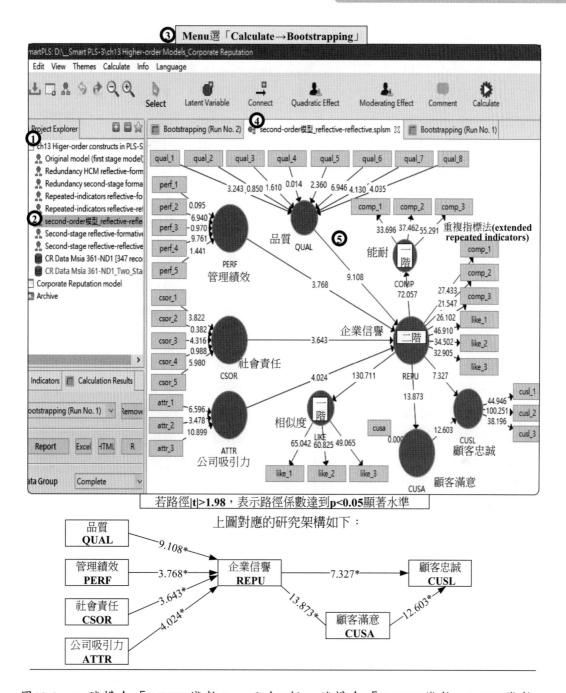

圖13-3　二階構念「REPU變數」，又含2個一階構念「COMP變數、LIKE變數」
（second-order模型_reflective-reflective模型檔）（重複指標法）

13-2-2　嵌入式兩階段（embedded two-stage）方法

　　Wetzels et al.（2009）提出了兩階段（two-stage）方法，來替代重複指標法。實際上，兩階段方法有 2 個版本：(1) 嵌入式兩階段方法（Ringle et al., 2012）。(2) 不相交（disjoint）兩階段方法（Agarwal & Karahanna, 2000），這 2 個階段的模型界定略有不同。例如：雖然嵌入式兩階段方法在其**第一階段**就對整個高階構念進行建模，但不相交兩階段方法最初僅利用了較低階成分（因此，分別命名為「嵌入（embedded）」、「分離（disjoint）」）。

一、嵌入式兩階段方法（embedded two-stage approach）

　　嵌入式兩階段方法的第一階段對應於重複指標法，此方法在構念模型中，具有先行（antecedent）構念（圖 13-2 的 Y_5），並且從先行構念到 higher-order component 產生了不顯著的路徑係數估計（圖 13-2 的 p_{54}）。但是，你無需解釋模型估計，而是需要將所有構念的分數保存在模型中（如圖 2-42 Factor scores），將其視為**新變數**並添加到數據集中。在第二階段，如圖 13-4 所示，在高階構念的測量模型中，構念分數（construct scores）被當作指標。

　　例如：在圖 13-2 顯示的高階構念的情況下，高階成分 Y_4 將使用 3 個形成性指標來進行測量，這些指標捕獲來自 階段 1 的 Y_1、Y_2 和 Y_3 的潛在變數分數。該模型中的所有其他構念（例如：圖 13-4 中的 Y_5）都用單個項目進行測量，這些單個項目捕獲了 前一階段 中每個構念的潛在變數分數。

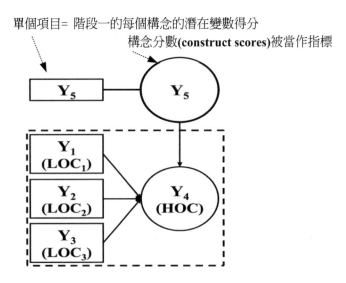

圖13-4　嵌入式兩階段（embedded two-stage）方法的第二階段（Sarstedt et al., 2019）

二、不相交兩階段方法（disjoint two-stage approach）

在兩階段的界定中，不相交兩階段方法與嵌入式兩階段方法有何不同？不相交兩階段方法不是在第一階段中就用重複指標方法，而是僅考慮路徑模型中高階構念的低階成分（即，不包含高階成分）。這些與高階構念在理論上相關的所有其他構念直接相關。要執行不相交兩階段方法，需要保存構念分數，但僅保存較低階成分的分數（例如：在我們的示例中，構建 Y_1、Y_2 和 Y_3 的分數）。在第二階段，這些分數隨後被用來衡量高階構念。但是，它與嵌入式兩階段方法不同，路徑模型中的所有其他構念都是使用與第一階段相同的多項目度量來估計（例如：圖 13-5 的 Y_5）。

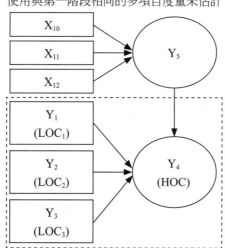

圖13-5　不相交兩階段（disjoint two-stage）方法的第二階段（Sarstedt et al., 2019）

13-3　高階構念之分析步驟：（extended）repeated indicators法

13-3-1　Model 與 data

為了說明 PLS-SEM 中高階結構的驗證，本例引用 Hair et al.（2017a; 2018）的公司聲響模型。該模型將用來代表企業聲響 2 個維度的能耐（COMP, competence）和相似度（LIKE, likeability）如何影響客戶滿意度（CUSA, customer satisfaction）和客戶

忠誠度（CUSL, customer loyalty）。此外，該模型包括 4 個可能解釋 COMP 和 LIKE 的前行構念（因）：

1. 公司產品和服務的質量，以及其以客戶為導向的質量（QUAL）。

2. 其經濟和管理績效（PERF）。

3. 公司的企業社會責任（CSOR）。

4. 公司吸引力（ATTR）。

　　COMP、LIKE 和 CUSL 的測量模型分別使用 3 個 reflective 項，而 CUSA 則使用單一項進行測量。相比之下，這 4 個先行構念（ATTR, CSOR, PERF 和 QUAL）是**形成性測量模型**，該模型具有總共 21 個指標（Eberl, 2010; Schwaiger, 2004）。每個項目的所有度量均按 Likert 七分制評分。圖 13-6 顯示了原始路徑模型，包括測量模型。

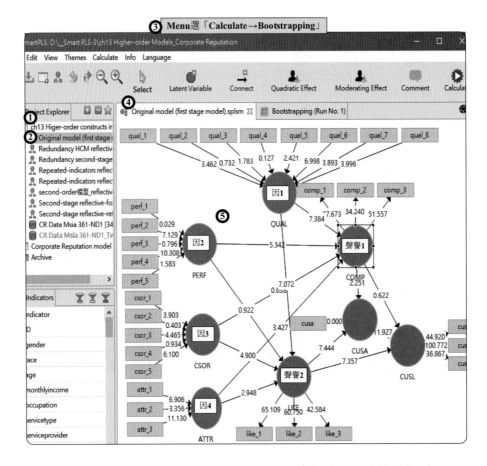

圖13-6　原始corporate reputation模型，未含二階Repu構念（純一階模型）（Sarstedt et al., 2019）

之前 Schwaiger（2004）的測量方法，將 COMP 和 LIKE 視爲兩個截然不同的構念（例如：Radomir & Wilson, 2018; Raithel & Schwaiger, 2015; Sarstedt et al., 2013），如上圖所示。Schwaiger（2004, p. 63）在其最初的公司聲譽概念化中指出，該構念可以分爲「情感和認知成分」。基於此概念，可以將公司聲譽概念化爲更高層次的概念：包含 2 個低階成分 COMP 和 LIKE 的構念。

從測量理論的角度來看，COMP 和 LIKE 可以看作是公司聲譽的反映（例如：Schwaiger, 2004），這意味著使用「反映—反映」的高階構念，因爲每個較低階的成分都是反映性測量的。可是，Eberl（2010）卻認爲，COMP 和 LIKE 決定了公司的聲譽，這暗示了另一種反映性的 specification。在下文中，我們將說明使用（擴展）重複指標方法和兩階段方法的高階構念的估計。更準確地說，我們關注在不相交（disjoint）兩階段方法，因爲在文獻中記錄很少見。

本例，模型估計使用 SmartPLS 3 軟體（Ringle et al., 2015），並利用來自馬來西亞 4 家主要行動通信網路提供商的數據；即 Digi、Maxis、Celcom 和 U Mobile。問卷設計遵循一系列步驟，包括：進行**預測試**（3 名研究生和 5 名定期購買線上旅遊產品的成年志願者）以及對 30 名受訪者進行的**試點測試**，來識別問卷有問題的項目並進一步完善調查（Fink, 2017）。要求受訪者在吉隆坡最大的購物中心之一使用購物中心攔截方法，對企業聲譽、滿意度和對主要行動網路供應商的忠誠度進行評分。總共收集了 361 個樣本數。遺漏值的觀測值將直接刪除，剩下有效樣本數爲 347 人。

13-3-2　Reflective-reflective 界定

一、重複指標方法（repeated indicators）

爲了建立企業聲譽的「反映—反映」高階構念，首先採用重複指標方法。構念 COMP 和 LIKE 代表更一般的高階構念公司聲譽（REPU）的低階構念，該聲譽含 6 個指標：「comp_1、comp_2、comp_3、like_1、like_2 和 like_3」測量。即，將反映測量的低階成分的所有指標同時分配給高階構念的反映性測量模型。就構念模型界定而言，4 個先行的構念（ATTR、CSOR、QUAL 和 PERF）直接與高階成分 REPU 相關（而不是與 COMP 和 LIKE 相關）。同理，現在 REPU 與 2 個準則變數 CUSA 和 CUSL 直接相關（如圖 13-7），而 CUSA 與 CUSL 直接相關。請注意，我們遵循原始公司聲譽模型的假定，即從潛在自變數（ATTR、CSOR、QUAL 和 PERF）到結果構念（CUSA 和 CUSL）的所有關係都完全由高階聲譽構念 REPU 來介入（mediated），此與 Becker et al.（2012）一樣做法。本例使用 Mode A（形成性）來估計 REPU。

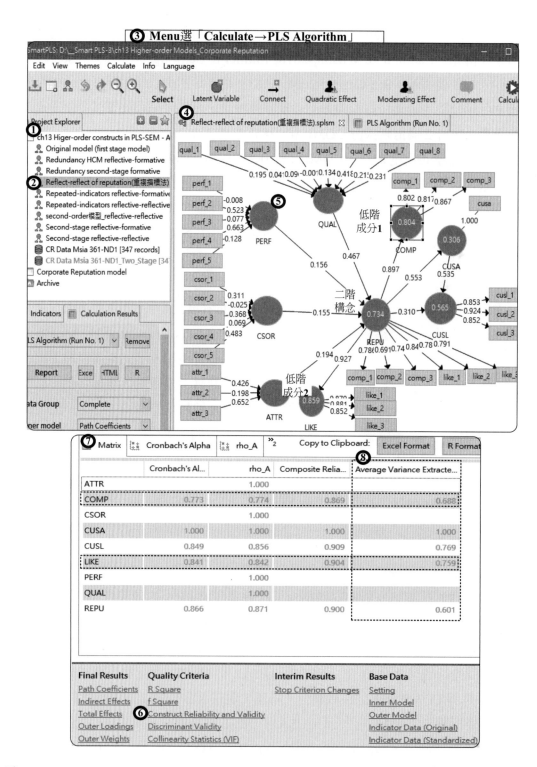

圖13-7 Reflective-reflective specification of corporate reputation及其結果（repeated indicators法）

接下來，我們專注在高階構念 REPU 及其低階成分（COMP 和 LIKE）的測量模型之評估。對低階成分的評估借鑑現有文獻中記載的反映性測量模型的標準信度和效度準則（例如：Hair et al., 2017a; Latan & Noonan, 2017; Sarstedt et al., 2017）。圖 13-7「Construct reliability and Validity」結果顯示，COMP 平均變異數萃取量（AVE = 0.688）和內部一致性信度（組合信度 ρ_c = 0.869；Cronbach's α = 0.773；ρ_A = 0.774）。同樣，LIKE 的度量具有收斂效度（AVE = 0.759）和內部一致性信度（組合信度 ρ_c = 0.904；Cronbach's α = 0.841；ρ_A = 0.842）。

最後，圖 13-8，由於所有 HTMT 值（Franke & Sarstedt, 2019）均低於 0.85 的保守 threshold 值（表），我們發現支持低階成分具有區別效度（discriminant

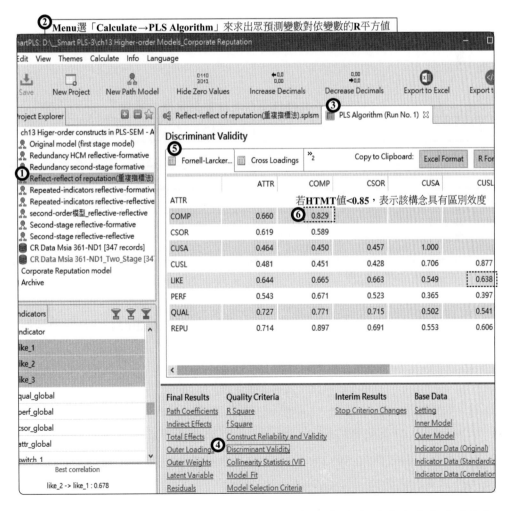

圖13-8　COMP和LIKE 2個HTMT值小於0.85，表示這2個低階成分具有區別效度

validity）。但是，我們沒有考慮 COMP 和 LIKE 以及它們的高階成分 REPU 之間的區別效度。由於高階成分的測量模型重複了其 2 個低階成分的指標，因此可能會違反這些構念之間的區別效度。此外，REPU 構念的重複指標僅用於 identification，並且（從設計角度而言）並非源於 unidimensional 域。這不僅意味著針對這些關係的區別效度評估不相關，而且基於 6 項（comp_1、comp_2、comp_3、like_1、like_2 和 like_3）的 REPU 構念的所有其他類型的信度和效度評估，都是沒有意義的。

高階構念 REPU 的信度和效度評估，是基於其與低階成分的關係。低階構念 COMP 和 LIKE 被特別解釋為，好像它們是 REPU 構念的指標。結果，儘管 REPU 構念及其低階成分 COMP 和 LIKE 之間的（反映性）關係在路徑模型中顯示為路徑係數，但仍被解釋為負荷量。該分析求出 COMP 的負荷量為 0.897，LIKE 的負荷量為 0.927，因此證明了「這 2 個指標具有信度」。透過使用這些指標負荷量以及構念之間的相關性（0.665）當作輸入，接著再手動計算相關的統計資訊，以評估高階構念的信度和效度。

表13-1　使用HTMT準則進行區別效度的評估

	COMP	*CUSA*	*CUSL*	*REPU**	*LIKE*
COMP					
CUSA	0.507				
CUSL	0.551	0.765			
REPU*	-	*0.613*	*0.722*		
LIKE	0.817	0.598	0.752	-	

註：斜體字是二階構念的HTMT值。

AVE 是低階成分與高階成分之間關係的高階構念的 loadings 平方的平均值，公式為：

$$AVE = \frac{(\sum_{i=1}^{M} l_i^2)}{M}$$

其中，l_i 表示使用 M 個低階成分（$i = 1, \cdots, M$）來測量特定高階構念的低階成分 i 的 loadings。本例，*AVE* 為 (0.897² + 0.927²)/2 = 0.9122，明顯高於 0.5 臨界值，因此表示「REPU 具有收斂效度」（Sarstedt et al., 2017）。

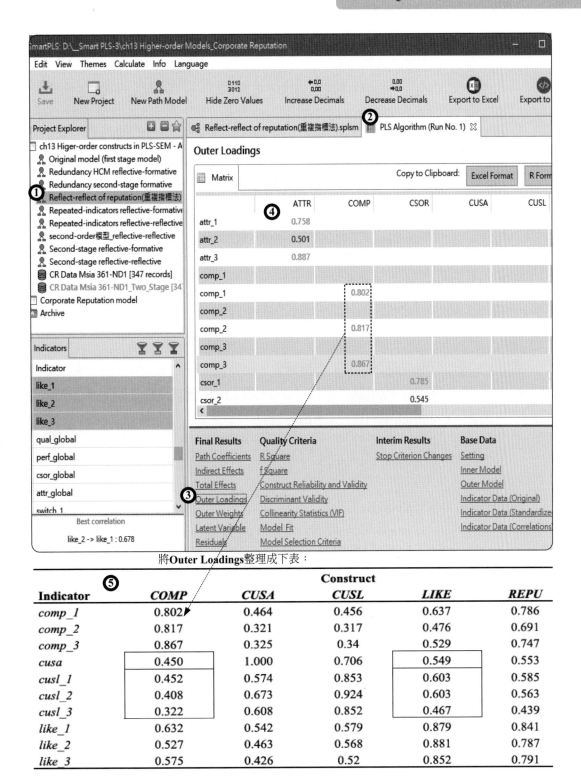

將**Outer Loadings**整理成下表：

Indicator	Construct				
	COMP	**CUSA**	**CUSL**	**LIKE**	**REPU**
comp_1	0.802	0.464	0.456	0.637	0.786
comp_2	0.817	0.321	0.317	0.476	0.691
comp_3	0.867	0.325	0.34	0.529	0.747
cusa	0.450	1.000	0.706	0.549	0.553
cusl_1	0.452	0.574	0.853	0.603	0.585
cusl_2	0.408	0.673	0.924	0.603	0.563
cusl_3	0.322	0.608	0.852	0.467	0.439
like_1	0.632	0.542	0.579	0.879	0.841
like_2	0.527	0.463	0.568	0.881	0.787
like_3	0.575	0.426	0.52	0.852	0.791

圖13-9　Loadings與cross loadings

組合信度（composite reliability）的定義為：

$$\rho_C = \frac{(\sum_{i=1}^{M} l_i)^2}{(\sum_{i=1}^{M} l_i)^2 + \sum_{i=1}^{M} var(e_i)}$$

其中，e_i 是低階成分 i 的測量誤差，而 $var(e_i)$ 是測量誤差的變異數，定義為 $1 - l_i^2$。輸入 2 個負荷量將產生以下結果：

$$\rho_C = \frac{(0.897 + 0.927)^2}{(0.897 + 0.927)^2 + (1 - 0.897^2) + (1 - 0.927^2)}$$

$$= \frac{3.327}{3.327 + 0.195 + 0.141} = 0.908$$

同樣，Cronbach's α 由下式求出：

$$\text{Cronbach's } \alpha = \frac{M \cdot \bar{r}}{[1 + (M - 1) \cdot \bar{r}]}$$

其中，$\bar{r}$ 表示低階成分之間的平均相關性。由於高階構念 REPU 只有 2 個低階成分（即 $M = 2$），因此平均相關性等於 COMP 和 LIKE 構念分數之間的相關性（即 0.665）。因此，Cronbach's α 由下式求出：

$$\text{Cronbach's } \alpha = \frac{2 \cdot 0.665}{[1 + (2 - 1) \cdot 0.665]} = \frac{1.33}{1.665} = 0.799$$

最後，遵循 Dijkstra and Henseler（2015）方法，來計算信度指標 ρ_A：

$$\rho_A = (\hat{w}' \hat{w})^2 \cdot \frac{\hat{w}'[S - diag(S)]\hat{w}}{\hat{w}'[\hat{w}\hat{w}' - diag(\hat{w}\hat{w}')]\hat{w}}$$

其中，w 表示潛在變數的估計權重向量（w 維度數是與潛在變數直接相關的指標的數量），S 是潛在變數指標的 empirical covariance 矩陣。為了使 ρ_A 計算適合 PLS-SEM 中的「反映性—反映性」（或「反映性—形成性」）的高階構念，權重估計值 w 決定了低階成分和高階成分之間的關係。此外，低階成分的潛在變數分數用於建立 empirical covariance 矩陣 S。

根據上式來計算 ρ_A，本例，我們估計「圖 13-7 Reflective-reflective specification of corporate reputation 及其結果（repeated indicators 法）」模型，並保存潛在變數分數來計算權重關係（下式）及上式構念相關矩陣 S。基於這些理由，可以透過執行以下普通最小平方法（OLS）迴歸分析，來計算低階成分與高階成分之間的權重 W：

$$\hat{W} = (X^T X)^{-1} X^T Y$$

其中，$\hat{W}$ 是估計的權重向量，X 是低階成分的潛在變數分數的矩陣，Y 是高階成分的潛在變數分數的向量。對於 COMP，此迴歸產生的權重為 0.503，對於 LIKE，此迴歸產生的權重為 0.592，構念相關性為 0.665。將這些值輸入到上上公式，與構念相關性 S 一起，求出高階構念 REPU 的 ρ_A 值為 0.814。總體而言，這些結果為高階構念的內部一致性信度提供了求得支持，因為所有標準（即 ρ_C、Cronbach's α 和 ρ_A）均遠高於建議的 threshold 值 0.708（Hair et al., 2017a）。

在下一步中，我們需要使用 Henseler et al.（2015）HTMT 準則來評估高階構念的區別效度，該標準定義為：跨構念的項目相關性的平均值（即 heterotrait-heteromethod）相對於測量同一構念項目的平均相關性的幾何平均值（即 monotrait-heteromethod 相關性）。高階構念的 heterotrait-heteromethod 相關性關係由具有低階成分的模型中其他（反映或單項）構念的交叉負荷量來表示。高階構念的 monotrait-heteromethod 相關性等於低階成分之間的（構念）相關性。「圖 13-9 Loadings 與 cross loadings」與表 13-2，記錄了手動計算高階構念的 HTMT 值相關的統計量。

高階構念與 CUSA 的平均 heterotrait-heteromethod 相關性是 CUSA 指標與 COMP（0.450）和 LIKE（0.549）構念的平均 cross loadings（上圖）。

當涉及 CUSL 時，相同的統計量由「cusl_1、cusl_2 和 cusl_3 與 COMP 及 LIKE」的平均 cross loadings 得出（上圖），即：

$$\frac{0.452 + 0.408 + 0.322 + 0.603 + 0.603 + 0.467}{6} = 0.476$$

表13-2　指標之間的相關性（indicator correlations）

	comp_1	comp_2	comp_3	cusa	cusl_1	cusl_2	cusl_3	like_1	like_2	like_3
comp_1	1	0.435	0.525	0.464	0.459	0.424	0.311	0.627	0.515	0.518
comp_2	0.435	1	0.634	0.321	0.329	0.276	0.227	0.455	0.358	0.428
comp_3	0.525	0.634	1	0.325	0.329	0.306	0.258	0.478	0.426	0.477
cusa	0.464	0.321	0.325	1	0.574	0.673	0.608	0.542	0.463	0.426
cusl_1	0.459	0.329	0.329	0.574	1	0.696	0.545	0.564	0.537	0.473
cusl_2	0.424	0.276	0.306	0.673	0.696	1	0.716	0.539	0.538	0.497
cusl_3	0.311	0.227	0.258	0.608	0.545	0.716	1	0.415	0.413	0.392

表13-2　指標之間的相關性（indicator correlations）（續）

	comp_1	comp_2	comp_3	cusa	cusl_1	cusl_2	cusl_3	like_1	like_2	like_3
like_1	0.627	0.455	0.478	0.542	0.564	0.539	0.415	1	0.678	0.603
like_2	0.515	0.358	0.426	0.463	0.537	0.538	0.413	0.678	1	0.632
like_3	0.518	0.428	0.477	0.426	0.473	0.497	0.392	0.603	0.632	1

註：形成性項目的相關性已被省略。

在下一步中，將計算與評估：「高階構念有關的所有 monotrait-heteromethod 相關性」。由於 CUSA 是單項構念，因此其平均 monotrait-heteromethod 相關性，從定義上講就是 1。CUSL 的 3 個項目的項目相關性分別為 0.696、0.545 和 0.716（見表13-2），進而得出平均 monotrait-heteromethod 相關性為 0.652。最後，REPU 構念的平均 monotrait-heteromethod 相關性與 COMP 和 LIKE 之間的構念相關性，等於 0.665。

最後，我們需要計算 heterotrait-heteromethod 相關性的商與平均 monotrait-heteromethod 相關性的幾何平均值：

$$HTMT(REPU, CUSA) = \frac{0.500}{\sqrt[2]{0.665 \cdot 1}} = 0.613 \text{ 且}$$

$$HTMT(REPU, CUSL) = \frac{0.476}{\sqrt[2]{0.665 \cdot 0.652}} = 0.722$$

這 2 個值都明顯 < 0.85 的 threshold 值，進而為高階構念具有信度和效度，提供了明確的證據。

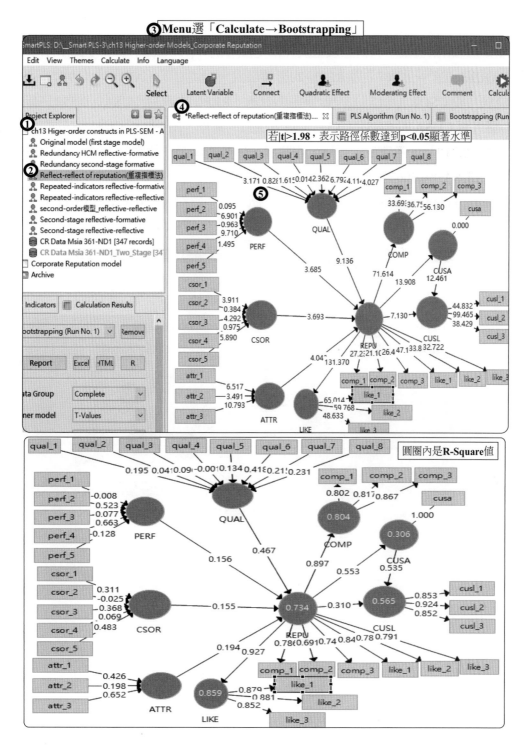

圖13-10　Bootstrapping求出高階及低階路徑係數的顯著性（若|t| > 1.98，表示路徑係數達到p < 0.05顯著水準）

接下來，透過使用帶有 5,000 子樣本的 Bootstrapping（no sign changes）來分析構念模型，結果發現所有構念模型關係都是顯著的（p < 0.05），如上圖所示。前行構念 QUAL（$R^2 = 0.467$）對 REPU 的影響最大。相比之下，ATTR（0.194）、PERF（0.156）和 CSOR（0.155）的影響要小得多。REPU 本身對 CUSA（0.553）有很強的影響，而 CUSA 與 CUSL（0.535）也有很強的關係。REPU 和 CUSL 之間的直接關係較弱（0.310）。考慮到先行構念的數量，所有相關潛在變數的 R^2 值（即 REPU：0.734；CUSA：0.306；CUSL：0.565）都相對較高。

Blindfolding-based 的 Q^2 值也是如此，所有這些值都大於 0（如圖 13-11 ⑥）。

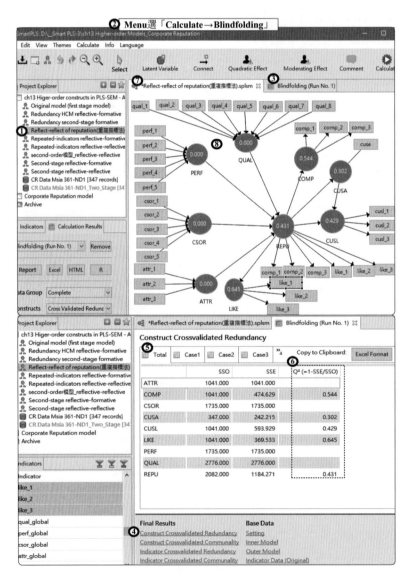

圖 13-11　Blindfolding-based 的 Q^2 值

最後，我們透過執行 Shmueli et al.（2016）的 PLS Predict 程序（設定值爲：10 folds, 10 repetitions）來檢查了該模型關於 CUSL 的樣本外（out-of-sample）預測能力。PLS-SEM 分析結果發現，與 naïve linear model（LM）基準相比，表示對於「最後依變數」CUSL 的所有 3 個指標所產生的 MA_E（Mean absolute error）和 RMS_E（Root mean square error，均方根誤差）值都很小，這也支持了本模型具有預測能力（Danks & Ray, 2018; Shmueli et al., 2019）。

1. 平均絕對誤差（MA_E, mean absolute error）

$$MA_E = \frac{1}{n} \sum_{i=1}^{n} |\hat{y}_i - y_i|$$

2. 均方根誤差（RMS_E, Root mean square error）

$$RMS_E = \sqrt{\frac{1}{n} \sum_{i=1}^{n} (\hat{y}_i - y_i)^2}$$

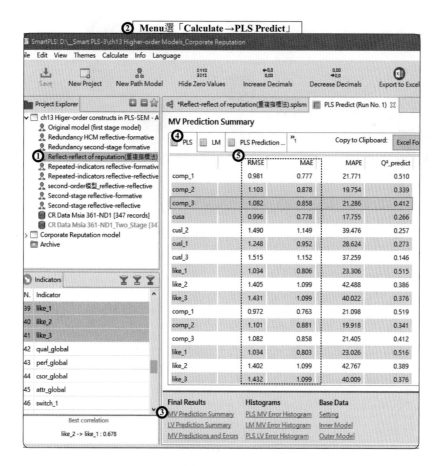

圖13-12　PLS Predict的結果，求出MA_E和RMS_E值都很小

二、不相交兩階段方法（disjoint two-stage）

應用不相交兩階段方法，首先創建並估計原始信譽模型，如圖 13-13 所示，將所有先行的構念（ATTR、CSOR、PERF 和 QUAL）也連接到低階成分「COMP 和 LIKE」，並當作將「COMP 和 LIKE」與內在結構「CUSA 和 CUSL」連接起來的紐帶。模型評估，首先關注在低階成分的反映性測量模型，如前所述，該模型滿足所有相關準則（內部一致性、收斂效度和區別效度；如圖 13-8、表 13-1）。

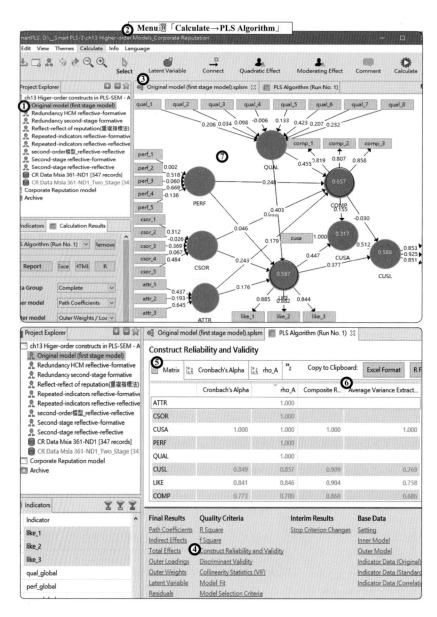

圖13-13　原始模型Original model（first stage model）

　　在第二階段，我們使用從第一階段求得的低階成分「COMP 和 LIKE」的潛在變數分數（COMP_sd、LIKE_sd）來估計第二階段模型，如圖 13-14 所示。為此，你需要找到「COMP 和 LIKE 的分數」，並將「COMP_sd、LIKE_sd」視爲新變數添加到數據集（資料檔）中。分析結果與重複指標法的結果相似，路徑係數估計值的細微差異證明了這一點（圖 13-13 vs. 圖 13-14）。

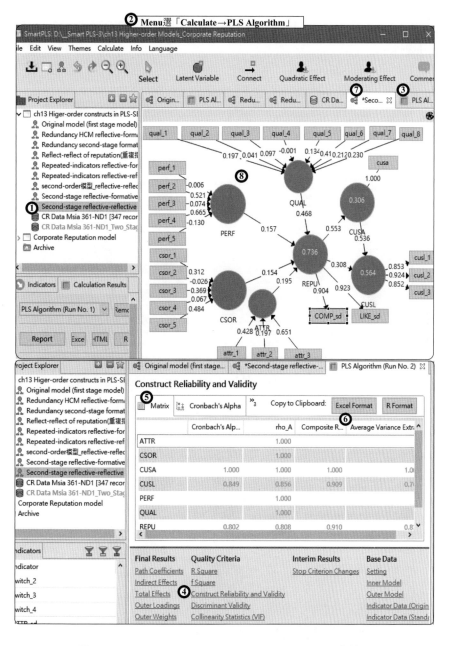

圖13-14　Second-stage reflective-reflective及其結果

　　圖 13-14，第二階段的評估，從關注高階成分 REPU 的反映性測量模型開始。對於 REPU，我們發現 COMP 的 0.904 和 LIKE 的 0.923 的 loadings 特別高，這使我們能夠建立 > 0.81 門檻和 AVE 0.834 的指標信度（> 臨界值 0.5）。REPU 的 Cronbach's α（0.802）、ρ_A（0.808）、ρ_C（0.910）也處於令人滿意的水準。根據 HTMT 準則，本例可獲得 CUSA 和 CUSL 的區別效度。

　　最後，對第二階段結果的評估涉及結構模型。分析結果顯示，所有其他結構模型評估結果也處於令人滿意的水準（例如：圖 13-15 路徑係數 Q^2，圖 13-16 $PLS_{predict}$ 的顯著性和相關性）。

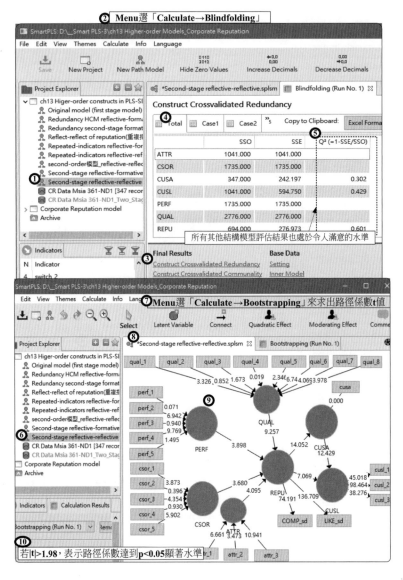

圖13-15　Second-stage reflective-reflective之blindfolding求出路徑係數Q^2

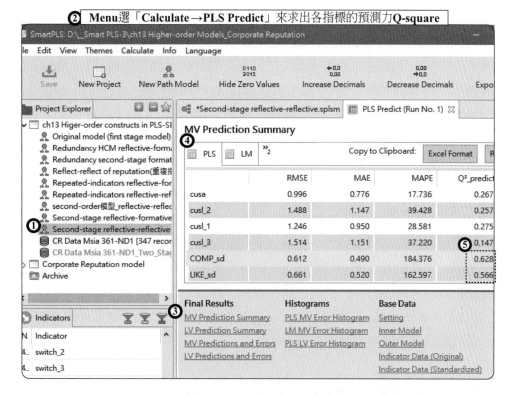

圖13-16　Second-stage reflective-reflective之PLS$_{predict}$的路徑係數Q^2

13-3-3　Reflective-formative 高階構念

一、擴展重複指標法（extended repeated indicators）

　　它可視為 reflective-reflective specification 的替代方法，現在考慮以下情況：2 個次維度 COMP 和 LIKE 形成高階成分 REPU。如果使用標準的重複指標法來識別高階構念，就會發現 COMP 和 LIKE 幾乎可以解釋高階成分 REPU 的全部變異數（R$^2 \approx 1.00$），因為 REPU 在「COMP、LIKE」是 partial regression 且都用同一組指標（comp_1～comp_3 及 like_1～like_3）。結果，先行的構念（ATTR、CSOR、PERF 和 QUAL）無法解釋，它們與 REPU 構念的估計關係將接近於 0。但是，斷定這些關係為 0（且不重要）將是不正確的，因為這些估計是透過使用重複指標法對反映性高階構念來進行建模而求出的，該結構同時也是 PLS 中的 dependent 結構路徑模型（Hair et al., 2018）。

　　為了應用擴展重複指標法，我們需要通過繪製 4 個先行構念與 2 個低階信譽成分

之間的直接關係來擴展模型（圖 13-13）。仿照 Becker et al.（2012）做法，我們使用 Mode B 來估計高階成分 REPU 的測量模型。

與「反映性－反映性」高階構念一樣，首先需評估 2 個低階成分 COMP 和 LIKE 的測量模型。模型調整程式會在 indicator loadings 中產生較小的變化，因此不會對信度和效度統計值造成負面影響。同樣，我們不需要評估 REPU 與它的 6 個指標（comp_1～comp_3 及 like_1～like_3）之間的關係而求出的任何統計資訊，因為這些指標僅用於識別高階構念。

為了驗證 formative 的高階聲譽構念，我們遵循 Hair et al.（2017a）概述的 3 步驟。

第一步，我們透過運行 redundancy 分析（Chin, 1998）來評估高階構念的收斂效度（來測試是否應包含變數），其中，高階構念與 reputation 的替代性 single-item 指標有相關。故使用某一個 global single item（例如：圖 13-17 qual_global 變數）來捕獲受訪者對公司聲譽的一般評估，以此視為校標構念（criterion construct）（Cheah et al., 2018）。Redundancy 分析在 REPU 的高階構念與單項測量之間得出 0.671 的點估計，表示測試模型仍應包含該變數。

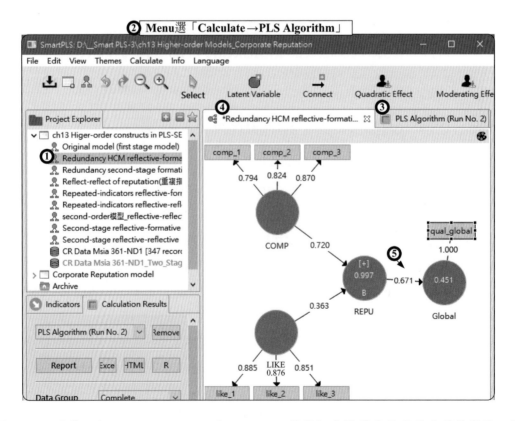

圖13-17　用某一個 global single item（qual_global 變數）來捕獲受訪者對公司聲譽的一般評估

　　我們在具有 5,000 個子樣本的模型上進行 bootstrapping（no sign changes，無正負號切換），求出 95% 的百分位數信賴區間：下限 0.601 和上限 0.731（Aguirre-Urreta & Rönkkö, 2018）。此結果支持高階構念的收斂效度，因為路徑係數（$r = 0.671$）與 0.7 threshold 值無顯著差異（Hair et al., 2017a）。

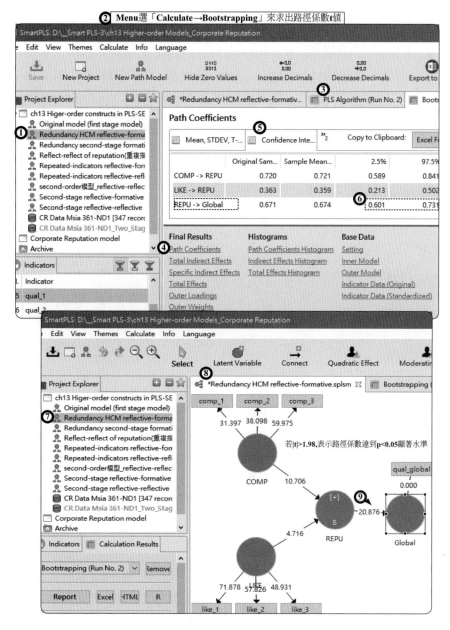

圖13-18　Bootstrapping求出qual_global變數與REPU的95% CI為[0.601, 0.731]，不含0值故達到0.05顯著水準

第二步，我們檢查了 REPU 低階成分之間的潛在共線性問題。圖 13-13 所示模型的分析得出，COMP 的 VIF 值為 2.957，LIKE 的 VIF 值為 2.568，低於（保守的）threshold 值 3（Hair et al., 2019）。

第三步，我們執行了 Bootstrapping（5,000 subsamples, no sign changes），來評估 2 個低階成分與它們的高階成分之間的關係的顯著性和相關性。這些關係表示高階構念的權重，但在 PLS 路徑模型中顯示為路徑係數。如圖 13-19 所示，我們發現 LIKE 的權重（0.867）非常顯著（p < 0.05），而 COMP 的權重小得多（0.157）且無統計學意義。但是，由於 REPU 和 COMP 之間的二元相關性（即高階構念的 loadings）大於 0.5（Hair et al., 2017a），因此我們將 COMP 保留在高階結構的測量模型中。這些結果為 reflective-formative 高階構念的效度提供了明確的支持。

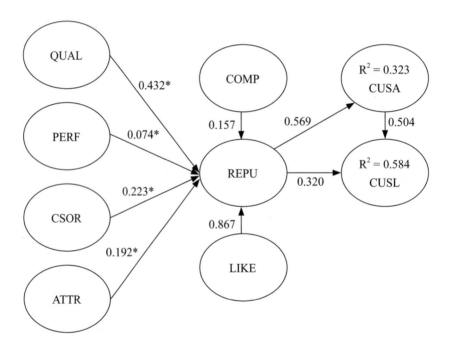

圖13-19　Extended repeated indicators法的簡化二階模型PLS-SEM結果

註：*是總效果。

結構模型評估始於分析構念之間的關係。當使用擴展重複指標法時，重要的是不要分析 REPU 的直接效果，而要分析這 4 個先行構念的總效果。如圖 13-19，以擴展重複指標法的簡化結果來表示：4 個先前構念「ATTR、CSOR、PERF、QUAL」和 REPU 之間的這些總效果。

我們發現，ATTR、CSOR 和 QUAL 對 REPU 的總效果顯著（$p < 0.05$），而 PERF 則不顯著。同樣，4 個外生（exogenous）構念的路徑係數類似於 reflective-reflective 類型（上圖）。QUAL 的總體效果最強（0.432），其次依序是：CSOR（0.223）、ATTR（0.192）和 PERF（0.074）。REPU 對 CUSA（0.569）的效果大於對 CUSL（0.320）的效果，並且 CUSA 對 CUSL 的效果很明顯（0.504）。所有 R^2 和 Q^2 值都與 reflective-reflective 界定（表 13-3）相似。但是請注意，對於 REPU，高階構念的格式說明對 R^2 和 Q^2 的解釋是沒有意義的。最後，從 PLS Predict 分析（Shmueli et al., 2016）求得的結果，支持該模型對 CUSL 的預測能力，因為它與 naïve 線性模型之比較基準，PLS-SEM 分析產生的預測誤差較小（就 MA_E 和 RMS_E 而言）（Hair et al., 2019）。

表13-3　Structural model估計之彙總（Sarstedt et al, 2019）

| 因果關係（Relationship） | Higher-order construct specification | | | |
| | Reflective-reflective | | Reflective-formative | |
	Repeated indicators	Disjoint two-stage	Extended repeated indicators	Disjoint two-stage
$QUAL \rightarrow REPU$	0.467 [0.359; 0.563]	0.468 [0.366; 0.564]	0.432* [0.312; 0.535]	0.457 [0.351; 0.555]
$PERF \rightarrow REPU$	0.156 [0.075; 0.235]	0.157 [0.071; 0.235]	0.074* [-0.035; 0.167]	0.135 [0.043; 0.219]
$CSOR \rightarrow REPU$	0.155 [0.071; 0.240]	0.154 [0.072; 0.238]	0.223* [0.132; 0.318]	0.172 [0.088; 0.261]
$ATTR \rightarrow REPU$	0.194 [0.101; 0.294]	0.195 [0.106; 0.297]	0.192* [0.091; 0.310]	0.196 [0.102; 0.303]
$REPU \rightarrow CUSA$	0.553 [0.470; 0.625]	0.553 [0.474; 0.629]	0.569 [0.486; 0.636]	0.561 [0.477; 0.629]
$REPU \rightarrow CUSL$	0.310 [0.224; 0.394]	0.308 [0.229; 0.393]	0.355 [0.266; 0.435]	0.331 [0.245; 0.414]
$CUSA \rightarrow CUSL$	0.535 [0.447; 0.614]	0.536 [0.443; 0.611]	0.504 [0.415; 0.590]	0.520 [0.430; 0.599]
R^2_{REPU}	0.734	0.736	1	0.717
R^2_{CUSA}	0.306	0.306	0.323	0.315
R^2_{CUSL}	0.565	0.564	0.584	0.574
Q^2_{REPU}	-	0.580	-	0.569
Q^2_{CUSA}	0.297	0.297	0.311	0.306
Q^2_{CUSL}	0.410	0.410	0.212	0.416

註：中括號的數字是bias-corrected 的信賴區間，該區間來自 bootstrapping with 5000 subsamples（no sign changes）；*是總效果。

二、不相交兩階段方法（disjoint two-stage approach）

在 第一階段 ，低階成分的估計和測量模型評估，是基於標準 reputation model，該模型繪製了 4 個先行構念（ATTR、CSOR、PERF 和 QUAL）與「COMP 和 LIKE」之間的直接關係，以及與「CUSA 和 CUSL」之間的間接關係（圖 13-6），此 PLS 路徑模型中不包括高階成分。然後，在 第二階段 ，來自第一階段結果的潛在變數分數拿來再估計圖 13-20 所示的模型。它與擴展重複指標法相反，REPU 的測量模型現在包括 2 個指標，分別代表第一階段的 COMP 和 LIKE 潛在變數分數（即 COMP_sd、LIKE_sd）。

對第二階段結果的評估始於 REPU 的 formative measurement 模型。對 REPU 構念進行 redundancy（冗餘）分析，以 2 個 formatively specified items（COMP 和 LIKE 來）進行測量，對企業聲譽的另一 single-item 測量求出的路徑係數為 0.666，與 0.7（95% CI = [0.603, 0.725]）沒有顯著差異。我們還發現 REPU 的測量模型不受共線性的影響，因為分析得出 COMP 和 LIKE 指標的 VIF 值為 1.813。對 REPU 具有顯著相關（COMP：0.386; LIKE：0.700）且顯著的影響（$p < 0.05$）。

最後，我們的分析證實，所有結構模型評估結果，都處於令人滿意的水準（例如：路徑係數的顯著性和相關性、Q^2、PLS Predict）。雖然這 2 種方法之間的結構模型結果再次非常相似，但是與擴展重複指標方法相比，formative 權重的差異更加明顯。

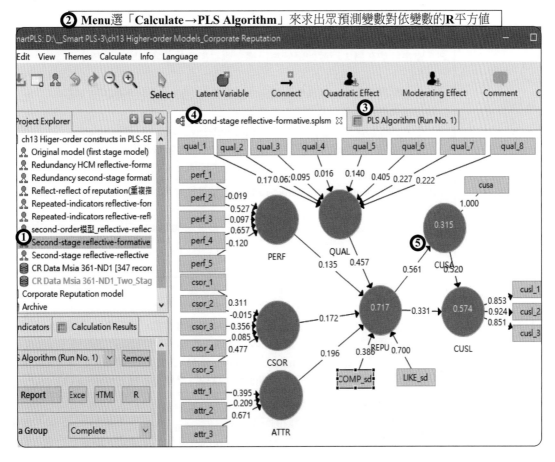

圖13-20　Reflective-formative模型中，reputation第二階段的界定

小結

在 PLS-SEM 的應用中，高階構念的使用非常突出。例如：你已使用高階構念來建模客戶參與計畫、關係資訊流程（Harrigan et al., 2015）、唯物論（materialism）（Hourigan & Bougoure, 2012）、stakeholder 導向（Patel et al., 2016），以及消費者自我監控（Cass, 2001）。我們對 SSCI 排名前三名市場行銷期刊中，prior higher-order 構念應用程式的評論，它們在驗證時存在很多困惑。例如：在 reflective-reflective 高階構念中，研究者經常忽略對高階構念的區別效度的評估。

同理，在 reflective-formative 構念中，研究者忽略了低階成分之間共線性的評估。想到這些問題，本文闡明了 PLS-SEM 應用中高階構念的界定、估計及驗證。表13-4 所列清單總結了，我們在模型界定、演算法設定及驗證方面的建議。

表13-4　在PLS-SEM中使用高階構念的檢視清單（Sarstedt et al., 2019）

1. 界定	1. 高階構念充當路徑模型中的外生構念： ・當重點放在最大程度地降低高階構念測量模型的參數偏誤時，請使用重複指標方法。 ・當重點在於最小化結構模型關係中的參數偏誤時，請使用兩階段方法。 2. 高階構念在路徑模型中當作內生構念： ・在上述觀點保持不變的情況下，對於 reflective-formative 和 formative-formative 型高階構念，應使用 extended repeated indicators 法或兩階段方法。 ・Embedded 與 disjoint 的兩階段法，所產生結果非常相似，且兩者都可使用。
2. 估計	1. Reflective-reflective 及 formative-reflective 型高階構念：使用 Mode A 來估計高階成分。 2. Reflective-formative 及 formative-formative 型高階構念：使用 Mode B 來估計高階成分。 3. 使用 path weighting scheme。
3. 測量模型的評估	1. 將標準模型評估準則應用於低階成分的測量模型。 2. 將高階和低階分量之間的關係，解釋為高階構念的測量模型： ・Reflective-reflective 與 formative-reflective 型高階構念：將高階和低階成分之間的關係解釋為 **loadings**，並評估收斂效度、內部一致性及區別效度值。 ・Reflective-formative 與 formative-formative 的高階構念：將高階和低階成分之間的關係解釋為權重，並評估收斂效度、共線性及權重的顯著性和相關性。
4. 結構模型的評估	1. 在結構模型上應用標準模型評估準則。 2. 不要將低階成分視為結構模型的元素。 3. 使用擴展重複指標法來估計的 formative-formative 型高階構念：解釋先行構念對高階成分的總效果。

　　基於企業 reputation 模型，該模型經常用來說明 PLS-SEM 方法及其擴展（Hult et al., 2018b; Matthews et al., 2016; Sharma et al., 2019），我們展示了該界定與使用擴展重複指標法和不相交兩階段法，來驗證最突出的高階構念類型（reflective-reflective 和 reflective-formative）。我們專門說明了如何調整標準 measurement model 來評估指標，例如：組合信度與 AVE，來適應更高階的構念。這樣做時，我們特別注意 HTMT 準則的評估，對於高階構念，它是基於低階成分的交叉負荷量和它們之間的相互關係。

　　本文旨在撰寫 PLS-SEM 中使用高階構念的綜合指南。然而，界定和估計高階構念需要進一步的技術考慮，例如：處理低階成分高度不平衡的指標數量（Becker et al., 2012; Hair et al., 2018），以及如何正確 Bootstrapping。 第二階段 採用兩階段方法的結果，因為需要在第一階段針對不同的 Bootstrapping 樣本產生潛在變數分數。

此外，我們的描述涵蓋了 second-order 構念的情況。然而，高階構念可以擴展到次維度的更多層，從而產生三階或四階構念（Patel et al., 2016）。儘管此類構念的驗證原理通常是相同的，但需要澄清二階和更高階維度之間的關係。同樣，在 formatively 界定的高階構念中，PLS 路徑模型中的高階成分完全介入（mediates）了低階成分和從屬構念之間的關係的概念，也需要仔細研究。你是否應該檢測這種較高階構念類型的完全中介（full mediation）作用（Nitzl et al., 2016）？如何使用不同的方法正確檢測完全中介？如何處理僅 partial mediation 低階成分影響的高階成分？

　　未來研究的另一領域，必須解決如何將高階構念的分析與其他高階 PLS-SEM 分析技術相互連結的問題。更具體地說，將兩階段方法與「CTA-PLS、PLS Predict、IPMA、調節分析」結合使用，可能需要使用第一階段的非標準化潛在變數分數。但是，到目前為止，尚未探索在兩階段法中使用非標準化數據。未來的研究應從概念和 empirical 兩個角度，來解決這些問題。

參考文獻

Agarwal, R., Karahanna, E. (2000). Time flies when you're having fun: Cognitive absorption and beliefs about information technology usage. *MIS Q. 24*, 665-694.

Aguirre-Urreta, M. I., Rönkkö, M. (2018). Statistical inference with PLSc using bootstrap confidence intervals. *MIS Q. 42*, 1001-1020.

Albers, Sönke & Hildebrandt, L. (2006). Methodological problems in success factor studies-Measurement error, formative versus reflective indicators and the choice of the structural equation model. *Zeitschrift für betriebswirtschaftliche Forschung, 58*(2), 2-33 (in German).

Albers, Sönke (2010). *PLS and success factor studies in marketing*. PP. 409-425 in Esposito, Vinzi V.; Chin, W. W.; Henseler, J.; & Wang, H., eds., Handbook of partial least squares: Concepts, methods, and applications. NY: Springer. Series: Springer Handbook of Computational Studies.

Atinc, G., Simmering, M. J., & Kroll, M. J. (2012). Control variable use and reporting in macro and micro management research. *Organizational Research Methods, 15*(1), 57-74.

Bagozzi R. P. & Yi, Y. (1994). *Advanced topics in structural equation models*. P. 151 in: Bagozzi R. P., ed. Advanced methods of marketing research. Blackwell, Oxford.

Bagozzi, R. P. (1994). *Principles of marketing research*. Oxford: Blackwell. See pp. 317-385.

Bagozzi, R. P. & Yi, Y. (2012). Specification, evaluation, and interpretation of structural equation models. *Journal of the Academy of Marketing Science, 40*(1), 8-34.

Bagozzi, R. & Yi, Y. (1988). On the evaluation of structural equation models. *Journal of the academy of marketing science, 16*(1), 74-94.

Becker, J.-M., Klein, K., Wetzels, M., (2012). Hierarchical latent variable models in PLS-SEM: Guidelines for using reflective-formative type models. *Long Range Plann, 45*, 359-394.

Becker, J.-M., Ringle, C. M., Sarstedt, M., (2018). Estimating moderating effects in PLS-SEM and PLSc-SEM: Interaction term generation data treatment. J. Appl. *Struct. Equ. Model, 2*, 1-21.

Becker, Jan-Michael; Rai, Arun; Ringle, Christian M.; & Völckner, Franziska (2013). Discovering unobserved heterogeneity in structural equation models to avert validity threats. *MIS Quarterly, 37*(3), 665-694. Available at http://pls-institute.org/uploads/Becker2013MISQ.pdf.

Bentler, P. M. (1976). Multistructure statistical model applied to factor analysis. *Multivariate Behavioral Research, 11*(1), 3-25.

Bollen, Kenneth A. & Long, J. Scott (1993). *Testing structural equation models*. Newbury Park, CA: Sage.

Bollen, Kenneth A. (1996). An alternative two stage least squares (2SLS) estimator for latent variable equations. *Psychometrika, 61*, 109-21.

Bollen, Kenneth A. (1989). *Structural equations with latent variables*. New York: Wiley.

Bollen, Kenneth A. & Ting, K.-F. (2000). A tetrad test for causal indicators. *Psychological Methods, 5*(1), 3-22.

Byrne, B. M. (2004). Testing for multigroup invariance using AMOS graphics: A road less traveled. *Structural*

Equation Modeling, 11(2), 272-300. doi:10.1207/s15328007sem1102_8

Byrne, B. M., Shavelson, R. J., & Muthén, B. (1989). Testing for the equivalence of factor covariance and mean structure: The issue of partial measurement invariance. *Psychological Bulletin, 105*(3), 456-466. doi:10.1037/0033-2909.105.3.456

Campbell, A. M. & Yates, G. C. R. (2011). Want to be a country teacher? No, I am too metrocentric. *Journal of Research in Rural Education, 26*(4), 1-12. Retrieved 4/16/2011 from http://jrre.psu.edu/articles/26-4.pdf.

Cass, A. O. (2001). Consumer self-monitoring, materialism and involvement in fashion clothing. Australas. *Mark.* J. (AMJ) 9, 46-60.

Cheah, J.-H., Sarstedt, M., Ringle, C. M., Ramayah, T., Ting, H., (2018). Convergent validity assessment of formatively measured constructs in PLS-SEM: On using single-item versus multi-item measures in redundancy analyses. *Int. J. Contemp. Hosp. Manag, 30*, 3192-3210.

Cheah, J.-H., Ting, H., Ramayah, T., Memon, M. RA., Cham, T.-H., Ciavolino, E. (2019). A comparison of five reflective-formative estimation approaches: reconsideration and recommendations for tourism research. *Qual. Quant, 53*, 1421-1458.

Chin, W. W. (1998). *The partial least squares approach for structural equation modeling.* PP. 295-336 in Macoulides, G. A., ed. Modern methods for business research. Mahwah, NJ: Lawrence Erlbaum Associates.

Chin, W. W. (2001). *PLS-Graph user's guide. Soft modeling.* Retrieved from http://www.spss-pasw.ir/upload/images/ei8gx66re11tenmq0sm.pdf

Chin, W. W. and Newsted, P. R. (1999). *Structural Equation Modeling Analysis with Small Samples Using Partial Least Squares. In Statistical Strategies for Small Sample Research.* Ed. R. H. Hoyle. Thousand Oaks, Sage, 307-341.

Chin, W. W., Marcolin, B. L., and Newsted, P. R. (2003). A Partial Least Squares Latent Variable Modeling Approach for Measuring Interaction Effects, Results from a Monte Carlo Simulation Study and an Electronic-Mail Emotion/Adoption Study. *Information Systems Research, 14*(2), 189-217.

Chin, W. W. (2010a). *Bootstrap cross-validation indices for PLS path model assessment.* In Esposito Vinzi, V., Chin, W. W., Henseler, J., Wang, H. (Eds.). *Handbook of Partial Least Squares: Concepts, Methods and Applications, II.* Springer, Heidelberg, Dordrecht, London, New York, pp. 83-97. Springer Handbooks of Computational Statistics Series.

Chin, W. W. (2010b). *How to write up and report PLS analyses.* In Esposito Vinzi, V., Chin, W. W., Henseler, J., Wang, H. (Eds.). *Handbook of Partial Least Squares: Concepts, Methods and Applications, II.* 655-690. Springer, Heidelberg, Dordrecht, London, New York Springer Handbooks of Computational Statistics Series.

Chin, Wynne W. & Dibbern, J. (2010). *A permutation based procedure for multi-group PLS analysis: Results of tests of differences on simulated data and a cross cultural analysis of the sourcing of information system services between Germany and the USA.* PP. 171-193 in Esposito, V.; Chin, W. W.; Henseler. J.; & Wang, H., eds. *Handbook of partial least squares: Concepts, methods and applications.* (Springer Handbooks of Computational Statistics Series, vol. II). Springer: Heidelberg, Dordrecht, London, New York: Springer.

Chin, Wynne W. & Newsted, P. R. (1999). *Structural equation modeling analysis with small samples using partial least squares.* pp. 307-341 in R. H. Hoyle, ed. Statistical strategies for small sample research. Thousand Oaks, CA: Sage Publications.

Clark, L. A. & Watson, D. (1995). Constructing validity: Basic issues in objective scale development. *Psychological Assessment, 7*(3), 309-319.

Courville, T. and Thompson, B. (2001). Use of structure coefficients in published multiple regression articles, *β* is not enough. *Educational and Psychological Measurement, 61*(2), 229-248. doi, 10.1177/0013164401612006

Cronbach, L. J., Gleser, G. C. (1965). *Psychological Tests and Personnel Decisions.* University of Illinois Press, Oxford, England.

Danks, N. P., Ray, S. (2018). *Predictions from partial least squares models.* In Ali, F., Rasoolimanesh, S. M., Cobanoglu, C. (Eds.). *Applying Partial Least Squares in Tourism and Hospitality Research.* Emerald Publishing Limited, pp. 35-52.

DeVellis, R. F. (2016). *Scale Development: Theory and Applications*, 4 ed. Sage, Thousand Oaks, CA.

Diamantopoulos, A. & Winklhofer, H. M. (2001). Index construction with formative indictors: An alternative to scale development. *Journal of Marketing Research, 38*(2), 269-277.

Diamantopoulos, A. & Siguaw, J. A. (2006). Formative versus reflective indicators in organizational measure development: A comparison and empirical illustration. *British Journal of Management, 17*(4), 263-282.

Dibbern, J. & Chin, W. W. (2005). *Multi-group comparison: Testing a PLS model on the sourcing of application software services across Germany and the USA using a permutation based algorithm.* PP. 135-160 in Bliemel, F. W.; Eggert, A.; Fassott, G.; & Henseler, J., eds., *Handbuch PLS-pfadmodellierung: Methode, anwendung, praxisbeispiele.* Stuttgart: Schäffer-Poeschel.

Dijkstra, T. K. (2010). *Latent Variables and Indices, Herman Wold's Basic Design and Partial Least Squares, in Handbook of Partial Least Squares, Concepts, Methods and Applications (Springer Handbooks of Computational Statistics Series, vol. II)*, V. Esposito Vinzi, W. W. Chin, J. Henseler and H. Wang (eds.), Springer, Heidelberg, Dordrecht, London, New York, pp. 23-46.

Dijkstra, Theo K. & Henseler, Jörg (2015a). Consistent partial least squares path modeling. *MIS Quarterly, 39*(2), 297-316.

Dijkstra, Theo K. & Henseler, John (2015b). Consistent and asymptotically normal PLS estimators for linear structural equations. *Computational Statistics & Data Analysis, 81*(1), 10-23,

Dijkstra, Theo K. & Schermelleh-Engel, Karin (2014). Consistent partial least squares for nonlinear structural equation models. *Psychometrika, 79*(4), 585-604.

Dijkstra, Theo K. (1983). Some comments on maximum likelihood and partial least squares methods. *Journal of Econometrics, 22.* 67-90.

Dijkstra, Theo K. (2014). PLS' Janus face—Response to Professor Rigdon's 'Rethinking partial least squares modeling: In praise of simple methods'. *Long Range Planning, 47*(3), 146-153.

Dijkstra, Theo K. and Henseler, Jörg (2012). *Consistent and asymptotically normal PLS estimators for linear structural equations.*

do Valle, P. O. & Assaker, G. (2016). Using partial least squares structural equation modeling in tourism research: A review of past research and recommendations for future applications. *Journal of Travel Research, 55*(6), 695-708.

Eberl, M. (2010). *An application of PLS in multi-group analysis: The need for differentiated corporate-level marketing in the mobile communications industry.* In Vinzi, V. E., Chin, W. W., Henseler, J., Wang, H. (Eds.). Handbook of Partial Least Squares: Concepts, Methods and Applications, II. *Springer Handbooks of Computational Statistics Series*. Heidelberg, Dordrecht, London, New York, pp. 487-514.

Edwards, J. R. (2001). Multidimensional constructs in organizational behavior research: An integrative analytical framework. *Organizational Research Methods, 4*(2), 144-192.

Edwards, J. R. & Bagozzi, R. P. (2000). On the nature and direction of relationships between constructs and measures. *Psychological methods, 5*(2), 155-174.

Edwards, J. R. & Lambert, L. S. (2007). Methods for integrating moderation and mediation: A general analytical framework using moderated path analysis. *Psychological Methods, 12*(1), 1-22.

Edwards, J. R. (2001). Multidimensional constructs in organizational behavior research: An integrative analytical framework. *Org. Res. Methods, 4*, 144-192.

Fink, A. (2017). *How to Conduct Surveys: A Step-By-Step Guide, 6th ed.* Sage Publications, Thousand Oaks, CA.

Fornell, C. & Larcker, D. F. (1981). Evaluating structural equation models with unobservable variables and measurement error. *Journal of Marketing Research, 18*, 39-50.

Fornell, C. G. and Bookstein, F. L. (1982). Two Structural Equation Models, LISREL and PLS Applied to Consumer Exit-Voice Theory. *Journal of Marketing Research, 19*(4), 440-452.

Franke, G. R., Sarstedt, M., (2019). *Heuristics versus statistics in discriminant validity testing: A comparison of four procedures.* Internet Res. in press.

Fuchs, C. & Diamantopoulos, A. (2009). Using single-item measures for construct measurement in management research, Conceptual issues and application guidelines. *Die Betriebswirtschaft, 69*(2), 195-210.

Garson, G. D. (2016). *Partial least squares, Regression and structural equation models.* Statistical Associates Publishers.

Gudergan, S. P. Ringle, C. M. Wende, S., Will, A. (2008). Confirmatory tetrad analysis in PLS path modeling. *J. Bus. Res.* 61, 1238-1249.

Hair Jr., J. F., Risher, J. J., Sarstedt, M., & Ringle, C. M. (2019). When to use and how to report the results of PLS-SEM. *European Business Review, 31*(1), 2-24.

Hair, J. F., Hult, G. T. M., Ringle, C. M., and Sarstedt, M. (2017). *A Primer on Partial Least Squares Structural Equation Modeling (PLS-SEM), 2nd Ed.*, Sage, Thousand Oaks.

Hair, J. F., Sarstedt, M., Ringle, C. M., and Gudergan, S. P. (2018). *Advanced Issues in Partial Least Squares Structural Equation Modeling (PLS-SEM).* Thousand Oaks, CA, Sage.

Hair, J. F.; Sarstedt, M.; Ringle, C. M.; & Mena, J. A. (2012). An assessment of the use of partial least squares structural equation modeling in marketing research. *Journal of the Academy of Marketing Science, 40*(3), 414-433.

Hair, J., Hollingsworth, C. L., Randolph, A. B., & Chong, A. Y. L. (2017). An updated and expanded assessment of PLS-SEM in information systems research. *Industrial Management & Data Systems, 117*(3), 442-458.

Harrigan, P., Soutar, G., Choudhury, M. M., Lowe, M. (2015). Modelling CRM in a social media age. Australas. *Mark. J.* (AMJ), *23*, 27-37.

Henseler, J. (2012). Why generalized structured component analysis is not universally preferable to structural equation modeling. *Journal of the Academy of Marketing Science, 40*(3), 402-413.

Henseler, J. & Chin, W. W. (2010). A comparison of approaches for the analysis of interaction effects between latent variables using partial least squares path modeling. *Structural Equation Modeling, 17*(1), 82-109.

Henseler, J. & Fassott, G. (2010). *Testing moderating effects in PLS path models: An illustration of available procedures.* In V. E. Vinzi, W. W. Chin, J. Henseler., & H.

Henseler, J. & Sarstedt, M. (2013). Goodness-of-fit indices for partial least squares path modeling. *Computational Statistics, 28*(2), 565-580.

Henseler, J., Dijkstra, T. K., Sarstedt, M., Ringle, C. M., Diamantopoulos, A., Straub, D. W., KetChen, D. J., Hair, J. F., Hult, G. T. M., and Calantone, R. J. (2014). Common Beliefs and Reality about Partial Least Squares, Comments on Rönkkö & Evermann (2013). *Organizational Research Methods, 17*(2), 182-209.

Henseler, J., Hubona, G., & Ray, P. A. (2017). *Partial least squares path modeling, Updated guidelines.* In H. Latan & R. Noonam (Eds.), *Partial least squares path modeling, Basic concepts, methodological issues and applications* (pp. 19-39). Springer International Publishing.

Henseler, J., Ringle, C. M., & Sarstedt, M. (2016). Testing measurement invariance of composites using partial least squares. *International Marketing Review, 33*(3), 405-431.

Henseler, J., Ringle, C. M., and Sarstedt, M. (2012). *Using Partial Least Squares Path Modeling in International Advertising Research, Basic Concepts and Recent Issues,* in Handbook of Research in International Advertising, S. Okazaki (ed.), *Edward Elgar Publishing, Cheltenham,* pp. 252-276.

Henseler, J., Ringle, C. M., and Sinkovics, R. R. (2009). The Use of Partial Least Squares Path Modeling in International Marketing, in Advances in International Marketing, R. R. Sinkovics and P. N. Ghauri (eds.), *Emerald, Bingley,* pp. 277-320.

Henseler, Jörg & Sarstedt, Marko (2013). Goodness of fit indices for partial least squares path modeling. *Computational Statistics, 28*(2), 565-580.

Henseler, Jörg (2010). On the convergence of the partial least squares path modeling algorithm. *Computational Statistics, 25*(1), 107-120.

Henseler, Jörg.; Ringle, C. M.; & Sarstedt, M. (2015). A new criterion for assessing discriminant validity in variance-based structural equation modeling. *Journal of the Academy of Marketing Science, 43*(1), 115-135.

Henseler, Jörg; Ringle, C. M.; & Sarstedt, M. (2016). Testing measurement invariance of composites using partial least squares. *International Marketing Review.* Forthcoming.

Henseler, Jörg; Ringle, Christian M.; & Sinkovics, Rudolf R. (2009). The use of partial least squares path modeling in international marketing. *New Challenges to International Marketing Advances in International Marketing,* Vol. 20, 277-319.

Höck, C., Ringle, C. M., and Sarstedt, M. (2010). Management of multi-purpose stadiums: Importance and performance measurement of service interfaces. *International Journal of Services Technology and Management, 14*(2/3), 188-207.

Höck, Michael & Ringle, Christian M. (2006). Strategic networks in the software industry: An empirical analysis of the value continuum. IFSAM VIIIth World Congress, Berlin 2006. Retrieved 2/22/2009 from http://www.ibl-unihh.de/IFSAM06.pdf.

Hourigan, S. R., Bougoure, U.-S., (2012). Towards a better understanding of fashion clothing involvement. Australas. *Mark. J.* (AMJ)(20), 127-135.

Hsu, Sheng-Hsun; Chen, Wun-Hwa; & Hsieh, Ming-Jyh (2006). Robustness testing of PLS, LISREL, EQS and ANN-based SEM for measuring customer satisfaction. *Total Quality Management, 17*(3), 355-371.

Hult, G. T. M., Hair, J. F., Proksch, D., Sarstedt, M., Pinkwart, A., Ringle, C.M. (2018a). Addressing endogeneity in international marketing applications of partial least squares structural equation modeling. J. Int. *Mark, 26*, 1-21.

Hult, G. T. M., Hair, J. F, Proksch, D., Sarstedt, M., Pinkwart, A., Ringle, C.M. (2018b). Addressing endogeneity in international marketing applications of partial least squares structural equation modeling. J. Int. *Mark, 26*, 1-21.

Hwang, H., & Takane, Y. (2004). Generalized structured component analysis. *Psychometrika, 69*(1), 81-99.

Hwang, H., Sarstedt, M., Cheah, J. H., & Ringle, C. M. (2019). A concept analysis of methodological research on composite-based structural equation modeling: Bridging PLSPM and GSCA. *Behaviormetrika*, 1-23. https://doi.org/10.1007/s41237-019-00085-5

Hwang, H., Takane, Y., & Jung, K. (2017). Generalized structured component analysis with uniqueness terms for accommodating measurement error. *Frontiers in Psychology, 8*(2137), 1-12.

Hwang, H., Takane, Y., & Malhotra, N. (2007). Multilevel generalized structured component analysis. *Behaviormetrika, 34*, 95-109.

Jöreskog, K. G. & Sörbom, D. (1993). *LISREL 8, Structural equation modeling with the SIMPLIS command language.* Scientific Software International.

Jöreskog, K. G. and Wold, H. O. A. (1982). *The ML and PLS Techniques For Modeling with Latent Variables, Historical and Comparative Aspects.* In Systems Under Indirect Observation, Part I. Eds. H. O. A. Wold and K. G. Jöreskog. Amsterdam, North-Holland, 263-270.

Jöreskog, K. G. Olsson, U. H., & Wallentin, F. Y. (2016). *Multivariate analysis with LISREL.* Springer International Publishing.

Jöreskog, K. G., Sörbom, D., & Du Toit, S. H. C. (2001). *LISREL 8, New statistical features.* Scientific Software International.

Kim, Y. T. & Lee, S. J. (2015). Utilization of R program for the partial least square model, Comparison of SmartPLS and R. *Journal of Digital Convergence, 13*(12), 117-124.

Kline, R. B. (2011). *Principle and practice of structural equation modeling (3rd ed.).* New York, NY, Guilford Press. doi:10.1111/insr.12011_25

Latan, H., Noonan, R. (Eds.), (2017). *Partial Least Squares Structural Equation Modeling: Basic Concepts, Methodological Issues and Applications.* Springer, Heidelberg.

Lohmöller, J.-B. (1989). *Latent Variable Path Modeling with Partial Least Squares.* Physica, Heidelberg.

Martilla, J. A. & James, J. C. (1977). Importance-performance analysis. *Journal of Marketing, 41*(1), 77-79.

Matthews, L., Sarstedt, M., Hair, J. F., Ringle, C. M. (2016). Identifying and treating unobserved heterogeneity with FIMIX-PLS: Part II-A case study. *Eur. Bus. Rev. 28*, 208-224.

McIntosh, Cameron N.; Edwards. Jeffrey R.; & Antonakis, John (2014). *Organizational Research Methods, 17*(2), 210-251.

Nitzl, C., Roldán, J. L., Cepeda Carrión, G., (2016). Mediation analysis in partial least squares path modeling: Helping researchers discuss more sophisticated models. *Ind. Manag. Data Syst, 119*, 1849-1864.

Patel, V. K., Manley, S. C., Hair, J. F., Ferrell, O. C., Pieper, T. M., (2016). Is stakeholder orientation relevant for European firms. *Eur. Manag. J. 34*, 650-660. https://doi. org/10.1016/j.emj.2016.07.001.

Polites, G. L., Roberts, N., Thatcher, J. (2012). Conceptualizing models using multidimensional constructs: A review and guidelines for their use. *Eur. J. Inf. Syst, 21*, 22-48.

Radomir, L., Wilson, A. (2018). *Corporate reputation: The importance of service quality and relationship investment.* In: Avkiran, N. K., Ringle, C. M. (Eds.). *Partial Least Squares Structural Equation Modeling: Recent Advances in Banking and Finance.* Springer International Publishing, Cham, pp. 77-123.

Raithel, S., Schwaiger, M., (2015). The effects of corporate reputation perceptions of the general public on shareholder value. *Strateg. Manag. J. 36*, 945-956.

Reinartz, W. J., Haenlein, M., and Henseler, J. (2009). An Empirical Comparison of the Efficacy of Covariance-Based and Variance-Based SEM. *International Journal of Research in Marketing, 26*(4), 332-344.

Rigdon, E. E. (2012). Rethinking Partial Least Squares Path Modeling: In Praise of Simple Methods. *Long Range Planning, 45*(5-6), 341-358.

Rigdon, E. E. (2013). Partial least square structural equation modeling. In G. R. Hancock & R. O. Mueller (Eds.). *Structural equation modeling: A second course (2nd ed.)* (pp. 81-116). Information Age Publishing.

Rigdon, E. E. (2014). Rethinking Partial Least Squares Path Modeling, Breaking Chains and Forging Ahead. *Long Range Planning, 47*(3), 161-167.

Rigdon, E. E. (2017). Foreword. In H. Latan & R. Noonam (Eds.). *Partial least squares path modeling, Basic concepts, methodological issues and applications* (pp. vii-x). Springer International Publishing.

Rigdon, E. E.; Becker, J.-M.; Rai, A.; Ringle, C. M.; Diamantopoulos, A.; Karahanna, E.; Straub, D.; & Dijkstra, T. (2014). Conflating antecedents and formative indicators: A comment on Aguirre-Urreta and Marakas. *Information Systems Research, 25*(4), 780-784.

Rigdon, E. E.; Ringle, C. M.; Sarstedt, M.; & Gudergan, S. P. (2011). Assessing heterogeneity in customer satisfaction studies: Across industry similarities and within industry differences. *Advances in International Marketing* 22: 169-194.

Rigdon, E. E.; Ringle, C. M.; & Sarstedt, M. (2010). Structural modeling of heterogeneous data with partial least squares. pp. 255-296 in N. K. Malhotra, ed.. *Review of Marketing Research,* Volume 7. NY: Armonk.

Rigdon, Edward E. (2014). Re: Defending PLS over covariance based SEM. Communication to the SEMNET discussion list, SEMNET@LISTSERV.UA.EDU, 13 January 2014.

Ringle, C. M., & Sarstedt, M. (2016). Gain more insight from your PLS-SEM results: The importance-performance map analysis. *Industrial Management & Data Systems, 116*(9), 1865-1886.

Ringle, C. M., Sarstedt, M., & Straub, D. (2012). A critical look at the use of PLS-SEM inMIS Quarterly. *MIS Quarterly, 36*(1), iii-xiv.

Ringle, C. M., Wende, S., and Becker, J.-M. (2015). SmartPLS 3. Bönningstedt, *SmartPLS GmbH.*

Ringle, C. M.; Sarstedt, M.; Zimmermann, L. (2011). Customer satisfaction with commercial airlines: The role of perceived safety and purpose of travel. *Journal or Marketing Theory and Practice, 19*(4), 459-472.

Ringle, C. M.; Wende, S.; & Will, A. (2010). The finite mixture partial least squares approach: Methodology and application. In Esposito, Vinzi; Chin, W. W.; Henseler, J. & Wang, H., eds.. *Handbook of partial least squares: Concepts, methods, and applications.* NY: Springer.

Ringle, C. M.; Sarstedt, M.; & Schlittgen, R. (2014). Genetic algorithm segmentation in partial least squares structural equation modeling. *OR Spectrum, 36*(1), 251-276.

Ringle, C. M.; Sarstedt, M.; Schlittgen, R.; & Taylor, C. R. (2013). PLS path modeling and evolutionary segmentation. *Journal of Business Research, 66*(9), 1318-1324.

Ringle, Christian M. (2006). Segmentation for path models and unobserved heterogeneity: The finite mixture partial least squares approach. *Hamburg, Germany: Research Papers on Marketing and Retailing,* No. 35,

University of Hamburg.

Ringle, Christian M.; Sarstedt, M.; & Mooi, E. A. (2010). Response-based segmentation using finite mixture partial least squares: Theoretical foundations and an application to American customer satisfaction index data. *Annals of Information Systems, Special Issue on Data Mining,* Volume 8, Berlin-Heidelberg, 19-49.

Sarstedt, M. & Ringle, C. M. (2010). Treating unobserved heterogeneity in PLS path modelling: A comparison of FIMIX-PLS with different data analysis strategies. *Journal of Applied Statistics, 37*(8), 1299-1318.

Sarstedt, M. & Cheah, J. (2019). Partial least squares structural equation modeling using SmartPLS: A software review. *Journal Marketing Analytics,* 7, 196-202. https://doi.org/10.1057/s41270-019-00058-3

Sarstedt, M., Hair, J. F., Ringle, C. M., Thiele, K. O., & Gudergan, S. P. (2016). Estimation issues with PLS and CBSEM, Where the bias lies! *Journal of Business Research, 69*(10), 3998-4010.

Sarstedt, M., Ringle, C. M., & Hair, J. F. (2017). *Partial least squares structural equation modeling.* In C. Homburg, M. Klarmann, & A.Vomberg (Eds.), Handbook of market research (pp. 1-40). Springer International Publishing.

Sarstedt, M., Ringle, C. M., Henseler, J., and Hair, J. F. (2014). On the Emancipation of PLS-SEM: A Commentary on Rigdon (2012). *Long Range Planning, 47*(3), 154-160.

Sarstedt, M., Ringle, C. M., Smith, D., Reams, R., & Hair Jr, J. F. (2014). Partial least squares structural equation modeling (PLS-SEM): A useful tool for family business researchers. *Journal of Family Business Strategy, 5*(1), 105-115.

Sarstedt, Marko (2008). A review of recent approaches for capturing heterogeneity in partial least squares path modelling. *Journal of Modeling in Management, 3*(2), 140-161.

Sarstedt, Marko; Becker, Jan-Michael; Ringle, Christian M.; & Schwaiger, Manfred (2011). Uncovering and treating unobserved heterogeneity with FIMIX-PLS: Which model selection criterion provides an appropriate number of segments? *Schmalenbach Business Review, 63*(1), 34-62.

Schönemann, P. H. & Wang M.-M (1972). Some new results on factor indeterminacy. *Psychometrika, 37*(1), 61-91.

Schwaiger, M. (2004). Components and parameters of corporate reputation. *Schmalenbach Bus. Rev. 56,* 46-71.

Sharma, P. N., Shmueli, G., Sarstedt, M., Danks, N., Ray, S. (2019). *Prediction-oriented model selection in partial least squares path modeling.* Decis. Sci. in Press.

Squillacciotti, S. (2005). *Prediction oriented classification in PLS path modeling.* PP. 499-506 in Aluja, T.; Casanovas, J.; Esposito, Vinzi; & Tenenhaus. M., eds. PLS & Marketing: Proceedings of the 4th International Symposium on PLS and Related Methods. Paris: DECISIA.

Steenkamp, E. M., & Baumgartner, H. (1998). Assessing measurement invariance in cross-national consumer research. *Journal of Consumer Research, 25*(1), 78-107. doi:10.1086/209528

Steenkamp, J.-B. E. M. & Baumgartner, H. (1998). Assessing measurement invariance in cross-national consumer research. J*ournal of Consumer Research, 25*(1), 78-107.

Temme, D., Kreis, H., & Hildebrandt, L. (2010). *A comparison of current PLS path modeling software, Features, ease-of-use, and performance.* In V. E. Vinzi, W. W. Chin, J. Henseler., & H. Wang (Eds.). Handbook of partial least squares, Concepts, methods and applications (pp. 737-756). Springer.

Temme, Dirk; Henning Kreis; & Lutz Hildebrandt (2006). *PLS path modeling-A software review.* SFB 649 Discussion Paper 2006-084. Berlin: Institute of Marketing, Humboldt-Universität zu Berlin, Germany.

Thomas, D. Roland (2005). Partial least squares: A critical review and a potential alternative. Toronto, Canada:

Proceedings of Administrative Sciences Association of Canada, 26(2), 121-135.

Wang, J.-C. & Wang, X.-Q. (2012). *Structural equation modeling: Applications using Mplus.* Chichester, UK, Wiley. doi:10.1002/9781118356258

Wetzels, M., Odekerken-Schröder, G., van Oppen, C., (2009). Using PLS path modeling for assessing hierarchical construct models: Guidelines and empirical illustration. *MIS Q. 33*, 177-195.

Wold, Herman (1975). *Path models and latent variables: The NIPALS approach.* PP. 307-357 in Blalock, H. M.; Aganbegian, A.; Borodkin, F. M.; Boudon, R.; & Capecchi, V., eds. Quantitative sociology: International perspectives on mathematical and statistical modeling. NY: Academic Press.

Wong, K. K. K. (2013). Partial least squares structural equation modeling (PLS-SEM) techniques using SmartPLS. *Marketing Bulletin, 24*(1), 1-32.

Wong, K. K. K. (2016). Mediation analysis, categorical moderation analysis, and higher-order constructs modeling in Partial Least Squares Structural Equation Modeling (PLS-SEM): A B2B Example using SmartPLS. *Marketing Bulletin, 26*, 1-22.

Wong, K. K. K. (2019). *Mastering partial least squares structural equation modeling (PLS-SEM) with SmartPLS in 38 hours.* iUniverse.

余淑吟（2019）。〈PLS-SEM 模式探討中高齡者在社群網路的使用強度與自我揭露對網路社會支持與自尊感的關係〉。《國立臺灣科技大學人文社會學報》，15（1），1-29。

李俊賢、黃芳銘、李孟芬（2016）。〈年輕族群男女在消費型態量表的測量恆等性研究〉。《管理與系統》，第 23 卷第 2 期，273-302。

邱皓政（2011）。《結構方程模式：LISREL 的理論、技術與應用》。臺北市：雙葉書廊。

邱皓政（2017）。〈多元迴歸的自變數比較與多元共線性之影響：效果量、優勢性與相對權數指標的估計與應用〉。《臺大管理論叢》，第 27 卷第 3 期，65-108。

陳進春、鄭百成、曾瑞譙（2008）。〈重視度表現值分析法在發展教師教學效能上的應用〉。《測驗統計年刊》，16 卷 0 期。

黃光宇、林禹璋（2016）。〈多準則決策運用於 PLS 之研究〉。嶺東科技大學實務專題報告。

黃識銘、范凱棠（2019）。〈師徒職涯功能對工作績效之影響：中介與干擾的混合影響〉。《管理學報》，36 卷 1 期，83-116。DOI，10.6504/JMBR.201903_36(1).0004

葉連祺（2020）。〈教育領導研究應用 PLS-SEM〉。《學校行政雙月刊》，11 月，130-181。

國家圖書館出版品預行編目資料

偏最小平方法的結構方程模型(PLS-SEM)：應
用SmartPLS／張紹勳著.－－初版.－－臺北
市：五南圖書出版股份有限公司，2021.12
　面；　公分
ISBN 978-626-317-320-0（平裝附光碟片）

1.社會科學　2.統計方法　3.電腦程式

501.28　　　　　　　　　　　110017742

1H1S

偏最小平方法的結構方程模型 (PLS-SEM)：應用SmartPLS

作　　　者 — 張紹勳

發 行 人 — 楊榮川

總 經 理 — 楊士清

總 編 輯 — 楊秀麗

主　　　編 — 侯家嵐

責任編輯 — 吳瑀芳

文字校對 — 陳俐君、黃志誠

封面設計 — 王麗娟

出 版 者 — 五南圖書出版股份有限公司

地　　　址：106台北市大安區和平東路二段339號4樓

電　　　話：(02)2705-5066　　傳　　真：(02)2706-6100

網　　　址：https://www.wunan.com.tw

電子郵件：wunan@wunan.com.tw

劃撥帳號：01068953

戶　　　名：五南圖書出版股份有限公司

法律顧問　林勝安律師事務所　林勝安律師

出版日期　2021年 12 月初版一刷

定　　　價　新臺幣580元